국역 유연당선생문집

김대현 지음
김정기·박미경 옮김

한국국학진흥원

역자소개

김정기 金正基

| 경력 |

한림대학교 부설 태동고전연구소 수료
강원대학교 국어국문학과 박사과정 수료
한국국학진흥원 객원연구원(現)

| 역서 |

『국역 습재선생문집』(공역), 『본리지』(공역),
『용산세고』, 『무첨당선생문집』 등

박미경 朴媄敬

| 경력 |

경북대학교 중어중문학과 석사과정 졸업
경북대학교 중어중문학과 박사과정 수료
한국국학진흥원 객원연구원(現)

| 역서 |

『서계선생일고』, 『강해문집』, 『만오선생문집』 등

10 영남선현문집 국역총서

국역 유연당선생문집

인 쇄	2013년 09월 25일
발 행	2013년 10월 04일
발행인	김병일
발행처	한국국학진흥원
기 획	한국국학진흥원 연구부 고전국역팀
저 자	김대현
번 역	김정기·박미경
해 제	이장우
교 열	박대현
교 정	이기훈·우지영
주 소	경북 안동시 도산면 퇴계로 1997
전화번호	054-851-0700·0743
팩시밀리	054-851-0754
Homepage	http://www.koreastudy.or.kr
E-mail	master@koreastudy.or.kr
출판등록	2002년 3월 18일
편집·제작	도서출판 성심
전화번호	054-857-8051
팩시밀리	054-841-8051

ISBN 978-89-6178-162-6 94810
ISBN 978-89-6178-098-8 (세트)

정가 25,000원

본 도서는 경상북도 영남선현저술 번역사업비의 지원으로 발간되었습니다.

‖ 일러두기 ‖

1. 이 번역본은 『유연당선생문집』(목활자본 4권 2책)을 저본으로 하였다.
2. 한글 전용을 원칙으로 하였지만, 한자가 필요하다고 판단될 경우에 한자를 병기하였다. 단, 같은 단어가 인접해서 두 번 이상 나오는 경우에는 뒤의 한자를 생략하였다.
3. 운문의 경우 오른쪽에 원문을 부기하고, 번역에서는 한자를 생략하였다.
4. 각주의 한자 표기는 괄호쓰기를 원칙으로 하였지만, 경우에 따라서 원문을 그대로 노출하기도 하였다.
5. 한자 가운데 한글과 음이 다른 표현은 대괄호[ ]로 표기하였다.
6. 관직명을 표기할 때, 한글은 관직에 따라 띄어 쓰고 한문은 붙였다. 예) 이조 판서吏曹判書
7. 원문에 결락된 글자는 '□'로 표기하였다.
8. 본서의 원문은 말미에 영인으로 수록하였다.
9. 본서에서 사용된 부호와 그 의미는 다음과 같다.
   - 『 』 : 책명
   - 「 」 : 편명, 작품명
   - " " : 인용문이나 대화체
   - ' ' : 강조 표현이나 간접 인용문
   - [ ] : 한자와 음이 다른 한글 또는 표현
   - · : 병렬형 단어의 중간 표시
   - …… : 중간 생략문

목차

유연당선생문집 제1권

시詩

서書

유연당선생문집 제2권

소疏

논論

유연당선생문집 제3권

서序

기記

발跋

잡저雜著

제문祭文

상량문上樑文

유연당선생문집 제4권

부록附錄

유연당선생문집
悠然堂先生文集

해제

▸ 이장우

| 해제 |

국역『유연당선생문집』해제

이 장 우*

1. 들어가는 말

이 글은 임진왜란 전후에 살았던 영주의 한 선비 출신 문관이었던 유연당悠然堂 김대현金大賢(1553~1602) 선생의 이력과 문집을 소개하는 해제이다. 그의 문집인『유연당선생문집』은 목활자본 4권으로 되어 있는데, 19세기에 간행된 것으로 추정된다. 3권까지는 김대현 본인의 글이고, 권4 부록은 다른 사람들이 김대현을 위하여 지어준 글을 모은 것이다.

이 문집은 안동대학교 퇴계학연구소와 한국고전번역원에서 각각『자료총서』16과『한국문집총간』속7권으로 표점 영인하여 배포하면서 각기 해제를 달았다. 이중에서『한국문집총간』의 해제는 편집연대와 간행연대에 대한 상세한 추증과 자못 일목요연한 가계도와 연표를 제시한 것이 특징이다.

지금 본 해제는 앞서 제시한 해제들을 참고하지만,『유연당선생문집』한글 완역본 앞에 붙이는 것이므로 되도록 평이하게 기술하되, 앞의 해제와 중복을 피하고 기존에 언급되지 않은 것을 중심으로 서술하고자 한다.

---

* 영남대 명예교수

2. 저자가 살던 시대와 이력

김대현의 생애에 관련된 자료는 이 문집 뒤쪽에 부록된 '집안사람이 만든 행장의 초고'란 뜻을 가진 「가장家狀」, 후배인 우복 정경세가 쓴 '산소에 적은 비문과 운문시'라는 뜻의 「묘갈명」, 여섯째 아들 응조가 쓴 연보인 「행년기行年記」, 또 친구들이 쓴 추모담 같은 글이 있다. 본 장에서는 이러한 글의 내용을 요약하여 소개하고자 한다.

김대현의 자는 희지希之, 호는 유연당, 본관은 풍산豊山이며, 조부는 의정義貞, 아버지는 농農, 어머니는 권씨이다. 지금 안동시의 일부가 된 풍산이라는 지역은 조선시대에는 독자적인 한 고을이었는데, 이 고을 안에 '오미동五美洞'이라는 마을이 이 풍산 김씨의 집성촌으로 이름이 높다. '오미동'이라는 말은 그의 아들 중 다섯이 문과에 급제하였기 때문에 붙여진 것이다. 그러나 이 분이 태어난 곳은 서울이며, 거주한 곳은 영주(당시의 지명은 영천榮川)이다. 2007년 안동대학교 안동문화연구소에서 낸 『봉황처럼 날아오른 오미마을』이라는 책의 서문에서 다음과 같이 서술하고 있다.

> 안동의 서쪽 끝 예천과의 경계선 부근에 위치한 오미동은 풍산 김씨들이 500년간 세거해온 동성마을이다. …… 풍산 김씨는 고려 고종 때 풍산백豊山伯에 봉해진 김문적을 가문의 시조로 여기고 있으며, 4세인 김연성이 경주로부터 풍산현으로 이주해 살면서 지금의 오미동인 오릉촌에도 별서를 두고 농토를 관리했다고 한다. …… 이러한 풍산 김씨의 새로운 세거지가 된 오미동을 전국적으로 널리 알리는 계기를 마련한 인물은 유연당 김대현과 그의 부인 전주 이씨이다. 두 사람은 아들 9형제를 두었는데, 그 가운데 17살에 타계한 한 분을 제외한 8형제가 모두 소과에 합격하여 생원·진사가 되었고, 다섯분은 문과에도 급제하는 진기록을 수립하여 …… 당시의 임금인 인조는 …… 오릉동 또는 오묘동이라 부르던 동네 이름을 오미동이라 고쳐 부르게 하였다.

이 분의 이름은 대현, 즉 '크게 어진 사람'이라는 뜻인데, 성년이 되면서 이름 대신 지어 부르던 애칭인 자字는 '그렇게 성현이 되기를 바란다'는 뜻의 희지希之이다. 이름이 직설적이고 강한 느낌을 주기 때문에 그렇게 되기를 바란다는 식으로 겸손하게 표현한 것이라고 볼 수 있다. 호를 '유연당'이라고 한 것에 관해서는 스스로 지은 시나 산문에 누누이 설명한 것과 같이, 진晉나라 도연명의 유명한 시구 "동쪽 울타리 아래에서 국화를 따다가, 유연히 남산이 눈에 보이네.[採菊東籬下 悠然見南山]"라고 한 데서 인용한 것이다. 그러니 이 분의 이름, 자, 호만 보아도 이분이 평생동안 내면으로 추구한 이상이 무엇인지를 잘 알아낼 수 있다.

그의 조부는 홍문관 정자正字, 아버지는 장례원 사의司議, 외조부 권일權鎰은 군자감 첨정을 지냈다. 이러한 벼슬은 모두 직급이 그렇게 높은 것은 아니나, 이 집안에서 몇 대에 걸쳐 홍문관 같은 중요부서의 문관으로서 가장 선망받는 청요직淸要職을 역임했다는 사실로 볼 때, 이 가문의 명성은 진작부터 주목을 받은 것으로 보인다. 특히 그의 증조부 허백당虛白堂 김양진金楊震(1467~1535)은 홍문관의 여러 벼슬을 거쳐, 공조 참판과 대사간 같은 고위직에까지 진출하였으며, 당시 권세가인 김안로의 아들이자 임금의 사위였던 김희金禧라는 자가 정해진 규정을 넘어 호화주택을 지었던 것을 탄핵한 일로 유명하다.

다음은 그의 이력을 연대기 순으로 요약하여 본다.

○1553년, 계축, 명종 8년 2월 7일
서울에서 태어났다.

○1559년, 기미, 명종 14년, 7세
글을 배우기 시작하다.

○1569년, 기사, 선조 2년, 17세
서울에서 전주 이씨 댁에 장가를 들다.

○1570년, 경오, 선조 3년, 18세
처음으로 별시 초시에 합격하였다.

○1581년, 신사, 선조 14년, 29세
가을에 생원시와 진사시 초시에 모두 합격하였다.

○**1582년**, 임오, 선조 15년, 30세
봄에 생원시에 합격하였다.

○**1589년**, 기축, 선조 22년, 37세
영주 봉향리 집의 서편에 유연당을 지었다. 이산서원의 원장에 선임되었다.

○**1591년**, 신묘, 선조 24년, 39세
겨울에 부친이 서울에서 돌아가셔서 다음해 예천에 안장하였다.

○**1592년**, 임진, 선조 25년, 40세
4월에 왜구가 침입하자 태백산으로 피신하였다.

○**1595년**, 을미, 선조 28년, 43세
한음 이덕형과 백암 김륵의 추천으로 경상도 성현도 찰방에 임명되었다.

○**1598년**, 무술, 선조 30년, 46세
조정의 상의원 직장으로 전임되었다. 바로 앞 해 정유재란 때 명나라 지원군의 총사령관으로 서울에 머물러 있던 형개邢玠를 위한 보급 실무자(낭청郎廳)가 되었다.

○**1599년**, 기해, 선조 32년, 47세
명나라 사령관을 잘 접대한 공로로 예빈시 주부에 올랐다. 이 해 별시의 초시에 응시하여 장원이 되었다.

○**1600년**, 경자, 선조 33년, 48세
영주 고향에서 다시 이산서원 원장이 되었다.

○**1601년**, 신축, 선조 34년, 49세
지금 경남에 속한 산음의 현감이 되었다.

○**1602년**, 임인, 선조 35년, 50세
3월 11일 임소에서 타계하였다.

○**1629년**, 기사, 인조 7년
다섯 명의 아들이 대과에 급제한 것을 치하하여 가선대부 이조 참판에 추증되고, 다음해에는 임금이 제문을 내리고 제사를 지냈다.

이상 연보를 통하여 짐작할 수 있는 점은 김대현이 서울에서 태어나고 서울에서 혼인까지 한 것을 보면, 이미 이 가문은 서울에서도 어느 정도의 사회적인 기반을 확보하고 있었던 것으로 보인다. 그러나 과거 시험을 여러 번 보아 소과(생원)에는 붙었으나, 대과에는 끝내 불리하였으니 시험운은 없었다고 할 것이다. 그렇지만 이미 30대 중반에 고향의 서원에 원장으로 추대된 것을 보면, 이분의 명망을 짐작해 볼 수도 있을 것이다. 조금은 늦은 나이에 지인들의 추천을 받아, 관계에 나가서는 실무 능력도 탁월하고 대인관계도 좋았으나 천수를 다 누리지 못하고 임지에서 작고하였으니 안타깝다. 그러나 사후에 여러 아들들이 영달하고, 종2품의 참판직까지 추증받았으며, 임금이 지은 제문을 받는 영광까지 입었으니, 사후의 영복이 매우 빛났다고 할 것이다.

3. 문집의 내용

이 문집은 제1권의 서두에 김대현이 지은 시를 우선 배치하고, 그 다음에 산문을 배치하고 있다. 본 장에서는 문집의 내용을 목차 순서를 따라가면서 해설하고자 한다.

1) 시

문집의 시는 51수인데, 그 내용으로 보면 친구들과 주고받은 시가 대부분이다. 자연경관에서 촉발된 감흥시도 더러 있기는 하지만 상대적으로 많지는 않다. 한시는 원래 친구들과의 우정을 나누는 시가 많은데, 이렇게 친구와 주고받은 시를 '교왕시交往詩'라고 한다. 물론 이러한 교왕시에도 서경이나 서정을 담을 수는 있다. 김대현의 시 작품은 서경이나 서정을 담은 교왕시가 많다는 것이 특징이다.

「유연당에서 스스로 지어 한음 이덕형에게 부치다. 2수[悠然堂自題 寄李漢陰 德馨 二首]」

늙은 학이 하늘가로 솟구쳐 오르고	老鶴冲天畔
쌍 거북은 푸른 물굽이 물을 마시네[1]	雙龜飮碧灣
아름다운 물 모두 도랑으로 끌어오고	引渠皆美水
성곽을 등진 산도 아름답구나	負郭亦佳山
유유자적함을 바야흐로 낙으로 삼으니	自適方爲樂
꾀하는 일이 없어 오히려 한가롭다네	無營却是閒
이 유연당에서 낮잠을 이루니	一堂成午睡
머리카락 세는 것쯤이야 두렵지 않네	不怕鬢絲斑

여기서는 두 수 가운데 제2수만 인용하였다. '유연'은 앞서 언급한 바와 같이, 37세 때 김대현이 고향에 지은 정자 이름인데, 진나라 도연명의 「음주飮酒」라는 제목을 가진 20수나 되는 긴 연작시 중의 다섯 번째 시의 시구에서 따온 말이다. 이 시를 문집의 맨 앞에 놓은 것은 아마도 이 시를 받아보는 사람의 지체도 생각하고, 유연당이라는 말의 의미가 가지는 상징성도 배려하였을 것이다. 한음漢陰 이덕형李德馨은 김대현보다 8년 연하이나, 관로로 일찍 진출하여 그를 관계로 이끌어 주기도 하였으며, 광해군 초년에 영의정에까지 오르기도 한 당대 최고의 명사였다. 이 시를 어느 해에 지은 것인지 잘 알 수는 없으나, 내용으로 보면 '그대는 조정에서 벼슬을 잘하고 있으나, 나는 야인이 되어 유연하게 잘 지내고 있다.'는 안부를 편지글 대신 전하는 것이라고 할 수 있다.

이 시는 2수로 된 연작시인데, 이러할 경우 대개는 앞 시와 뒷 시의 운자韻字를 바꾸어

---

1) 늙은 …… 마시네 : 앞에 보이는 산이 학가산(鶴駕山)이고, 주위에 동구대(東龜臺), 서구대(西龜臺)가 있어서 이렇게 읊은 것이다.

사용하는 것이 관례이지만, 이 시는 2수 모두 똑같은 운자인 만灣, 산山, 한閒, 반斑을 사용하고 있다는 점이 다소 독특하다. 뒤의 부록에 보면 한음 이덕형이 이 시의 운자를 그대로 사용하여 지은 차운시 1수 이외에도, 당시의 명사들인 백암栢巖 김륵金玏, 안촌安村 배응경裵應褧, 죽유竹牖 오운吳澐, 체소자體素子 이춘영李春英 등이 쓴 차운시가 보인다. 모두 돈독한 관계를 다짐하는 징표라고 할 것이다.

이 문집 부록의 맨 뒷 부분을 보면, 만력 기해년(1599, 선조 32) 봄 상사일上巳日(삼월 삼짇날)에 명나라의 상기독위上騎督尉란 직함을 가진 원정군의 한 고위 참모가 유연당의 10경을 읊은 시가 수록되어 있어 매우 흥미롭게 여겨진다. 이 시 앞에는 다음과 같은 짧은 설명문과 발문이 각각 붙어 있다.

「유연당 제영悠然堂題詠」 짧은 서문 병기

나는 사마司馬로 섬 오랑캐를 정벌하는 일을 맡아 조선의 어려움을 구제하며 서울에서 오래 머물렀다. 조선의 낭관 김대현 군이 자신이 사는 당堂과 헌軒, 향리 안에 있는 임천林泉과 암석巖石의 아름다움을 가지고 내게 시를 지어 달라고 청하였다. 당시는 막 극악무도한 원수들을 깨끗이 쓸어내이 진쟁 중에 조금 겨를이 났으므로 붓을 당겨 요청에 응하였다. 흥이 넘쳐 지은 시가 다섯 수이고, 근체시가 두 수이며, 칠언절구가 열 수이다.

내가 전쟁에서 개선하려 할 때, 김군이 다른 종이에 다시 써서 후대에 전할 수 있게 해 주기를 청하였다. 우연히 상자 속에서 오저吳楮(절강성의 종이) 몇 폭을 얻어 써서 보내주었다.

만력 기해년(1599, 선조 32) 중춘中春 상사일上巳日에
동정東征 상기독위上騎督尉 서오의西吳宜 양허도인養虛道人 황경흠黃敬欽이 쓰다.

위의 서문에 보면 시를 모두 17수나 적어 준 것으로 되어 있으나, 지금 문집에 수록된 것은 근체시 2수와 칠언절구 10수 뿐이다. 그 중에 근체시 1수를 인용하여 본다.

홀로 유연한 흥취를 품고 있어	獨抱悠然趣
남산이 날마다 문 앞에 있네	南山日在門
마음에 맞아 세상을 가볍게 보고	會心成玩世
뜻을 얻어 이미 말을 잊었네	得意已忘言
그윽한 오솔길 솔 사립문 고요하고	幽逕松關靜
국화는 꽃밭에 무성하네	寒花菊圃蕃
때 묻은 흉금을 털어낼 수 있으니	塵襟能拂拭
율리가 바로 여기인 듯하네	栗里倘斯存

이 시는 처음부터 끝까지 도연명에 관련된 전고를 이끌어다 내용을 채웠는데, 조금도 어색하지 않고 매우 자연스럽게 구성되었다. 유연당悠然堂 십경十景은 다음과 같다.

1. 남교에 때 맞춰 내리는 비[南郊時雨]
2. 성서로 돌아가는 새[城西歸鳥]
3. 학가산의 맑은 이내[鶴駕晴嵐]
4. 곡봉의 여름 구름[鵠峯夏雲]
5. 계심에서 낚시를 드리우고[溪心垂釣]
6. 지천에서 꽃구경하며[至天看花]
7. 죽령의 저녁 눈[竹嶺暮雪]
8. 번현에서 달구경하며[藩峴見月]
9. 덕산의 가을 풍경[德山秋色]
10. 송정의 늦도록 푸른 소나무[松程晩翠]

관례로 보면, 원저자가 쓴 시를 보고 다른 사람이 그 원시를 따라서 이러한 시를 지었다고 보는 게 맞을 듯하다. 하지만 원저자 김대현이 이러한 시 10수를 지었다는 기록을 지금은 찾을 수 없다. 더구나 이 『유연당집』 권1에 「백암 김륵의 동포서당 16경에 짓다[題金栢巖東浦書堂十六景]」는 연작시가 16수나 있는 것을 보면, 어떻게 자기의 서당에 관련된 여러 가지 경치를 읊은 연작시를 짓지 않았다고 할 수 있겠는가? 하여튼 원정군의 고위참모인 황경흠黃敬欽이라는 사람이 어떤 인물이며, 그의 이 연작시가 지금도 중국에서 전해지고 있는지의 여부는 계속하여 추적해 볼 만한 흥미로운 과제라고 할 것이다.

그 밖에도 영천 군수 이한李澣의 매화시를 차운한 시, 물암勿巖 김륭金隆에게 보낸 시, 낙동강변의 친구들에게 보낸 시, 조굉趙竑과 이별한 시, 백암 김륵이 이조 참판으로 부임할 때 전별한 시, 장명長命에서 장여식張汝嵦의 시에 차운한 시, 문경으로 가는 도중에 장여식의 시를 차운한 시, 감사 한준겸韓浚謙을 전별한 시, 국담菊潭에서 우복 정경세에게 보낸 시, 권달부權達夫 준濬의 시에 차운한 시, 중헌仲憲을 송별한 시, 중헌에게 준 시, 전적典籍 안희安憙를 송별한 시, 어사의 시에 차운하여 안동 부사를 송별한 시 3수, 김수우金守愚 윤명允明의 시를 차운한 시 등의 교왕시가 시의 대부분을 차지하고 있다.

그 다음으로는 어떤 유적이나 건물을 소재로 쓴 시가 몇 수 있다. 앞에서 말한 유연당을 소재로 쓴 시가 별도로 1수 더 있으며, 대지 재사大枝齋舍, 선유암仙遊庵, 유의암留衣庵, 혜산성惠山城, 정진鼎津의 정사룡鄭士龍 별장 부근, 앞서 한번 언급한 김백암의 동포서당 등이다. 감상을 읊은 시로는「계사년에 적이 물러간 뒤에」,「가을산에서 소쩍새 소리를 들으며」,「비온 뒤 잠에서 깨어」,「늦봄」,「갑오년 여름에 서제庶弟 상현의 부음을 듣다. 4수」,「문절공 김담의 옛 집을 지나며 감회가 있어서」 등이다. 이중 특히「갑오년 여름에 서제 상현의 부음을 듣다」는 전란이 한참 심할 때 그 장인의 임지에 가서 생계를 의지하고 있던 어린 아우가 죽었다는 소식을 듣고 매우 슬퍼하는 내용이다.

이상에서 언급한 내용을 다시 종합해 보면, 김대현은 교왕시를 가장 많이 지었다고 볼 수 있다. 임진왜란 같은 미증유의 환란을 만나서 곳곳에서 보는 처참한 광경을 시로 적을 수도 있었을 것이나, 오히려 그러한 한탄은 그의 산문 가운데 실상을 알리는 보고문이나, 감상을 적은 잡문雜文에 나타나고 있다. 이를 통해 볼 때, 그는 임진왜란 때에는 전란의 수습에 주로 전념하였다고 할 수 있다.

2) 산문

그의 산문은 편지(서) 12편, 상소문 3편, 논술(논) 3편, 전별문(송서) 2편, 기문(기) 1편, 발문(발) 2편, 잡저 7편, 제문 9편, 상량문 1편 등 도합 41편이다. 위에서 언급한 시와 편지를 합하여 이 문집의 제1권이 되고, 상소문과 논술이 제2권, 서序부터 상량문까지가 제3권이 된다.

편지는 서애 류성룡 선생에게 올린 것 2편으로 시작되는데, 앞글의 내용은『퇴계선생문집』을 간행하려고 하는데, 그 서문을 사양하지 말고 적어 보내는 것이 좋겠냐고 말하는 내용이다. 이 편지에 대한 서애의 답장은 '경자년(1600년)'에 쓴 것으로 『서애선생문집』 권12에 수록되어 있는데, 이 당시 서애는 일신상의 실각을 이유로 내세우며 서문 쓰기를 사양하였다. 주지하는 바와 같이, 원래 퇴계 문집의 편찬을 놓고 서애는 퇴계 선생의 글을 정선하여 간행하자고 주장한 데 반하여, 월천 조목 등 예안에 가까이 살면서 자주 모시던 제자들은 선생의 작품을 모두 다 수록할 것을 주장하여 서로 이견이 있었다. 아마 서애는 이러한 방침에 대하여 불만을 품고 서문을 사양한 것 같다. 이 경자년은 퇴계 선생 서거 30년이 되는 해로, 이 해 5월에 조월천이 주도하여 목판본 간행을 완료하였다. 이로 보면, 이 편지는 경자년 초나 그 전 해에 쓰였을 가능성이 높다. 이때 김대현이 서애와 월천 사이의 이러한 이견을 조정하려고 한 듯하니, 자못 흥미로운 글이다.

그 다음에 서애에게 답한 편지의 요지는 다시 조정에서 부르는 은명이 있다면 다시 나아갈 것을 깊이 고려하는 것이 좋으리라는 건의이다. 『서애선생문집』에 보면 「김희지(대현) 선친의 시집에 써 주다[書金希之先人詩卷]」라는 시 1수가 수록되어 있는데, 내용은 다음과 같다.

> 무술년(1598년, 선조 31, 서애 57세) 9월, 나는 업무로 인해 견책을 받아 동교에서 어명을 기다리고 있었다. 마침 내가 적막할 때 직장 김대현이 방문하였는데, 그는 자신의 선친의 시집을 들고 와서 보여 주었다. 내가 을유년(1585년, 선조 18, 서애 44세, 아들 위가 죽었음)에 지어 주었던 시도 그 안에 있었다. 생사의 순간이 홀연히 일순간인 듯, 어느덧 14년이나 되었던 것이다. 시집을 어루만지니 감격하여 눈물이 앞을 가렸다. 한가한 시기라서 다시 그 시에 차운하여 그것을 시집 후면에 써 주고 그를 돌려보냈다.

백발되어 험지로 떠나고자 노상에 서고 보니	白首羈危道路間
이 생애 최고 여한은 진작 은거하지 못한 것일세	此生長恨未歸山
인정이 초지 같이 얇아 참 보전키 어려운데	人情紙薄眞難保
대를 이은 교분은 난리에도 단절되지 않네	世故絲棼不暫間

옛 친구를 생각하니 얼마나 마음에 감개무량한지	念舊幾多心感慨
시제를 보자 괜히 눈물이 흘러내리네	看題空有淚潺湲
하늬 바람에 낙엽진 동쪽 교외에서	西風落木東郊外
주군을 생각할 때마다 안색이 비통해지네	一度思君一愴顔[2)]

이것으로 보아 김대현은 서애 선생과 자못 밀접하게 지냈음을 알 수 있다. 「유의암」 시에 대하여 서애가 차운한 시도 『서애집』과 이 『유연당집』에 모두 보인다.

「한 순찰사께 올리다[上韓巡察使]」는 순찰사 한효순韓孝純에게 서둘러 적을 급습하여 일망타진하고, 의병들의 사기도 격려해 주라는 내용을 담고 있으며, 「도체찰사 이원익께 올리다[上都體察使李元翼]」는 김대현이 1595년 성현도省峴道 찰방察訪으로 있을 때 도체찰사 이원익 대감에게 보낸 것으로, 성현역이 경산과 청도 사이에 위치해 있기 때문에 적의 침입로가 되어 피폐된 상황을 아뢴 것이다.

「명나라 장수 유정께 올리다[上唐將劉綎]」 2통은 강화하자는 설에 구애 받지 말고 계속해서 전투해줄 것을 요청한 내용이고, 「순찰사 홍이상께 올리다[上巡察使洪履祥]」는 밀양·풍각에 파발 설치를 반대한 것이며, 「안집도감께 올리다[上安集都監]」는 성현역에 말과 쌀을 공급하여 달라는 요청의 편지이다.

또한 「의병 도대장 겸 우병사 김면께 올리다[上義兵都大將兼右兵使金沔]」는 경상도 우병사 김면에게 보내는 편지로, 의병과 정규군들 사이의 알력을 걱정하는 김대현의 우려를 적어 보낸 글이고, 「이실지에게 보내다[與李實之]」는 백성의 아내를 취하고, 함부로 재물을 빼앗은 지방관의 비행을 고치라고 충고한 것이며, 「덕천서원 원장께 답하다[答德川院長]」는 산음 현감으로 재직 시에 남명 선생을 모시는 덕천서원에 땔감과 쇠를 조금 보낸다는 내용이다.

---

2) 『서애선생문집』 제1권. 번역문은 류명희·안유호 역주 『국역 류성룡 시1』(서애선생기념사업회, 2011) 215쪽에서 인용하였다.

「연조에게 부치다[寄延祖]」는 다섯째 아들에게 보낸 편지로, 존심存心·양성養性·지경持敬·주정主靜의 뜻에 대해 설명하며 노력할 것을 당부한 것이다. 여러 아드님들에게 보낸 편지가 많았을 것이지만, 공부의 핵심 요지를 담은 내용이기 때문에 이 1편만 문집에 넣은 것으로 보여진다. 만약 지금도 보존되고 있는 가서家書가 있다면 두루 모아서 이 문집의 보유補遺 편으로 내는 것이 바람직하다고 하겠다.

권2는 소疏 3편과 논論 3편이 수록되어 있다. 「척화소斥和疏」는 당시의 정세를 보면, 이적夷狄의 환란과 살육이 어느 때보다도 심하니 일본과 강화하지 말 것을 청한 상소이다. 월천 조목의 문집에도 당시에 재상 자리에 있던 서애가 일본과의 강화설을 제지하지 못한다고 맹렬하게 비난한 글이 있다. 이러한 점에서 본다면 김대현은 월천의 견해와 가깝다고 할 것이다. 「회복하여 난국을 구원하기를 청하는 소[請恢復救援疏]」는 "적들이 경성을 떠난 지 이미 1년이 넘었고"라고 하는 표현이 있으니, 1594년에 쓴 것으로 앞의 상소문보다 먼저 작성된 것이다. 아직 어떤 관직도 정부로부터 정식으로 받은 것이 없을 때 쓴 것이지만, 벌써 전란 수습에 직접 참여하여 많은 경험을 축적하고 있었기 때문에 인심의 수습, 기강의 정돈, 군정의 수명修明 등에 관하여 매우 상세하게 언급하고 있다. 그리고 상소의 마지막에서는 이번 전쟁으로 유독 피해가 많은 곳은 경상도니, 피해가 적은 전라도와 충청도의 곡식을 옮겨서 구제해 달라는 등 매우 구체적인 호소로 끝을 맺고 있다. 그 다음의 「폐단을 바로 잡을 것을 청하는 소[請救弊疏]」는 성현도 찰방으로 재직할 때 올린 것으로, 전쟁으로 여러 역들이 분탕·패멸되었으니 구제책을 마련해 주기를 청한 것이다.

「궁녀를 찔러 죽였다는 것에 대한 논[刺殺宮嬪論]」은 1599년, 김대현이 나이 47세로 별시의 초시에 응시했을 때 제출한 글로, 수석으로 합격한 답안이다. 그 내용은 송나라 태조 조광륜이 한 궁녀를 사랑하다가 조회에 늦게 나온 것을 후회하여, 그 궁녀가 달게 잠을 자는 틈을 타서 찔러 죽였다는 속설에 대하여 반론을 편 것이다. 「상주上奏하는 일을 일부러 오래 끈 것에 대한 논[奏事故久論]」은 당나라 태종 이세민이 아름다운 새매를 얻어 팔뚝에 올려놓고 놀다가, 위징魏徵이라는 간쟁을 잘하는 신하가 들어오는 것을 보고는 품속에 숨겼는데, 위징이 이 사실을 알고도 일부러 오래도록 아뢰어 새매가 품속에서 죽었다는 『통감』「당기唐紀」의 정관 2년에 나오는 일화와 관련된 논이다. 당태종과 위징이라는 두 인물 간의 예사스럽지 못하고 껄끄러운 인간관계를 세밀하게 분석하여 낸 글이다. 이 경우 대부분은 위증의 과감한 면만 칭송하는 것이 보통인데, 이 작품에서는 위징이 물론 훌륭한 간관이기는 하지만, 당태종에게 속속들이 충성심을 가진 신하는 아닌 것으로 말하고 있다. 수긍할만한 탁견이라고 할 수 있다.

「형산으로 약초를 캐러 간 것에 대한 논[採藥衡山論]」은 은나라 말기 한 제후국에 불과했던 주나라 임금 태왕이 막내아들 계력季歷에게 왕위를 넘겨 장차 은나라를 치고 천하를 차지하려는 의도를 가지자, 이를 알아차린 맏아들 태백泰伯이 남쪽으로 형산衡山에 가서 약초를 캔다는 핑계로 계력에게 왕위를 양보하고 숨은 일을 논한 것이다. 태백은 뒤에 문신을 하고 오 땅으로 들어가서 오나라의 시조가 되는데, 공자도 『논어』에서 극구 칭찬하고 있다. 이 글에서는 태백이 얼마나 당시의 관례를 피하면서도 어질게 처신하였는가를 매우 정교하게 설명하고 있다.

권3은 위에서 말한 바와 같이 서序 2편, 기記 1편, 발跋 2편, 잡저雜著 6편, 제문祭文 9편, 상량문上樑文 1편의 순으로 수록되어 있다. 「김백암을 송별하며 지은 시의 서문[送金栢巖詩序]」은 백암 김륵金玏이 이조 참판에 제수되어 서울로 올라가는 것을 사우들과 전송하며 쓴 시의 서문이다. 김륵은 퇴계의 제자로 안동 부사를 역임하고, 전란이 발발하자 안집사가 되어 영주로 내려와서 지역 명망가들을 각 군현의 수성장으로 임명하여 영남좌상도의 의병(향병) 활동을 처음으로 주도한 인물이다. 모든 병은 원기元氣가 부족한 데서 생기니 원기를 보호하라고 당부하고 있다. 그때 쓴 시는 이 책 권1에 보이는데, '갑오년(1594)'에 썼다는 주가 있다. 바로 이 다음해 백암 김륵과 이조 판서를 역임하고 사도 체찰부사四道體察副使로 있던 한음 이덕형의 추천으로 김대현은 성현도 찰방에 제수되어 처음으로 정식 벼슬을 얻게 된다. 찰방은 종6품으로 국도와 역마를 관리하는 벼슬인데, 각 지역의 수령들에 대한 감찰 업무도 겸하기 때문에 청렴한 관리들을 차출하여 임명하는 것이 관례였다. 첫 벼슬로 찰방직에 임명된 것은, 김대현이 향촌에서 활동한 공적을 십분 고려하여 이루어진 일이라고 보여진다.

「전석 안희를 송별하며 지은 시의 서문[送安典籍詩序]」은 문관 안희安憙가 영주에 있던 김대현을 찾아왔다가 소수서원으로 떠나가자 그를 위로하며 지어준 글로, 매우 애달프면서도 비장한 격려를 담고 있다. 안희는 문성공 안향의 종손으로, 대과에 합격하여 벼슬을 하다가 임란 때 김해에서 의병을 일으키기도 하였으나 가족을 거의 잃어버리고 실의에 빠져 있던 인물이다. 그때 지어준 시도 문집 권1에 보인다. 안희는 난후亂後까지 살아남아서 장단 부사·단양 현감 등을 역임하였는데, 가는 곳마다 선정을 베풀어 임금으로부터 타는 말을 하사 받았다.

「유연당기悠然堂記」는 김대현이 세운 유연당에 대한 기문으로, 당호를 '유연당'이라 지은 뜻을 설명한 것이다. '유연'이라는 말이 도연명의 시구에서 인용하였음은 앞서 이미 설명하였다.

발문으로 「칠송정 동도회 제명록 뒤에 쓰다[書七松亭同道回題名錄後]」는 1598년 10월 19일 서울에서 함께 명나라 군영에 파견근무를 하고 있던 동료 정장鄭樟(한강 정구의 아들) 등 3인과 영남출신의 관료들 몇몇이 칠송정의 옛터에 모여 동향회를 할 때, 모인 사람들의 이름을 적은 명부 뒤에 간단하게 모임의 취지를 적은 글이다. 이때는 7년 전쟁이 막 끝난 뒤이므로 "술잔을 잡고 달을 쳐다보니, 슬픈 감상에 젖어 눈물만 흐를 뿐 말이 없이 있다가 근심스레 파하였다."고 적고 있어, 당시 누구에게나 힘든 분위기를 짐작할 수 있다. 모임에 참석한 사람들은 김대현을 비롯하여 모두 15명이었고, 김대현이 이 모임을 실질적으로 주관하였다. 「사마계 좌목 뒤에 쓰다[書司馬契座目後]」는 1601년 정월 하순에 작성된 글로, 영주군에서 전해 오던 생원·진사의 친목단체를 복원하는 과정에서 찾아낸 이전 계원들의 명부를 보고 일어난 감회를 적은 것이다. 퇴계 선생과 그 제자인 남계 금축琴軸에 관련된 일을 회고하면서 옛날 전통을 이으려는 다짐을 적고 있다.

잡저는 '이것저것을 적어둔다'는 말인데, 이 문집에서는 임진란을 통하여 보고들은 중국인들과 일본에 관한 이야기, 우리나라의 변화된 모습과 관련된 내용을 풍부하게 담고 있다. 「군문의 여러가지 일을 기록하다[記軍門雜事]」는 정유재란 이후에 우리나라로 파견된 명나라의 최고 사령관인 형개邢玠의 접대실무자(낭청)가 되어 1598년 8월부터 1599년 2월까지 보고들은 중요한 일을 며칠에 한 번씩 기록한 것이다.

제목에 나오는 '군문'이라는 말은 이 기록에서는 대개 총사령관인 형개를 높혀서 부르는 명칭으로 사용하고 있으며, 대체로 명나라 군인들에 대하여 좋게 서술하려는 태도를 지니고 있다. 중간에는 일기 이외의 참고 문건도 1종이 수록되어 있다. 형개의 업적을 구리 기둥에 새길 문안(동주문銅柱門)의 초고로, 우리나라의 예조 판서 심희수가 지은 것이다. 또 이 기록 끝에는 '총서總敍'라고 해서, 일기체에 담지 못한 종합적인 내용을 함께 모아서 부기해 두었는데, 특이한 내용도 다수 있다. 명나라 군인들이 사령부 근처에 관우를 모시는 사당을 지어 놓고 출정 때 거기서 서약을 거행한다든가, 앞서 출정하였다가 본국으로 돌아간 사령관 이여송李如松 장군의 공적을 기려서 생사당을 지어 준 관례가 있으니, 지금 개선하여 돌아가는 형개 장군에게도 그런 사당을 지어달라고 요구한 점이라든가, 툭하면 우리나라 국왕의 명의로 자기네들을 추켜세워 주는 일을 만들어 달라고 요구한다든가, 친상親喪을 당한 장교들이 출정해서도 술을 마시고 일반인과 똑같이 생활한다든가, 죽은 장교의 관을 앞에 두고서 조선의 관원들에게 돈을 요구한다든가, 물러가는 일본 군인들을 계속 추적하여 섬멸할 생각은 않고 진격을 그만둔다든가 하는 것 등의 사실을 기록하고 있다. 이는 모두 임진왜란이나 당시 명나라 군인들의 행태를 이해하는 데 좋은 자료가 될 것이다.

「문견잡록聞見雜錄」은 임란을 계기로 인심이 피폐해진 실례와 이때 지어진 시 몇 수에 대한 이야기, 그리고 야사 몇 가지를 아울러 적고 있다. 「일본 일을 기록하다[記日本事]」와 「후세에 이름을 드날리겠다고 한 말에 대한 논변의 후설[揚名後世辨後說]」은 두 편 모두 일본에 관하여 얻어들은 괴상한 이야기를 적은 짧은 글이다. 특히 뒤의 글은 왜장들이 명예를 위하여 목숨을 걸고 남의 나라를 공격하는 쓸데없는 행동을 비웃는 내용이다.

「선유 · 유의 두 암자의 일을 기록하다[記仙遊留衣二庵事]」는 1600년에 지은 것으로, 선영이 있는 예천 광석산廣石山의 두 암자 이름에 대한 설명이다. 원효와 의상 양대사가 그 산의 남쪽과 북쪽에서 도를 닦다가 가사를 소나무에 걸쳐놓고 갔는데, 남쪽은 가사암이고 북쪽은 광석암이라고 하였다. 김대현은 그 이름을 각각 유의암과 선유암으로 바꾸면서 그에 대한 설명을 하고 있다. 권1에 「유의암」이라는 시가 1수 있고,

그 시에 대한 서애의 차운시도 보인다.

제문은 영주의 사마계를 만든 퇴계의 제자인 남계 금축琴軸, 임란 때 금오산에서 의병을 모아 항전한 전 부안 현감 고한운高翰雲, 역시 임란 때 거병한 퇴계의 제자 김륭金隆, 사위인 장우정張友程 등을 애도하는 글이다. 이밖에 「권계검 가묘 상량문權繼儉家廟上樑文」 1편이 있다.

3) 부록에 보이는 글

권4 부록은 병자호란 때 유명한 척화대신인 청음 김상헌이 1635년 이조 참판 때 지은 「유사遺事」로 시작된다. '유사'라는 말은 '죽은 사람이 남긴 이야기'라는 뜻인데, 별 형식을 갖추지 않고 고인의 일화를 적어둔 것을 말한다. 이 글에서는 김대현의 성격이 온화하고 대인 관계가 좋았음을 회상하고 있다. 이어서 이조 판서 겸 대제학인 우복 정경세가 1630년에 지은 「묘갈명墓碣銘」, 맏아들 김봉조가 1628년에 지은 「가장家狀」, 여섯째 아들 김응조가 지은 「행년기行年記」, 임금님이 내린 「사제문賜祭文」 등이 있는데, 이는 모두 그를 추모하는 내용을 모은 글이다.

그 뒤에는 「제현이 준 글[諸賢贈遺]」이 부록되어 있는데, 서애와 우복의 학통을 잇고, 남인 중에서 중요한 위치를 차지하였던 창석蒼石 이준李埈이 지은 「관리가 되어 가는 김희지를 송별하며[送金希之之官]」는 산음 현감으로 부임해 가는 김대현을 송별한 시로 모두 5수이며, 청음 김상헌이 「산음 임지로 부임해 가는 형님을 병중에 작별하며[病中奉別山陰兄主之任]」는 모두 3수인데, 청음 같은 인물이 김대현을 '형님'이라고 불렀다는 것에서 그 당시 그의 인망을 짐작해 볼 수 있다. 안동 부사를 지내고 임란 때 의주까지 호종하면서 모병과 군수물자 보급에 공이 많았던 약포 정탁의 제자였던 식암息庵 황섬黃暹이 산음으로 부임하는 김대현을 송별하며 지어준 시 1수가 수록되어 있다.

그 다음에는 조선의 이덕형李德馨과 명나라의 황경흠黃敬欽 등 여러 사람이 지은 「유연당에서 스스로 지어 한음 이덕형에게 부치다. 2수」 시에 대한 차운시가 실려 있다. 마지막으로 김대현보다는 후배지만 영남에서 명망이 있었던 단곡丹谷 곽진郭瑨과 취사炊沙 이여빈李汝馪 두 사람이 쓴 「사우록師友錄」이 있다. '사우'라는 말은 '스승할만한 친구'라는 뜻인데, 흔히 친구나 후배이지만 오히려 스승 삼을 만한 사람, 즉 훌륭한 사람이라는 뜻으로 사용한다. 2편 다 매우 짤막한 글이지만 김대현의 모습을 잘 요약하고 있다.

4. 맺는말

『유연당선생문집』은 한마디로 당시의 인맥, 사회상을 읽을 수 있을 뿐만 아니라, 문집에 등장하는 여러 명사들의 문집을 이 문집과 상호 대조 교감해 보면 일정한 의미가 있다고 생각한다. 일례로 1권에 나오는 「유연당에서 스스로 지어 한음 이덕형에게 부치다. 2수」 시에 차운한 시가 김륵의 『백암집』, 배응경의 『안촌집』, 오운의 『죽유집』, 이춘영의 『체소집』 등에 두루 실려 있음을 확인할 수 있는데, 제목이 일치하지 않거나 자구가 더러 다름을 볼 수 있다. 더구나 이덕형의 『한음집』에는 이 시가 수록되어 있지 않으니, 앞으로 보완할 때 추록할 수도 있을 것이다.

「승려의 시축에 쓰다[題僧軸]」

퇴옹의 시가 옛 암자에 걸려 있으니	退翁詩在古庵中
세월 속에 묻혀 글자 절반은 보이지 않네	埋沒年來字半空
돌아가서 말하소 산중의 여러 노스님께	歸語山中諸社老
어서 먼지 털어내고 비단보자기 씌우자고	亟收塵翳護紗籠

이 책 제1권에 보이는 이러한 시는 그냥 슬쩍 본다면 "어느 절에 가보았더니 퇴계 선생의 시가 아직까지 벽에 걸려 있는데, 글자가 많이 상해서 이제부터라도 보존대책을 강구하도록 해야겠다."는 정도의 뜻밖에 없어 보일 것 같지만, 『퇴계집』에 실려 있는 승려와 관계된 시를 조사하여 「퇴계 시와 승려」(『퇴계학보』 제68집, 1990)라는 글을 한 편 쓴 적이 있는 필자로서는 이 시에 대하여 매우 강한 호기심을 가진다. 왜냐하면 이퇴계 선생은 당시의 풍습대로 일반 승려들에게도 많은 시를 지어 주었을 것이 틀림없다. 하지

만 지금 전하는 문집에서는 그러한 시를 찾아내기란 매우 어렵고, 오히려 『도산전서』라는 필사본 퇴계 문집을 보면 그 책 말미에 '일목록逸目錄'이라고 하여, 없어진 시의 목록만을 제시하고 있는데, 100수 이상이 승려에게 준 시이다. 유연당 김대현의 이 시를 통하여 이퇴계 선생이 절에 가서 시를 지어 주기도 하였다는 증거를 다소 보완할 수 있을 것이므로 매우 반갑게 생각한다.

이 문집의 내용을 통해 볼 때, 김대현은 이퇴계 선생의 뒤를 잇는 월천 조목과 서애 류성룡 두 분과 두루 가까웠으며, 퇴계학파에 속하는 여러 중요 인물들과 연이 닿아 있다. 김대현은 서울에서 태어나 젊은 날을 보냈기 때문인지 당시 중앙의 요로에 있었던 몇몇 중요한 인물들과도 연이 닿아 있을 뿐만 아니라, 한 걸음 더 나아가 당시 조선에 와서 주둔하고 있던 명나라의 장군, 참모들과도 끈이 이어지고 있다.

한편, 김대현은 병화가 이어지는 피폐한 시대에서 고달픈 관리의 길을 아예 포기하고 고향으로 돌아가서 조용히 쉬고 싶다는 절실한 소망을 내비치기도 하였고, 다른 한편으로는 이 혼란한 시국을 어떻게라도 바로잡아 보겠다는 절절한 소망을 나타내기도 하였다. "홀로 자기의 일신을 잘 가다듬는다.(독선기신獨善其身)"는 생각과 "아울러 천하를 구제한다.(겸제천하兼濟天下)"는 생각이 차례로 두 축을 이루고 있다고 볼 수 있다. 앞의 생각은 주로 관직을 얻기 이전의 시나 산문의 일부에 나타나며, 뒤의 생각은 관직을 얻은 뒤에 쓴 상소문 등의 작품에서 잘 나타난다. 따라서 김대현의 문집을 단순히 문학사적 입장에서 바라본다면, 이는 문집의 의의를 너무 축소하는 것이다. 김대현은 초야의 학자일 때는 임금에게 소를 올려 직설적으로 임금의 잘못을 지적하였고, 관리가 되어서는 오로지 백성을 살리고 나라를 구하는 데에만 열중하였다. 「군문의 여러가지 일을 기록하다[記軍門雜事]」에는 1598년부터 1599년까지의 사건이 등장하는데, 이는 임진왜란이라는 전쟁의 최후를 일기 형식으로 기록한 것이며, 전쟁이 끝나 명나라 장수가 본국으로 귀환할 때의 일까지도 기록하였다. 보통 임진왜란 초반의 기록은 많으나 전쟁의 종식과 그 이후의 정국 처리 방식을 이처럼 기술한 자료는 드물다. 그리고 명나라 장수들의 이름과 그들의 성향까지도 자세히 기록하고 있다. 이는 임란사를 연구하는 데 의미 있는 자료가 된다.

'시'·'서'·'논'·'소' 등의 작품에는 그의 훌륭한 성품이 잘 드러난다. 김대현은 유가적 전통에 입각하여 은둔하며 공부하는 학자적 삶을 택하였다. 이는 '유연당'이라는 그의 호에서 잘 나타나는 부분이며, 시에서도 이러한 점이 드러난다. 그러나 그는 또한 현실을 직시하며, 올바르지 않은 일에 대해서 적극적으로 이의를 제기하고 바로잡으려는 실천적 성향의 학자였다. 이 부분은 바로 김대현의 '덕'을 볼 수 있는 부분이다.

문집에는 그가 산음 현감으로 있을 때인 1601년, 마침 재종형이 산음현을 지나다가 관아에 들어왔는데, 그가 방에는 가재도구 하나 없고, 아이들조차 배가 고파 울고 있는 상황을 보고, 왜 이처럼 어렵게 사느냐고 김대현에게 묻자, 그저 웃었다는 일화가 기록되어 있다. 이는 그가 단순히 청렴하다는 것을 넘어서서 삶을 유연하게 달관하고 있었다고 말할 수 있다. 이러한 삶의 방식은 그의 자식들에게도 깊은 영향을 끼쳤다. 김대현의 아들 가운데 요절한 한 아들을 제외한 여덟 아들이 모두 사마시에 합격하고, 그 중 다섯 아들은 대과에 급제하였다. 세상 사람들은 김대현의 아들들을 '김씨 집안의 아홉 용[金氏九龍]', 또는 '팔련오계八蓮五桂'라 불렀으며, 인조는 이 때문에 김대현을 이조 참판으로 추증하였다.

요컨대, 김대현은 훌륭한 선조의 가학적 전통을 이어받아 빛나는 가업을 일으켰고, 나아가 조정에 출사해서는 선정을 베풀어 당시 사람들에게 칭송을 받았다. 특히 임란 전후 혼란한 시국에 그가 보여준 실천적 모습과 사실적 기록물은 임란사를 연구하는 데 자료적 가치가 크다고 할 것이다.

유연당선생문집

悠然堂先生文集

제1권

유연당선생문집 제1권

시詩

유연당[3])에서 스스로 지어 한음 이덕형[4])에게 부치다. 2수[悠然堂自題寄李漢陰 德馨 二首]

졸부가 새로 집을 지었는데	拙夫新卜築
시냇가 근처라 기쁘다네	自喜近溪灣
달 맞이하려 난간은 훤히 틔우고	軒豁要迎月
산 보려고 울타리는 성글게 쳤네	籬踈爲見山
청운이야 어찌 꿈엔들 이르랴	靑雲那夢到
백로와 함께 이 몸은 한가롭다네	白鷺共身閒
문 밖에 수레 타고 찾아오거든	門外留車轍
푸른 이끼의 묵은 때를 없애어 주게	蒼苔破舊斑

늙은 학이 하늘가로 솟구쳐 오르고	老鶴冲天畔
쌍 거북은 푸른 물굽이 물을 마시네[5])	雙龜飮碧灣

---

3) 유연당(悠然堂) : 『유연당선생문집』 권3의 「유연당기(悠然堂記)」에 '유연당'이라고 이름 지은 이유가 자세히 나와 있다.

4) 이덕형(李德馨, 1561~1613) : 자는 명보(明甫), 호는 한음(漢陰), 본관은 광주(廣州)이다. 1580년 문과에 급제하였다. 유연당 김대현은 이덕형과 김륵(金玏)의 추천으로 1595년 성현도 찰방이 되었다. 시호는 문익(文翼)이다.

아름다운 물 모두 도랑으로 끌어오고	引渠皆美水
성곽을 등진 산도 아름답구나	負郭亦佳山
유유자적함을 바야흐로 낙으로 삼으니	自適方爲樂
꾀하는 일이 없어 오히려 한가롭다네	無營却是閒
이 유연당에서 낮잠을 이루니	一堂成午睡
머리카락 세는 것쯤이야 두렵지 않네	不怕鬢絲斑

대지 재사[6] 벽에 쓰다[大枝齋舍壁上題]

해지는 깊은 산속 홀로 누대에 기대니	落日深山獨倚樓
외로운 후손의 심사 정말 아득하구나	天涯心事正悠悠
떠나려다 나도 모르게 머리 돌려 바라보니	臨行不覺重回首
선영 언덕에 또 한 번의 가을이 왔네	霜露邱原又一秋

선유암仙遊庵[7]

선인이 어느 해 이 산에 머물렀나	仙爲何年住此山

---

5) 늙은 …… 마시네 : 앞에 보이는 산이 학가산(鶴駕山)이고, 주위에 동구대(東龜臺), 서구대(西龜臺)가 있어서 이렇게 읊은 것이다.

6) 대지 재사(大枝齋舍) : 경북 예천군 호명면 직산리에 있는 허백당(虛白堂) 김양진(金楊震)을 제향하기 위한 재사이다. 김양진은 중종 때 문신이며, 유연당 김대현의 증조부이다. 벼슬이 공조 참판에 이르렀고, 청백리에 녹선되었다.

7) 선유암(仙遊庵) : 지금의 경상북도 예천군 직산리 광석산(廣石山)에 있었던 암자로, 1990년 철거되었다. 선유암의 본래 이름은 광석사였는데, 유연당 선생이 이름을 고쳐 선유암으로 개칭하였다고 한다.

지금까지 남긴 자취 구름 제단[8] 상상하네　　至今遺躅想雲壇
봄은 가고 꽃은 지니 무료하기 짝이 없고　　春歸花落渾無賴
천 길 바위 우뚝하고 우물물은 차갑구나　　千丈巖高井水寒

유의암留衣庵

낙동강 안동땅이 눈 아래 또렷한데　　洛水花山眼底明
옛 사람 의발 남겨 유의라 이름했네　　昔人衣鉢此留名
지금 바위 위의 늙은 소나무　　祗今巖上蒼髯老
성긴 가지에 달이 걸려 방장실을 비추네　　月掛疎枝丈室清

차운을 붙이다[附次韻]

서애 선생西厓先生

예전처럼 산 앞에 저녁노을 밝게 비추는데　　依舊山前夕照明
옷 남긴 사람 떠나가고 이름만 남았네　　留衣人去只留名
생각건대 참선하여 도를 깨달은[9] 날　　想應宴坐觀空日
나는 연꽃잎이 태청[10]에 가득했겠지　　贏得飛花滿太清

---

8) 구름 제단[雲壇] : 도가의 제단이다.
9) 도를 깨달은[觀空] : 모든 법이 진공(眞空)이라고 깨닫는 것을 말한다.
10) 태청(太淸) : 하늘 또는 저승이다. 도교에서 말하는 옥청(玉淸)·상청(上淸)·태청의 삼청경(三淸境)에서 나온 말이다.

유연당에서 영천 현감 이한이 지은 「영매」 시에 차운하다[悠然堂 次榮川倅李 澣 詠梅]

세상 밖 맑은 자태로 뜨락 화단에서 자라 物外清標庭上壇
추위 더위 아랑곳없이 성하게 피었다 지네 不隨炎冷盛還殘
시인아, 함부로 고하를 논하지 말게나 詩人莫浪分高下
골격이야 모름지기 눈 속에서 보이는 걸 骨格須從雪裏看

물암 김륭[11] 도성에게 부치다[寄金勿巖道盛隆]

타고난 기질 여려서 흠이라 受氣從來病太柔
늘 굳세지려 공부에 애썼건만 每於剛上着工夫
기질을 바꾸기가 쉽기야 하겠는가 變化可能容易做
십년이 지났건만 아직도 그대로인걸 如今十載尚依初

혜산성惠山城

창원에 있는데 고운孤雲[12] 이 태어난 곳이다.

성첩은 층층이 바다를 베고 있고 石堞層層枕海頭
억새꽃 단풍잎 긴 모래톱에 가득하네 荻花楓葉滿長洲

11) 김륭(金隆, 1549~1593) : 자는 도성(道盛), 호는 물암(勿巖), 본관은 함창이다. 이황의 문인이자 학행으로 참봉에 천거되었으며 좌승지에 추증되었다. 저서로는 『물암집』·『삼서강록(三書講錄)』 등이 있다.
12) 고운(孤雲) : 신라시대의 학자 최치원(崔致遠)의 호이다.

고운은 간 데 없고 가을 하늘만 높은데	孤雲無迹秋天遠
조각달만 바다에 떠서 만고 시름 지녔구나	片月滄溟萬古愁

정진[13]에서 이전의 운을 써서 짓다[鼎津用前韻]

의령에 있는데 정사룡鄭士龍[14]의 별장이 가까이에 있다.

광야의 끝머리에 낙동강물 넘실거리고	洛水溶溶大野頭
흰 모래톱에 푸른 바위 우뚝 솟았네	翠巖高起白沙洲
풍류객 살던 집 지금 어디에 있느뇨	風流第宅今安在
지나는 행인마다 시름은 끝이 없네	多少行人不盡愁

낙중[15]의 여러 벗들에게 부치다[寄洛中諸友]

세모의 종남산은 눈 내릴 기미로 싸늘한데	歲暮終南雪意寒
몇 번이나 생각해도 갈 길은 멀어	幾回相憶路漫漫
구암의 시내에 물고기는 많기도 하겠지	龜巖溪水魚無數
봄바람 일 때 돌아가면 낚시하기 좋으리라	歸及春風好把竿

---

13) 정진(鼎津) : 의령군(宜寧郡)의 낙동강 지류에 있는 나루이다. 그 한 가닥이 위로 진주와 단성(丹城)으로 뻗어 있으며, 이름을 거름강[岐江]이라고 한다. 거기서 15리쯤 되는 상류에 정진이 있다.

14) 정사룡(鄭士龍, 1494~1573) : 자는 운경(雲卿), 호는 호음(湖陰), 본관은 동래이다. 1512년 문과에 급제하여 문명(文名)이 있었다. 저서로는 『호음잡고(湖陰雜稿)』·『조천록(朝天錄)』 등이 있고, 글씨로는 광주(廣州)에 있는 「이둔촌집비(李遁村集碑)」가 있다.

15) 낙중(洛中) : 낙동강 일대를 말한다.

심중[16]과 헤어지며[別審仲]

가을달 밤 서호에서 취하여 뱃놀이를 하던 일	秋月西湖醉扣舷
가슴 가득 맑은 흥취 꿈인 듯 선하네	滿襟清興夢依然
오늘밤 지나면 이별이라 얄궂구나	今宵轉覺離懷惡
벽 비추는 푸른 등불 차가워 잠 못 이루네	照壁青燈冷不眠

계사년[17]에 적이 물러간 뒤에[癸巳賊退後]

밤잠을 놀라 깨어 잠들지 못하다가	宵寐乍驚難着夢
낮잠이 쏟아져 시를 읊지 못하겠네	晝眠方極不成吟
한양 궁궐에 요기 사라졌다는 기쁜 소식 들리니	喜聞京闕妖氛息
한양땅에 해와 이 분명해졌다네	日月分明漢水陰

이조 참판으로 부임하는 백암 김륵[18]을 전송하며[送金栢巖 玏 赴召亞銓]

갑오년(1594)

바다엔 여름 지나도 진운[19]은 높고	海天經夏陣雲高

---

16) 심중(審仲) : 조굉(趙竑, 1563~1639)을 말한다. 자는 심중, 본관은 풍양(豐壤)이다. 검간(黔澗) 조정(趙靖)의 아우이며, 1603년 문과에 급제하였다. 거주지는 상주이다.

17) 계사년 : 1593년이다. 이 해 1월 8일에 평양을 수복하고 8월에 일본군과 명나라 군이 각각 철수하기 시작하였으며, 10월에 선조가 한양에 돌아왔다.

18) 김륵(金玏, 1540~1616) : 자는 희옥(希玉), 호는 백암(栢巖), 본관은 예안이다. 이황의 문인이며, 1576년 식년문과에 급제, 검열·전적을 거쳐서 대사헌에 이르렀다. 이조 판서에 추증되었으며, 시호는 민절(敏節)이다. 저서로는 『백암문집』이 있다.

길가에 살던 곳은 쑥밭이 되었겠지	一路遺墟已沒蒿
반드시 좋은 방책을 구해 회복하소서	恢復必須求善策
덕을 닦는 것이 병장기보다 좋다고 말해 봅시다	爲言修德勝干旄

장명[20]에서 차운하여 장산보[21]에게 주다[在長命次贈張山甫]

객창이라 추운 밤에 근심으로 기쁠 일 없어	客牕寒夜悄無歡
조각 꿈은 시시로 고향산에 이르네	片夢時時到故山
비바람 몰아치고 몸조차 병이 들어	風雨滿天身又病
서관[22]으로 떠날 사람 손 잡고 못 놓겠네	不堪分手向西關

문경으로 가는 도중에 차운하여 장산보에게 주다[聞慶道中 次贈張山甫]

호남과 영남 길이 동서로 갈라진 곳	湖嶺東西路欲分
짧은 채찍으로 험한 산 구름 가리키네	短鞭遙指亂山雲
해지는 황량한 성엔 인적도 끊겼는데	荒城落日行人絶
곳곳에 눈 녹아 흐르는 시냇물 소리	雪壑溪聲處處聞

---

19) 진운(陣雲) : 짙고 두텁게 깔린 모습이 마치 전진(戰陣) 같아서, 옛날 사람들은 이 구름을 전쟁이 일어날 조짐으로 보았다. 여기서는 전쟁을 뜻한다.

20) 장명(長命) : 황해도 은율 지역의 옛 지명이다. 이 지역은 대동강 하류의 남쪽을 차지하여 평양의 외곽을 방어하고, 서해안 지역을 연결하는 중요 도로상에 위치하여 봉수대와 역참(驛站)이 발달하였다.

21) 장산보(張山甫) : 장여식(張汝山+直, 1548~1618)이다. 자는 산보, 호는 십죽헌(十竹軒)이다. 그는 소고 박승임의 문인이며, 유연낭 심내현의 아들인 김경조의 장인이다.

22) 서관(西關) : 서도(西道)와 같은 말로, 황해도 지역을 가리킨다.

차운하여 방백 한익지 준겸을 송별하다[次別韓方伯益之 浚謙]

부용대 아래 푸른 버들 길에서 芙蓉臺下綠楊途
그대 보내며 백옥호 기울이네 送子因傾白玉壺
가련쿠나 매화는 바람에 다 떨어져 可惜梅花飄落盡
밤이 되자 비바람에 강물 한가득 夜來風雨滿江湖

국담에서 우복 정경세[23]에게 주다[菊潭贈鄭愚伏 經世]

하늘 넓고 모래 투명하여 맑은 빛 새로운데 天濶沙明霽色新
강의 바람과 달은 맑아서 속됨이 전혀 없네 一江風月瀅無塵
만나서는 사직하고 떠난 것도 잊어버린 채 相逢不識休官去
다리 끝에서 시 짓는 사람을 다투어 말을 하네 爭道橋頭覓句人

차운시를 덧붙이다[附次韻]

우복愚伏

세상 일 끝없이 날마다 새롭건만 世事無窮與日新
내 몸은 원래 한 점 작은 티끌이라오 吾身元是一微塵
그대는 사직한 것 용감하다 말하지 마소 憑君莫道休官勇
십년간 부질없는 명성이 사람을 그르쳤다오 十載浮名誤了人

---

23) 정경세(鄭經世, 1563~1633) : 자는 경임(景任), 호는 우복(愚伏), 본관은 진주이다. 1586년 문과에 급제하였고, 경전과 예학에 조예가 깊었다. 의정부 좌찬성에 추증되었고, 시호는 문장(文莊)이다. 저서로는 『우복집』·『상례참고(喪禮參考)』가 있다.

백암 김륵의 동포서당[24] 16경에 짓다[題金栢巖東浦書堂十六景] 경자년(1600)

한 줄기 넘실넘실 흘러가는 강물	一派溶溶水
원류는 태백산에서부터 왔다네	源從太白來
평야를 가로질러 흐르고 흘러	橫分平野去
수많은 산봉우리를 길게 휘감고 도네	長繞亂峰迴
사랑스럽구나 새로 단장하여 담담하니	却愛新粧澹
누가 깨끗한 비단을 펼치게 하였을까	誰敎淨練開
연잎 모아 옷 기웠던 굴원	芙蓉褋裳客
옷을 마르고 지으려 했지[25]	便欲取衣裁

- 비단처럼 펼쳐진 평강[平江鋪練] -

달은 계정을 밝게 비추고	月映溪亭澹
바람은 맑은 수면을 삼켰네	風含水面淸
요동치면 패옥 소리 들리고	動聽環佩合
평평해지면 옥돌빛 반짝이네	平看玖瑤明
장인 시켜 조탁하지 않았는데	不敎工雕琢
누가 값의 고하를 따지랴	誰論價重輕
가끔씩 물새 따라 와서	時從鷗鷺至

24) 동포서당(東浦書堂) : 「백암선생연보(栢巖先生年譜)」의 '26년 임술' 조를 참조하면, 선생 59세에 「제동포서당십육경(題東浦書堂十六景)」이란 시를 지었다고 기록하고 있다. 그 주에 "동포(東浦)는 군(郡) 동쪽 20리 남짓에 있으며, 선생이 그 산수를 사랑하여 서당을 물가에 짓고, 정자를 천운(天雲), 재를 양진(養眞), 못을 반무(半畝), 샘을 활수(活水)라고 하였다. 경치마다 시를 지으니, 그 당시 제현들이 많이 창화(唱和)하였다.[東浦在郡東二十里許 先生愛其泉石 構書堂于浦上 亭曰天雲齋曰養眞 塘曰半畝 泉曰活水 逐景有詩 一時諸賢多和之]"라고 하였다.

25) 연잎 …… 하겠지 : 초나라 굴원의 초사(楚辭)인 「이소경(離騷經)」에 "연잎을 재단하여 옷을 만들고, 연꽃으로는 치마를 짓노라.[製芰荷而爲衣兮 集芙蓉而爲裳]"고 하였다. 그 뒤 하의(荷衣)는 은자가 입는 옷이란 뜻으로 많이 쓰였다.

한가로이 내 갓끈을 씻는다네 容與濯吾纓

- 옥빛을 머금은 작은 시내[小澗涵玉] -

고산에 매화가 진 뒤로 梅落孤山後
태선[26]이 주인과 짝하고 있네 胎仙伴主翁
높이 나는 것 객이 왔다는 뜻[27] 아니고 高飛非報客
맑은 풍격은 새장에서 길들여진 듯하네 清格似馴籠
맑은 호수에 밤이 들자 달빛에 울고 唳月澄湖夜
푸른 산에 바람이 이니 구름에 맴도네 盤雲碧峀風
어찌 먹고 마시는 것을 잊어 豈云忘飮啄
야생의 새와 같지 않다 말하랴 不與野禽同

- 고산의 특별한 학[孤山別鶴] -

애당초 오랑캐의 활시위로 흩어졌으니 初因虜弦散
어디인들 잠시 머무를 수 있으랴 何處暫棲遲
물가에 내리는 비에도 놀라고 渚雨猶堪駭
갈대에 이는 바람에도 의심하였지 蘆風揔入疑
그림자는 서리 내린 뒤에 더 맑고 影清霜落後
소리는 달 밝은 때에 더 다급하였네 聲急月明時
어느 곳을 가나 가을열매 넉넉한데 到底秋菰足
높이 날면 누가 그물을 치랴 高飛孰網施

- 싸늘한 모래톱의 놀란 기러기[寒沙驚雁] -

26) 태선(胎仙) : 학의 별칭이다. 고대에 학은 선금(仙禽)이란 칭호가 있고, 또 알이 아닌 새끼를 낳는다[胎生]는 전설이 있기 때문에 하는 말이다.

27) 객이 왔다는 뜻[報客] : 임포(林逋)가 고산(孤山)에 은거하면서 두 마리의 학을 길렀으며, 항상 작은 배를 타고 서호(西湖)에서 노닐었다. 혹 손이 임포를 찾아올 경우, 동자(童子)가 학의 우리를 열어 주면 학들이 나가서 날기 때문에 임포가 그것을 보고서 손이 온 것을 알고 집으로 돌아오곤 했다는 고사에서 온 말이다.(『宋史』「林逋列傳」)

산봉우리는 도산과 닿아 있고 峰接陶山聳
달은 동해에서 떠오르네 月從東海生
빛은 어둠이 짙기 때문에 밝고 光因暝色至
달그림자는 먼 교외까지 밝히네 影入遠郊明
산촌 나무에 연기 갈라져 흩어지고 村樹分烟散
시냇물은 바닥까지 훤히 맑구나 溪流徹底清
밤에 읊는 시 누구와 화답할까 夜吟誰與和
하늘가에는 학만이 외로이 우네 天外鶴孤鳴

- 문봉에 떠오른 솟은 달[文峯湧月] -

무심한 한 조각 구름 無心雲一片
산빛과 함께 우뚝하구나 山色共崢嶸
여름 되어 기이한 봉우리 빼어나고 入夏奇峰秀
비 개자 흰 깁을 가로로 편 듯 當晴素練橫
기묘한 그림과 품격이 비슷해 依俙妙畵格
한가로운 사람 마음 기쁘게 하네 怡悅閒人情
때가 오면 장맛비 되어 時至成霖雨
갑병만을 씻는 것이 아니라네 不徒洗甲兵

- 봉수대의 날아가는 구름[烽峀飛雲] -

가파른 절벽은 천 길 높이 솟았고 斷岸高千丈
푸른 소나무는 백년 세월을 늙었네 蒼髯老百年
맑은 바람 절로 서늘하고 清風自凜若
저물녘 눈 다시 스산하네 暮雪更騷然
저녁마다 쉬이 일어나는 취기 易起昏昏醉
밤마다 잠들기 어렵구나 難成夜夜眠
낭랑히 읊으며 좋은 경치 다 감상하니 浪吟窮勝賞
파교[28] 가에 있을 필요 없겠네 不必灞橋邊

- 솔 언덕의 함박눈[松崖密雪] -

부드러운 잎사귀 바람에 말리고　嫩葉因風捲
긴 가지는 비 맞아 흔들리네　長枝得雨搖
늦은 봄에 가랑비 내려　霏微春暮月
초저녁부터 부슬부슬 뿌리고 있네　蕭灑夜初朝
떨어지는 버들솜 멀리 흩날리고　落絮飄猶遠
꾀꼬리 소리 다시 시끄럽구나　流鶯語更驕
시내를 지나가도 남은 모르니　過川人不識
지팡이 짚고 홀로 소요하네　携杖獨逍遙

\- 버들 둑에 내리는 가랑비[柳堤踈雨] -

어젯밤 방주에 비가 내리더니　昨夜芳洲雨
안개에 젖어 여린 풀이 자라나네　和烟嫩草長
소가 가는대로 원근을 잊고서　任牛忘遠近
서투른 음률로 피리를 부네　弄笛欠宮商
들판의 저물녘 소리마다 느리더니　野晩聲聲緩
바람 불자 곡조마다 바빠지네　風吹曲曲忙
어여뻐라 지극한 즐거움을 간직한 채　憐渠存至樂
시비의 판에 들지 않는구나　不入是非場

\- 나루터에서 들리는 목동의 피리소리[渡頭牧笛] -

긴 시냇물 넘실넘실 흐르고　川渠長混混
벼는 저마다 무성하구나　禾稼自芊芊
흙에 땀 흘리며 수고로움을 잊고　汗土忘勞只
부지런히 호미질하며 노래 부르네　歌鉏且勉旃

---

28) 파교(灞橋) : 장안에 있는 파수(灞水) 위의 다리로, 일반적으로 시상(詩想)이 잘 떠오르는 곳을 의미한다. 『북몽쇄언(北夢瑣言)』에서 정경(鄭綮)이 "시상이 파교에서 일어나니, 눈 내리는 날 나귀 타고 있네. [詩思在灞橋 雪中驢子上]"라고 하였다.

다만 독촉하는 세금에 마음 상하나　祗緣傷督賦
많은 사람은 풍년을 축원하네　多是祝豊年
민요를 채집하는 자 누구인가　誰採民謠者
부디 임금님 앞에 아뢰주시오　須將奏御前

- 포구의 김매는 노래[浦口耘歌] -

산 밖으로 가는 길 멀기만 한데　山外行程遠
들 밖에는 저녁 햇살 비치네　郊頭照夕陽
사람은 단교를 따라 멀리로 가고　人從斷橋逈
그림자는 벽파에 떨어져 길어지네　影落碧波長
강호의 흥취를 넉넉히 얻었으니　贏得江湖興
가는 길이 바쁜 줄 어떻게 알랴　寧知道路忙
무엇이 나을까 한양의 거리에서　何如紫陌上
온종일 바삐 달리는 것과 비교하여　終日走遑遑

- 단교의 사람 그림자[斷橋人影] -

구름으로 감싸인 깊은 절이라　雲鎖千尋寺
바람이 십리까지 종소리 전해주네　風傳十里鍾
달 지고 강은 새벽강이고　月墮江曉色
나뭇잎 떨어지자 산은 가을 모습이네　木落岳秋容
지난밤 꿈꾸는 혼을 깨워서　過夜驚魂夢
게으름 떨치고 일어나게 하네　令人起懶慵
멀리서 알겠네 입정[29] 한 스님　遙知禪入定
가부좌하고 푸른 솔과 마주했음을　趺坐對蒼松

- 오래된 절의 종소리[古寺鍾聲] -

29) 입정(入定) : 눈을 감고 고요히 앉아 잡념을 일으키지 않고 마음을 한 곳에 정해 두는 것을 말한다.

나는 염계[30]의 말을 사랑하노니	我愛濂溪說
일찍이 군자의 꽃이라 했지	嘗稱君子花
진흙 속에 있어도 물들지 않고	淤泥處不染
통하고 곧으며 깨끗하고 흠 없다네	通直淨無瑕
비 그치자 비로소 향기 진동하고	雨歇初香動
바람 불자 시든 잎 비스듬히 눕네	風吹老葉斜
담담히 연못가에 앉아서	澹然池上坐
달빛 비추기를 지켜보네	待看月光加

- 못에서 연을 감상하다[臨池賞蓮] -

천년 전 호량의 흥취[31]를	千載濠梁趣
누가 다시 얻을 수 있으랴	誰能更得之
사람은 낚싯밥 놓는 것을 잊고	人忘垂釣餌
물고기는 잔 물결에서 즐겁게 노니네	魚樂戲漣漪
구름 그림자 배회하는 곳이요	雲影徘徊處
버들 그늘 출렁이는 때라네	柳陰溶漾時
바위 끝에 맑게 앉은 지 오래되어	石頭淸坐久
물새들이 익숙히 서로 따르네	鷗鷺慣相隨

- 바위에 앉아 물고기를 보다[坐石觀魚] -

---

30) 염계(濂溪) : 주돈이(周敦頤, 1017~1073)를 가리킨다. 본명은 돈실(敦實), 자는 무숙(茂叔), 호는 염계이며, 송학(宋學)의 비조(鼻祖)이다. 그는 「애련설(愛蓮說)」에서 연꽃을 '군자'에 비유하여 연꽃을 사랑하는 마음을 말하였다.

31) 호량(濠梁)의 흥취 : 자연에 동화된 상태의 차원 높은 대화를 나누는 흥취를 말한다. 호량은 호(濠)라는 강의 다리로서, 장자(莊子)와 혜자(惠子)가 호량에서 거닐면서 물고기가 자유롭게 노니는 것을 보고 주고받은 고사가 있다. 장자가 "피라미가 조용히 노니니 이는 물고기의 즐거움이로다."고 하니, 혜자가 "그대는 물고기가 아닌데 어찌 물고기의 즐거움을 아는가?"라고 하였다. 이에 장자가 "그대는 내가 아닌데 내가 물고기의 즐거움을 모르는 줄 어찌 아는가?"하니, 혜자가 "나는 그대가 아니므로 진실로 그대를 알지 못하니, 그대는 물고기가 아니므로 그대가 물고기의 즐거움을 모르는 것은 분명하다."라고 하였다.(『莊子』「秋水」)

어느 곳에서 그윽한 회포를 풀어 볼까 何處幽懷暢
남대에서 멀리 조망할 때라네 南臺遠眺時
산봉우리 가로로 아스라이 둘러있고 山鬟橫縹緲
강물 줄기 띠처럼 굽이굽이 흘러가네 江帶去逶遲
넓은 들판 늘 긴 안개에 덮이고 廣野長烟盡
성긴 숲에는 지친 새가 나는구나 疎林倦鳥飛
북극성이 멀리 설핏 보이는데 北辰遙入望
한밤인데도 돌아갈 줄 모르겠네 中夜却忘歸

- 남대에서 멀리 보다[南臺遠眺] -

어느 곳에서 아름다운 흥취 이룰까 何處成佳趣
저물녘 서쪽 언덕 오를 때라네 晩登西岸時
호수의 물빛은 맑아서 다시 좋고 湖光淸更好
모래톱의 빛은 희어서 더욱 빼어나네 沙色白尤奇
학이 아니면 반가운 손님이 없으니 除鶴無嘉客
매화가 아니면 누가 벗 되어주랴 非梅孰舊知
잠시 사이에 밝은 달 떠오르니 須臾明月上
옥경[32]에서 온 것이 아닐까 莫是玉京移

- 서쪽 언덕을 저물녘에 걸으며[西岸晩步] -

승려의 시축에 쓰다[題僧軸]

퇴옹의 시가 옛 암자에 걸려 있으니 退翁詩在古庵中

32) 옥경(玉京) : 도가에서 말하는 천제(天帝)가 거처하는 곳, 즉 신선 세계를 말한다.

세월 속에 묻혀 글자 절반은 보이지 않네　埋沒年來字半空
돌아가서 말하소 산중의 여러 노스님께　歸語山中諸社老
어서 먼지 털어내고 비단보자기 씌우자고　亟收塵翳護紗籠

가을산에서 소쩍새 소리를 들으며[秋山聞杜鵑]

봄 산에서 네 울음 듣고 이미 눈물 적셨는데　春山聞汝已沾衣
무슨 일로 가을 숲에서 또 어지러이 나느냐　何事秋林又亂飛
시름겨운 사람 가까이 와 창밖에서 울지 말고　莫近愁人牕外哭
왜적에게나 울어대어 돌아가기를 권하렴　往須啼勸海夷歸

비온 뒤 잠에서 깨어[雨後睡覺]

비온 뒤 남은 안개 앞 봉우리에서 걷히자　雨餘殘霧捲前峰
시냇가 단풍나무 자태가 담담하네　澗樹丹楓澹澹容
산객이라 인간 세상일 알지 못하는데　山客不知人世事
깨어보니 아이가 죽이 갓 끓었다고 말하네　覺來兒報粥新濃

권달부[33] 준의 시에 차운하다[次權達夫 濬 韻]

기다란 대나무 천 줄기가 온 집을 에워싸고　脩竹千竿擁一家
가을 지난 뜰의 국화도 향기롭고 탐스럽네　過秋庭菊亦芳華

돌아오니 긴긴 밤 산의 서재는 고요하여	歸來永夜山齋靜
귀에 들어오는 건 여전히 몇 곡의 시가라네	入耳依然數曲歌

중헌[34]을 보내며[送仲憲]

기쁜 소식 들어보지는 못하고	未見皇靈暢
한갓 왜적이 거세다는 것만 들었네	徒聞海賊驕
켜켜이 구름 높이 떠 여름으로 들고	陣雲高入夏
처마끝 비는 괴롭게도 밤새 내리네	簷雨苦連宵
꿈은 아득히 안동을 맴돌고	夢繞花山遠
수심은 멀리 한강을 감도네	愁纏漢水遙
이러한 때 그대가 또 떠나니	此時君又去
책상은 다시 적적해지네	書榻更寥寥

중헌에게 주다[贈仲憲]

오래 이별했다가 겨우 만나니	久別纔相見

---

33) 권달부(權達夫) : 권준(權濬, 1578~1642)을 말한다. 자는 도보(道甫), 호는 상암(霜滐), 본관은 안동이다. 1613년 문과에 급제하여 성균관 전적·학정(學正)을 지냈으며 삼척·광주·파주 등지의 수령을 역임하였다.

34) 중헌(仲憲) : 남호(南琥, 1536~?)의 자이다. 본관은 이령이며, 1568년 사마시에 합격하였고, 개성부 도사를 역임하였다. 사후에 이조 판서에 추증되었다.

꿈속에서처럼 여전하구려　依依夢裏如
나는 쇠약하여 기쁜 흥취 줄었고　吾衰歡意減
그대는 병들어 눈물 자국 많구려　君病淚痕餘
천지에 가을빛은 오는데　天地來秋色
변방에는 격문이 달리는구나　關河走羽書
황제의 위엄이 먼 곳을 복종시킬 터이니　皇威應服遠
이로부터 편안히 지낼 수 있으리라　從此可安居

전적 안언우[35]를 보내며[送安典籍 *彦優*]

눈물 흘리며 늘 장사의 가의[36] 사모터니　涕流常慕賈長沙
이즈음의 일이 마음에 걸려 감개가 많네　時事關心感慨多
바다와 산으로 돌아가 부디 노력하소　歸去海山須着力
대궐에서 마땅히 지남거를 움직이리　帝軒當動指南車

늦봄[暮春]

하늘가 석양에 붉은 노을 비치니　天邊夕照映紅霞

---

35) 안언우(安彦優) : 안희(安憙, 1551~1613)를 말한다. 언우(彦優)는 그의 자이고, 호는 죽계(竹溪), 본관은 순흥이다. 1585년 문과에 급제하여 승문원 정자·성균관 전적을 역임하였고 임진왜란에 의병을 일으켰다. 저서로는 『죽계집』이 있다.

36) 가의(賈誼) : 전한(前漢) 문제(文帝) 때의 문신으로, 20세에 태중대부(太中大夫)로 발탁되었으나, 권신에게 미움을 사서 장사왕(長沙王)의 태부(太傅)로 좌천되었다. 그 후, 장사왕이 죽자 괴로워하다가 33세의 젊은 나이로 죽었다.(『史記』「賈生列傳」)

새는 돌아오고 버들은 비스듬히 날리네　鳥自飛迴柳自斜
봄은 어느 산으로 갔기에 시름이 끝 없는가　春去何山愁不盡
비바람 부는 대로 남은 꽃잎 떨어지네　任敎風雨落殘花

유연당에서[悠然堂]

지친 새 한가한 구름은 저녁마다의 정경이니　倦鳥閒雲暮暮情
지음으로는 천년 전에 도연명이 있었다네　知音千載有淵明
한번 유연한 멋[37]을 알고 나서는　一從會得悠然趣
인간세계 오마의 영광[38]을 하찮게 보네　藐視人間五馬榮

갑오년 여름 서제庶弟 상현의 부음을 듣다. 4수[甲午夏 聞孽弟祥賢訃 四首]

임진년과 계사년 사이에 난리가 막 극심하였는데 상현이 정인의 이산 임소에 가서 지내다가 병들어 죽었다.

일찍 죽는 것이 참으로 안타까운데　夭死眞堪惜
타향에서 그리 되니 더욱 슬프구나　他鄕更可哀
어찌 알았으랴 호구를 위한 계책이　那知糊口計
도리어 죽을 빌미가 될 줄을　反作喪身媒
비바람에 고향[39]을 찾지 못하고　風雨迷桑梓

37) 유연한 멋[悠然趣] : 도연명의 「음주」 20수 중 다섯 번째 시에 나오는 “동쪽 울타리 아래에서 국화를 따다가, 유연히 남산이 눈에 보이네.[采菊東籬下 悠然見南山]”라는 구절의 흥취를 말한다.
38) 오마(五馬)의 영광 : ‘오마’는 한(漢)나라 때 태수가 다섯 마리 말이 끄는 수레를 탔던 데서 유래하여 수령의 대칭으로 쓰인다.

그 모습 초야에 버렸으니　儀刑棄草萊
어느 때나 길이 통하여　何時通道路
나그네 고향으로 돌아올꼬　收得旅旌迴

나그네 시신 지금 어디에 있는지　旅櫬今何許
사람들의 말이 참으로 믿기지 않네　人言可信疑
돌아올 날 참으로 며칠이나 되며　還眞知幾日
유골은 더욱이 누가 수습하는지　收骨更伊誰
묻고 싶어도 하늘은 감감　欲問雲天暗
돌아가려고 해도 달빛도 슬퍼　思歸月色悲
외로운 혼을 부를 수 없으니　孤魂招不得
홀로 서서 두 줄기 눈물만 흘리네　獨立淚雙垂

삼년상을 산에서 겪고 나니　隴宿三年草
뜰은 말라 이년 동안 가시밭이라　庭枯二載荊
버림받은 어린 동생을　棄捐年少弟
마음 아파 병든 형이네　傷痛病餘兄
너를 살려낼 방법은 없지만　汝死應無救
내 아픔은 누가 진정 알리오　吾喪孰盡情
홀로 두 줄기 눈물만 떨구니　獨垂雙鬢淚
날 새도록 비처럼 흘러내리네　和雨到天明

천 리 밖에 이별하고　別離千里外
그리워한 지 반 여 년　思想半年餘

---

39) 고향 : 『시경』「소아(小雅)·소변(小弁)」에 "뽕나무나 재(梓)나무도 공경해야 한다.[惟桑與梓 必恭敬止]" 라고 하였고, 그 주에 "선대에서 심은 것이기 때문이다."라는 말에서 유래한다.

날마다 전업을 회복하고　日望恢前業
부디 살아 옛 집으로 돌아오길　猶來返舊居
너는 죽은 지 이미 오래이니　汝亡長已矣
아이 있어 또 어찌 하겠는가　兒在復何如
연못의 풀은 해마다 푸른데　池草年年綠
슬픈 회포는 막을 수가 없네　悲懷不可除

어사의 시에 차운하여 안동 부사를 송별하다. 3수[次御使韻 送別安東伯 三首]

평소 지기에게 촌심만 허여하니　生平只許寸心知
군자의 사귐은 물처럼 담담하다네[40)]　君子之交淡若水
가을바람에 바로 이별할 때 만났으니　秋風正値別離時
어디에서 다시 평안하다는 소식 들을까　何處更得平安字
어찌 몸 멀어진다고 마음까지 멀어질까　豈緣身遠有遐心
선비는 진실로 지기 위해 죽어야 한다네　士固當爲知己死

- 이별을 아쉬워하며[惜別] -

쇠가 있으면 대마봉을 깎을 수 있고　有鐵可剗對馬峰
돌이 있으면 발해수를 메울 수 있네　有石可塡渤海水
힘을 쓸 사람 눈에 보이지 않는데　目中不見用力人
어찌 화평이란 글자 귀로 들을 수 있으랴　耳邊豈堪聞和字

---

40) 군자의 …… 담담하다네 : "군자의 교제는 물처럼 담담하고 소인의 교제는 단술과 같다.[君子之交 淡如水 小人之交 甘若醴]"라는 말이 있다.(『明心寶鑑』)

의리와 이익 위함을 세상이 구분 못하여 為義為利世不分
나라 위해서나 화의 위해서나 같은 죽음이라 하네 死國死和為等死

\- 시절에 상심하여[傷時] -

비 내린 뒤 산들 바람에 청산은 걷히고 雨餘輕風捲青山
저물녘 외로운 배 낙수를 가로 지르네 薄暮孤舟橫洛水
어부와 나무꾼으로 종적을 감추지 않고 不以漁樵晦踪跡
티끌 속에 이름 더럽힌 것을 후회하노라 悔向塵埃累名字
어느 밤 어느 날에 요기를 씻어내고 何夕何日洗妖氛
이 벗과 이 누각에서 생사를 함께 할꼬 此友此樓同生死

\- 당시 영호루의 풍경을 그리고 또 스스로를 말하다[寫當日映湖之景 且自道] -

문절공 김담[41]의 옛 집을 지나며 감회가 있어서[過文節公金淡古宅有感]

늙은 나무 무너진 담장에 옛 뜰은 비어있고 老木頹垣古苑空
쇠잔한 매미 시든 풀만 해질녘에 남아있네 病蟬衰草夕陽中
먼지 이는 동쪽 누각에 풍류는 아득한데 塵生東閣風流遠
높은 명성 온 나라에 가득했던 줄 누가 알리 誰識高名滿大東

41) 김담(金淡, 1416~1464) : 자는 거원(巨源), 호는 무송헌(撫松軒), 본관은 예안이다. 1435년 문과에 급제하였고, 홍문관 정자로 임명되었다. 이순지와 더불어 당대에 가장 뛰어난 천문학자로서, 세종대의 천문·역법 사업에 크게 공헌하였고 많은 천문역서를 교정·편찬하였다.

김수우[42] 윤명이 지은 「장가」 시에 차운하다[次金守愚 允明 長歌韻]

추운 밤 다하지 않으니 노래도 끝없구나	不盡寒宵不盡歌
자네 노래 끝나면 내가 노래 부르리라	君歌歌罷我歌歌
가생의 통곡[43]이 공연한 것이었으랴	賈生慟哭徒爲爾
다만 술동이 앞에서 이 노래 부르네	只爲樽前歌此歌

42) 김수우(金守愚) : 수우는 김윤명(金允明, 1541~1604)의 자이다. 호는 정양당(靜養堂), 본관은 김녕(金寧)이다. 1572년 진사시에 입격, 우정언(右正言) 등을 거쳐 호조 참판·의금부 도사·오위도총부 부총관 등이 되었다. 사직하고 귀향하여 역동서원(易東書院) 등에서 후진 양성에 힘썼다. 저서로는 『정양당집』이 있다.

43) 가생(賈生)의 통곡 : 가생은 한나라 문제(文帝) 때의 가의를 말한다. 그는 「치안책(治安策)」을 올려 치란(治亂)의 도를 말하면서 "통곡할 만한 것이 세 가지이며, 길게 탄식할 만한 것이 다섯 가지이다.[可爲痛哭者三 可爲長歎者五]"라고 하였다.(『前漢書』 「賈誼傳」)

서書

서애 선생께 올리다[上西厓先生]

겨울 날씨가 날이 갈수록 매서운데 어버이를 모시고 지내시는 생활은 복되시리라 생각됩니다.

『퇴계선생문집』을 찬집한 지 벌써 오래되었습니다. 월천月川 등의 어른들이 선생께 서문을 부탁드렸는데 벌써 완성되었으리라 생각됩니다만, 요즈음 사우士友들을 통해서 선생께서 사양하고 아직 쓰지 않은 듯하다고 들었습니다.

저는 무지하여 의혹스러운 점이 있습니다. 공자 문하 여러 제자들이 각자 언행을 기록함으로써 성인의 성대한 덕이 후세에 밝게 드러날 수 있었고, 증자曾子·자사子思 두 분이 계술하지 않았다면 전수한 심법心法은 자하子夏 등의 여러 문인들에 의해 잘못 전해지는 바가 없지는 않았을 것이며, 도학의 종지宗旨도 어쩌면 전해지지 못할 뻔 하였습니다. 주자께서 지난 시대의 성현들을 잇고 후학들을 열어준 공로는 사람들이 말하지 않더라도 전해질 수 있는 것이지만 반드시 면재勉齋 등의 여러 선현들이 기록을 하여 발표한 뒤에야 선생께서 평소 공부한 차례와 조예의 정미함이 찬란히 볼 만하게 되어, 강서학파江西學派[44]의 학설이 어지럽힐 수 없었습니다. 그렇다면 공자 문하에 증자와 자사가 없을

---

44) 강서학파(江西學派) : 육구연(陸九淵)의 상산학파(象山學派)이다. 남송(南宋)의 이학(理學)의 한 학파로, 리(理)의 본체가 성(性)에 있다고 한 주자학에 상대하여 리의 본체는 '심(心)'에 있다고 보았다.

수 없는 것과 주자 문하에 면재가 없을 수 없는 것은 천지에 해와 달이 없을 수 없는 것과 같습니다.

우리나라의 저술은 신라에서 시작되어 고려에서 성하였지만 이학理學이 있는 줄을 몰랐습니다. 고려 말의 여러 군자들 중에도 한 두 명이 이 학문에 뜻을 둔 분이 있었지만 그 조예에 있어서는 알 수가 없습니다. 조선의 여러 선유先儒들이 용감하게 정진했던 점은 경외할 만합니다만 모두 불행히도 크게 완성하는 경지에는 이르지 못하였습니다. 오직 우리 퇴계 선생께서 한평생 하신 공부야 말로 주자에게 물어 보아도 유학의 도가 동쪽으로 갔다고 할 것이고, 시종始終의 조리를 이룬 그 공로는 '해동의 공자'라고 말해도 될 것입니다. 문집이 완성되었는데 마침 선생이 한가히 지내시는 때를 만났으니 어쩌면 하늘이 아마 유학의 도를 부지하고 보호하여 밝히려는 의도가 아니겠습니까? 만약 "이 시대에 죄를 지었는데 어찌 감히 다시 우리 도를 위해 도모하겠는가?"라고 하신다면 저의 의혹이 더욱 심해집니다.

재앙과 복은 하늘에 달려 있어서 인위적으로 꾸미는 것을 허락하지 않고, 짐은 무겁고 갈 길은 머니 잠시라도 게으를 수 없습니다. 이미 도학을 자신의 임무로 여기신다면 죽음과 삶은 마음에 두지 말아야 합니다. 송나라 사람들이 회암晦庵(주희의 호)을 공격하는 것이 매우 심하여 위학僞學이라고 명목을 붙이고, 또 무리를 모아 강학하는 것을 죄안罪案으로 삼았습니다. 그러나 회암이 도를 근심하고 학문을 사랑한 정성은 잠시도 느슨해 진 적이 없었고, 문인이 강론을 잠시 중단하고 자중하라고 권하였지만 "비록 만신창이가 되더라도 그만둘 수 없다."[45]고 답하면서 여전히 또 강론을 그만두

45) 문인이 …… 없다 : 원문에는 미복과송(微服過宋)과 현순백결(懸鶉百結)이 쓰였다. '미송과복'은 공자(孔子)가 송(宋)으로 지나가려 하자 사마환퇴(司馬桓魋)가 공자 일행을 포위하여 공자를 살해하려 하자 공자가 미복을 입고 빠져 나간 일이 있었는데, 여기서는 세상의 질시를 받는 위태로운 상황에서 잠시 하던 일을 중단하여 화를 피하라는 뜻으로 쓰였으며, '현순백결'은 옷이 떨어져 100군데나 기웠다는 뜻으로 매우 곤경에 처한 상황을 말한다. 이 내용은 『회암별집(晦庵別集)』 1권의 「유지부(劉智夫)에게 보내는 편지」에 나온다.

지 않았습니다.

지금의 세상에 선생을 모함하는 사람이 하는 비난의 말은 가지가지이지만 도학을 금한 적은 없으니, 더욱이 그렇게 말씀하셔서는 안 됩니다. 선생께서는 나라가 혼란한 때에 도의를 부지하고, 만사가 와해되고 찢어진 뒤에 인륜을 일으켜 세우는 데 마음을 쓰시어 남긴 실마리를 잇고 이 도를 밝히는 것을 임무로 여겨야 할 것이고, 다시는 다른 말씀을 하셔서는 안 됩니다. 만약 어쩔 수 없는 하나의 이유가 있어 꼭 다른 사람에게 사양하려고 하신다면 제가 감히 알 바가 아닙니다만, 가르침을 남겨 주시기를 바랍니다.

서애 선생께 답하다[答西厓先生]

돌아온 아우 편에 편지를 받고는 한양 행차를 그만 두셨다는 것을 알았습니다. 또 아이의 가슴 아픈 일이 있었다고 하니 놀랍고 염려되는 마음을 견딜 수 없습니다.

일찍이 같은 고을의 어떤 사람 중에 선생의 거취에 대하여 제게 말한 이가 "주상께서 은명恩命을 내리셔서 인산因山 날짜를 잡으라고 하셨고, 한 두 명의 벗이 편지로 몸을 일으키기를 권하였으니, 선생이 어찌 행차하지 않을 수 있겠습니까?"라고 하였습니다. 그래서 그 사람에게 이렇게 대답하였습니다.

> "출처는 본래 큰 절목節目입니다. 선생께 마땅히 스스로의 기준이 있을 것이므로 어찌 다른 사람이 권할 수 있겠습니까? 옛날에 한 고조漢高祖가 여섯 나라의 후사를 세우려고 하자 장량이 그 일의 부당함을 왕에게 열거하여 그만두게 하였습니다.[46]

---

46) 한 고조가 …… 하였습니다 : 항우(項羽)가 자주 한나라의 용도(甬道)를 침략하니 한나라 군대가 식량이 모자랐다. 역이기(酈食其)가 초나라의 세력을 약화시키고자 진(秦)나라가 멸망시킨 여섯 나라의 후손들

소를 풀어 놓고 말을 돌려보내는 등의 일[47]은 힘써 행한다면 또 어찌 큰 도량을 지닌 자로서 하지 못할 일이 있겠습니까만, 장량의 한 고조의 시대는 주나라 때와는 다르다고 생각했기 때문에 이렇게 말하였던 것입니다. 서애 선생께서 만일 이 세상에 도를 행하고자 한다면 서애 선생일지라도 감당하지 못할 몇 가지 상황이 있음은 비록 나 같은 사람도 끝내 열거하여 말할 수 있습니다. 사마온공司馬溫公은 낙양에서 지낸 지 15년 뒤에야 몸을 일으켜, 조정에 나아가자 그의 원수인 신법당新法黨의 사람들이 흩어지고 물러나 다 없어졌습니다.[48] 그제야 공이 손을 써서 시책을 마련하여 왕안석의 신법을 파기한 것이 마치 불 속에서 구출해내고 물에 빠진 자를 건져내는 것과 같았기 때문에 '천하를 잘 다스려 주리라'는 바람을 크게 위로해주어 아름다운 이름을 영원히 남겼습니다. 지금은 그렇지 않아서 한 발을 들면 한 가지 죄명이 더해집니다. 선생께서 어찌 한 척의 작은 배를 천 겹 풍랑 속에 놓으려 하겠습니까?"

이렇게 말하고는 마침내 그 고을 사람과 작별하였습니다. 온공溫公의 이야기는 그때에 우연히 했던 말이 아니니, 저의 생각이 이와 같아서 선생께 여쭈어보려고 하지만 산중에 서적이 없어 깊이 고찰할 수가 없었습니다. 온공 시적의 전말이 말을 구시하는 사이에 앞뒤의 순서가 잘못된 듯하여 감히 말씀드리지 못했습니다만 간절한 생각은

을 세워 당여(黨與)를 세우자는 계책을 내었다. 한 고조가 새인(璽印)을 새겨 주고 나서 장량에게 묻자, 장량이 여덟 가지 곤란한 점을 내세워 불가하다고 하니, 한 고조는 역이기에게 주었던 새인(璽印)을 거두어 들이도록 명하였던 일이 있다.(『前漢書』)

47) 소를 …… 일: 전쟁을 그치게 하는 것을 말한다. "전쟁을 그치고 문덕을 닦으셔서, 말을 화산의 남쪽에 돌려보내시며, 소를 도림의 들에 놓으셔서, 천하에 다시는 전쟁에 쓰지 않을 것을 보이셨다.[乃偃武修文 歸馬於華山之陽 放牛於桃林之野 示天下弗服]"는 말에서 유래한다.(『書經』「武成」)

48) 사마온공이 …… 없어졌습니다: 구법당(舊法黨)에 속하는 사마광이 급진 정책을 주장하던 신법당(新法黨)에 속하는 왕안석 일파와 정견(政見)이 달라 축출되었다가, 신법당을 중용한 신종(神宗)이 죽고 어린 철종(哲宗)이 즉위하자 사마광이 다시 재상에 오르게 된다. 그는 1072년 낙양으로 물러나 서경유수어사대로 있다가 1086년 태황태후(太皇太后)의 부름으로 다시 재상이 될 때까지 약 15년의 세월을 낙양에서 있었다.

조금도 느슨해진 적이 없습니다. 그러나 저의 미약한 정성이 어찌 꿈도 꾸지 않는 지인至人의 생각을 움직일 수 있겠습니까? 아마도 선생의 출처가 시운과 대단히 관계되어 있기 때문에 반드시 밤에 잠자는 사이에라도 떠오르는 바가 있을 것이니, 따라서 성찰도 있기를 바라서가 아니겠습니까? 마침 어떤 일이 있어 영주로 돌아가니 우선 이 말씀으로 먼저 아룁니다.

한 순찰사49)께 올리다[上韓巡察使]

삼가 아룁니다. 상공相公께서 국가의 위급한 때를 만나 한 도道를 다스리는 임무를 맡으셨으니, 여러가지 책략을 모으는 데 힘써서 큰 공을 이루려고 하십니다. 한나라 관리의 위의威儀에 부로父老들이 눈물을 흘렸고,50) 군중에 한 명의 한기韓琦가 있어서 서쪽 오랑캐의 마음을 서늘하게 하였듯51) 국운을 회복할 기회가 어찌 여기에 달려있지 않겠습니까? 다만 책임을 도맡은 자는 짐이 무겁기 때문에 어리석은 저의 지나친 계책은 큰 도량을 지니신 순찰사 입장에서는 유감이 없을 수는 없을 것입니다.

상공께서 아침저녁으로 헤아리고 살피셔서 보름마다 명령을 내리는 것은 군졸을 단련

---

49) 한 순찰사 : 당시 경상좌도 순찰사는 한효순(韓孝純, 1543~1621)이다. 이 편지를 쓸 당시 한효순은 안동에 머물러 있었다.

50) 한나라 …… 흘렸고 : 왕망(王莽)이 한나라를 무너뜨리고 신(新)나라를 세운 뒤, 한나라 경제(景帝)의 후예인 유망(劉望)이 한실(漢室)을 부흥시키려고 일어났는데, 그의 관속들이 모두 옛날 한나라의 의관을 하고 장안에 이르자, 장안의 부로(父老)와 옛 관리들이 그들의 모습을 보고는 모두 눈물을 흘리며 "다행히도 오늘 다시 한나라 관리의 위의를 보게 되었구나.[何幸今日又見漢官威儀]"라고 하며 기뻐하였던 고사에서 유래한다.(『後漢紀』「光武皇帝紀」)

51) 군중에 …… 하였듯 : 『동도사략(東都事略)』「범중엄열전(范仲淹列傳)」에 "범중엄과 한기가 모두 위명(威名)이 있었는데, 군중(軍中)에서 이를 두고 말하기를, '군중에 한 명의 한기가 있으니 서쪽 오랑캐가 듣고는 마음과 뼈가 서늘해 졌다.'[仲淹與韓琦 俱有威名 軍中爲之語 曰軍中有一韓 西賊聞之心骨寒]"라고 한 말이 있다.

하는 것과 장수를 선택하는 것입니다. 주둔하고 있는 병영이 경계와 서로 아주 가까이 있고 방어하여 지키는 자는 요해처에서 철수하지 않고 있으니, 장수 중에 사람이 없다고 할 수 없고 군졸이 많지 않다고 할 수 없는데, 상공은 무엇을 꺼려서 한번 군대를 일으키지 않으십니까?

심한 추위에 매우 위축되어 적의 형세는 날로 고립되고, 도중途中에서 고생하여 군의 형세는 이미 쇠약해져, 이번 달이 지나면 양식은 더욱 없고 군대는 더욱 피곤해질 것입니다. 추위가 점차 풀려 오랑캐가 준동하여 함부로 설치게 되면 비록 지혜로운 자가 있더라도 좋은 계책을 낼 수 없습니다. 싸움은 흉하고 전쟁이 위태로워 사람들이 나아가기 싫어하므로 옛부터 정벌하자고 말할 경우 다른 논의가 없을 수 없으니 결단을 내리고 내리지 않음에 따라 성공과 실패가 나누어집니다. 그러므로 진晉나라 임금이 오吳나라를 취하는 데 오직 바둑판을 미는 손에서 결정되었고,[52] 당唐나라 헌종이 채蔡 땅을 치는 데 한 두 신하와 모의를 함께하였으니,[53] 길에서 떠드는 자들을 모아놓고 모의하여 적을 잘 공격했다는 것은 들어보지 못하였습니다. 합하께서는 물어보는 것을 부끄럽게 여기지 않으시면서도 아직 결정을 내리지 않고 계시니, 저는 합하의 과감하신 기상이 혹시 넉넉히 용납하는 도량만 못한 것이 아닌가 하고 저어됩니다.

지금 공격하는 책략 중에서 야간 기습보다 좋은 것이 없는데, 오직 지역의 길에 대해서 자세히 아는 자가 이 일을 해 낼 수 있습니다. 함창咸昌과 산양山陽의 군대에 격문을 전하여 선도先導로 삼고, 각 부서의 장사將士들은 약속한 날짜에 맞추어 거사를 하며, 아무 장수는 아무 지역의 병졸 약간으로 어느 문을 공격하고, 어느 성책城柵의 경우는

---

52) 진나라 …… 결정되었고 : 진(晉)나라 무제(武帝)가 중서령(中書令)인 장화(張華)와 바둑을 두고 있을 때 두예(杜預)의 표(表)가 마침 이르렀다. 장화가 두고 있던 바둑판을 밀어 손을 거두어들이고는, '무도한 오나라를 빨리 치는 것이 마땅하다'고 권하였다고 한다.(『古今事文類聚』「伎藝部·推枰決策」)

53) 당나라 …… 하였으니 : 한유의 「평회서비(平淮西碑)」에 의하면, 당나라 헌종(憲宗) 때 회서 절도사(淮西節度使) 오원제(吳元濟)가 모반하자, 배도(裴度)를 승상으로 삼아 정벌하였다. 헌종이 처음 조정에서 회서를 평정하는 일에 대하여 물어보자 한 두 신하 외에는 모두 반대를 하였다고 한다.

그 소굴을 도모하여 장수를 정하여 분부하고, 화포를 쏘는 자와 활을 쏘는 자는 각각 그 대열을 갖추며 능철稜鐵과 극목棘木[54] 도 갖추어 둡니다. 묶어놓은 섶과 포화를 빠짐없이 준비하여 고각鼓角을 불어 진동시키고 모든 노弩를 일제히 쏩니다. 합하께서는 병력을 데리고 뒤에 있으면서 무너지고 흩어지는 적의 실을 끊어버리면 이소李愬[55] 가 눈 내리는 밤에 세웠던 것과 같은 공로는 말하기에도 부족할 것입니다.

상하의 적이 쇠퇴하지 않았으니 형세를 살펴 움직이는 것만 못하다고 말하는 자가 있을 것입니다. 오직 이 한마디의 말이 시종 일을 그르쳐 머물러 있는 적을 토벌하지 않아 지금에까지 이르렀습니다. 용만龍灣(의주를 말함)에 해는 저무는데 몽진한 임금을 도로 모셔올 계책이 없고, 오랑캐 속에서 포로들과 함께 계신 분[56]은 누구입니까? 이는 신하로서 목숨을 아껴 뒷걸음칠 때가 아닙니다. 더구나 이 작은 주둔지를 섬멸하여 승세를 타고 내쳐 몬다면, 전단田單이 한 번 북채를 잡기만 해도[57] 적인狄人이 반드시 함락되듯 하지 않을 줄 어찌 알겠습니까? 삼가 바라건대 합하께서는 어서 스스로 결단을 내리십시오.

게다가 선비들이 의병을 일으켜 서로 호응하여 일어나니 국가가 선비들을 북돋아 기른 성대함을 보기에 충분합니다. 비록 적의 머리를 베어 날마다 바치지는 못하더라도 또한 공론을 주장해야 하니 참으로 공론이 행해지지 않는다면 바른 기풍이 펴지지 않고, 바른 기풍이 펴지지 않으면 사특한 의논이 방자해 질 것입니다. 강원도는 모두 왜적의 소굴이 되었고 함경도의 사람들은 우리 대군大君을 팔기에 이르렀으니,[58] 어찌 바른

---

54) 능철(稜鐵)과 극목(棘木): 모가 난 쇠붙이와 가시나무이다. 적군의 진격을 저지하는데 쓰인다.
55) 이소(李愬): 명신(名臣) 이성(李晟)의 아들로서, 원화(元和) 연간에 절도사가 되어 회서(淮西)를 토벌하여 평정하였다.
56) 오랑캐 …… 계신 분: 임해군(臨海君)이 포로로 사로잡혀 일반 포로들과 함께 있음을 말하고 있다.
57) 전단(田單)이 …… 잡기만 해도: 순찰사가 한번 싸우기로 마음만 먹으면 왜적들은 당장 항복하게 될 것이란 뜻이다. 전단이 적(狄)을 칠 때 석 달이 지나도 항복을 받지 못했다가 노중련(魯仲連)의 말을 듣고서는 그 이튿날 기세를 떨치며 성을 돌고 화살과 돌이 날아다니는 곳에 버티어 서서 북채를 들고 북을 울리자, 적인(狄人)이 항복했다는 고사에서 유래한다.(『自治通鑑』「赧王 36년」)

기풍이 펼쳐지지 않은 하나의 본보기가 아니겠습니까?

생각건대 뜻만 크고 실제적인 일에는 어두운 저 젊은이들은 대체로 과격한 논의가 많아서 군대를 모으고 도구를 수선하는 즈음에 간혹 공물公物을 침범하는 폐단이 있습니다. 바라건대 큰 도량으로 포용하시며 공公과 사私를 나누고 남와 나를 따지는 마음을 품어서는 안 됩니다. 더구나 적을 토벌하는 것은 공적인 일입니다. 이미 공변된 마음으로 공사를 행하신 바에는 공도를 주장하여, 선비들의 의기를 진작시키면 됩니다. 다만 마땅히 그들과 함께하여 지휘하고 장려하여 공을 이루게만 하면 될 일이지 이쪽의 것을 저쪽에 주는 식으로 어느 한 쪽에만 특혜를 주어서는 안 됩니다. 삼가 생각건대 합하께서는 의병에 대하여 받아들이지 않는 책략이 없으시고, 말을 하면 모두 따르시니 권면하는 도가 지극합니다.

다만 듣자니 조생曺生이 책략을 진술한 글은 달갑게 받아들이시지 않고, 저희 고을의 오합지졸은 관군으로 돌리라고 명하였다고 하니, 이러한 조치는 상공의 손에서 나온 것이 아닌 듯하여 저는 더욱 의심스럽습니다. 더구나 안집사安集使는 왕의 신하입니다. 이왕에 그렇다면 마땅히 그와 힘을 합해야만 하고 서로 알력이 있어서는 안 됩니다.

저는 아는 것이 없으니 성패의 운수에 대해 아는 것이 있겠습니까? 그러나 일찍이 들으니 한유가 중흥의 덕을 찬양할 때 반드시 "오직 결단해야 이룰 수 있었다.[惟斷乃成]"59) 고 말하였고, 제갈량이 적을 토벌하는 도를 의논하면서 역시 "뜻있는 선비의 의기를 넓히고 키우셔야 합니다.[恢弘志士之氣]"60) 라고 하였습니다. 감히 이 두 마디

58) 함경도의 …… 이르렀으니 : 임해군이 포로로 사로잡힌 사건을 말한다. 1592년 임진왜란이 일어나자 왕명에 의하여 순화군(順和君)과 함께 김귀영(金貴榮)·윤탁연(尹卓然) 등을 대동하고 근왕병을 모집하기 위하여 함경도로 떠났다가, 그해 9월 국경인(鞠景仁) 등에 의하여 포로가 되어 왜장 가등청정(加藤淸正)에게 넘겨져 고원(高原)에 수감되었다가 이듬해 부산으로 이송되었다. 여러 차례 협상 끝에 석방되어 서울로 돌아왔다.

59) 오직 …… 있었다 : 한유의 「평회서비(平淮西碑)」에 나오는 내용이다.

60) 뜻있는 …… 합니다 : 제갈량의 「출사표(出師表)」에 나오는 내용이다.

말로 내내 반복하여 번거로움을 꺼리지 않았습니다. 합하께서는 짐작하여 헤아려 주십시오.

도체찰사 이원익[61]께 올리다[上都體察使李 元翼]

을미년(1595, 선조 28) 성현도 찰방으로 있을 때

삼가 아룁니다. 본역本驛은 경산慶山과 청도淸道의 경계에 있어서 내내 적들의 경로가 되니 그 무너지고 피폐한 상황을 알 수 있습니다. 그러나 소생시키고 회복시키는 대책에 오히려 힘을 쓸 여지가 있다면 어찌 속수무책으로 좌시하거나 쇠잔한 대로 내버려두고 보살피지 않을 수 있겠습니까?

흩어지고 도망간 군졸이 차츰 돌아와 모인 역이 모두 10곳이나 되지만 종자가 없고 소가 없어서 봄이 되어도 농사를 지을 수가 없습니다. 사방을 돌아보면 풍년이 들었으나 수확할 조금의 양식도 없으니 어떻게 버리고 떠나서 즐거운 곳으로 가려는 마음[62]이 없을 수 있겠습니까? 게다가 가파른 고개와 긴 골짜기에는 평소에도 논이 없어서 사람들은 모두 편하고 좋은 곳으로 이사하여 구차히 남은 목숨을 연명하고 싶어합니다.

저는 역참을 설치한 본래의 뜻을 가벼이 고쳐서는 안 된다는 것을 알고 있습니다. 지금 근근이 살아남았는데 온갖 부역이 살아남은 이들에게 모여 있으니 한 가지도 감당할 수 있는 것이 없습니다. 참으로 위로하고 기쁘게 해 주어 살아갈 바탕이 되도록 하는

---

61) 이원익(李元翼, 1547~1634) : 자는 공려(公勵), 호는 오리(梧里), 본관은 전주이다. 1569년 문과에 급제하였다. 시호는 문충(文忠)이고, 저서로는 『오리집』·『속오리집』·『오리일기』 등이 있으며, 가사로 「고공답주인가(雇貢答主人歌)」가 있다.

62) 버리고 …… 마음 : 『시경』 「위풍(魏風)·석서(碩鼠)」의 "나를 돌보아주지 않을진댄, 장차 너를 버리고 떠나서, 저 즐거운 땅으로 가버리련다.[莫我肯顧 逝將去女 適彼樂土]"라는 말에서 유래한다.

대책이 없다면 오래토록 그들을 붙잡아 두기는 어려울 듯합니다.

지난번에 역말을 먹이는데 충당할 경비를 대는 것을 면세해 달라는 한 가지 일로 함부로 소장疏章을 드렸습니다만 지위가 낮고 말이 어눌하여 주상께서 들어주시기에는 부족하였습니다. 그래서 항상 안타까워하며 묵묵히 있으면서 벼슬을 그만둘 뜻[63]을 가졌는데, 상공께서는 청하는 말을 기다리지도 않고서 곧장 허락하여 덜어서 면제해 주시니, 누군들 상공의 성대한 덕에 감사하지 않겠습니까? 서로 함께 구차히 조석으로 보존하면서 모두 은혜 입기를 바라니, 제가 말씀드린 '소생시키고 회복시키도록 힘을 쓸 처지'란 생각건대 여기에 있지 않겠습니까? 이에 몇 가지 조목을 갖추었으니 한번 살펴주시기를 바랍니다.

하나. 소생하고 회복시키는 대책 중에는 논을 만드는 것보다 급한 것이 없습니다. 그런데 10개의 역에 한 마리의 소도 없으니 쟁기가 있어야 흙을 일으킬 텐데 무엇으로 한 해의 농사를 잘 마칠 수 있겠습니까? 바라건대 특별히 천민 열 명 남짓을 평민이 되게 하고 벼슬길을 열어주어 직첩을 특별히 내리시고, 한 마리의 소라도 모아서 그 힘으로 먹고 살게 하신다면 이 노한 쇠잔한 것을 소생시키는 한 가지 대책일 것입니다.

하나. 편비編裨[64]의 무리가 수탈하고 사납게 구는 것이 더욱 고질이 되었습니다. 그들이 역에 이르면 우선 음식을 내 놓으라고 요구하고 다음으로 구사邱史[65]를 요구

---

63) 벼슬을 그만둘 뜻: 맡은 일을 제대로 하지 못하여 벼슬을 그만두려는 생각을 말한다. "남의 소와 양을 받아다가 그 주인을 위해 기르는 사람이 있다면, 그 사람은 반드시 소와 양을 위해 목장과 꼴을 구할 것이다. 그런데 목장과 꼴을 구하다가 얻지 못하면, 그 주인에게 소와 양을 되돌려 주어야 하겠는가? 아니면 그냥 서서 그들이 죽어가는 것을 보고 있어야 하겠는가?[有受人之牛羊而爲之牧之者 則必爲之求牧與芻矣 求牧與芻而不得 則反諸其人乎 抑亦立而視其死與]"라는 구절의 뜻을 가져왔다.(『孟子』「公孫丑下」)

64) 편비(編裨): 편장(偏將)과 같은 말로, 대장의 아래에 딸린 부하 장수를 말한다.

65) 구사(邱史): 원래는 임금이 공신(功臣)이나 궁방(宮房) 등에 특별히 딸려 준 관노비를 뜻하는데,

하여 하나라도 비위를 거스르는 일이 있으면 곤장이 따릅니다. 저희 역은 부산釜山으로부터 파발마가 지나가는 길입니다. 파발자로 뽑혀 명을 전하러 가는 자도 사람을 부리며, 편장의 지시를 따르다가 명을 제때에 이행하지 못하면 또 전명傳命을 제때에 못한 죄가 있으니 무엇으로 견디겠습니까? 밝으신 주상께서 교敎가 있으시고 조정에는 영令이 있으며 감사監史는 금禁이 있지만 아무 일 없는 듯 벌주지 않으시니 참으로 한심스럽습니다. 삼가 바라건대 다시 더욱 엄히 신칙하셔서 그 폐단을 끊어 주십시오.

명나라 장수 유정께 올리다[上唐將劉綎]

장군께서 군대를 이끌고 멀리 오셔서 더위와 추위를 겪으시니 참으로 고생이 많으십니다. 조선의 살아남은 백성들이 오늘날 보호를 받아 천지 사이에 편안히 먹고살게 된 것은 터럭만큼 사소한 것조차 모두 성스런 천자와 장수 여러분들의 은택입니다. 목숨이 있는 자라면 누군들 길 왼쪽에서 대접하여 작은 정성이나마 바치고 싶어하지 않겠습니까? 그런데 공경하고 사모해 마지않고 끊임없이 탄복하며, 부모처럼 믿고 태산처럼 우러러 모두 감사히 떠받들고 싶어, 그 마음을 절제할 줄 모르는 것이 유독 장군에게 지극하니 그 뜻이 어찌 다른 이유가 있겠습니까?

천자가 명하여 군대를 파견할 때 작은 나라 사람들은 모두들 뛸 듯이 기뻐하면서 "우리의 명나라 군대를 기다리니, 명나라 군대가 강을 건너는 날이 바로 우리가 다시 사는 날이다."라고 하였습니다. 그러나 서로 기뻐하고 축하하는 나머지에 근심과 두려움이 없을 수 없었으니, 이에 군자와 소인 간에 각각 의견이 있었습니다.

여기서는 단순히 관노비를 뜻하는 듯하다.

소인은 이렇게 말합니다. "천자께서는 적의 정황이 작은 나라에 있지 않지만 작은 나라의 백성이 먼저 어육魚肉이 될 것을 분명히 아시고 '적을 문정門庭의 안에서 기다리기보다 차라리 울타리 밖에서 막는 것이 낫지 않겠는가? 게다가 저 백성들도 역시 나의 어린 자식이다.'라고 생각하셨을 것이다. 그러므로 멀리까지 천자의 군대를 수고롭게 하면서도 꺼리지 않으셨다. 그러나 장수가 부월을 지니고 동쪽으로 올 때 또한 천하의 큰 계책을 알고 황제의 성스런 뜻을 환히 아는 자가 다시 있는가? 옛날의 장수는 작은 성취 때문에 큰 계책을 그르치거나 화해를 말하여 큰 계책을 그르치기도 하였다. 이러한 두 가지 걱정거리가 없었던 이는 주나라에 윤길보尹吉甫[66]가 있었고, 한나라에는 위청衛靑[67]과 곽거병霍去病[68]이 있었으며, 당나라의 이광필李光弼[69]과 곽자의郭子儀,[70] 송나라의 구준寇準[71]·이강李綱[72] 등의 몇 사람에 그친다. 지금 국경 밖을 전담하는 자가

---

66) 윤길보(尹吉甫): 성은 혜씨(兮氏), 이름은 갑(甲), 자는 백길보(伯吉甫)이며, 윤(尹)은 관직 이름이다. 성왕(成王)과 강왕(康王) 이후 주나라가 쇠약해지자 북쪽 오랑캐인 험윤(玁狁)이 호경(鎬京)을 침략해 왔다. 이때 윤길보가 군사를 이끌고 나아가 험윤을 태원(太原)까지 쫓아내고 돌아왔다. 시인이 그 공적을 기리면서 지은 시가 『시경』「소아·유월(六月)」이다.

67) 위청(衛靑): 자는 중경(仲卿)이고, 그의 어머니는 평양후(平陽侯) 정계(鄭季)의 첩이었으므로, 어머니의 성을 따랐다. 무제의 후궁이 된 누이의 덕으로 벼슬한 뒤 흉노의 정벌에 큰 공을 세워 대장군이 되고 대사마에 올랐다. 장평후(長平侯)에 봉해졌으며, 사후에는 그 아들이 작위를 계승하였다.(『史記』「衛將軍驃騎列傳」)

68) 곽거병(霍去病): 한 무제(漢武帝) 때의 명장이다. 18세에 대장군 위청(衛靑)을 따라 표요교위(剽姚校尉)가 되어 흉노족을 공격하여 공을 세운 것을 시작으로, 병법에 뛰어나 일찍이 여섯 차례나 북쪽으로 흉노를 정벌하여 큰 공훈을 세워 벼슬이 표기대장군(驃騎大將軍)에 이르고 관군후(冠軍侯)에 봉해졌다.(『史記』「衛將軍驃騎列傳」)

69) 이광필(李光弼, 708~764): 당나라 영주(營州) 유성(柳城) 사람이다. 거란족으로 당 숙종(唐肅宗) 때 천하병마도원수(天下兵馬都元帥)가 되어 안사(安史)의 난을 평정시킨 중흥 공신이다. 시호는 무목(武穆)이다.(『唐書』「李光弼列傳」)

70) 곽자의(郭子儀, 697~781): 당나라의 명장으로, 화주(華州) 정현(鄭縣) 사람이다. 현종 때 삭방절도 우병마사(朔方節度右兵馬使)가 되고 안사(安史)의 난을 평정하였으며, 또 회흘(回紇)과 손잡고 토번(吐蕃)을 정벌하였다. 왕실 중흥의 공으로 분양왕(汾陽王)에 봉해졌고, 덕종 때에는 상보(尙父)라는 호를 받았다.(『新唐書』「郭子儀列傳」)

71) 구준(寇準, 961~1023): 자는 평중(平仲)이며, 화주(華州) 하규(下邽) 사람이다. 송나라 진종(眞宗) 때

상책上策을 낸다면 천하가 다행이며 작은 나라는 소생할 것이다. 만약 그렇지 않고 중도에 돌아가서 공로로 삼아 자랑하여 성공을 구하는 데서 그르쳐 다시 후환을 끼친다면 오늘의 천자의 군대는 오지 않은 것만 못하다."

군자는 이렇게 말합니다. "천하의 일은 훌륭한 신하가 없는 것이 걱정이 아니라 훌륭한 임금이 없는 것이 걱정이다. 이미 성군聖君이 있다면 어찌 훌륭한 장수가 없겠는가? 지금 중국이 나라를 다스리는 도는 부족함이 없어서 외부의 오랑캐가 침범하고 얕볼 수 있는 때가 아니다. 그리고 쓸 만한 장수가 물고기 비늘처럼 많으니 그 사이에는 반드시 천자의 명을 받들어 천자의 토벌을 이룰 자가 있을 것이다."

이윽고 평양의 적이 비로소 소탕되자 한양에 있는 오랑캐의 군막은 이미 혼란에 빠지니, 파급되는 효과는 이미 곤경에 처했던 이 나라 백성들에게 미치고 이미 가망이 없어진 나라에 새살이 돋게 하였습니다. 정벌한 공로는 또한 훌륭하지만 천하의 근심거리는 아직도 남아있습니다.

적의 기세가 매우 성하니 한 번 싸워서 물리칠 수 있는 것이 아니며 적의 정황은 속임수를 잘 쓰니 한 번 화해한다고 평화로워지는 것이 아닌데, 여러 장수들 중에는 적을 다 섬멸했다고 여기고 돌아가는 자도 있고 화친하자는 요청을 따라 물러나는 자도 있습니다. 불행하게도 소인들의 말이 적중하였으니 참으로 통탄스럽습니다.

장군께서는 천하의 큰 계책을 자신의 임무로 여기시어 작은 성공을 다행으로 여기지 않으시고, 강화하는 것이 잘못된 일인 줄을 깊이 알아 간사한 말에 흔들리지 않고 우뚝이 홀로 미친 파도의 한가운데 막아서서 힘을 다하여 하늘을 넘칠 듯한 형세를 막아내시며, 나아갈 줄만 알고 물러설 줄을 몰라 여러 차례의 위험에도 멈추는 바가 없으시니,

---

거란이 침입해오자, 황제에게 친정(親征)하기를 청하여 거란군을 물리쳤던 사실이 있다.(『宋史』「寇準傳」)

72) 이강(李綱) : 자는 백기(伯起)이다. 송나라 소무(邵武) 사람으로 정강(靖康) 초에 병부 시랑으로 금나라가 침입해 왔을 때 주전(主戰)을 주장하다가 귀양 갔고, 고종이 남도(南渡)한 뒤 재상으로 기용하자 국력을 회복하는 데 힘을 다했다. 시호는 충정(忠定)이다.(『宋史』「李綱列傳」)

이른바 천명을 받들어 하늘의 토벌을 이룰 이는 장군이 아니고 누구이겠습니까?

군졸을 군율로 다스려서 평민들을 침범하거나 사납게 노략질하지 않게 하고, 자신의 생활을 간략히 하여 가장 아래의 군졸과 고생을 함께 하려고 하시는 것은 단지 그 나머지의 일일 뿐이니, 이것이 바로 의도하지 않았는데도 인심이 함께 우러러 받들게 된 까닭입니다. 비록 그렇지만 군대란 모이기는 어려워도 피로해지기는 쉬우며 기회를 만나기는 어려워도 잃기는 쉽습니다. 흉악한 무리들이 겨울이라 위축되어 있고 양식이 모자랄 때에 섬멸하여 큰 공로를 세워 윤길보 이하 여러분들이 하였던 바를 저버리지 않도록 하는 것이 어찌 옳은 계책이 아니겠습니까?

아아! 서생書生은 기량이 모자라서 비록 앞장서는 공로를 바치지는 못했으나 글솜씨가 있으니 돌에 새겨 크게 칭송하게 되기를 바라며, 감히 부족한 말씀을 올리면서 무궁히 축원하는 마음을 덧붙입니다.

유정께 올리다[上劉綎]

미친 왜적이 바다의 섬 가운데서 불쑥 일어나 큰 천하를 노려보며 하늘의 해는 쏘아 맞힐 수 없다는 것을 알지 못하고 감히 활을 한껏 당기려고 하니, 흉악하고 사특한 모습은 치우蚩尤[73] 뒤로 있었던 적이 없습니다.

천자께서 만 리 밖을 환히 보시고 그들의 뜻이 조선이라는 작은 나라에 있지 않으며 그 기세가 작은 나라로서는 감당해 내지 못하리라는 것을 아시고, 이에 주왕周王이 응징

73) 치우(蚩尤) : 황제(黃帝) 때의 제후 이름으로, 일반적으로 포악무도한 자를 일컬을 때 쓰인다. 『사기』 「오제기(五帝紀)」에 "치우가 난을 일으켜 황제의 명을 따르지 않았다. 이에 황제가 제후들에게서 군사를 징발하여 치우와 더불어 탁록(涿鹿)의 들판에서 싸워 드디어 치우를 사로잡아 죽였다."라고 하였다.

한 진노[74]를 발하며 당 헌종이 홀로 결단한 지혜를 넓히시고 훌륭한 장수와 단련된 정예의 병졸을 뽑으셨습니다. 전투 기계는 앞에 두고 군량미는 뒤에 두어, 물리쳤다는 조그만 성공에 안주하지 않고 또 강화하자는 간사한 의논에 빠지지도 않으시니, 그 밝고 성스러우며 신통한 무예는 또한 탕임금과 무왕에 무엇이 부끄럽겠습니까?

장군은 가슴에 훌륭한 계책을 감추고 계시며 지혜는 천 명이 지닌 것보다 뛰어납니다. 길보吉甫와 같은 문무文武[75]는 온 세상에 법이 되고, 한기와 범중엄[76] 같은 위엄과 명성은 평소 오랑캐를 두렵게 하니, 참으로 장자長子라는 칭호에 합당하며 원수라는 책임을 저버리지 않으셨습니다. 온 세상에 가득한 죄는 하늘이 죽이시고 이름 없는 군대는 한 번 싸워 복종시킬 수 있으니, 성스런 천자께서 일개 독부獨夫[77]에게 임하시고 두세 명의 어진 장수가 서로 협력하여, 그 사이에서 공격하면 말끔히 소탕하여 번거롭게 다시 군대를 일으키지 않아도 될 것입니다. 그러나 지금까지도 머뭇거리고 있는 것은 어찌 힘을 기르고 지혜를 모아 그 기회를 기다려 펼치려는 것이 아니겠습니까?

날씨는 벌써 추워지고 눈은 부슬부슬 내려 깃발과 부절은 얼려고 하며 쌀과 콩은 혹 바닥났으나, 아무리 얼마 남지 않은 백성들의 기력이 피폐하고 힘이 다하여 발생한 일이라고는 하지만 천자의 군대가 양식과 음식을 보내달라는 다급한 부르짖음을 차마 들을 수 있으며, 고을에서 소와 술을 가지고 오지 않는 것을 어찌 마음에 민망하며 답답

---

74) 주왕(周王)이 …… 진노 : 비궁은 천자가 군대를 출동하여 융적을 정벌하는 것을 말한다. "융적을 이에 당해내니, 형과 서가 버릇을 고치도다.[戎狄是膺 荊舒是懲]"라는 구절에서 유래한다.(『詩經』「魯頌·閟宮」)

75) 길보(吉甫)와 같은 문무(文武) : 길보는 주 선왕(周宣王)의 대신인 윤길보(尹吉甫)를 말한다. 그가 문무(文武)를 겸비하여 북쪽의 험윤(玁狁)을 정벌하였던 내용이 『시경』「소아·유월(六月)」에 나온다.

76) 한기와 범중엄[韓范] : 송나라 때의 명상(名相)이자 명장(名將)인 한기(韓琦)와 범중엄(范仲淹)을 가리킨다. 서하(西夏)와의 전투에서 군사들의 인심을 결집시켜 요해처를 굳게 지켜 내자, 조정에서는 이들을 몹시 믿으면서 '한범(韓范)'이라고 불렀다.(『宋史』「韓琦列傳」)

77) 독부(獨夫) : 독부(獨夫)는 하늘도 버리고 백성도 버려 외롭게 된 통치자라는 뜻인데, 여기서는 전쟁을 일으킨 장본인인 도요토미 히데요시를 두고 하는 말이다. 『서경』「태서하(泰誓下)」에 폭군 주(紂)를 '독부'로 명명하고 그의 죄악상을 나열하고 있다.

해 하지 않겠습니까?

저는 못난 선비이기에 적군의 깃발을 뽑는 데는 기량이 모자라서 비록 앞장서는 용기에 부끄러움이 있지만 참으로 음식을 준비하려는 정성은 깊습니다. 바라건대 삼가 부족한 재물로 깊은 정성을 펼쳐서 군대를 맞이하는 예를 바칩니다.

순찰사 홍이상[78]께 올리다[上巡察使洪 履祥]

삼가 아룁니다. 바로 지금의 일의 형세는 백성들을 보전하는 것보다 급한 것이 없습니다. 그런데 합하께서 정사를 나스림에 있어서 항상 선란에서 살아남은 쇠산한 목숨을 어루만지고 보살피는 데 간절하시니, 누군들 성한 덕에 감격하고 떠받들지 않겠습니까?

다만 밀양을 오가는 길에 파발을 설치하는 것은 원망을 들을 단서가 있는데 아마도 합하께서 우연히 미처 생각지 못하신 듯 합니다. 합하께서는 평민을 침범하고 요란스럽게 하는 것을 염려하셔서 아병牙兵[79]과 관속官屬들을 파견하도록 명하셨습니다. 그렇지만 이러한 때 군과 읍에 어찌 이른바 아병이나 관속이 있겠습니까? 아병과 관속이 비록 있다고는 하지만 모두 논에 농사짓는 백성입니다. 그리고 폐단이 뭇 사람들에게 미칠 것을 염려하셔서 3명이 교대하도록 명하셨습니다. 그러나 잠시 사이에도 전명傳命이 첩첩이 이르니, 결코 세 사람이 지탱할 수 있는 바가 아닙니다. 저희들이 농사일을 제쳐두고 길 위에서 바삐 뛰어다니며 길거리에서 무리지어 멀리 바라보고 시간만 보내느라 날을 보내니, 이것이 어찌 이러한 때에 이 백성들이 감당할 수 있는 것이겠습니까?

---

78) 홍이상(洪履祥, 1549~1615) : 초명은 인상(麟祥), 자는 군서(君瑞)·원례(元禮), 호는 모당(慕堂), 본관은 풍산(豊山)이다. 시호는 문경(文敬)이고, 저서로는 『모당유고』가 있다.

79) 아병(牙兵) : 대장 휘하에 직속된 군졸 중의 하나이다.

만약 "군대를 통솔하고 나라를 다스리는 데 중요한 일이라서 늦출 수 없다."고 말씀하신다면 합하께서는 마땅히 현풍과 창녕 등의 지역에 주둔하셔야 합니다. 합하께서 주둔하실 자리를 옮기는 것을 신중히 하며 폐단을 끼치는 것을 가벼이 여기는 것이 어찌 합하께서 정사를 다스리시는 본래 의도이겠습니까? 더구나 전하는 내용을 가만히 살펴보건대 항상 늦출 수 있는 것이 많고 급한 것은 적습니다. 바라건대 합하께서는 시험 삼아 급한 전보傳報를 취하여 열람해 보십시오. 오늘 도착한다고 무슨 이익이 있으며 내일 도착한다고 무슨 손해가 있습니까? 속시원하게 내가 빨리 보고 듣고 싶어서 백성들이 농사지을 시기를 놓치게 하면 밭을 갈지 못하고 김을 매지 못하여 생업을 잃기에 이릅니다. 한 사내라도 살 곳을 얻지 못하는 것[80]을 옛 사람은 오히려 구렁으로 밀어 넣는 것처럼 여겼습니다. 지금 생업을 잃은 자가 어찌 수십 명에 그치겠습니까? 군자라면 생각을 바꾸시는 것이 마땅합니다.

풍각豊角[81]에 역참을 설치하는 일은 더욱이나 급한 것이 아닙니다. 창녕으로부터 전하는 것은 단지 명나라 사신 일행에 대한 것이고 그들의 행차도 아직 멀었습니다. 이 때문에 군사를 모아서 우두커니 서서 무작정 대기하게 하는 것은 또한 수고롭지 않겠습니까? 이 지역이 백성의 수가 적다는 것은 대부분 알고 있는데 백성들에게 괴로운 부역을 책임을 지우니 그 원통함은 상상해 볼 수 있습니다.

저는 못난 유생으로서 말단의 벼슬자리를 채우고 있습니다. 선비로서는 이미 늙었고 관리가 된 지는 얼마 되지 않습니다. 명을 듣고 바삐 실행하는 습관에는 아직 익숙지

---

80) 한 사내라도 …… 못하는 것 : 은나라 탕임금의 재상인 이윤(伊尹)이 "내가 나의 임금을 요순처럼 만들지 못한다면 시장에서 종아리를 맞는 것처럼 내 마음이 부끄러울 것이고, 한 사나이라도 살 곳을 얻지 못한다면 이는 또한 나의 죄라고 할 것이다.[予弗克俾厥后爲堯舜 其心愧恥若撻于市 一夫不獲 則曰時予之辜]"라고 한 말에서 유래한다.(『書經』「說命下」)

81) 풍각(豊角) : 경북 청도 지역의 옛 지명이며, 현재는 청도군 풍각면이다. 청도의 서쪽에 자리 잡고 있어, 남쪽으로는 고로치(高老峙)를 넘어 영산(靈山)과 호법현(胡法峴)을 지나 밀양과 이어지는 도로가 발달하였다. 북쪽으로는 대구와 연결되고, 당시에는 풍각창(豊角倉)과 유산역(幽山驛)이 있었다.

않고 비분강개하여 시대를 아파하는 뜻은 끝이 없습니다. 게다가 합하께서 받아주는 도량을 믿고 감히 길게 말씀드렸습니다. 삼가 바라건대 합하께서는 사람이 부족하다고 해서 말을 버리지 마시고 특별히 명하셔서 이러한 폐단을 제거해 주신다면 매우 다행이겠습니다.

안집도감[82]께 올리다[上安集都監]

삼가 둔전사목屯田事目[83]을 살펴보건대 역로驛路는 찰방이 전담하여 조치하게 되어 있는데 역졸을 모아서 밭 갈고 씨 뿌리는 것을 과업으로 권하니, 역로가 소생하고 회복되는 점에서는 의도가 아주 훌륭합니다. 찰방이 비록 내세울 것은 없는 자리이지만 감히 마음과 힘을 다하여 만 가지 중에 하나라도 효과가 있기를 기약하지 않겠습니까?

강좌江左의 역로는 자여自如[84]로부터 그 위로, 다음으로는 황산黃山[85]이고 그 다음은 성현省峴[86]입니다. 자여와 황산은 모두 적의 소굴에 빠졌고 성현은 함락되는 것을 면하

82) 안집도감(安集都監) : 임진왜란 때 군민(軍民)을 구휼하고 위무하여 이산(離散)을 막아 안주시킬 목적으로 임시로 설치한 관청으로, 으뜸 되는 벼슬은 안집사(安集使)이다.

83) 둔전사목(屯田事目) : 사목(事目)은 공사(公事)에 관하여 정한 규칙으로, 이와 비슷한 말로 절목이 있다. 둔전사목이란 둔전을 할 목적으로 정한 규칙을 말한다.

84) 자여(自如) : 경상도 창원의 자여역(自如驛)을 중심으로 한 역도(驛道)이다. 관할 범위는 함안–창원–김해–밀양–양산 방면에 이어지는 역로와 창원–웅천–칠원 방면에 이어지는 역로이다. 이에 속하는 역은 창원의 근주(近珠)·신풍(新豊)·안민(安民), 칠원의 창인(昌仁)·영포(靈浦), 김해의 대산(大山), 함안의 파수(巴水)·춘곡(春谷)·금곡(金谷, 김해)·덕산(德山, 김해)·성법(省法, 김해)·적항(赤項, 김해)·남역(南驛, 김해), 웅천의 보평(報平) 등 14개 역이다.

85) 황산(黃山) : 경상도 양산의 황산역을 중심으로 한 역도이다. 관할 범위는 양산을 중심으로 밀양·기장·언양·경주·울산·동래 방면의 역로이다. 이에 속하는 역은 경주의 잉포(仍浦, 또는 仍甫)·노곡(奴谷 또는 蘆谷), 양산의 윤산(輪山)·위천(渭川), 언양의 덕천(德泉, 또는 德川), 울산의 굴화(堀火)·간곡(肝谷), 기장의 아월(阿月)·신명(新明), 동래의 소산(蘇山)·휴산(休山) 등 11개역이다.

였으니, 쇠잔해진 것을 소생시키고 피폐해진 것을 일으키는 대책은 그래도 힘써 볼 여지가 있습니다. 그러나 쇠락하고 피폐하여 온갖 폐단이 있을 뿐, 떨쳐 일으킬 만한 방법이 한 가지도 없습니다. 만약 별도로 조치가 없으면 비록 역졸을 모으려고 해도 누가 다시 편안히 거주하겠으며, 비록 농사를 권하고 싶어도 누가 생업에 즐거워하겠습니까? 전쟁과 굶주림과 돌림병이 든 나머지 흩어지고 도망간 병졸 중에서 또한 조금씩 돌아와 모인 자들이 있습니다. 게다가 외역外驛을 아울러 합치면 백 명 남짓이 되는데 쇠약하고 늙은 말 다섯 필 뿐입니다. 오래지 않아 죽게 되면 무엇으로 대비할 방법을 세울 수 있겠습니까?

봄에 순찰사께 보고하고 농사지을 곡식을 나누어 주어 사람들은 한 말 쯤 심었는데 조정에서는 말에 대한 세금을 거두라고 명하니, 일정한 마음과 일정한 생산이 없는 자는 모두 흩어질 생각을 갖습니다. 이러한 자세한 사정을 감히 소장으로 진달하여 세금을 덜어주고 부역을 면해주는 은혜 입기를 바랐으나 지위가 낮고 말이 하찮으니, 어찌 주상의 마음을 움직여 들으시게 할 수 있겠습니까? 오직 진달하여 빨리 시행하기를 바랄 뿐입니다. 세 조목을 따로 갖추어 말씀드리오니 한번 살펴주시기를 바랍니다. 이는 이른바 "먹을 것을 얻으면 살고 얻지 못하면 죽는다."[87]는 것이니, 만약 할 수 없다고 따르지 않는다면 찰방이 비록 명을 받들어 힘을 다 하려고 한들 어찌 손쓸 방법이 있겠습니까?

하나. 병사兵使와 방어사防禦使[88]와 조방장助防將[89]과 모든 진의 장사將士들에게 각

---

86) 성현(省峴) : 경상도 청도의 성현역(省峴驛)를 중심으로 한 역도이다. 성현도의 관할 범위는 청도-밀양, 청도-경주, 청도-창녕, 현풍-창녕-영산 등에 이어지는 역로로써, 이에 속하는 역은 밀양의 용가(龍駕)·금동(金洞)·양동(良洞)·수안(水安)·무흘(無訖)·유산(幽山), 현풍의 쌍산(雙山), 청도의 유천(楡川)·오서(鰲西)·매전(買田, 청도)·서지(西芝), 창녕의 내야(內野), 영산의 일문(一門)·온정(溫井), 대구의 범어(凡魚 또는 凡於), 성주의 설화(舌火 또는 舌化) 등 16개 지역이다.

87) 먹을 것을 …… 죽는다 : "밥 한 그릇과 국 한 사발을 얻으면 살고 못 얻으면 죽는다.[一簞食 一豆羹 得之則生 弗得則死]"는 말에서 유래한다.(『孟子』「告子上」)

88) 방어사(防禦使) : 조선시대 16대 인조 때 경기도·강원도·함경도·평안도의 요긴한 곳을 방어하기 위하

각 관하인管下人이 있어 부리기에 충분한데도 굳이 역졸을 부리려고 하며, 먼 곳까지의 서신 전달을 굳이 역참에 책임지우니, 앞 사람이 돌아오지도 않았는데 뒤의 명령이 계속해서 이릅니다. 조금이라도 부족한 점이 있으면 처자까지 연루가 되니 어느 겨를에 편안히 앉아서 생업을 일삼겠습니까? 삼가 바라건대 따로 과조科條[90]를 만들어 고관들이 지나갈 때 외에는 함부로 침범하여 부역에 이바지하도록 하지 못하게 한다면 또한 안집安集하는 한 가지 방책이 될 것입니다.

하나. 우편을 설치하고 명을 전하기 위해서는 말을 대기시키는 것보다 급한 것이 없는데 이곳의 병졸에게 말을 마련하라고 요구하는 것은 아무 것도 없는 텅 빈 가게에서 물건을 구하는 것과 다름이 없으니 어떻게 구할 길이 있겠습니까? 삼가 생각건대 여러 섬에 있는 말은 대부분 하는 일도 없이 늙어갑니다. 만약 수십 마리를 뽑아내도록 승낙하신다면 쓸모없는 말이 쓸모 있는 말이 될 것이니, 또한 역로가 소생하고 회복되는 한 가지 방책일 것입니다.

하나. 사람을 모으고 농사를 권하는 것은 곡식이 아니면 가능하지 않은데 본도本道는 쇠잔함이 너무 심하여 두루 굶주린 백성을 돕거나 계속해서 군량을 댈 수가 없습니다. 더구나 그 모자라는 나머지를 역졸에게 미룰 수 있겠습니까? 바라건대 호남의 곡식 백 섬 남짓을 특별히 제급題給하도록 허락하신다면 이것을 구황에 쓰고 종자로 써서 본전을 잃지 않고 원래의 곡식을 남기게 될 것이니, 실로 쇠잔한 백성을 소생시키는 한 가지 방책입니다.

저는 삼가 생각건대 지금 일으키고 회복시키는 방책으로는, 한 주州에 있으면 한 주를 소생시키려는 생각을 하고, 한 부府에 있으면 한 부를 소생시키려는 생각을 하여, 한

여 둔 무관의 종2품 벼슬이다.

89) 조방장(助防將) : 주장(主將)을 도와서 적의 침입을 방어하는 장수이다. 주로 관할 지역 내에 있는 무재(武才)를 갖춘 수령이 이 임무를 맡는다.

90) 과조(科條) : 법률, 명령, 규칙 등의 조목이다.

현縣과 한 역驛에 이르러서도 모두 그렇게 한다면 한 나라를 회복시키는데 무슨 어려움이 있겠습니까? 그러나 하는 말이 다른 사람들에게 신임을 받지 못하고 계책이 세상에 쓰이지 않는다면 비록 무언가 이루려고 해도 어떻게 할 수 있겠습니까? 이에 감히 길게 말씀드리오니 지극히 송구한 마음을 견딜 수 없습니다.

의병 도대장 겸 우병사 김면[91]께 올리다[上義兵都大將兼右兵使金 沔]

어려서 듣기로 선생께서는 도와 덕을 간직하여 자연 속에서 지내면서 세상에 알려지거나 높은 자리에 오르려는 데는 뜻이 없고 스스로 만족하는 즐거움을 지니고 계시다고 하였습니다. 저는 조용한 물가에서 따라 배우고 싶었지만 그렇게 할 수 없었던 것이 마음속으로 늘 아쉬웠습니다. 불행하게도 국운이 중도에 막히고 왜구의 재앙이 매우 심각하니, 천리는 사라지고 사람들은 다 죽어서 인륜의 도는 국운과 함께 거의 끊어지려 합니다. 선생께서 의리를 부지하여 의병을 일으키고 곧장 몸을 일으켜 국난을 구원하러 가서 한 무리의 군대로 적의 길을 가로막았습니다. 이에 과연 선생께서 평소 스스로 기르신 바와 품고 계신 뜻이 범상치 않아, 단지 미친 물결 속의 지주砥柱가 될 뿐만 아니라 또한 인륜을 위해 모범을 세우신 것을 알게 되었습니다. 이로부터 향곡鄕曲에서 군대를 이끄는 이들이 한둘이 아니게 된 것은 모두 선생께서 솔선수범하였기에 이루어진 것이니, 나라를 바로잡고 구제하는 데 도움이 되는 것을 어떻게 헤아릴 길이 있겠습니까?

---

91) 김면(金沔, 1541~1593) : 자는 지해(志海), 호는 송암(松菴), 본관은 고령이다. 임진왜란이 일어나자 궐기하여 군량 조달에 많은 공을 세웠다. 진주 목사 김시민(金時敏)과 함께 지례(知禮)를 역습해 대승하여 합천 군수에 제수되고, 의병대장의 호를 받고 한 도의 군을 통솔하게 되었다. 곽재우(郭再祐)와 관찰사 김수(金睟)가 서로 격문을 띄워 상대방의 죄를 선전하였으나, 김면이 결국 국사를 위한 뜻이라 하여 곽재우와 김수의 불화를 화해시켰다.

요즈음 듣건대 상도上道의 군대가 사람들의 비방과 헐뜯음을 많이 받아 비변사가 한가하고 여유롭게 자기 편한 대로 한다고 지목하기에 이르렀다고 합니다. 의병들이 아마 반드시 스스로 초래한 단서가 있을 것이니, 의리로써 명분을 삼아 병사가 된 자가 스스로 돌이켜 보고 스스로 힘쓸 줄 몰라서야 되겠습니까? 가만히 생각건대 나라에 의병이 있는 것은 나라의 불행이기도 하면서 나라의 큰 행운이기도 합니다. 나라의 기강이 추락하지 않고 풍속이 오염되지 않아, 토지와 지경을 지키는 자가 그 문고리를 굳건히 하고, 공격과 토벌을 맡은 자가 공적인 전투에 용맹하여, 넘어지는 것을 부축하고 위태로운 것을 지탱하여 각자 그 직분을 다하면 어찌 의병이 필요하겠습니까? 군대를 일으키고 전쟁을 일으키는 것이 조정의 명에서 나오지 않고 초야의 사람에게서 나오는 것은 부득이한 일이지만 실은 국가의 불행입니다. 그러나 온 나라가 혼란한 때에 공의를 주장하고, 모든 일이 와해되고 분열된 뒤에 윤리와 인간의 도리를 배양하고 심어, 백성들은 믿고서 반란하지 않고 지사들은 의지할 곳이 있게 하여 그 공이 싸움에 달려가 공략하는 데만 있지 않는 것으로 말하자면 비록 국가의 큰 다행이라고 해도 좋을 것입니다.

얼마 전 강원도 일대가 모두 왜적에게 아첨하는 소굴이 되고 함경도 사람이 대군大君을 팔기에 이르렀습니다. 가령 두 곳에 일찍이 한 명의 대장부가 있어서 의병을 일으키고 규합하여 거느렸다면 반드시 이런 근심은 없었을 것입니다. 그렇다면 의병을 소홀히 여길 수 없을 듯한데, 윗자리에 있는 사람이 인도하고 부지하며 장려하고 권장하여 그 일을 이루었다는 것은 듣지 못하였고, 혹은 오히려 좋지 못한 말을 하는 것은 유독 무엇 때문입니까? 뜻만 큰 자들은 행실을 곧게 하면서도 사양의 말을 하지 못하고, 강개한 지사는 대부분 격앙된 말을 합니다. 말이 무관들을 능멸하니 무사들이 편안하지 못하고, 우병사에 대해서 논란이 미치면 우병사는 용납할 수 없어서, 병사를 조련하고 무기를 수선하는 즈음에 혹은 공공의 것을 침범하는 폐단이 있습니다. 이문移文이 오고 가는 즈음에 반드시 서로 비교해 보는 일이 많아서 이러한 일이 계속 반복되고 이어져 마침내 시기하고 의심하게 되었습니다. 나라의 도적이 제거되지 않았는데 사사로운 싸움이 일어나고, 헐뜯고 비방하는 말이 일어나서 반드시 서로 부딪히려고 하니 어찌 한심하지 않겠습니까?

시간이 흘러 이전의 인심은 변하고 풍속이 오염되어, 어른이나 아이나 충성스럽고 두터운 도량이 부족하고 안팎은 공격하고 들추어내는 습성이 성합니다. 남과 나 사이에 일어나는 사사로움만을 따르고 나랏일이 그릇될 것을 생각지 않으니, 조정에서는 시비를 따지는 경우가 많고 초야에는 공론이 없습니다. 난리는 이미 병이 된 데다가 이 폐단은 더욱 고질이 되었습니다. 아! 고아인 여인에게 장가든 사람이 혹은 터무니없는 비방[92]을 초래하고, 한 마을에 사는 사람이 성과 이름이 같았기 때문에 살인을 하였다[93]는 비방을 벗기 어려웠던 꼴입니다. 생각건대 우리 도는 평소 예의바르고 어진 선비들이 번갈아 일어나서 세상에서 학문과 문예가 있는 지역이라고 일컫고 지금 또 선생의 절재節裁를 받고 있으니, 아마 상도上道에서 운운되는 바와 같은 일은 없을 것입니다. 선생께서 이미 우병사의 직책을 전담하시고 의병을 총괄하시니 주상께서 살펴보심이 융성하고도 무겁고, 선비들은 기대하며 우러러보는 바입니다. 행할 만한 계책을 바치고 행할 수 없는 것을 없애면 군주의 마음을 돌릴 수 있고, 정령을 반포하면 습속의 나쁜 것을 없앨 수 있습니다. 바로잡고 구원하도록 주선하여 군주와 백성, 윗사람과 아랫사람이 각각 그 도를 다하게 한 뒤에야 한 시대의 인심과 풍속이 장차 다시 만들어진 세상과 더불어 모두 새로워지는 지경으로 나아갈 것입니다. 선생께서는 참으로 곡절을 자세히 아뢰어서 위로는 근거 없는 의심을 풀어 주시고, 간곡하게 가르쳐서 아래로는 맞지 않는 폐단을 고쳐서 도내 선비들의 행위가 모두 사람들의 지적을 받지 않게 하실 수 있다면 매우 다행이겠습니다.

---

92) 터무니 없는 비방[撾翁之謗]: 후한의 제오륜(第五倫)은 장인이 없었는데도 장인을 때렸다는 참소를 받았던 고사를 두고 말한 것이다.(『東觀漢紀』「第五倫傳」)

93) 한 마을에 …… 하였다: 근거 없는 유언비어를 의미한다. 공자의 제자인 증자(曾子)가 비(費) 땅에 있을 때 증자와 이름이 같은 증삼(曾參)이라는 사람이 살인을 하였는데, 어떤 사람이 증자의 어머니에게 증삼이 살인을 하였다고 알렸다. 증자의 어머니가 처음에는 그 말을 믿지 않다가 세 번 반복하여 듣자, 마침내 베를 짜던 북[杼]을 던지고 담장을 넘어 달아났다는 고사에서 유래한다.(『戰國策』)

게다가 지금 왜적의 형세가 꺾여 지난해처럼 함부로 하지 못하고 있습니다. 평양에서 크게 승리한 뒤로 우리의 기세는 배가 되었지만 늘어선 진은 서로 마주볼 만큼 많은데도 오직 명나라 군사가 오기만을 기다리며 토벌하고 잡는 데 힘을 다하지 않으니, 이는 제가 이해하지 못하는 점입니다. 옛사람은 적을 토벌하는 데 있어 기필코 임금에게 적을 미루지 않으리라고 기약하였는데, 지금은 오직 임금에게 책임을 미룰 뿐만 아니라 명나라에게 미루니 옛날과 다릅니다. 이번 한 달이 지나면 군대의 양식은 더욱 소모되고 병력은 더욱 피로해질 것이니, 명나라 군대가 아무리 온다 한들 어찌하겠습니까? 삼가 바라건대 여러 장수들과 함께 모의하여 기회를 틈타서 나아가 취하여 이 적들이 우리나라에서 잠시 휴식하여 목숨을 부지할 수 없도록 하는 것이 계책이 아니겠습니까?

여러 장수들은 단지 명나라 군대를 대접하는 어려움만 근심하고 국내의 일을 나누어 다른 나라사람에게 양보하여 주는 것이 더욱 어려운 일인 줄 알지 못하니, 또한 미혹된 것이 아닌지요? 군정軍情이 이러한 지경에 이르렀으니, 적을 토벌하면 살고 토벌하지 않으면 죽는다는 것을 알아서 의로써 몰아붙인다면 반드시 지난날 쉽게 무너지던 때와는 다를 것입니다. 지금은 바로 싸울 때입니다. 일거에 요사스런 기운을 쓸어버리면 명나라 군대를 대접하는 것은 염려할 것이 못됩니다. 생각건대 선생께서는 이를 헤아리십시오.

저는 상중에 있지만 개인의 슬픔 때문에 나라의 위급함을 잊을 수가 없습니다. 개인적인 근심과 지나친 염려는 또 위에서 말씀드린 것보다 큰 것이 있습니다만 궁궐은 매우 멀고 저의 자취는 매우 미미하여 하찮은 정성을 바칠 길이 없어 다만 스스로 통곡하던 나머지 병권을 잡은 대인을 만날 때마다 생각만 앞서는 계책을 바치지 않은 적이 없습니다. 더구나 우리 선생께서는 평소 제가 공경하고 우러러보던 분이니, 어찌 계책을 바치지 않을 수 있겠습니까? 사정이 절박하여 말이 지나친데도 자제할 줄을 알지 못하였으니 너무나 두려움을 감당치 못하겠습니다.

이실지[94]에게 보내다[與李實之]

앞서 보낸 편지는 읽어보았습니까?

백성을 다스리는 도는 자상하고 불쌍히 여기는 마음으로 해야 하지 일이 닥쳐 용감하게 결정하는 것을 귀하게 여겨서는 안 됩니다. 형은 일찍이 군자란 도를 어기고서 명예를 구해서는 안 된다고 여겼으니, 이 말이 참으로 옳습니다. 그러나 원망을 초래하고 비방을 불러들이면서도 이를 도라고 하는 것을 저는 들은 적이 없습니다.

형께서는 어려서부터 스승과 벗들 사이에서 따라 배우면서 부지런하고 잘 어울리는 도리에 대하여 이미 넉넉하게 듣고 힘써 행하였으니, 어찌 일 처리가 잘못되어 벗에게 부끄러움을 끼치겠습니까?

사람들이 말하기를 요즈음 관리들이 위엄을 빙자하여 억지로 백성의 여인을 취하며 백성들은 재물이 없는데도 함부로 쓸데없는 일을 지어내니, 다스리는 고을 안이 근심과 탄식이 끊이지 않고 관아 밖에는 뇌물이 성행한다고 합니다. 바라건대 형께서는 살피시고 그러한 일이 있다면 고치기를 꺼려하지 마십시오.

덕천서원 원장께 답하다[答德川院長]

지난번에 승려가 전한 원장의 편지는 그리움을 위로하기에 충분하였습니다. 그러나 답장을 가져가지 않고 곧장 가버리니 산 사람의 인정 없음을 아쉬워하였습니다.

---

94) 이실지(李實之) : 이춘영(李春英, 1563~1606)이다. 자는 실지, 호는 체소재(體素齋), 본관은 전주이다. 우계 성혼의 문인이다. 1590년 문과에 급제한 후, 검열·호조 좌랑·예천 군수 등을 역임했다. 특히 임진왜란 때 소모관(召募官)으로 충청·전라도를 순행하였고, 이어 초계제술문관(抄啓製述文官)이 되어 중국에 구원을 청하는 주문(奏文)을 초하였다.

지금 생각건대 여러분들의 정황은 더욱 좋으시겠지요. 저는 여기에 이르러 삼가 여러 어른들께서 앞 시대 현인들의 옛 사업을 닦으신다고 듣게 되었습니다. 이러한 때에 어떻게 큰일을 처리해 내십니까? 한 번 나아가 조치하신 규모를 보고 싶습니다. 그리고 무이武夷의 높은 풍격을 뒤따르고 싶지만 아직도 결정하지 못하여 속리俗吏라는 조롱을 감수하고 있으니 부끄럽습니다.

저의 현은 향교의 역사役事에 필요하여 잠시 철광을 열었으나 힘은 미약하고 조금밖에 캐내지 못하여 벌써 다 써버렸습니다. 순찰사의 명령을 오래도록 받들어 행하지 못하였으니 더욱 깊이 두렵고 부끄럽습니다. 만약 땔감과 철로 받아주신다면 겨우 그 수를 채울 수 있습니다. 바라건대 헤아려보시고 말씀해주시는 것이 어떻겠습니까? 제가 비록 모자라지만 학궁의 일이란 누구를 막론하고 마음을 다해야 한다는 것을 대충은 압니다.

산모퉁이에 눈이 녹아 온 세상이 맑아지기를 기다립니다.

연조[95]에게 부치다[寄延祖]

존심存心 양성養性 지경持敬 주정主靜[96]

스승께 부탁하여 '중中'자를 써서 벽에 붙이고 아침저녁으로 체득하고 깊이 연구하여

---

95) 김연조(金延祖, 1585~1613) : 자는 효석(孝錫), 호는 광록(廣麓), 본관은 풍산이다. 김대현의 여덟 아들 중 다섯째이다. 오장(吳長)에게서 『주역』을, 서애 류성룡에게서 『자치통감강목』을, 그리고 한강 정구에게서 『심경』과 『근사록』을 배웠다. 1610년 문과에 급제하였다. 저서로는 『광록문집(廣麓文集)』이 있다.

96) 존심 …… 주정 : 존심(存心)은 마음을 보존하는 것, 양성(養性)은 본성을 기르는 것, 지경(持敬)은 경건한 마음자세를 간직하는 것, 주정(主靜)은 마음을 가라앉혀 외물(外物)에 마음이 움직이지 않도록 하는 것을 말한다.

라. 또 스승께 이렇게 여쭈어 보아라. "마음은 무슨 물건이며 어떻게 해야 붙잡아 둘 수 있습니까? 본성이란 무슨 물체이며 어떻게 해야 기를 수 있습니까? 성학聖學은 단서가 많은데 왜 반드시 경敬을 유지해야 하며, 사람이 일상생활에서는 움직임이 많은데 왜 반드시 정靜을 위주로 해야 합니까?"

성誠의 공부와 정情의 발동에도 마땅히 잠심하여 음미하고 물어서 판단해야 한다. 대개 학문을 하는 데는 반드시 몸과 마음에 절실하고 중요한 공부를 해야 한다. 그렇지 않다면 하늘과 인간의 사이에 대하여 연구하고 본성과 천명의 이치에 대하여 담론한다고 하더라도 무슨 이익이겠느냐? 너는 어린 학생이라서 스승의 가르침이 있어도 반드시 모든 소리가 귀에 들어오는 대로 마음으로 통하지[97]는 못할 것이다. 오늘 질문하고 내일 변론하여 더디더라도 꺼리지 말고 반드시 환히 알게 되기를 기약한 뒤에야 그만두어야 한다.

97) 모든 …… 통하지[聲入心通] : 공자가 "나는 육십 세에 귀가 순해졌다.[六十而耳順]"라고 하였는데, 그 주석에 "모든 소리가 귀에 들어오면 마음으로 통하여 어긋나는 바가 없는 것이니, 앎이 지극하여 생각하지 않아도 알게 되는 것이다.[聲入心通 無所違逆 知之之至 不思而得也]"라고 한 말에서 유래한다.(『論語』「爲政」)

유연당선생문집
悠然堂先生文集

제2권

유연당선생문집 제2권

소疏

척화소斥和疏

신이 삼가 보건대 오늘날의 형세는 마치 강물이 터져 미친 물살이 쏟아 넘쳐 막을 수 없는 것과 같습니다. 신민臣民들은 터져 쏟아지는 물결 사이에서 구차히 살아나자 우선 자신이 빠지지 않은 것을 위안으로 삼고 잠깐 모면하는 것을 다행으로 여깁니다. 종묘사직이 엎어지고 인류가 다 없어지려고 하는 것을 운수에나 맡겨두고 조정에 있는 신하들은 걱정할 줄 모르며 외직에 나가 있는 신하들은 목숨을 바치지 않으니, 통탄한 마음을 이길 수 있겠습니까. 저는 천하고 낮은 백성의 한 사람으로 근심을 품은 채 어버이 상을 치르고 있는 중이라서 또한 말할 만한 처지가 아닙니다. 하지만 생각건대 보잘 것 없는 정성이 내면에서 절로 격분되고 처지가 곤궁하여 목숨은 장차 다하려 하니, 한 마디 부르짖음도 없이 죽을 수 있겠습니까.

아! 오랑캐의 근심이 어느 시대인들 없었겠습니까만, 참혹하게 유린되고 혹독하게 죽음을 당한 것이 오늘날처럼 심한 적은 없었습니다. 한 해가 이미 저물어 가는데 흉악한 정세는 더욱 맹렬하고, 사기士氣는 떨쳐 일어나지 못하며 인정은 더욱 무너져 갑니다. 전하께서 하늘의 뜻을 저버린 것이 무엇이기에 하늘이 재앙을 멈추지 않는지, 백성에게 저버린 것이 무엇이기에 백성들이 윗사람을 가까이 하지 않아서 이대로 200년의 혁혁한 왕업을 마침내 중도에서 끊어지게 하는 것인지 알지 못하겠습니다.

『관자管子』에서 말하기를 "예禮·의義·염廉·치恥는 네 가지 원칙이다. 네 가지 원칙이 시행되지 못하면 나라는 망한다."[1]고 하였습니다. 저는 일찍이 조정의 기상을 보고 사민士民의 풍속을 살펴보니 예의염치를 잃은 지 오래되었습니다. 위아래로 충후한 도량을 지닌 자가 없고 안팎에 간교한 습속이 번져 있으며, 의롭고 지혜로운 이들은 세상일에 잘 대처하지 못하고 오랑캐의 풍속은 이미 나라 안에서 이루어져 있으니, 어찌 불러들인 원인이 없겠습니까? 신이 삼가 회복하는 큰 근본과 난리를 평정하는 급선무에 대하여 전하를 위해 아뢰겠습니다.

이른바 대본大本이란 전하의 마음이며, 급선무는 바로 척화입니다. 임금의 한 마음은 온갖 변화의 근원입니다. 잡고 있거나 놓고 있는 사이에 다스림과 혼란함이 이로부터 나누어지는 것입니다. 옛날의 성왕聖王들은 나라를 다스리는 것이 마음에 달려 있고 마음을 바르게 하는 것이 학문에 달려 있음을 참으로 알았습니다. 그러므로 마음을 간직하여 본성을 기르고 마음을 잡아서 지키는 것을 근본으로 삼아 항상 홀로 있을 때 삼가고 조심하였으며 격물치지格物致知[2]를 우선으로 삼아 행동하는 즈음에 항상 힘써 성찰하였으니, 이 때문에 편벽된 실수가 없고 법도에 맞는 조화가 있었습니다.

전하께서는 빼어나고 영명하신 자질로 계신공구戒愼恐懼[3]의 학문을 더하셔서 즉위하신 지 십 수 년 동안은 정령이 어긋나지 않았고 시비를 판단하는 데 분명하셨습니다. 나라를 다스리신 지 오래되자 환난을 자주 겪어 근심이 겹쳤는데, 정일精一[4]의 공부는 지극하지 못하고 바깥으로 정신을 빼앗기는 일이 매우 많았습니다. 일을 당하면 의심이 생겨 시비를 바르게 가리지 못하며, 사람에게 일을 맡겨 놓고는 매우 의심하여 순간적으

---

1) 예의염치(禮義廉恥)는 …… 망한다 : 『관자(管子)』「목민(牧民)」편에 나오는 말이다.

2) 격물치지(格物致知) : 『대학』의 수장(首章)에 있는 조목인데, 사물의 이치를 연구해서 앎을 지극하게 한다는 뜻이다.

3) 계신공구(戒愼恐懼) : 『중용』의 "도라는 것은 잠시도 떠날 수가 없는 것이니, (보이지 않고 들리지 않더라도) 경계하고 삼가며 두려워해야 한다.[道不可須臾離 戒愼恐懼]"라는 말에서 유래한다.

4) 정일(精一) : 제왕이 나라를 다스리는 법을 말한다. 순임금이 우임금에게 선위하면서 "인심은 위태하고 도심은 은미하니, 오직 정밀하고 전일해야 진실로 그 중을 잡으리라.[人心惟危 道心惟微 惟精惟一 允執厥中]"고 한 말에서 유래한다.(『書經』「大禹謨」)

로 충성한 자가 간사한 자를 혼동하니, 교지로 호령하셔도 부질없는 문구에 지나지 않습니다.

교화를 펴시더라도 순간적으로 모면하는 데 지나지 않아 마침내 풍속이 더럽혀져 훼손되며, 상벌이 분명하지 않아 기강은 쇠퇴하여 무너지며 군정은 태만하여 해이해지고 재앙이 따라 일어나 나라가 패망할 지경에 이르렀습니다. 드러난 일을 자세히 살펴보고 문제의 원인을 찾아보면 전하의 마음이 바르신지 알지 못하겠습니다. 삼가 바라건대 놀람과 근심 때문에 스스로를 무너뜨리지 마시고 뜻을 굳세고 크게 가지시며 정신을 거두어들이시고 쇠퇴해진 것을 떨쳐 일으키셔서 회복하는 데 실질적인 노력을 다하십시오. 신이 주제넘고 식견이 고루하며 의견이 보잘것없음에도 꺼리지 않고 올리려고 하니, 드리고 싶은 말씀이 어찌 이에서 그치겠습니까?

요즈음 듣자니 명나라 장수들이 강화를 논의한다고 하니, 백성들은 모두 혹시라도 보전하게 된 것을 기뻐한다고 합니다. 신은 교활한 왜적이 결코 성공할 수 있는 이치가 없다고 생각합니다. '화和'라는 한 글자는 이미 송나라를 그르쳤으니,[5] 전하께서는 결단코 강화를 해서 조선을 그르쳐서는 안 됩니다. 아! 왜적이 종묘를 헐고 두 대군[6]을 사로잡았으니 그 원수가 어떠하며, 백성들을 피로 물들이고 사대부를 욕보였으니 그 원통함이 어떠합니까? 하늘에 계신 조종祖宗의 영령들께서 전하를 꾸짖는 것이 어떠하며 온 나라의 효자와 자손慈孫이 전하께 바라는 것은 어떠합니까?

전하께서는 반드시 명나라 장수의 그릇된 계산을 따르지 않아야 합니다. 더구나 왜놈은 간사한 속임수를 반복하는 것이 요나라와 금나라보다 심하니, 은혜와 믿음으로 맺거

5) '화(和)'라는 …… 그르쳤으니 : 중국의 송나라는 금나라의 무력을 두려워하여 금나라와 한때 화의를 하였으나, 결국 금나라가 화의를 맺은 것은 송나라를 약화시키기 위한 방책이었다. 금나라가 망한 뒤 이미 미약해진 송나라의 국력으로는 원나라 침략을 당해 낼 수 없게 되어 송나라는 망하게 되었다.

6) 두 대군 : 두 대군이란 임해군(臨海君, 선조의 첫째 왕자)과 순화군(順和君, 선조의 여섯째 왕자)을 가리킨다.

나 인의로도 대할 수 없습니다. 가령 하루아침에 성공하여 물러나더라도 물러난 뒤에 하자를 지적하거나 허물을 지어내어 만족함이 없는 욕심으로 방자하게 굴며 따르기 어려운 청을 한다면 비록 후회하더라도 어떻게 할 수 있겠습니까?

송나라 고종高宗이 부모를 돌아오게 하고 재궁梓宮을 반장해 오려고 마음 먹었지만 오히려 중흥中興을 이루지 못한 죄인이 됨을 벗어나지 못하였으니,[7] 전하께서 그렇게 하신다면 또 장차 고종 같은 죄인이 되시는 것입니다. 아! 봄에 이슬이 내려 적시면 선뜻 놀라는 마음으로 더욱 괴로운 법[8]인데 선릉先陵의 초목을 어떻게 다듬겠습니까? 옛 도읍을 아직 회복하지 못하고 살기는 하늘에 뻗쳤는데 칼끝에 놓인 어린 백성들을 무슨 수로 살려내겠습니까? 외롭게 남겨진 노인과 아이들은 서로 이끌다가 구르고 엎어지며 도랑과 골짜기에서 굶주려 죽는데 무슨 수로 구제하겠습니까?

전하께서는 빠른 시간 내에 마땅히 유신儒臣들을 이끌고 득실을 토론하며 편의를 의논하십시오. 또 송나라의 일을 이야기하여 회복될 수 없었던 이유를 알아내고, 또 명신名臣인 이강李綱[9]·유공劉珙[10]·주희朱熹[11] 등이 상소한 글에 더욱 마음을 두시며, 혹 『별록別錄』

---

7) 고종이 …… 못하였으니 : 황제 흠종(欽宗), 태상황(太上皇) 휘종(徽宗)이 금나라에 사로잡혀가는 정강의 변[靖康之變]이 일어난 뒤, 흠종의 동생이었던 조구(趙構)가 임안(현재 항주)에서 황제를 선언하여 고종으로 즉위하였다. 그는 즉위한 지 얼마 되지 않아 그의 아버지인 휘종이 사망하였다는 소식을 듣고 관이라도 돌려오게 하였으나 끝내 이루지 못했으며, 그의 생모인 위태후(韋太后)를 귀환하게 하려고 애쓰면서 금나라와 화의를 하였다.

8) 봄에 …… 괴로운 법 : 조상을 대하는 후손의 마음자세를 말한다. “봄에 비와 이슬이 내려 젖으면, 군자는 이것을 밟고 선뜻 놀라는 마음이 있어 마치 부모를 뵐 듯이 여긴다.[春雨露旣濡 君子履之 必有怵惕之心 如將見之]”라는 말에서 유래한다.(『禮記』「祭義」)

9) 이강(李綱, 1083~1140) : 자는 백기(伯紀)이며, 복건(福建) 소무(邵武) 출신이다. 북송 말 남송 초기, 금나라에 항거했던 명신(名臣)이다. 금나라에게 땅을 떼어주고 화친을 구하는 것을 결사반대하다가 결국 조정에서 쫓겨났으며, 오로지 전쟁을 주장하여 군대를 잃고 재물을 소모시킨다는 죄명을 받고 기주(夔州)로 유배되었다.

10) 유공(劉珙, 1122~1178) : 자는 공보(共父)이며, 복건(福建) 숭안(崇安) 출신이다. 강직하여 간언을 잘 하였다. 금나라가 변경을 침범하자 조정에서 출사의 격문을 낼 때 모두 유공의 문필로 이루어졌는데, 사기(詞氣)가 격렬하여 사람들이 눈물을 흘리게 하였다고 한다.

11) 주희(朱熹, 1130~1200) : 자는 원회(元晦), 호는 회암(晦庵)·고정(考亭)·운곡노인(雲谷老人) 등이다.

한 질에 대하여 밤낮으로 보시고 마음을 비우고 힘쓰신다면 반드시 크게 유익할 것입니다. 다시 동궁에게 신칙하여, 학문에 더욱 부지런히 하여 조금 이루어진 것에 편안히 여기지 않고 원대하게 되기를 스스로 기약하게 하십시오. 그리고 날로 곧은 선비를 가까이 하여, 보좌하고 인도함에 힘입어 막중한 종묘사직을 맡기셔서 신민들의 바람에 부응하신다면 천만 다행이겠습니다. 저는 격절激切하며 두려운 마음을 견딜 수 없어 삼가 죽음을 무릅쓰고 아룁니다.

회복하여 난국을 구원하기를 청하는 소[請恢復救難疏]

삼가 아룁니다. 사람의 실정實情에는 대개 두 가지가 있습니다. 난리를 겪은 뒤에 그 정신을 청결하게 하며 그 지기志氣를 떨쳐 옛날의 허물을 고치고 새롭게 되도록 꾀하는 자는 평범한 사람에게 있어서는 허물을 고치는 군자가 되고 제왕에게 있어서는 중흥의 어진 덕이 있는 군주가 되니, 그 성대한 덕과 큰 공로가 어찌 당초에 허물이 없었던 자와 차이가 있겠습니까? 난리가 이르자 두려움에서 잘못을 저지르고, 어지러움이 물러나자 깊이 뉘우치고 두려워하며, 일을 당하면 까마득히 지켜야 할 것을 잃고 오히려 약해져서는 아무 것도 하지 못하는 자로 말하자면, 시사가 날로 그릇되고 세상의 혼란스러움은 날로 급박해지는 데도 우선 그대로 내버려 두고 보살필 줄을 모릅니다. 이는 참으로 그저 못난 사람이니 이 두 사람의 총명하고 우둔함이 서로 현격하여 치란治亂은 즉시 구별될 것입니다. 이러한 혼란을 만나 다스리려고 하는 자는 어느 것을 취하고

휘주(徽州) 무원(婺源) 출신이다. 그는 몇 번에 걸쳐 "강화란 백해무익하다."라고 하거나 "금나라 사람과는 불공대천(不共戴天)의 원수이므로 강화할 수 없다."는 등 강력한 항금(抗金)의 상소를 올렸다.

버려야겠습니까?

신은 삼가 살피건대 전하께서는 만백성이 하늘의 도움을 받지 못하는 재앙을 만나고 왜구가 중화를 어지럽히는 변란에 직면하여, 종묘가 빈 터가 되고 온 나라가 파괴되며 두 대군이 포로로 잡히며 세 능묘가 재앙을 만나니,[12] 전하께서 겪으신 난리가 또한 혹독하다고 할 만 합니다. 적들이 경성을 떠난 지 이미 한 해가 넘었고 흉흉한 형세도 조금 물러났으니, 우리의 기운이 떨쳐야만 하는데 인심은 예전처럼 흩어져 있고, 기강은 예전처럼 무너져 있으며, 군정도 예전처럼 해이합니다.

아! 전하께서는 굳센 자질로 국가의 존망이 위급한 때를 만나셨으니 크게 이루어내시는 바가 있어야 합니다. 그런데 실행하시는 정책과 법령이 전날의 구차한 습관을 따르는데다 위태로움을 돌려 태평하게 하려는 노력이 없으시니 참으로 통탄스럽습니다. 저는 일개 보잘 것 없는 벼슬아치입니다. 경세제민(나라를 잘 다스려 도탄에 빠진 백성을 구한다는 뜻)에 대하여 어찌 그 방법을 알겠습니까? 그러나 살아갈 길이 막막하여 백성이 다 없어지려 하며, 200년의 뚜렷한 공적이 마치 철류綴旒처럼 위급한 형세[13]를 진실로 안타까워합니다.

저는 또한 지금 상중에 있기는 하지만 장량張良과 같은 세신世臣[14]의 의리를 떨치고 노중련魯仲連이 바다로 들어가겠다는 뜻[15]을 품고서, 조그만 정성을 떨쳐 직면한 위급한

---

12) 세 능묘가 재앙을 만나니: 임진왜란 때 왜적들이 성종(成宗)과 정현왕후(貞顯王后) 윤씨(尹氏)를 모신 묘인 선릉(宣陵) 및 중종(中宗)의 능인 정릉(靖陵)을 파헤친 사건을 말한다.

13) 철류(綴旒)처럼 위급한 형세: '철류'는 면류관에 장식으로 깃술이 매달려 있는 것으로, 사람의 움직임이나 바람에 따라 움직이는데, 제왕의 위급한 상황을 비유한다.

14) 장량(張良)과 같은 세신(世臣): 그는 원래 한(韓)나라 공신의 집안 자손으로, 진나라에 한나라가 망하자 그 원수를 갚으려고 박랑사(博浪沙)에서 진시황을 암살하려다 실패한 적이 있다. 뒤에 유방의 참모가 되어 천하를 통일한 개국삼걸(開國三傑) 중 한 사람으로 유후(留侯)에 봉해졌다.

15) 노중련(魯仲連)이 …… 뜻: 전국 시대 제나라의 고사 노중련이 신원연(新垣衍)으로부터 진(秦)나라를 황제로 받들자는 말을 듣고는 매우 분개하여 "불의한 진나라가 황제가 되어 천하에 정사를 펴게 된다면, 나는 차라리 동해에 빠져 죽고 말겠다."고 했던 고사를 말한다.(『史記』「魯仲連傳」)

형세에 대하여 스스로 호소하지 않을 수 있겠습니까? 이는 참으로 인심을 수습하지 않을 수 없으며 기강을 정돈하지 않을 수 없으며 군정을 다스려 밝히지 않을 수 없기 때문입니다. 이에 감히 못난 충정을 다하여 함부로 고지식한 계책을 올리니, 비록 혼란스런 세상을 구제하는 데 도움이 있다고는 말하지 못하겠지만 또한 맡고 있는 일로 간하는 데야 도움이 없지는 않을 것입니다. 삼가 바라건대 전하께서는 못난 사람이라고 하여 말을 버리지 마시고 조금이나마 살펴주십시오.

이른바 인심을 수습하지 않을 수 없다는 것은 무엇입니까? 신은 듣자니 국가의 흥망은 인심의 향배에서 결정됩니다. 억만 명의 사람이 억만 명의 마음을 지니고 있으니, 상商나라의 주紂임금이 이 때문에 망하였고, 삼천 명의 신하가 오직 한 마음이 되니 주周나라 무왕은 이 때문에 흥기하였습니다. 이는 실로 앞 시대의 잘잘못이 보여주는 명백한 거울입니다. 사람의 마음은 지극히 어리석으면서도 신령스러우며 지극히 부드러우면서도 강하여 위협으로 몰 수 없고 이익으로 꾈 수 없으니, 어찌 크게 두려워할 만하지 않겠습니까?

전하께서 몸소 정무를 보아 교화를 펴신 지 20여 년이니, 또한 민심을 얻기에 충분합니다. 한 번 재앙과 실패를 만나 온갖 것들이 무너지고 찢어지니, 윗사람을 친근하게 여겨 어른을 위하여 자신의 목숨을 바치는 자는 적고 구차히 살아난 자들이 대부분인데다, 혹 국세의 강약을 점쳐서 이랬다저랬다 하는 자가 있기에 이르니 참으로 한심스럽습니다. 이러한 일이 일어난 까닭은 아마 전하께서 몸소 모범을 보이신 교화가 지극하지 못하여 그러한 것입니까?

전하께서 평소 인심을 잃은 이유를 초야에 사는 미천한 저로서는 실로 알지 못하며 말할 겨를도 없습니다. 청컨대 난리 뒤의 일을 가지고 말씀드리자면 미쳐 날뛰는 도적이 도성에 들어왔던 초기에 어가御駕가 몽진한 뒤 백성들 중에 도적의 칼끝을 벗어난 자는 바위와 계곡에 숨어서 날마다 주상께서 보내는 사람을 기다리면서 주상의 말씀을 듣고서 규합하고 안집安集하려고 하였으나 여름이 지나고 가을이 가도록 끝내 이르지 않았습니다. 동궁께서는 이천伊川에 계시면서 어루만지고 감독하는 일을 실로 스스로 전담하시니, 혹 남쪽으로 내려와 영남을 근거로 하여 회복하는 터전을 삼을 만하였건만 또 그렇게 하지 못하였으니 인심이 서운해 하는 첫 번째 이유입니다.

명나라 군대가 서쪽에서 오고 흉악한 무리들이 동쪽으로 달아나기에 이르러서는 전하께서 삼군三軍을 장려하고 거느려, 협력하여 남쪽으로 내려와 파헤쳐진 원릉園陵의 아픔을 위로하고 부로父老들이 왕이 오기를 바라는 마음을 위로해야만 하였으나 전하께서는 한쪽 모퉁이에서 궁하고 딱하게 계시니, 서리와 이슬이 내려 또 선릉先陵의 풀이 시들 지경이 되었습니다. 이것이 인심이 서운해 하는 두 번째 이유입니다.

지금의 백성들은 서리를 만난 초목에 바람이 스치게 해서는 안 되는 것과 같습니다. 위로하고 어루만져 은덕으로 오게 하여야 하는 것이 어린아이를 보호하듯 하여도 오히려 반드시 보존되고 살아날 수 없을 터인데, 게다가 명령을 번거롭게 하고 정사를 가혹하게 다스리는 데야 어쩌겠습니까? 요즈음 반포하시는 말씀 중에 첫째는 두 해의 세금을 한꺼번에 거두는 것이고 둘째는 공물을 쌀로 내야 한다는 것입니다.

아! 2년의 전쟁으로 농토는 마침내 황폐해졌는데 논마다 세금을 요구하니 이미 견디기 어렵습니다. 더구나 토지에 따라 바치는 세금은 이미 명령하여 세금을 덜거나 면제하였는데, 뒤이어 징세를 독촉하니 왕이 된 이의 다스림이 과연 이와 같은 것입니까? 이로부터 슬피 여기고 불쌍히 여기는 말씀을 여러 번 내렸지만 참으로 믿음직스럽지 못한 점이 있고 가혹하게 빼앗는 독함은 날로 급해지니 백성들은 어쩔 줄 모릅니다. 이것이 인심이 서운해 하는 세 번째 이유입니다.

한漢나라의 신하인 조조晁錯는 일찍이 "삼왕三王은 천하를 안정시키려고 생각하면서 인정에 근본을 두지 않은 적이 없습니다."[16] 라고 하였으니, 법령이 인정에 부합한 뒤에 행한 것은 평상시에도 그러하였습니다. 더구나 지금은 어떠한 때인데 인심을 잃고서 나라를 다스릴 수 있겠습니까? 오늘의 일은 마땅히 나라를 창업하던 처음처럼 민심이 기뻐하도록 하기에 힘쓰는 것이 첫 번째 해야 할 일이고, 잘못된 일을 없애고 왜적을

16) 삼왕(三王)은 …… 없습니다 : 조조(晁錯)의 「거현량대책(擧賢良對策)」에 나오는 내용이다.

토벌하는 것은 두 번째 일입니다. 그런데 지금의 의논은 모두 밖을 방어하는 데 급하고 백성을 보호하는 데 소홀합니다.

아! 또한 일찍이 원기를 상하고서 병을 치료할 수 있는 자가 있었습니까? 어리석은 신은 정령政令 중에서 백성들을 괴롭히는 것들은 일체 그만두거나 없앤 뒤에야 회복할 수 있다고 생각합니다. 명나라 군대가 적을 대적하는 데 있어서 군무軍務와 국정國政에 쓰임새가 많아 백성들이 원망한다고 해서 조치하지 않을 수 없다는 것을 제가 모르는 것은 아닙니다. 그러나 백성들의 피땀 어린 재물은 이미 고갈되어 바닥까지 긁더라도 꺼낼 수 없습니다. 명목은 비록 만들어 놓았겠지만 그대로 받들어 바칠 수 있는 사람이 없으니, 법령을 반포해 놓고 원망만 모으기 보다는 법령을 제거하여 백성들을 기쁘게 하는 것이 어떻겠습니까?

옛날에 서악徐樂이 "천하의 근심은 흙이 무너지듯 하는데 있지 기와가 무너지듯 하는 데 있지 않습니다."[17]라고 하였는데, 몇 해 전 적을 만나 무너진 것은 기와가 무너지는 듯한 형세이고 지금 역도逆徒를 피해 달아나는 것은 흙이 무너지는 듯한 형세입니다. 건장한 자는 일어나서 도적이 되고, 약한 자들은 그들끼리 이끌어 구렁에 빠져 죽으며, 부자가 서로 잡아먹는 일이 도처에 일어나니, 이는 제가 인심을 수습하는 것을 급급하게 여기는 까닭입니다.

그리고 인심을 수습할 수 있는 세 가지 계책이 있으니, '충성과 믿음을 보존하는 것'과 '청렴하고 검소함을 숭상하는 것'과 '선비의 습관을 변화시키는 것'입니다.

무엇을 두고 '충성과 믿음을 보존하는 것'이라고 말하는 것입니까? 나라를 다스리는 도는 사랑하고 용서하는 것보다 큰 것이 없어서 성인께서 "식량을 없애고 무기를 없애도 믿음은 없앨 수 없다."[18]고 말씀하셨으니, 군주가 힘써야 할 것이 어찌 충성과 믿음

---

17) 옛날에 …… 않습니다 : 서악(徐樂)은 한 무제(漢武帝)때의 금마문대조(金馬門待詔)로, 포의(布衣)의 몸으로 흉노를 정벌할 것을 간하였던 사람이다. 위의 말은 그가 올린 상소의 글에 나오는 내용으로, 『한서』「서악전(徐樂傳)」에 보인다.

보다 큰 것이 있겠습니까?

옛날의 성왕聖王은 벼슬아치들로 하여금 함께 경외하고 공손하게 하였으니, 이는 충성과 믿음의 실제가 평소 인심에 믿음을 주었기 때문이며, 어진 이를 임용하거나 간사한 이를 제거할 때에 의심하지 않은 것도 이 방법을 썼기 때문입니다. 나라의 호령이 이미 사람들에게 믿음을 잃은 것이 참으로 많습니다. 전하께서는 정사를 다스리면서 종합적으로 살피는 데 실수를 많이 하셨습니다. 그래서 사람에 대하여 먼저 앞에서는 충성을 다한다고 여겼다가 뒤에 간사하다고 여기는 경우가 있으며, 일에 대해 예전에는 옳다고 여겼다가 지금은 그릇되었다고 여기는 경우가 있으니, 지닌 덕이 견고하지 못하여 시기와 의심이 일어난 것입니다.

기축년의 변고[19]는 형벌이 너무 지나쳤지만 주변의 신하 중에 한 마디라도 하여 구원하고 해결한 자는 없고, 한 사람이 무고를 받으면 "주상의 뜻이다."라고 하며, 한 사람이 억울하게 죽으면 "주상의 뜻이다."라고 하여, 들어가서 군주에게 고할 때는 훌륭하게 도모하는 꾀가 부족하고, 나와서 사람들에게 말할 때는 윗사람에 대한 원망을 모았으니, 전하께서도 일찍이 뉘우쳤습니다. 오늘날 도적을 다스림에 있어서 만약 미루어 용서하지 않고 다시 전날과 같은 억울함을 만든다면 인심의 의혹을 장차 어떻게 하시겠습니까?

협박에 따른 자를 벌주지 않은 것[20]은 윤후胤侯가 무도한 자를 정벌할 수 있었던 까닭이며, 두 마음을 가졌던 자들을 편안하게 해 준 것[21]은 광무제가 백성들의 마음을 기쁘

---

18) 식량을 …… 없다 : 『논어』 「안연(顔淵)」에 나오는 말이다.
19) 기축년의 변고 : 1589년 정여립(鄭汝立)이 모반을 계획하였다는 혐의로 일어난 옥사로, 이때 동인 1,000여 명이 화를 입었으며, 한때는 전라도를 반역지향(叛逆之鄕)이라 하여 그 지방 인재의 등용에 제한이 가해졌다.
20) 협박에 …… 않는 것 : 『서경』 「하서(夏書)·윤정(胤征)」에 나오는 말이다.
21) 두 마음을 …… 준 것 : 『후한서』 「광무제기(光武帝紀)」에 한단(邯鄲) 성을 점령하고 나서 왕랑(王郎)을 죽이고, 관리 중에 왕랑과 관계를 주고받거나 무제를 비방한 자들에 관한 문서 수천 장을 얻었으나, 광무제는 살펴보지도 않고 장군들을 모아놓은 뒤 그 문서를 불태우고는 "이렇게 함으로서 두 마음을

도록 하는 데 힘쓸 수 있었기 때문입니다. 말을 듣자마자 무고한 사람을 의심하면 현자들은 자리에서 편안하지 못합니다. 어진 자들이 떠나가서 조정이 텅 비게 되면 나라의 형세는 또 어떻겠습니까? 삼가 바라건대 전하께서는 충성과 믿음의 도를 간직하여 잘못을 바로잡는 데 힘쓰십시오.

무엇을 두고 '청렴하고 검소하다'고 말하는 것입니까? 저는 듣건대 옛날의 성왕聖王은 반드시 검소하고 절약함에 힘쓰고 사치를 경계하였습니다. 그러므로 한번 검소하고 한번 사치함에 따라 바로 나라가 다스려지거나 혼란스러워집니다. 사치한 임금은 그 마음에 "나 한 사람이 사치한다고 해서 어찌 천하의 일이 어그러지겠는가?"라고 생각하겠지만, 군주가 숭상하는 것은 백성들이 보고서 메아리처럼 빨리 따르게 됨을 알지 못하는 것입니다. 사치가 지극하면 그 재앙은 이루 말할 수 없습니다. 옛사람이 "사치의 해로움은 하늘의 재앙보다 심하다."[22] 라고 하였으니 어찌 믿지 않겠습니까? 나라를 창업한 군주는 검소함을 숭상하지 않은 적이 없지만 중간에 나라를 쇠퇴하게 만든 군주는 반드시 아주 사치합니다. 나라를 중흥시키려는 자가 중간에 쇠퇴하게 만든 사람과 그 일을 같이 하겠습니까? 나라를 창업한 군주와 그 도를 함께 하겠습니까? 창업의 군주는 몸소 험난하고 곤란함을 겪어 어려움과 괴로움을 골고루 겪어 보아서 참된 덕을 숭상할 만하며 외면에 힘쓰는 것은 무익하다는 것을 깊이 알기 때문에 검소함을 숭상합니다. 중흥의 군주는 어렵고 괴로움을 맛본 적은 있지만 평소에 풍족한 즐거움을 많이 누려 보았기 때문에 일을 행할 때 이 마음을 아직 그만두지 못하고 일찍이 스스로 탄식하여 "거처하는 장소가 예전에는 저와 같았는데 지금은 이와 같으며, 세금으로 바치는 물건이 예전에는 저와 같았는데 지금은 이와 같은가?"라고 하여 반드시 억지로 마련하여 채우는 데 힘을 써서 그 욕심을 충족시킵니다. 이렇게 한다면 끝내는 멸망할

가졌던 자들이 안심하도록 하려는 것이다.[令反側子自安]"라고 하였다는 말이 나온다.

22) 사치의 …… 심하다 : 서진(西晋) 때의 부함(傅咸)이 한 말이다.(『晉書』「傅玄傳」)

뿐이니 어떻게 중흥할 수 있겠습니까?

요즈음 조정에 있는 신하들은 청렴하고 근면한 절조는 적고 오직 뇌물을 밝히니, 밖에서 애쓰는 신하들이 적개심의 실제가 없게 하고 오직 숙식과 거마의 대접에 힘써서, 취하는 자는 조그만 수까지도 다 취하고 쓰는 자는 진흙이나 모래 같이 대수롭지 않게 씁니다. 아전들은 이 때문에 방자하고 사납게 굴며 빼앗는 짓을 자행하여 명나라 사람들이 침 뱉고 욕하는 데 이르니 자못 괴이한 일입니다.

일을 주관하는 사람이 그 아랫사람을 단속할 수 없는 것이 전하께서 조정을 맑게 할 수 없는 것과 무엇이 다르겠습니까? 옛날에 신라는 한 귀퉁이에 있는 나라였지만 당나라 군대를 대접하여 강한 적을 제압할 수 있었습니다. 지금 만약 비용을 줄이고 씀씀이를 절약하여 오로지 군대를 대접하는 데만 힘을 쓴다면 비록 거두어들이는 데 더 힘쓰지 않더라도 어찌 일을 이룰 수 없겠습니까?

무엇을 두고 '선비의 기풍을 바꾼다'고 말하는 것입니까? 저는 듣자니 나라의 치란과 존망은 풍속을 점쳐 보면 상상할 수 있다고 합니다. 선비의 기풍이 참으로 선하고 백성의 풍조가 참으로 두텁다면 비록 바깥으로부터의 침범이 있더라도 어찌 하루아침에 나라를 망하게 할 수 있겠습니까? 조정이 동서로 분당되면서부터 온 세상의 선비들은 각자 자신이 곧고 남은 굽었으며 자기는 바르고 남은 틀렸다고 하는데, 전하께서는 옳고 그름을 정확히 보고서 그 소란스러움을 진압하지 못하시니, 이 때문에 조정은 시비가 많아지고 초야에는 공론이 없어져 마침내 인재는 사라지고 풍속은 각박하게 되었습니다.

아! 동서東西라는 두 글자를 조금이라도 식견이 있는 자에게 듣게 한다면 한바탕 웃음거리에 붙일 것인데 재앙이 그치지 않고 이어지는 것은 어째서입니까? 두 글자가 아직 남아 있다면 비록 널리 전란의 기미를 쓸어내어 마침내 예전의 국토를 회복하고 옛날의 왕업을 회복하더라도 훌륭한 다스림을 일으키는 것은 기약을 할 수 없을 것입니다.

아! 점차 변한 폐단이 지극하고 시속이 더러워진 지 오래되었으니, 그 근본을 제거하지 않는다면 다시 재앙이 자라고 커지는 때가 없으리라는 것을 어찌 알겠습니까? 지금부터 반드시 충성스럽고 믿음직한 사람을 존중하고 등용하여 진정시키는 도에 힘써서 사치함을 천하게 여기고 질박하고 성실한 것을 귀하게 여기며 공무를 우선하고 사적인 일을 뒤로 하여 백성들의 풍속이 두터워지도록 되돌려 인심을 수습하십시오.

이른바 '기강을 바르게 하지 않을 수 없다'는 것은 무엇 때문입니까? 저는 듣자니 나라에 기강이 있는 것은 사람에게 혈기가 있는 것과 같다고 합니다. 혈기가 왕성하면 고질병이 들더라도 죽지는 않으며, 기강이 있으면 난리가 극심하더라도 망하지는 않으니, 이는 필연적인 이치입니다. 비록 그렇지만 공도公道가 행해진 뒤에 기강이 펼쳐집니다. 말세에는 하늘의 이치가 사라지고 사람의 욕심이 넘치게 되어 대체로 얼렁뚱땅 넘기리라 마음을 먹고 구차하게 정사를 다스리니, 기강이 무너지는 것은 괴이할 것이 없습니다. 기강이 한 번 무너지면 모든 체제는 풀리고 흩어져, 고관대작들은 나태하여 일을 감당하지 못하고 낮은 관직에 있는 자들은 무능력하게 자기를 살찌우는 데만 힘쓰니, 나라를 그르치고 일을 그르치는 것은 다만 이 이유 때문입니다.

평수길平秀吉[23]이 섬 가운데서 뻣뻣하고 오만하게 있으면서 모든 주둔 병사를 발동하였습니다. 배를 타고 동해 바다를 넘어와서 우리나라에 타향살이 하게 되자 모두 죽기로 싸울 마음을 품으니, 병력이 이보다 강할 수 없는데 우리나라는 그러할 수 있습니까? 천자가 여러 장수들을 보내자 수만의 무리를 거느려 무기를 앞에 두고 군량미를 뒤에 두고서, 남의 땅에 들어와 추위와 더위를 지내건만 장수들은 원망하고 괴로워하는 기색이 없고 병졸들은 떠나가고 배반할 뜻이 없으며 군율이 이 보다 엄할 수 없으니, 우리나라는 그러할 수 있습니까? 우리나라의 기강은 여러 나라 중에서 가장 아래입니다.

지금은 마치 사람이 병들었다가 소생하여 혈맥이 겨우 통하였지만 정신과 모습은 아직 회복하지 못하였고 혈기의 순환이 모두 허한 것과 같으니, 참으로 정신을 거두어들

23) 평수길(平秀吉) : 풍신수길(豊臣秀吉), 즉 도요토미 히데요시를 말한다.

일 수 없다면 무슨 수로 움직이고 걸을 수 있겠습니까? 도적이 집안에 들어와도 감히 기세를 떨쳐 겨루지 못하는데, 만약 중국에 일이 있어 천자가 군대를 부르면 징발하여 멀리까지 달려가서 그 기대를 저버리지 않을 수 있겠습니까?

이여송李如松이란 장군은 그 형제 중에 종군한 자가 다섯 명인데 우리나라에서는 군사를 징발하면 반드시 "누구는 재상 누구의 가족이고, 아무 병졸은 장수 누구의 절친한 사람"이라고 하면서 편지를 날려 밤낮으로 구걸하여, 고생길을 버리고 편한 길로 나아가 반드시 그 계책을 이루고야 맙니다. 위에서 스스로 반듯하지 않은데 무슨 수로 아랫사람을 단속하겠으며, 내가 먼저 내 개인을 위하는데 무슨 수로 저들을 꾸짖겠습니까? 안으로는 조정과 밖으로는 지방이 형벌이 통하지 않아서 마침내 나라를 저버리기에 이르는 것은 다만 일개 '사私'라는 글자 때문입니다. 바라건대 전하께서는 먼저 스스로를 살펴보시고 공도公道를 펴기에 힘써 기강을 바로잡으십시오. 기강을 정돈할 수 있는 것에 대하여 신은 또 세 가지 방책이 있으니, 상벌을 공명정대하게 하는 것과 재상을 존중하는 것과 대간臺諫을 오래 맡기는 것입니다.

무엇을 두고 '상벌을 공명정대하게 한다'고 말하는 것입니까? 신은 듣자니 악한 짓을 한 사람에게 벌을 주고 선한 일을 한 사람을 권면하는 것은 오직 상벌에 달려 있습니다. 상벌이란 임금이 지닌 대용大用입니다. 가볍게 하거나 무겁게 하여 이치에 합당하게 베푼 뒤에야 선을 권하고 간사함을 금할 수 있습니다. 순임금이 팔원팔개八元八凱[24]를 등용한 것은 팔원팔개에게 덕이 있었기 때문이며 사흉四凶[25]을 죽인 것은 사흉에게

---

24) 팔원팔개(八元八凱) : 원(元)은 선(善), 개(凱)는 화(和)를 뜻하는데, 옛날 고양씨(高陽氏)에게는 창서(蒼舒)·퇴애(隤敳)·도연(檮戭)·대림(大臨)·방항(尨降)·정견(庭堅)·중용(仲容)·숙달(叔達)이라는 재주 있는 여덟 아들이 있었는데, 백성들이 그들을 팔개(八凱)라 불렀다. 또 고신씨(高辛氏)에게 백분(伯奮)·중감(仲堪)·숙헌(叔獻)·계중(季仲)·백호(伯虎)·중웅(仲熊)·숙표(叔豹)·계리(季狸)라는 재주 있는 여덟 아들이 있었는데, 백성들은 팔원(八元)이라 불렀다 한다. 요임금은 그들의 자손을 등용하지 못했으나, 순임금이 요임금의 신하가 되었을 때 이들을 등용하였다.(『春秋左傳』「文公 18년」)

25) 사흉(四凶) : 순임금 때의 네 명의 흉악한 사람이다. 『서경』「순전(舜典)」에 "공공을 유주에 유배하고, 환도를 숭산에 유치하고, 삼묘를 삼위로 몰아내고, 곤을 우산에 가두어 네 사람을 벌주니, 천하가 모두

죄가 있었기 때문이니, 등용하고 죽이는 데 순임금이 무슨 관여를 하였습니까? 그런데 후세의 임금은 사사로운 뜻으로 그 법을 흔들고 법을 맡은 관리는 또 사사로운 뜻으로 그 권한을 마음대로 행하니, 잘못을 범한 자는 떳떳한 형벌을 두려워하지 않고 오직 연줄이 있어 벗어나기만을 힘쓰며, 공로를 구하는 자는 다른 사람들이 하는 말을 걱정하지 않고 임금의 은덕을 입기를 바랍니다.

아! 사람의 마음이 충성스럽고 미더워 상벌을 기다리지 않고도 나랏일에 스스로 힘쓸 수 있으면 좋겠지만 만약 그렇지 못하다면 반드시 끌어들이고 구사할 수 있는 방법을 다해야 할 것입니다. 그런데 상벌이 분명하지 못하고 다만 간사함을 권하고 충성을 게을리하게 된다면 어떻게 할 방법이 없으니, 무엇을 두고 하는 말입니까? 이준경李浚慶·노수신盧守愼은 모두 한 시대의 어진 재상입니다. 비록 과실이 있더라도 그 두드러지는 공로와 입적은 기록할 만하며 덮어 둘 수 없습니다. 그런데 이준경이 죽었지만 오래되어도 시호를 하사하지 않고, 노수신이 죽을 때에 서인의 예로 장례를 지냈으니 무엇으로 후세 사람들을 권면하겠습니까? - 네 글자 빠짐- 오래도록 적중賊中에 빠져 있으면서 옛 군주에게 신하라고 일컫지 않고 관백關伯에게 존호를 더하였으니, 이는 나라를 배빈한 역적이며 일본의 신하입니다. 그런데 전하께서는 사면하고 죽이지 않으시니 소인들은 전하께서 인척으로 여기기 때문이라고 의심합니다. 전하께서는 어찌 종묘사직을 가벼이 여기시고 친인척을 중히 여기십니까?

장방창張邦昌[26]이 허위의 국호를 세우고 왕륜王倫[27]이 오랑캐의 사신이 되었던 것은 모두 그들의 본심이 아니었습니다. 그런데 이강李綱[28]과 호전胡銓[29]이 빨리 죽이도록

복종했다.[流共工于幽洲 放驩兜于崇山 竄三苗于三危 殛鯀于羽山 四罪 而天下咸服]"라고 하였다.

26) 장방창(張邦昌, 1083~1127) : 자는 자능(子能)이며, 송(宋)의 동광(東光) 사람이다. 송 흠종 초년에 금인(金人)이 변경(汴京)을 함락하고, 휘종과 흠종을 사로잡아 가서 초제(楚帝)로 세웠다. 남송의 고종은 즉위한 뒤 그를 담주(潭州, 지금의 중국 호남 장사)에 유배시켰다가 죽음에 처하였다.

27) 왕륜(王倫) : 중국 송나라의 문신이다. 흠종에게 발탁되어 병부 시랑(兵部侍郎)에 올랐으며, 금나라와의 화친을 주장하여 금나라에 사신으로 갔다가 억류되어 죽임을 당하였다.

청한 것은 위난이 극심한 때에는 이렇게 하지 않으면 기강과 법률을 떨칠 수 없었기 때문입니다. 더구나 죄가 이보다 심한 자에 대하여 벌을 주지 않을 수 있겠습니까? 삼가 바라건대 전하께서는 이미 죽어서 뼈가 된 데에서 무너진 법도를 들어 올리시고 아직 죽지 않은 데에서 군왕의 법도를 시행하신다면 상벌이 올바르게 될 것이니, 또한 기강을 정돈하는 한 가지 방책일 것입니다.

무엇을 두고 '재상을 존중한다'고 말하는 것입니까? 신은 듣기로 군주는 조정에서 엄숙하게 임하시고 재상은 뭇 관원들을 도맡아 다스린다고 합니다. 그러므로 순임금은 고굉股肱(다리와 팔)에 비유[30]하였고 이극李克[31]은 양처良妻(어진 아내)에 비유하였으니, 그들의 임무가 또한 무겁지 않습니까? 아내란 군자와 같습니다. 만약 평소 그 권한을 소중히 여기지 않는다면 힘센 종과 사나운 여종이 모두 그를 능멸하고 업신여길 것이니, 어떻게 내조하여 집안의 법도를 세울 수 있겠습니까? 옛날에 이항李沆[32] 때에는 천자가 직접 내린 조령詔令[33]을 불가하다고 하였으며, 한기韓琦[34]는 그 권세와 총애를 마음대

---

28) 이강(李綱, 1083~1140) : 중국 송나라의 문신이다. 금나라와의 화친을 반대한 주전론자(主戰論者)로서 송나라의 국력을 신장시키고자 노력하였으며, 금나라 군대를 공격하다가 화친 조약을 어겼다는 죄목으로 파직되었다. 일찍이 오민(吳敏)과 함께 뇌물을 받고 매관매직을 일삼던 왕불(王黼)을 죽일 것을 흠종에게 청하여 영주(永州)로 폄적되었다가, 뒤이어 흠종이 보낸 무사에게 죽임을 당하게 된 사실이 있다.(『宋史』『陳東列傳』)

29) 호전(胡銓) : 일찍이 상소를 올려 금나라와의 강화를 주장하던 진회(秦檜)를 죽일 것을 청하였으나 오히려 고종은 그를 담이(儋耳)로 귀양보냈던 사실이 있다.(『四朝聞見錄』)

30) 고굉에 비유 : 순임금이 신하인 군아(君牙)에게 당부한 말로서, "이제 그대에게 명하노니, 나를 도와 (나의) 다리와 팔뚝, 심장과 등뼈가 되어, 그대의 옛 조상이 힘쓰시던 것을 이어 조상을 더럽히지 마시오.[今命爾 予翼 作股肱心膂 纘乃舊服 無忝祖考]"라고 하였다.(『書經』「君牙」)

31) 이극(李克) : 전국 시대 위(魏)나라 문후(文侯)의 신하이다. 그는 일찍이 위 문후에게 "집이 가난하면 어진 아내를 생각하고 나라가 어지러우면 어진 재상을 생각하게 된다.[家貧思良妻 國亂思良]"고 간한 적이 있다.

32) 이항(李沆, 947~1004) : 송나라 태종(太宗)·진종(眞宗) 때의 명신(名臣)으로 자는 태초(太初)이다. 벼슬은 상서우복야(尙書右僕射)에 이르렀고, 태위(太尉)·중서령(中書令)에 추증되었으며, 시호는 문정(文靖)이다.

33) 천자가 …… 조령 : 내강(內降)이란 천자가 의논을 거치지 않고 궁내(宮內)에서 천자가 직접 내리는

로 휘둘렀지만 당시에 권력을 마음대로 휘둘렀다고 여기지 않고 뒷날의 사람들은 정사의 처리가 타당하였다고 하였습니다. 그 권세가 무겁지 않았다면 어찌하여 이러한 행위를 할 수 있었겠습니까?

군주가 재상을 둘 때에는 적합한 사람을 얻어야만 하며, 위임한 뒤에는 가벼이 업신여겨서는 안 됩니다. 이 나라 초창기에 황희黃喜가 재상이 되었으니 그 공적은 가장 훌륭합니다. 비록 존귀한 사람이라도 죄를 지으면 불러서 곤장을 치는 벌을 내렸으니 한기가 남긴 법도입니다. 지금까지도 말하는 자들은 그를 칭송하여 후세에 그에 미칠 자가 없다고 합니다. 오늘날 이 재상의 자리에 있는 자는 이항입니까? 한기입니까? 황희입니까? 이는 알 수 없습니다. 그러나 국가가 그들을 대우하는 것으로 보자면 비록 이항과 한기와 황희가 다시 일어나더라도 이항과 한기와 황희가 했던 일을 할 수가 없습니다.

아! 득실을 다 근심하고 수미首尾를 둘 다 두려워하여 한 마디 말을 하고도 오히려 당시의 여론에 죄를 얻게 될까 걱정하고, 한 가지 일을 결단하면서도 주상의 뜻에 어긋날까 걱정합니다. 이렇게 하면서 오히려 재상의 업적을 요구할 수 있겠습니까? 이것은 참으로 그를 가볍게 대우하여 그 폐단을 양성한 것이니, 조정과 나라의 기강이 실로 이로부터 무너졌습니다. 삼가 바라건대 전하께서는 집이 크면 당도 높다는[35] 뜻을 생각

조령(詔令)으로, 송나라 진종(眞宗)이 어느 날 저녁에 시자를 시켜 "유씨(劉氏)로 귀비(貴妃)를 삼겠다."는 수조(手詔)를 들려 보냈는데, 이항이 수조를 불에 태워버리고는 "'신 항은 불가하다고 여깁니다.'라고 말씀드려라.[但道臣沆 以爲不可]"라고 시자에게 아뢰도록 하여, 귀비로 삼자던 의논이 진전되지 못하였다고 한다.(『宋史』「李沆傳」)

34) 한기(韓琦, 1008~1075): 자는 치규(稚圭), 호는 공수(贛叟)이다. 송나라 상주(相州) 안양(安陽, 지금의 하남) 사람이다. 두연(杜衍)·부필(富弼)·범중엄(範仲淹) 등과 함께 송나라의 명재상이다. 일찍이 간관(諫官)에 있을 때에는 재상으로 있던 왕수(王隨)를 비롯하여 부패하고 무능한 자들을 탄핵하여 물러나게 하였고, 사천(四川)에 가뭄이 들자 탐관오리를 내쫓고 가난한 백성을 구제하여 명성이 있었다.

35) 집이 …… 높다는: 자기가 선 위치의 모서리가 땅에서 멀면 자급이 높고 땅에서 가까우면 자급이 낮다는 것으로 위차(位次)를 말한다. 한나라 가의(賈誼)의 소(疏)에 "섬돌이 아홉 층계 이상이 되어, 전당(殿堂)의 모서리가 땅과 멀면 당이 높고, 섬돌이 층계가 없고 모서리가 땅과 가까우면 당이 낮습니

하시고, 예를 갖춘 모습과 절조에 힘쓰는 도를 다하신다면 기강을 바로잡는 한 가지 방책이 될 것입니다.

오래도록 대간의 자리를 맡긴다는 것은 무엇을 말하는 것입니까? 신은 듣자니 옛날에는 간관이 없었지만 충성스럽고 곧은 선비가 대대로 부족하지는 않았다고 합니다. 간쟁하는 도는 사람에게 달려 있지 관직에 달려 있지 않습니다. 후세에 관직을 설치하고 직분을 나누니, 간쟁의 책임이 사람에게 달려 있지 않고 관직에 달려 있게 되었습니다. 세대가 더욱 내려가자 세상은 저속해져서 사람에게 달려 있던 도를 더 이상 볼 수 없게 되었다면 관직에 달려 있는 책임에 어찌 힘쓰지 않을 수 있겠습니까?

국가가 사헌부를 설치하여 불법을 점검하고 살피며, 사간원을 설치하여 허물과 잘못을 법도로 바로잡으니 그 임무는 막중합니다. 요즈음은 법대로 다스리는 기풍이 깨끗이 사라지고 경박한 풍속이 갈수록 폐습을 이루어 "혐의를 피한다." "물러나 기다린다."라고 합니다. "제가 군주를 올바른 도로 인도할 수 없으니, 신의 죄는 마땅히 벼슬을 그만두어야 합니다."라고는 하지 않고, "지난번 어떤 일에 마땅히 혐의가 있으니 혐의를 무릅쓰고 벼슬을 받는 것은 합당치 않습니다."라고 합니다. "저 사람이 임금의 잘못을 따르니 잘못을 저지른 저 사람은 마땅히 내쫓아야 합니다."라고는 말하지 않고, "지난번 어느 직책을 맡았는데 이유가 있어서 계속 할 수가 없습니다."라고 합니다. 3년 상도 치르지 못하면서 시마복緦麻服과 대공大功·소공小功의 복服을 자세히 살피며,[36] 제수하는 명이 아침에 내려졌는데 사퇴하는 글이 저녁에 들어옵니다. 자리가 따뜻해질 겨를이 없으니[37] 여관과 다를 게 없는데 비록 도를 행하려고 하는 자가 있어도 어떻게 할 수가

다. 높은 것은 오르기 어렵고 낮은 것은 오르기 쉬우니, 이치와 형세가 그러합니다.[陛九級上 廉遠地則堂高 陛亡級 廉近地則堂卑 高者難攀 卑者易陵 理勢然也]"라고 하였다.

36) 3년 …… 살피며 : 『맹자』「진심상(盡心上)」에 나오는 말로, 대체(大體)는 살피지 못하고 사소한 일에 급급한 것을 두고 비유한 말이다.

37) 자리가 …… 없으니 : 한유(韓愈)의 「쟁신론(爭臣論)」에 "공자는 자리가 따뜻해질 겨를이 없었다.[孔席不暇暖]"고 하였는데, 이는 공자가 자주 돌아다녀 자리가 따뜻해질 겨를이 없었음을 말한 것이다.

있겠습니까?

옛날에 양성陽城이 간관이 되었을 때 한유韓愈의 논의는 지극하였습니다. 한유는 '평범한 사람'이라고 비난하였지만 논하는 바는 이치에 합당하였고, 양성은 참으로 자리나 차지하고 있는 것이 아니어서 이로 인하여 물러났다는 일을 들어보지 못했으니, 옛날 사람이 다른 일 때문에 중요한 관직에 있는 자를 가볍게 바꾸지 않았다는 것을 이로부터 알 수 있습니다. 7년 뒤 간쟁하는 일로 세상에 드러났으니, 큰 절개를 세울 수 있었던 자가 바로 전날 거듭 헐뜯음을 받았던 사람일 줄 누가 생각이나 하였겠습니까?

오늘날 이 책임을 맡은 자는 모두 '빨리 그만 두려는'[38] 마음이 있고, 게다가 주상께서는 넉넉히 받아들이는 도량이 없어서 매번 탐탁찮게 여기는 기색을 보이십니다. 그러다가 소금이라도 귀에 거슬리는 말씀을 드리면 그때마다 우레 같은 위엄을 더하셔서, 말하고 싶은 자들은 반드시 기운을 낮추고 부드러운 목소리로 효자가 어버이를 모시는 것처럼 주상의 귀에 편하고 좋은 한두 마디를 골라 그 책임을 메울 뿐이니, 옷자락을 잡아당기고 난간을 부러뜨리는 기풍[39]을 다시 볼 수 있겠습니까?

여기서는 한 자리에 한 사람이 오래 있지 못하고 자꾸 바뀌는 것을 두고 한 말이다.

38) 빨리 그만두려는 마음 : 오일 경조(五日京兆)는 관원의 유임이 오래지 못하다는 뜻이다. 한 선제(漢宣帝) 때 장창(張敞)이 경조윤(京兆尹)으로 있으면서 치적을 올렸는데, 양운(梁惲)의 일당으로 몰려 파면하라는 탄핵을 받았다. 그때 장창이 아전으로 있던 여순(絮舜)에게 조사를 시킨 것이 있었는데, 여순은 그냥 집으로 돌아가 버리고는 남에게 말하기를 "장창은 탄핵을 받고 있으니 5일 동안밖에 경조윤으로 있지 못할 것인데 어떻게 다시 일을 살피겠는가?"고 하였다. 그러나 장창은 파면되지 않았고, 그를 감옥에 가두었다가 밤낮으로 취조하여 죽음에 이르게 하였는데, 장창은 여순을 죽이기 전에 "그래 5일 경조가 어떤가?"라고 한 고사가 있다.(『漢書』「張敞傳」)

39) 옷자락을 …… 기풍 : 임금의 잘못을 굳이 간한다는 뜻이다. 옷자락을 잡아 당겼다는 것은 위(魏)나라 신비(辛毗)의 이야기로, 사가(士家) 10만 호(戶)를 하남(河南)으로 옮기려는 문제(文帝)의 계획에 반대하여 강력히 간쟁하자, 문제는 아무 대답도 하지 않고 내전(內殿)으로 들어가려 하였다. 그러자 신비는 문제의 옷깃을 끌어당겼다 한다.(『三國志』「魏書·辛毗傳」) 난간을 부러뜨렸다는 것은 한(漢)나라 때 주운(朱雲)의 이야기로, 간하다가 효성제(孝成帝)의 노여움을 사서 전상(殿上)에서 끌려 내려갈 때 어전(御殿)의 난간을 붙잡고 버티며 간하다가 난간이 부러졌다고

아! 대간이란 나라의 기강이 달려 있는 곳인데 먼저 스스로 그 직분을 가벼이 하였으니 크고 작은 것이 와해되어 유지할 길이 없게 되는 것은 당연합니다. 바라건대 전하께서는 적합한 사람을 가려 관직을 주었으면 오래 그 직분을 맡겨 대체를 보존하고 그 책임을 다하도록 하소서. 이 또한 기강을 떨칠 수 있는 한 가지 방책일 것입니다.

이른바 군정을 다스려 밝히지 않을 수 없다는 것은 무엇입니까? 삼가 살펴보건대 국가가 군대를 다스리는 것을 보면, 교대로 번갈아 오고가서 전쟁에 나가면 창과 몽둥이를 지고 집으로 돌아가면 쟁기와 보습을 잡게 하였던 것은 옛날부터 내려오는 법입니다. 지금은 파괴된 나머지 각각 편제되어 있던 병졸들이 거의 다 흩어지고 죽었으며, 죽지 않고 살아남은 자는 양민이나 사대부들뿐입니다. 어쩔 수 없이 그 모자라는 수를 다 채워 놓으면 그 고통을 견디지 못하여 도망가 버립니다. 아래의 아전들은 상황에 따라 간사한 짓을 하여, 뇌물을 받으면 빼주고 힘이 약하면 함부로 합니다. 한 명의 군졸을 점고하는 데 온 경내가 모두 그 괴로움을 받으니, 전쟁을 겪은 지 2년 만에 민가는 모두 비어 버리고 군대에는 군졸이 없으며 논밭에는 농부가 없는데 무슨 수로 적을 막으며 무슨 수로 재용財用을 넉넉하게 하겠습니까?

신의 생각에 이 왜적은 기한을 정해놓고 섬멸할 수 없으니, 군대는 마땅히 정예화하기에 힘써서 명나라 군대와 함께 주둔하여 방어하기에 충분하게 된 뒤에, 늙고 약한 자들을 농사짓는 데로 돌려보내고 또 보병을 많이 공급하여 병사 노릇하는 수고를 알지 못하게 해야 옳지 않겠습니까? 또한 장인이 그 일을 잘하려면 반드시 먼저 그가 쓰는 기구를 잘 정비해 놓아야 합니다. 오늘날의 패배는 무기를 갖추어 놓지 않고 법령이 엄하지 않은 탓입니다. 무기는 비유하자면 손톱과 어금니이고 법령은 비유하자면 정신입니다. 손톱과 어금니가 있어야 용감하게 힘을 낼 수 있고 정신이 있어야 손톱과 어금니를 놀릴 수 있습니다. 사졸들이 믿고 힘쓸 수 있는 것은 여기에 달려 있습니다. 만약 믿을 만한 것이 없는데 반드시 죽을 곳으로 몰아넣는다면 억만에다 또 억만을 더하더라

한다.(『漢書』「朱雲傳」)

도 더욱 유린되고 짓밟히는 대상이 될 뿐입니다.

어떤 사람은 산관散官[40]과 유생을 군보軍保[41]에 보충해야 한다고 말합니다. 어리석은 신의 생각에 이미 '군보'라고 말하게 되면 국가가 선비를 대접하는 도에 있어서 편치 않은 점이 있고, 저 군졸이 된 자에게도 평소 귀하고 훌륭한 가문과 평소 고을의 기강을 잡았던 사람에게 어찌 잡일을 하도록 요구할 수 있겠습니까? 관이 자체적으로 호적을 살펴 대가를 징수하여 계산해서 관청에 두고 오직 주장主將의 말을 따라 곧장 진소陣所로 보내거나 혹은 곡식과 바꾸어 군량미에 공급한다면 군정을 거의 이루어질 수 있을 것입니다. 그리고 군정을 다스리는 것에 대하여 신은 또 세 가지 계책이 있습니다. 장수를 선택하는 것과 화포를 훈련하고 익히는 것과 널리 둔전을 설치하는 것입니다.

무엇을 두고 '장수를 선택한다'고 말하는 것입니까? 신은 삼가 듣자니 옛사람이 말하기를 "무기를 잘 정비해 놓지 않으면 그 병졸을 적에게 주는 것이고, 병졸을 쓸 수 없으면 그 장수를 적에게 주는 것이다."[42]라고 하였습니다. 지금은 날카롭게 정비해 놓지 못한 무기와 쓸 수 없는 병졸을 선택해서는 안될 장수에게 주어 막강한 적과 대하게 하여 성공하기를 요구하니 또한 어렵지 않겠습니까? 옛날에 많은 인재가 나오던 때에도 오히려 넓적다리를 부비며 유독 인재를 얻지 못했다는 탄식[43]이 있었는데

---

40) 산관(散官): 관명(官名)은 있으나 고정된 직임이 없는 벼슬로 직사관(職事官)과 상대하여 말한 것이다.

41) 군보(軍保): 조선시대 정병(正兵)을 돕기 위하여 둔 조정(助丁)이다. 원래는 병역을 면제받는 대신에 현역병의 농작(農作)에 노동력을 제공하도록 했으나, 후에 군대의 비용으로 쓰기 위하여 역(役)을 면해 주고, 그 대가로 삼베나 무명 따위를 받아들였다.

42) 무기를 …… 것이다: 『전한기(前漢紀)』「효문제(孝文帝)」에서 조조(晁錯)가 상소한 내용 중에 나온다.

43) 넓적다리를 …… 탄식: 한 문제(漢文帝)가 일찍이 풍당(馮唐)으로부터 염파·이목 같은 장수가 같은 조나라의 장수인 이제(李齊)보다 훨씬 훌륭했다는 말을 듣고는 매우 기뻐하여 무릎을 치면서 이르기를 "아, 나는 다만 염파·이목의 당시에 나지 못해서 그들을 장수로 삼지 못했을 뿐이다. 그런 사람을 장수로 삼는다면 어찌 흉노를 걱정하겠느냐?[嗟乎 吾獨不得廉頗李牧時爲吾將 吾豈憂匈奴哉]"라고 탄식한 데서 온 말이다.(『前漢書』「馮唐列傳」)

더구나 말세이겠습니까?

재주와 지혜가 부족한 사람이 윗사람을 잘 섬겨 명예를 얻거나 권세와 총애로 천거되어 그가 장수가 된 뒤에, 위로는 그 빚에 보답하고 아래로는 자기의 집을 살찌우며 오직 면포가 얼마인가로써 군졸들을 점검할 뿐입니다. 그가 앉고 서고 찌르는 동작에 대해서도 이렇게 깜깜하게 알지 못하는데 더구나 기정奇正[44]을 함께 써야 하는 법을 알겠습니까? 하루아침에 위급한 일이나 변고가 발생하면 순서에 따라 보내니, 장수는 병사를 모르고 병사는 장수를 알지 못하다가 마침내 전쟁에서 패배한 뒤에 비록 백 번 그 자를 참수한다고 하더라도 일에는 무슨 도움이 되겠습니까? 게다가 작록이 모두 높다 해도 그의 재능과 지혜로는 뭇 사람들을 부릴 수 없습니다. 그러므로 적과 마주 하였을 때 제각각 마음대로 하여 서로 통솔하지 못하니, 만 명이 진을 쳤지만 한 장수의 명령도 듣지를 않습니다. 이것이 실로 일에 실패하는 기틀입니다.

신의 생각에는 한 때의 쓸 만한 장수[45]로 선발되어 삼군三軍을 맡아 다스리게 된 경우에는 단을 설치하였던 예[46]로 융숭하게 대하고 수레를 밀어주던 은혜[47]를 더하여 그가 지혜를 배양하여 군정을 가다듬게끔 하고, 또 직접 편장과 비장偏裨을 배치하여 그 사졸들을 훈련하며, 장수는 병졸의 마음을 얻고 병졸은 장수의 명을 따르게 한 뒤에 전쟁에 임하게 하면 실패할 염려가 없고 승리하는 공로가 있게 될 것입니다.

---

44) 기정(奇正): 옛날 병법 용어이다. 작전할 때 진을 마주하고 칼을 서로 겨누는 것이 정(正)이고 매복하여 기습하는 등이 기(奇)가 된다.

45) 쓸 만한 장수[翹楚]: '초(楚)'는 '형(荊)'과 같은 뜻으로, 초가 비록 재목감은 못되지만 얽힌 섶 속에서는 제일 쓸 만한 것인데, 사람의 재능이 드러나지 못하면 그 가운데서 발췌한 자를 취하여 쓰는 것을 교초(翹楚)라고 한다. "삐죽 솟은 잡목 중에서, 특별히 가시나무를 베네.[翹翹錯薪 言刈其楚]"라는 말에서 유래한다.(『詩經』「周南·漢廣」)

46) 단을 설치하는 예: 옛날 한나라 고조 유방(劉邦)이 대장군으로 임명하는 한신(韓信)의 권위를 높여주기 위해 길일을 택하고 제계하며 단을 쌓고 예식을 행했던 고사를 말한다.(『史記』「淮陰侯列傳」)

47) 수레를 밀어주던 은혜: 『한서』「풍당전(馮唐傳)」에 천자가 장수를 내보내면서 그 수레를 밀어주며 "왕성 안은 내가 맡을 터이니, 왕성 밖은 장군이 맡으시오.[閫以內 寡人制之 閫以外 將軍制之]"라고 한 데서 나온 말이다. 전장에 나가는 장수에게 전권을 부여하였다는 의미로 쓰인다.

무엇을 두고 '화포를 훈련하고 익힌다'고 말하는 것입니까? 삼가 생각건대 우리나라의 장기는 활을 잘 쏘는 것보다 나은 것이 없으니, 이전의 전쟁은 대체로 이를 통해 승리하였습니다. 높은 곳을 우러러보고 낮은 곳을 내려다보며, 물이나 뭍에서 왼쪽으로 하고 싶거나 오른쪽으로 하고 싶으면 오직 하고 싶은 대로 하였으니, 짧은 무기나 긴 창이 감당할 수 있는 바가 아니었습니다. 그렇다면 오늘날의 패배한 잘못은 장수 중에 쓸 만한 사람이 없으며 군정이 무너지고 흩어진 데 있고 활솜씨가 좋지 못한 데 있는 것이 아닙니다.

천지를 뒤흔드는 기세로 앞으로 나아가 견고한 적을 공격하고, 예리한 무기를 부술 때에는 적이 눈으로 보지 못하고 손으로 쏠 수 없게 하여, 수많은 주둔지와 부대를 일거에 다 없애버리는 것으로는 또 화포처럼 좋은 것이 없습니다. 또 활은 이미 시험해 보았지만 화포는 새로 익힌 것이라 사람들이 모두 즐겨 배우고 싶어합니다. 비록 그렇지만 앞장서서 장려하지 않는다면 누가 다시 즐거워하면서 달려가서 앞다투어 싸우려고 하겠습니까?

국가가 이미 무예로 사람을 뽑을 때 명목상 급제한 자들이 매우 많습니다. 그 중에 나이가 젊고 민첩한 자와 활쏘기에 서투른 자를 뽑아서 포수라 부르고 늘 익히게 합니다. 매달 초에 모두 시험하여 우수하고 능력 있는 자를 뽑아 벼슬을 주어 능하지 못한 자들을 권면합니다. 또 주와 군에서 귀천에 구애됨이 없이 많이 뽑아 힘써 권하고, 병마절도사가 때때로 순시하여 부지런히 하는지 태만한지를 살펴 그들에게 상과 벌을 줄 뿐 만 아니라 그곳의 수령에게도 상과 벌을 주고 또 별도로 과거를 설치하여 화포로 사람을 뽑는다면 한 해가 지나지 않아 나라의 포수는 넘쳐날 것입니다.

무엇을 두고 '널리 둔전屯田을 설치한다'고 말하는 것입니까? 삼가 생각건대 예부터 전쟁을 할 때는 반드시 둔전에 대한 대책을 강구하였습니다. 제갈량諸葛亮이 위나라를 칠 때에 밭가는 자를 위수渭水 가에 섞어 배치[48]하였고, 조충국趙充國이 출정할 때에 방책을 진언陳言한 것이 열두 가지[49]에 이르렀습니다. 먹을 것이 없으면 군대도 없으니, 식량을 충분하게 하는 계책이 실로 어찌 둔전에 있지 않겠습니까? 지금 재앙이 들고 패배한 나머지 수신守臣은 창고에 쌓아둔 곡식을 잃었고 농부는 남쪽 밭의 보습을 놓아

버렸는데, 명나라 군대가 국경으로 들어오니 공급할 재물이 없어서 호남의 곡식으로 둘러 공급하다 보니 호남도 곤궁해졌습니다. 시일이 오래 지나도 전쟁이 끝날 기약이 없으니, 신은 실로 어떻게 지탱할 수 있을지 모르겠습니다.

삼가 살피건대 우리나라의 백성들은 거의 죽어버렸고 왜적이 지나간 도는 심지어 몇 고을에 걸쳐 온전히 살아있는 자가 한 사람도 없으며 비옥한 토지는 모두 쑥대밭이 되었습니다. 관찰사로 하여금 순시하여 주인이 있고 없음을 기록하여 스스로 경작할 수 없는 자는 그 많고 적음에 따라 결結을 짓게 합니다. 농기구와 소는 관청이 직접 갖추고 있다가 밭 갈고 씨 뿌리며 김 메고 호미질 할 때가 되면 군졸 중에서 기술이 없는 자와 주린 백성 중에서 품팔이하기를 바라는 백성들에게 나누어 주어, 편한 대로 양식을 공급하고 관리를 보내어 감독하며 가을의 수확을 계획하였다가 농사를 잘 지었는지 아닌지에 따라 칭찬을 하고 나무란다면 어찌 효험이 없을 수 있겠습니까?

어떤 사람은 관에서 사전私田을 차지하면 의義에 손상되는 바가 있으며, 혹 이 때문에 폐단이 불어나 백성들이 원망을 품을 거라고 하지만 이는 그렇지 않습니다. 햇수를 제한하여 지으며 관아에 신고하여 경작할 수 있게 하며[50] 주인의 이름을 기록하였다가 안집安集하기를 기다려 돌려주면 무슨 폐단이 있겠습니까? 어떤 사람은 또 농사지어 곡식이 익을 때가 되었는데 적병이 이르게 되면 버리고 떠나게 될 뿐 만 아니라 도적들만 도와주게 된다고 하지만 신은 이 말도 잘못되었다고 여깁니다. 적병은 양식이 없다

---

48) 제갈량이 …… 배치 : 제갈량이 위나라와 싸우면서 오래 지탱할 계책으로 둔전을 일으켜 농사를 지으면서 병사들을 민간인들과 뒤섞여 살게 하였던 사실을 말한다.

49) 조충국(趙充國)이 …… 열두 가지 : 한 소제(漢昭帝) 때 조충국이 둔전을 설치하자고 건의하면서, 둔전(屯田)의 편리한 점 12가지와 출병(出兵)의 실리(失利) 12가지 조목을 들어 전쟁을 하는 한편 농사를 지어 군량미를 조달하고 백성들의 부담을 들어줄 방책을 제시하였다.(『前漢書』「趙充國傳」)

50) 관아에 …… 하며 : 『경국대전』「호전(戶典)·전택(田宅)」에는 "3년이 넘도록 농토의 소유주가 경작하지 않고 묵히는 전토는 다른 사람으로 하여금 관아에 신고하여 경작할 수 있게 한다.[過三年陳田 許人告耕]"는 규정이 있다.

고 해서 오지 않는 것도 아니고, 와서 식량을 가져갈 경우에는 폐해가 더욱 백성에게 미칩니다. 게다가 둔전을 설치하지 않으면 속수무책으로 죽음을 기다리는 것입니다. 둔전을 설치하였는데 적병이 없으면 저절로 양식은 저장이 되고 불행히 적병이 온다 해도 어찌 몽땅 가져가겠습니까? 지난해에 적의 세력이 한창 성할 때에 백성 중에 어떤 자는 틈을 타서 농사를 지었고 어떤 자는 모종을 내버려두고 달아났는데 가을과 겨울이 온 뒤에 농사지은 자는 적들이 가져간 나머지로 먹어서 살아났고 내버리고 달아났던 자들은 굶어 죽음을 면치 못했던 것이 하나의 증거입니다.

앞에서 말씀드린 것들은 모두 지극히 천하고 보잘것없는 말이라 세상을 놀라게 하고 사람을 감동시키는 말은 없습니다. 게다가 경연의 자리에서 필시 진지하게 논의하였을 것이라 생각하니, 미천한 신의 군더더기와도 같은 말은 모두 필요가 없을 것입니다. 비록 그렇더라도 전하께서 살펴보시고 혹시라도 초야의 어리석은 자도 이런 말을 하니 반드시 자랑하거나 속이는 쓸모없는 말이 아니라고 여기시고 더욱 찬찬히 살피셔서 조치하신다면 어찌 아주 작은 효과나마 볼 수 없겠습니까?

또한 신은 달리 마음속으로 생각한 것이 있으니, 필시 주상을 번거롭게 하는 것일 겁니다. 호남과 영남은 나라의 곡식창고입니다. 영남과 호남이 훼손되면 전혀 방법이 없을 터인데 오늘에 이르도록 미친 왜적이 전라도에 들어가지 못한 것은 하늘이 전하께 중흥의 터전을 삼도록 남겨주신 것입니다. 영남은 주州와 현縣이 예순여섯 곳인데 도륙당하지 않은 곳은 겨우 열에 하나입니다. 백성 중에서 적의 칼날을 피한 자가 거의 없고 2년을 농사짓지 못하니, 길에서 부축하고 지탱하며 서로 이끌고 골짜기에 굴러 떨어져 죽은 자들이 또한 반을 넘습니다. 게다가 봄과 여름에는 전염병에 걸려 열 명중에 한 명도 낫지 못하였으니, 한정된 수의 백성으로서 전쟁으로 죽고 굶주려 죽고 병으로 죽어 목숨을 보전한 자가 몇 명이나 있습니까? 풀을 뜯어 먹고 열매와 잎사귀조차 다 없어지자 건장한 자들은 일어나 도적이 되어 사람을 죽여 재물을 취하기를 일삼고, 약한 자는 이리저리 떠돌아다니다 죽어가는 자들이 끝도 없습니다.

아! 자식을 바꾸어 먹은 것은 진晉나라 사람들이 탄식하였던 바인데[51] 지금은 어머니를 삶고 자식을 구워먹으며, 천 가구 중에 백 집이 남았다[52]는 것은 시인이 읊었던 바인데 지금은 천리가 쑥대밭이 되었습니다. 이제 막 가을인데도 그러한데 봄이 되면 어떻겠습니까? 오늘날의 형편을 살펴보면 비록 위로하고 어루만지기를 어린 아이 돌보듯 하여도 오히려 구원할 수 없을까 염려되는데 더구나 명나라 군문軍門의 징발과 그 휘하 장수에 대한 공급으로 마치 세금과 공물 품목이 빽빽한 경우이겠습니까? 거주하는 자들은 두려워하며 안도할 방법이 없고 흩어진 자들은 방황하며 다시 모이기를 즐겨하지 않습니다.

관에는 사들인 곡식이 없고 백성들은 손에 쥔 곡식이 모자라도 어떻게 할 방법이 없는데 수령이 무슨 수로 마련하겠습니까? 수령이 지탱하지 못하여 도망가는 처지를 벗어나지 못하는데 관찰사가 홀로 보존할 수 있겠습니까? 온 도가 다 비고 명나라 군대가 수습하여 돌아가 버리면 왜적이 혹 다시 들어왔을 때 누가 방비할 수 있겠습니까? 신이 듣자니 충청도와 전라도의 관청에는 쌓아놓은 곡식이 있어서 길에는 굶어 죽는 자가 없다고 합니다. 모든 수요를 그곳에서 취하도록 처리하고 이 경상도에 은혜를 베풀어주고 요역을 일체 멈추거나 경감해 주어 거의 죽어가는 목숨이 다시 연장될 수 있게 해준다면 어찌 한 도 백성들만의 다행이겠습니까? 또한 국가의 명맥이 이에 힘입어 다시 소생하게 될 것입니다. 신은 지극히 떨리고 두려우며 안절부절못하는 마음을 이길 수 없어 삼가 죽음을 무릅쓰고 아룁니다.

---

51) 자식을 …… 바인데 : 『사기』 「조세가(趙世家)」에 의하면 삼진(三晋)의 하나인 조양자(趙襄子)가 진양성(晉陽城)에서 진(晉)의 지백(知伯)과 한(韓)·위(魏)의 합공에 의해 포위되어 한 해가 넘도록 버티고 있었는데, 지백이 분수(汾水)의 물을 진양성에 대자 성의 대부분이 물에 잠겼고, 성 안에서는 가마솥을 걸어놓고 불을 때어 자식을 서로 바꾸어 잡아먹었다는 내용이 있는 것으로 보아 조(趙)나라를 삼진(三晋)의 하나라고 해서 진(晉)나라라고 한 듯하다.

52) 천 가구 중에 …… 남았다 : 두보가 안녹산의 난리에 백성들이 겪고 있는 처참한 상황을 읊은 「백제(白帝)」라는 시에 나오는 말이다.

폐단을 바로잡을 것을 청하는 소[請救弊疏]

을미년(1595) 성현도 찰방에 있을 때

삼가 아룁니다. 역로가 오랫동안 적의 소굴로 들어간 것이 자여自如로부터 다음은 황산黃山이고 다음은 성현省峴입니다. 자여는 조정이 이미 그 찰방을 없애버렸고 황산은 비록 그대로 있지만 주관할 일도 없고 머무를 곳도 없어 부질없이 이름만 가지고서 이경異境에 남아 있습니다. 성현은 두 곳에 비해 조금 낫기는 하지만 불타고 파괴된 모습을 자여와 황산을 통해서 알 수 있습니다. 관장하고 있는 역 중에 청도에 있는 것은 본 역까지 포함해서 다섯 군데이고, 밀양에 있는 것이 한 곳이며, 경산과 창녕, 현풍과 성주에 있는 것이 각각 한 군데이며, 대구와 영산에 있는 것이 각각 두 군데입니다. 관서가 전복되어 없어졌는데 그 역이 어떻게 홀로 완전할 수 있겠습니까?

대체로 철로鐵爐라고 부르는 옛 이름이 있던 곳은 보는 곳마다 모두 쑥대밭이 되었습니다. 신이 처음 그곳으로 부임했을 때는 전쟁과 굶주림과 돌림병을 겪은 뒤에 간혹 살던 곳으로 다시 돌아온 자를 보기는 하였지만, 초근목피도 잇지 못하여 귀신같은 모습을 하고 있어 놀랄 만하였습니다. 현재의 말은 크고 작은 것을 합쳐서 다섯 필뿐입니다. 다행히도 순찰사가 각종 곡식의 종자를 공급해 주어 한 말 정도의 분량을 심게 하여 보리를 새로 먹을 수 있게 된 뒤에 온전히 살아날 가망이 조금 있게 되었습니다. 그러나 왜적의 성채와는 하루의 여정도 되지 않아 거주하면서 항상 놀라고 두려워 일찍이 하룻밤도 편히 잠들지 못하는 것이 꼭 서리를 만난 초목에 바람이 스쳐서는 안 되는 것과 같습니다. 그런데 장수와 병사들이 함부로 침범하고 지나가는 객이 번거롭게 하니 원망스러워 하며 그 고통을 견뎌내지 못하고 있습니다. 경계하는 명이 비록 엄하지만 폐습은 오히려 증가하니 참으로 통탄할 만합니다.

이번에 조정에서 또 마위전馬位田53)에 세금을 거두라는 명이 있었습니다. 주군州郡에서는 이 명에 따라 그 땅을 문적文籍에 올리니, 역졸들이 서로 탄식하여 말하기를 "우리들이 거의 죽을 뻔한 위험한 고비를 넘긴 나머지 간신히 병작竝作할 종자를 차지하였다. 사람이 몇 이랑을 지어서 나오는 곡식이 얼마나 된다고 이것으로 어떻게 한 해 내내 입에

풀칠하며, 이것으로 어떻게 관의 세금을 내며 이것으로 어떻게 번거로운 부역에 응하겠는가? 이곳을 떠나 한가하고 비어있는, 세금 없는 땅으로 가서 하루라도 사는 것도 좋지 않겠나."라고 합니다.

신은 가만히 생각건대, 말이 없는데도 밭에서 나는 곡식을 먹는 것이 과연 설립한 본래의 뜻은 아니지만, 마위전에 세금을 거두는 것도 법을 만든 처음의 생각은 아닙니다. 지금 "네가 이미 밭에서 나는 곡식을 먹었으니 그에 따라 말 숫자를 보충해야 한다."고 요구한다면, 관아에서는 참으로 할 말이 있지만, 백성들은 할 말이 없어서 옛날로 회복할 길이 있을 것입니다. 만약 한 말의 쌀을 얻은 것을 다행으로 여기고 다시는 말 숫자를 보충하라는 옛날의 제도를 백성들에게 요구하지 않는다면 신은 법을 제정한 본래의 뜻을 모두 잃을까 염려됩니다. 게다가 나라를 다스리는 도는 차라리 이익을 놓칠지언정 필부의 마음을 잃어서는 안 됩니다. 그리고 난리를 겪은 뒤에는 더욱 생각해야만 합니다. 설령 군무와 국정의 씀씀이가 꼭 이렇게 한 뒤에야 이어진다고 하더라도 오히려 하지 않을 수 없는 바가 있는데 더구나 얻는 것은 고작 한 말 한 섬의 쌀이고 잃는 것이란 수많은 백성들의 마음입니다. 그런데 차마 그렇게 하면서 보살피지 않을 수 있겠습니까? 올해 장수와 수령들이 각자 둔전을 설치하여 벼가 제법 익으면 이렇게 함부로 거두어들일 필요가 없습니다.

아! 역을 설치하여 명을 전하는 것은 예부터 중하게 여긴 바 입니다. 이 일대의 길이 한 번 없어지면 평민에게 해로움이 미치고 역로가 회복되면 민생을 보존하게 됩니다. 삼가 바라건대 전하께서는 조정의 신하들에게 의논하도록 하소서. 관제를 고치고 부역을 하는 자에게 세금을 면제해 준 지 10년 뒤가 되어야 소생하고 회복하게 될 것입니다. 세금을 거두라는 명령과 같은 경우는 빨리 없애어 겨우 살아남은 자와 쇠잔한 병졸들의

---

53) 마위전(馬位田): 역말을 먹여 기르도록 각 역에 떼어 준 전지(田地)로, 역정(驛丁)이 직접 경작하게 하고 세금은 받지 않았다. 보통 대마(大馬)는 7결(結), 중마(中馬)는 5결 50부(負), 소마(小馬)는 4결을 받았는데, 줄여서 마전(馬田)이라고도 하였다.

바람을 위로해 준다면 매우 다행이겠습니다. 비록 그렇지만 이는 한 역을 위하여 한 말입니다. 신은 비록 어리석고 못났지만 이러한 시대를 만났으니 어찌 한 나라와 한 도를 위한 말씀을 드리지 않겠습니까?

아! 중흥의 도는 법도와 짜임새가 반드시 나라를 창업할 때와 꼭 같이 한 뒤에야 이미 끊어진 실마리를 이으며 이미 무너진 업을 회복할 수 있습니다. 고려 말에 홍건적이 서쪽 지역을 짓밟고 왜적이 남쪽 지역에서 날뛰니 삼한의 백성들이 모두 짓밟혔습니다. 그러나 태조대왕께서는 오히려 가문을 일으키고 나라를 이룩하셔서 지금까지 국통이 내려왔습니다. 지금 비록 패하고 파괴되었지만 옛날의 기업基業이 아직 남아 있으니 오히려 쉽게 거듭 빛나게 할 수 있습니다. 그런데 사람이 병이 들었다가 정신과 모습은 아직 회복되지 못하고 원기元氣가 날로 파리하고 약해져, 진작하지 못하는 것은 무엇 때문이겠습니까? 전하께서 성패를 자연스런 것이라 여기고 분발하여 진작하는 일을 하지 않기 때문이 아니겠습니까!

번거로운 조항과 가혹한 법령은 그저 백성들을 혼란하게 만드는 바탕이 될 뿐이며, 이어져 오는 대로 따라 하고 임시방편으로 대처하는 것은 구차한 습속만 늘어나게 합니다. 오직 놀람과 근심스러움으로 스스로 낙담하고 강대해지려고 마음먹지 않으니, 이렇게 하고서 중흥할 수 있었던 경우를 신은 본 적이 없습니다. 그런데도 믿을 만한 것은 그저 사람에게 남아있는 누대累代의 은택이 다하지 않아 인심이 배반하지 않은 것과 백성에게 끼친 도의의 교화가 여전히 남아 선한 풍속이 아직 없어지지 않은 것입니다. 변고 이후로 백성들에게 원망이 맺혀서 나라의 근본은 손상되었으며 풍속은 퇴폐한 데로 쏠리고 횡포한 짓이 그 사이에 일어나니 믿을 만한 구석이 어디에 있습니까?

지난겨울에 신이 한양에서 과거를 보았는데 오는 길에 듣자니 차관差官[54]이 모아서 바친 은자를 전하께서는 유사에게 주어 나라의 재용財用에 보태도록 하지 않으시고

---

54) 차관(差官) : 경차관(敬差官)을 말한다. 지방에 임시로 보내던 벼슬이다.

내탕고에 들여 놓으시니 사람들이 자못 의아하게 여긴다고 합니다. 아! 전하께서는 영특하고 현명하시니 신은 참으로 이러한 때에 마땅히 그 재물을 사사로이 여겨 궁첩이 가지고 놀게 하지는 않았으리라는 것을 압니다. 아니면 유사를 믿지 못하여 내탕고에 두었다가 뜻하지 않은 씀씀이에 대비한 것이겠지요. 전하께서 몸을 아끼시고 재물을 아끼신다면 경대부들도 몸을 아끼고 재물을 아낄 것입니다. 경대부가 이러하다면 무슨 수로 백성들이 몸을 아끼고 재물을 아끼는 것을 꾸짖을 수 있겠습니까?

오늘날 사사로운 정으로 공변된 도를 없애고 이익으로 의로움을 가리는 자를 어찌 다 셀 수 있겠습니까? 신은 전하께서 몸소 솔선수범하신 교화가 아직 지극하지 못할까 염려됩니다. 오늘날 이 흉악한 왜적이 장차 주둔군을 다 데리고 돌아가려고 하니, 사람들은 모두 이제부터는 태평세월을 기약할 수 있으리라고 생각합니다. 신이 생각하기에 진작하는 조치를 취하여 일대의 이목을 새롭게는 하지 않고 틈이 생겨 새는 곳을 억지로 막는 것으로 한갓 보존하고 유지하는 계책으로 삼는다면, 뒷일의 우려스러움은 지금보다 심해질까 저어됩니다.

미천한 신에게 천 번 생각하여 하나를 얻는 어리석은 계책이 실로 다섯 가지가 있습니다. 감히 보잘것없는 견해를 바쳐 우러러 채택해 주시기를 바라니, 전하께서는 유념해 주십시오.

첫째, 이번에 왜적을 물리친 일은 아주 사소한 것부터 모두 명나라 황제의 힘입니다. 산하와 종묘사직의 치욕을 명나라에 의지하여 다 씻었으니 이전에 없는 은총이며 세상에 없는 은혜인데 어떻게 보답해야 하겠습니까? 한 두 배신陪臣이 전례대로 표表를 올리는 것으로 어찌 만의 하나라도 사례를 할 수 있겠습니까? 어리석은 신은 생각건대 옛날에 세자가 입시入侍하던 때가 있었는데 오늘날 이 예를 다시 행할 수는 없겠습니까?

둘째, 우리나라는 단지 공허한 문자만을 일삼아 평소 실제의 효험이 부족하니, 전날의 패배가 바로 그 증거입니다. 지금 비록 군사를 부지런히 훈련시키고 있지만 병사들은 조련한 실제 효과가 없습니다. 비록 백성을 보살피라는 교지가 내렸으나 백성들은 살아 있음을 즐거워하는 마음이 없으니 참으로 탄식할 만합니다. 어리석은 신은 생각건대 병사를 훈련하려면 법률조항만을 세워서는 안 되고 전하께서 와신상담의 의지에 더욱 힘쓰셔야 인심을 감동시키고 태만함을 일깨울 수 있습니다. 백성을 보살피려면 말로 표현할 뿐만 아니라 실효성 있는 정치를 해야 합니다. 훼손된 지역에 명하여 삼 년을 기한으로 세금을 면제하여 남은 백성이 소생하고 회복하게 되기를 기약한다면 매우 다행이겠습니다.

셋째, 인재는 국가가 믿고서 통치를 하는 바탕입니다. 반드시 적합한 방법으로 배양해야 하며 망쳐서는 안 됩니다. 전하께서 감시관監試官에게 시사試射를 명하시니, 이는 나라 사람들이 무武를 숭상하지 않는 것을 고민하여 사람들마다 활쏘기를 배우게 하려는 것입니다. 그러나 문무에는 각각 그 맡은 바가 있으니 학문을 가벼이 하고 활쏘기를 중시하는 것도 왕도정치는 아닙니다. 또한 궁사가 많지 않은 것을 걱정할 것이 아니라 죽음을 아끼지 않는 자가 없음을 근심해야만 합니다. 어찌 선비들에게 학문을 버리고 활을 잡게 한 뒤에야 이 왜적들을 물리치겠습니까? 삼가 바라건대 전하께서는 이미 하교하신 명을 거두시고 선비들이 학문에 전심하여 그들이 가야할 길을 바로잡게 하십시오.

넷째, 경상도는 반이 적의 소굴이 되었으니 백성들의 풍속이 오염되고 정치의 교화가 너무 심하게 훼손되었습니다. 관찰사는 자세히 살펴 조사하는 것이 직분이니, 반드시 그 임무를 오래 맡은 뒤에야 두드러지는 업적을 이룰 수 있습니다. 그런데 매번 임기가 촉박해서 다스림과 교화를 다 이루지 못하는 것을 걱정하였습니다. 신은 바라건대 함경도와 평안도의 예에 따라 그 기일을 늦추고 권한을 많이 주어 효과를 내도록 하는 것이 좋겠습니다.

다섯째, 수령을 선택하는 것은 지금의 급선무입니다. 아무나 그 자리를 줄 수는 없으니 중요한 지역과 큰 고을은 마땅히 시종신[55]에게 주어 모든 고을의 본보기가 되게 해야 합니다. 안동 부사 우복룡禹伏龍[56]은 마음을 다해 맡은 일을 하니 전쟁이 일어난 지 4년

---

55) 시종신(侍從臣) : 홍문관·사헌부·사간원의 관원, 예문관의 검열(檢閱), 승정원의 주서(注書) 등 왕을 항상 시종하는 신하를 통틀어 이르는 말이다.

56) 우복룡(禹伏龍, 1547~1613) : 자는 현길(見吉), 호는 구암(懼庵) 또는 동계(東溪), 본관은 단양이다. 1577년 이이(李珥)의 천거로 소문전 참봉(昭文殿參奉)이 되었고, 나주·충주 목사를 거쳐 1612년 성천 부사에

동안 백성들은 괴로움을 몰랐습니다. 만약 수령들이 모두 이렇게 하도록 한다면 이 백성들이 소생하는 데 무슨 어려움이 있겠습니까? 이러한 사람들은 또한 마땅히 오래도록 그 임무를 맡겨 백성들에게 은혜를 다할 수 있게 해 주십시오.

신은 직명職名이 비록 미천하지만 역시 주상의 관리입니다. 위로는 책임을 다한 실질이 없고 아래로는 쇠잔한 백성을 소생시킬 방책이 모자라니, 배운 대로 헤아려보면 묵묵히 떠나감이 옳을 것입니다. 지금 이처럼 민생이 곤하고 초췌하며 이처럼 국세가 쇠약하고 이처럼 기강이 무너지고 이처럼 왜적이 이르렀으며 이처럼 왜적이 물러났으니, 아! 교만한 오랑캐가 어찌 다시 와서 침범하지 않으리라고 보장하겠으며 황제의 권위를 어찌 매번 믿을 만하다고 보장하겠습니까? 스스로 힘써서 남을 의지하지 않으려 해도 어려울 것인데 더구나 원기가 아직 회복되지 못하였음에도 온갖 병의 공격을 받고 있으니, 이런 상태라면 어찌 유독 바다 밖의 도적만 우리의 근심이 되겠습니까? 이렇게 진술한 것들은 신이 길게 부르짖어마지 않는 까닭입니다.

신은 또 벼슬을 맡게 된 즈음에 아뢸 것이 있어서 거듭 아뢰고자 하면서도 번거로움을 깨닫지 못하겠습니다. 정승 고 이준경李浚慶[57]은 고명顧命을 받은 원로대신입니다. 전하께서 즉위하신 처음에 옹위하고 지켜준 공로를 나라 사람들이 모두 알고 있습니다. 그가 죽은 지 벌써 오래되었는데 아직도 시호를 내리는 은전이 없으니, 신은 바라건대 특별히 들어 주시어 은전을 허락하소서.

영남은 인재의 보고입니다. 안팎으로 혼란스러울 때에 공의公義를 부지하고 국사가 기울어져 위험한 뒤에 인륜을 배양하고 부지한 것은 모두 사대부들이 선창한 데서 유래합니다.

올랐다. 문집으로 『구암집』이 있다.

57) 이준경(李浚慶, 1499~1572) : 자는 원길(原吉), 호는 동고(東皐), 본관은 광주(廣州)이다. 유연당 김대현의 증조부 허백당 김양진의 사위이니, 유연당에게는 종고모부가 된다. 1531년 문과에 급제하였고, 임종할 때에는 붕당이 있을 것이니, 이를 타파해야 한다는 유차(遺箚, 유훈으로 남기는 차자)를 올려 이이·류성룡 등 신진 사류들의 규탄을 받았다. 시호는 충정(忠正)이고, 저서로는 『동고유고』·『조선풍속』 등이 있다.

사대부 중에 나이가 많으면서도 품행이 단정한 자로는 선왕의 바른 신하인 조목趙穆[58] 만한 사람이 없습니다. 만약 들어서 높이 쓰신다면 반드시 보탬이 될 것입니다. 아! 한 사람을 장려하고 한 사람을 등용하는 것은 급선무가 아닌 듯하지만 온 세상을 감동시키고 격려하며 훗날의 사람들을 권면시키는 것이니 어찌 조그마한 일이라 하겠습니까?

오늘날은 위선자를 귀하게 여기고 성실한 자를 천하게 여기며 구차하고 안일한 것을 힘쓰고 멀리 내다보는 생각을 소홀히 합니다. 싸움에 패한 마속馬謖[59] 을 가정街亭에서 베지 않았다면 군율이 해이해지고, 적에게 아첨한 왕륜王倫을 고가藁街[60] 에서 장대에 매달지 않았다면 왕의 기강이 무너졌을 것이니, 국운이 어찌 태평한 세월로 돌아올 기약이 있었겠습니까?

신은 못난 선비로 말단 관직에 있습니다만 시속을 따라 아첨하는 세상의 풍습에 익숙하지 않고 강개하고 시대를 아파하는 마음은 끝이 없습니다. 노중련魯仲連처럼 의리로 동해에 뛰어들고 싶어 하니, 호전胡銓[61] 처럼 어찌 소조정小朝廷[62] 에 살려고 하겠습니까? 신은 지극히 떨리고 두려우며 송구스러움을 견디지 못하여 삼가 죽음을 무릅쓰고 아룁니다.

---

58) 조목(趙穆, 1524~1606) : 자는 사경(士敬), 호는 월천(月川), 본관은 횡성이다. 이황의 문인이다. 1552년 생원시에 합격했으나 대과를 포기하고 학문과 수양에만 전념하였으며, 장악원 정·공조 참판 등에 제수되었으나 모두 사직소를 내고 사퇴하였다. 저서로는 『월천집』과 『곤지잡록(困知雜錄)』이 있다.

59) 마속(馬謖) : 촉한(蜀漢)의 장군이다. 제갈량이 위나라를 정벌하기 위해 기산(祈山)을 공격할 때 마속이 참군(參軍)으로 따라갔다가 제갈량의 지시를 어기고 가정(街亭)에서 패한 죄로 군법에 의해 처형되었다. (『三國志』「蜀書·諸葛亮傳」·「蜀書·馬良傳·馬謖」)

60) 고가(藁街) : 한(漢)나라 장안성 남문 안에 있었다. 당시 속국들의 관사(館舍)가 모여 있었는데, 죄인의 머리를 이곳에 매달아 사람들에게 보였다. 호전(胡銓)의 봉사(封事)에 "진회(秦檜)·손근(孫近)·왕륜(王倫) 세 사람의 머리를 베어서 고가(藁街)에 달기를 원합니다."라는 말이 있다.(『宋史』「胡銓傳」)

61) 호전(胡銓, 1102~1180) : 자는 방형(邦衡), 호는 담암(澹庵)이고, 송나라 여릉(廬陵) 사람이다. 소초(蕭楚)에게 『춘추』를 배웠으며, 호안국(胡安國)에게도 수학하였다. 금나라와의 화친을 적극 반대한 대표적 척화론자이다. 시호는 충간(忠簡)이고, 저서에 『역해(易解)』·『서해(書解)』·『담암집(澹庵集)』 등이 있다.

62) 소조정(小朝廷) : 굴욕을 감수하는 약소국이란 말이다. 이 말은 일찍이 송나라의 호전(胡銓)이 금나라와의 화의를 반대하며 한 말인데, 그는 "만약 화의를 하면 소조정이 되니, 차라리 동해에 빠져 죽을지언정 소조정에서 구차히 살지 않겠다."고 하였다.(『宋史』「胡銓傳」)

논論

궁녀를 찔러 죽였다는 것에 대한 논[刺殺宮釁論]

다음과 같이 논한다.

세상에 제왕의 일을 전하는 자는 그가 어질게 여기는 일에 대해서는 반드시 가볍고 근거 없는 말을 만들어내어 그의 지극히 고상하고 지극히 기특한 명성을 보탤 것이다. 듣는 사람이 만약 그 참과 거짓을 살피지 않고 의심스런 그대로 전하기를 좋아한다면, 충후하고 어진 군주에게 온당치 않고 잔인한 짓을 덧씌우지 않으리라는 법이 없으니, 거듭 애석한 일이 아니겠는가? 그러나 비록 그 사람에게 나아가 그 사실을 추적해보고 이치로 헤아려보면 비록 천만 가지의 말이 있더라도 내가 어떻게 현혹되겠는가? 저가 일찍이 말하기를 송나라 태조가 궁녀를 찔러 죽였다고 하니 또한 망령되지 않은가?

태조는 어떠한 군주인가? 태조가 잔인하여 이렇게 하였다고 생각하는가? 그럴 수 없다. 태조가 결단력이 있어서 이렇게 하였다고 생각하는가? 그럴 수 없다. 태조는 매우 어질고 너그러우나 강단 있게 결단하는 데 부족했던 사람이다. 일찍이 그 당시의 법이 너무 엄격한 것을 탄식하고 멀리 옛날의 너그러웠던 형벌을 사모하였으며 백성들이 예상치 않게 만난 재앙을 불쌍히 여기고 그들을 위해 눈물을 흘렸다. 태조가 죄를 지은 사람에게 어질게 대할 수 있다고 일찍이 말해놓고 궁중의 일개 궁녀에게는 어질게 대할 수 없었던 것인가? 강남의 전사戰士들에게 차마 하지 못하면서 걸상 곁의 일개 여인에게는 아무렇지 않게 할 수 있었다는 것인가?

전하는 자의 말에 근거하면 처음에 태조가 궁녀에게 미혹되어 조회에 늦었기 때문에 말이 나게 되자 마침내 죽였다고 한다. 아! 아름다운 여인에게 죄가 있는가? 아름다운 여인에게 현혹된 자에게 죄가 있는가? 아름다운 모습은 저 사람에게 있고 현혹됨은 나에게 있으니 참으로 죄가 있다면 벌은 누가 받아야 마땅한가? 정사를 부지런히 하도록 도움으로 인하여[63] 태조의 마음에 깨달음이 있으면 자신을 반성하고 조심하는 것이 옳으며 허물을 고치는 데 인색하지 않아야 옳다. 절색의 미녀를 죽이지 않을 수 없다면 멀리하고 물리치는 것이 옳고 추방하여 내치는 것도 옳다. 그런데 굳이 암암리에 칼을 휘둘러, 끌어안고 목숨을 비는 자를 해치기에 이른 것이 과연 인정에 가까운 것인가?

태조가 일찍이 공신에게 말하기를 "노래 부르는 아이와 아름다운 여인을 많이 두시게."[64] 라고 하였다. 아! 공신의 첩은 많이 두게 하고 자기의 첩은 죽이니, 태조가 자기 자신을 대하는 것이 공신을 대우하는 것과 달랐다. 이한李漢이 법도를 넘어서서 민가의 여인을 취하니 백성들이 이 때문에 비방을 하자 태조가 그를 깨우쳐 "그 여인을 빨리 죽여라."고 하지 않고 "빨리 돌려주라."고 하였다. 이한을 위해서는 멀리 생각해서 돌려주고 자기를 위해 생각하면서는 죽였으니, 태조가 달갑게 여기지 않았던 것이 또한 분명하다. 그리고 더구나 욕심을 제어하는 것은 마음을 다스리는 데 달려 있지 욕심나는 사물과 끊는 데 있지 않다. 태조가 비록 궁녀를 죽일 수는 있지만 오히려 마음속에서 궁녀에 대한 마음을 끊지 못한다면 훗날 궁중에 들어와서 나의 근심이 되는 자를 어찌 다 죽일 수 있겠는가? 사람 중에 음식을 지나치게 먹어 병이 든 자가 자신의 잘못은 고치지 않고 음식을 물리치는 것과 같다. 게다가 태조의 영명英明함이 어찌 한漢나라 고조高祖의 현명함과 같겠는가?

한나라 고조가 척희戚姬에게 미혹되어 척희의 아들을 후사로 바꾸려 하기에 이른 것[65]

---

63) 정사를 …… 인하여 : 후비(后妃)가 임금에게 정사를 부지런히 하도록 돕는다는 뜻이다. 『시경』「제풍(齊風)·계명(雞鳴)」에 "벌레가 날아 윙윙거리거니 그대와 함께 꿈꾸는 게 좋건만, 모였다가 장차 돌아가게 될 경우엔 행여 나 때문에 당신조차 미워하리.[蟲飛薨薨 甘與子同夢 會且歸矣 無庶予子憎]"라고 하였는데, 이는 어진 후비가 임금을 자신의 처소에서 모시면서 날이 새려고 할 때, 임금에게 빨리 나아가 조회를 보라고 채근하는 것을 읊은 시이다.

64) 노래 …… 두시게 : 『송사』「석수신전(石守信傳)」에 나오는 말이다.

은 의심의 여지가 없다. 태조를 두고 한 고조가 결단하지 못한 것을 결단할 수 있었다고 말한다면 더욱 잘못이다. 여기에서 태조가 죽이고 싶지 않았을 뿐만 아니라 또한 죽일 수 없었다는 것을 알 수 있다. 당 태종唐太宗의 덕을 칭송하는 자는 궁녀를 내보낸 것을 미담으로 삼는다. 그런데 송나라 사람은 인정에 맞지 않는 말을 문치의 덕이 있는 시조에게 돌리니 태조가 궁녀에게 미혹된 것이 아니라 송나라 사람들이 터무니 없이 전하는 말에 미혹된 것이다.

송나라 사람이 미혹된 것은 말할 것도 없지만 도리를 아는 석수도石守道[66]와 같은 자도 미혹되었으니 참으로 안타깝다. 혹시라도 한치규韓稚圭[67]가 분명하게 변론하여 철저히 끊지 않았더라면[68] 송나라 태조에게 얼마나 누가 되었겠는가? 송 태조에게 누가 되었을 뿐만 아니라 이 주장이 만약 행해지면 세상에서는 과격하고 잔인한 행위를 하려고 다투어서 수많은 첩들 중에 그 목숨을 보전하지 못하는 경우가 많을 것이다. 어찌 송나라 궁중의 일개 궁녀가 비명에 죽는 것일 뿐이랴? 삼가 논한다.

---

65) 한나라 …… 이른 것 : 『전한서』「장창전(張蒼傳)」에 나온다.

66) 석수도(石守道) : 수도는 석개(石介, 1005~1045)의 자이다. 호원(胡瑗)·손복(孫復)과 합하여 '송초삼선생(宋初三先生)'으로 불린다. 조래산(徂徠山)에서 공부를 하였기에 세상에서는 조래 선생이라고도 불렀다. 일찍이 『당감(唐鑒)』을 지어 간신·환관을 경계하고 시정(時政)에 대하여 지적하는 데 꺼리는 바가 없었다.

67) 한치규(韓稚圭) : 치규는 한기(韓琦, 1008~1075)의 자이다. 호는 공수(贛叟), 상주(相州) 안양(安陽, 지금의 하남) 사람이다. 시호는 충헌(忠獻)이며 위국공(魏國公)에 봉해졌다. 저서로는 『안양집』·『간원존고(諫垣存稿)』가 있다.

68) 도리를 …… 않았더라면 : 석수도가 『삼조성정록(三朝聖政錄)』을 편찬하여 막 올리려고 하다가 한기(韓琦)에게 질정을 하였더니, 한기가 몇 가지 일을 지적했는데, 그 중에 송 태조가 일개 궁녀에게 미혹되어 조회에 늦게 되자 군신 중에 태조에게 말하는 자가 있었고, 태조가 잘못을 깨닫고는 궁녀가 달게 자는 틈을 타서 찔러 죽였다는 내용에 대해서 "잘못에 빠졌다가 그 잘못을 미워하면서 찔러 죽였다는 것은 만세의 법이 될 수 없다. 궁녀가 무슨 죄가 있느냐?"는 등의 말로 기록에서 빼도록 했다고 한다.(『宋名臣言行錄後集』「韓琦魏國忠獻王」)

상주上奏하는 일을 일부러 오래 끈 것에 대한 논[奏事故久論]

다음과 같이 논한다.

임금을 섬기는 도는 다른 것이 없으니 성의誠意 밖에 없다. 성의가 지극하지 않으면서 그 임금을 바로잡으려 하는 것을 나는 믿지 않는다. 이른바 성의란 바름으로 하지 속임수로 하지 않는 것이며, 곧음으로 하지 술수로 하지 않는 것이다. 그러므로 군주가 나를 대하는 것도 성의로 하며 나도 섬기기를 성의로 한다. 임금이 나를 술수로 대하더라도 나는 또한 성의로 섬긴다. 나를 대하는 것이 성의가 있는지 없는지는 군주에게 달려 있으나 나의 성의는 진실로 한결같이 한다. 만약 혹시 그렇지 못하고 속임수로써 그릇됨을 바로잡는 방책으로 삼는다면 그릇됨을 바로잡지는 못하면서 단지 꺼림을 받는 길이 되니, 그 일이 비록 잘되었더라도 군자는 귀하다고 여기지 않는다.

위징魏徵이 상주하는 일을 일부러 오래 끈 것은 바로 이러한 경우이다. 내가 일찍이 역사책을 읽다가 여기에 이르러 책을 덮고 탄식하지 않은 적이 없었다. 태종太宗은 잘 다스리기를 바라는 군주이고 위징은 사직의 안위를 맡은 신하이다. 신하가 말하고 계책을 내면 군주가 들어주고 함께 천하를 다스려 그 도를 서로 이루게 하였더라면 지극한 다스림을 회복할 수 있었을 텐데, 속임수를 구구하게 펼쳐 끝내 그 다스림이 당나라를 위하는 데 그치게 하고 말았으니 이는 유독 무엇 때문이었던가? 이는 비록 태종이 패도覇道를 섞어서 다스린 잘못이지만 또한 위징이 군주를 섬기는 데에 그 성의가 없었던 때문이기도 하다. 무슨 이유로 그렇게 말하는가?

군신의 사이는 터럭만큼의 꺼리는 마음이 있어서는 안 되고 일에 따라 충성을 바쳐야만 한다. 위징이 아직 태조의 앞에 나아가지 않았을 때에는 태조가 어깨에 새매를 얹어 놓고 있다가 위징이 나아가 알현할 때가 되자 태조는 곧 품속에 넣었으니 이는 위징을 꺼린 것이다. 위징이 상주하는 일을 일부러 오래 끈 것은 태조가 나의 뜻을 알아주기를 바란 것이다. 태조가 내 마음을 알아주었으면 하면서 말로 하지 않은 것은 또 무엇 때문인가? 위징이 입으로 태조에게 일을 아뢰면서도 마음은 새매에게 있었고, 태조는 입으로 위징에게 아뢴 일에 대한 가부를 말했지만 마음에 역시 새매가 있었다. 위아래의 마음이 모두 새매에게 있으면서도 위아래가 일찍이 새매를 언급한 적이 없다. 공경스런 거동과 간절한 정성으로 대한 것은 겉모습일 뿐이었으니 과연 정의情義가 서로 미더웠다고 할 수 있는가? 정의가 믿음직하지 못한 것을 과연 성의로 임금을 섬겼다고 할 수 있는가? 게다가 위징은 가슴속에 품고 있는 새매를 싫어한 것이 아니라 태조 마음속의 새매를 미워한 것이다. 그래서 공무를 아뢰느라 늦게 물러남으로서 새매를 죽이려고 하였다. 태조 가슴속의 새매가 비록 죽었지만 새매에 대한 태조의 마음이 과연 사라졌는지 나는 모르겠다. 그 마음을 바로잡지 않고서 새매를 없애고자 하였으니, 아! 또한 미혹된 것이다.

더구나 사람이라면 누군들 허물이 없겠는가마는 잘못을 저지르고 고칠 수 있다면 이를 '허물이 적다'고 하니, 잘못이 있는데 가리려고 하면 또한 어렵지 않겠는가? 직언을 하는 신하의 패옥 소리가 들리자 옥체의 팔뚝에 있던 푸른 새매를 가슴속에 품었으니, 내 생각에 위징은 갓을 벗고 머리를 조아리고서 피눈물을 흘리며 "보잘 것 없고 천한 신이 위로는 군주께 믿음을 얻지 못하여 제가 밖에 있으면 새매를 폐하의 팔뚝에 두시고 제가 앞에 있으면 새매를 품속에 넣으시니, 이는 신을 꺼리는 것이며 이는 허물을 가리는 것입니다. 제가 꺼림을 받는다면 곧은 말을 누가 군주께 바치겠습니까? 잘못을 하였는데 숨기려고 하여 용감히 고치는 데 인색하지 않기를 바랄 길이 없으니, 이는 제가 군주를 허물에 빠뜨린 것입니다. 신은 불충의 죄를 받아야만 하는데 오히려 무슨 면목으로 일을 아뢰겠습니까?"라고 하였다면 위징의 진실함이 또한 드러났을 것이다. 태조가 애당초 간쟁을 거부하는 군주가 아니니, 악을 부끄러워하는 단서가 어찌 이로 인하여 확충되지 않았겠는가? 이러한 생각은 내지 않고 간쟁하지 않는 간쟁으로 그릇된 마음을 바로잡으려 했으니 또한 잘못이 아닌가? 그러므로 태조의 그릇됨은 바로잡지도 못하고 태조의 꺼리는 마음만 도리어 심해졌다.

위징이 문에 이르렀을 때 황제의 꺼림은 싹이 텄고 위징이 일을 아뢸 때 태조의 꺼림은 더욱 심해졌다. 위징이 일부러 아뢰는 일을 오래 끎으로 인하여 태조의 꺼림은 견고하게 막혀 풀 수가 없었다. 이러한 때에 태조가 위징을 꺼린 것은 위징이 새매를 꺼린 것보다 심하였으리라. 훗날 비석을 넘어뜨리고 혼사를 그만둔 재앙[69]이 새매를 죽이던 때에 싹튼 것이 아닌 줄 어찌 알겠는가? 나는 그러므로 잘못을 반드시 바로잡을 수는 없으면서 한갓 꺼려하는 마음을 취하는 길이 되었다고 말하는 것이다.

따져 묻는 자가 이렇게 말하였다. "간쟁하는 데는 그 도가 하나가 아니다. 속임수로 하기도 하고 넌지시 하기도 하니 어찌 위징이 죄가 되겠는가?" 내가 이렇게 대답하였다. "그렇지 않다. 옛사람이 이른바 '속임수로도 하고 넌지시 하기도 한다'[70]고 할 때는 성의가 그 사이에 있지 않는 적이 없으니 어찌 위징이 하였던 것과 같겠는가? 더구나 위징은 일찍이 건성建成을 섬기다가 지조를 바꾼 자[71]이다. 그런데 더구나 태종太宗에게 성의를 다하기를 바라겠는가? 비록 그렇지만 위징도 당나라의 바른말 하는 신하이다. 후세에 자잘한 노리개로 임금의 잘못에 영합하는 자와 비교하면 또한 훨씬 낫다." 이에 삼가 논한다.

---

69) 비석을 …… 재앙 : 『자치통감』「정관 17년」의 기사에 의하면, 위징이 병들어 죽게 되자 태종은 위징의 아들인 숙옥(叔玉)을 부마로 삼으려 했으며, 그가 죽자 직접 비문을 지어 그를 추모했다. 후에 그가 천거했던 두정륜(杜正倫)이 죄를 짓고 후군집(侯君集)이 모반을 하자, 위징이 당(黨)을 만들려고 했다는 의혹이 일어나 태종은 공주와의 혼담을 없었던 일로 하고 비를 무너뜨렸다.

70) 속임수로도 …… 한다 : 『공자가어』에 공자가 "충신이 군주에게 간하는 데는 다섯 종류의 뜻이 있으니, 휼간(譎諫)·당간(戇諫)·강간(降諫)·직간(直諫)·풍간(諷諫) 등이 그것이다. 군주를 헤아려 행해야만 하는데 나라면 풍간을 하겠다.[忠臣之諫君 有五義 焉一曰譎諫 二曰戇諫 三曰降諫 四曰直諫 五曰諷諫 唯度主以行之 吾從其諷諫乎]"라고 한 말이 있다.

71) 위징은 …… 바꾼 자 : 위징은 태자(太子) 이건성(李建成)의 속관(屬官)으로 있을 때, 태자와 진왕(秦王) 이세민(李世民)이 갈수록 충돌이 심해지리라는 것을 알고, 일찌감치 먼저 손을 써야 한다고 태자에게 권하였다. 그러나 이세민이 현무문(玄武門)의 정변을 일으킨 뒤, 위징의 식견과 재능을 중히 여겨 긴권의 직책을 맡기자, 위징은 지기를 알아주는 군주를 만났다고 여기며 간언의 도를 다하였다.

형산으로 약초를 캐러 간 것에 대한 논[採藥荊山論]

다음과 같이 논한다.

임금을 섬기는 것과 아버지를 섬기는 것은 별개의 것인가? 아버지가 없으면 군주도 없다. 충성과 효도는 다른가? 효도하지 못하면 충성하지도 못한다. 군주를 뒤로 하고 효도를 온전히 하는 자는 없으며 어버이를 버려두고 충성하는 자도 없다. 신하와 자식이 군주와 어버이에 대하여 누군들 그 충성과 효도를 온전히 하고 싶지 않겠는가? 그러나 불행히도 처신하기 어려운 변고가 군주와 어버이 사이에 발생하여 나의 충성과 효도를 둘 다 온전히 할 수 없으면 또한 사세의 알맞음에 따라 선택하고 행동거지의 분수를 헤아려 어버이의 뜻을 따라 효도에 어긋나지 않고 자신의 뜻을 미루어 뒷날에 인륜을 부지해야 한다. 진실로 기미를 잘 알고 변화에 대처할 줄 아는 군자가 아니라면 누가 이렇게 할 수 있겠는가?

나는 태백泰伯[72]이 약초를 캐러 갔던 일에서 취할 것이 있으니, 상商나라 말에 태왕太王의 자식이 셋 있었는데 태백은 맏이였다. 성대한 덕이 있는 손자가 막내에게서 나왔다. 부모께서 모두 살아계시고 형제들이 무고하니 정말로 화락한 세월이었다. 그러던 어느 날 태왕이 병에 걸렸다. 태백은 약이 필요하다고 마음에 막 절실히 여겨서 급히 형산에 약초를 캐어 오겠다고 핑계대고 달아났다.

세상의 논자들 중에 누군들 그 자취에 얽매여 그 마음을 의심하지 않았겠는가? 그러나 태백은 군주가 있음을 아는 자였으니 어찌 아버지에게 소홀히 하였겠으며, 충성을 아는 자였으니 기꺼이 효성을 가벼이 여겼겠는가? 어버이를 섬기는 도는 다른 것이

---

72) 태백(泰伯) : 『논어』 「태백(泰伯)」의 집주(集註)에 태백은 주나라 태왕(太王)의 장자이며 중옹(仲雍)과 계력(季歷)의 형이다. 태왕이 막내인 계력(季曆)의 아들 창(昌, 뒷날의 문왕)이 덕이 있으니, 태왕은 보위를 막내에게 전하고 싶어 하였다. 태백은 이를 알고 아우 중옹과 함께 형만(荊蠻)으로 달아나니, 태왕이 막내인 계력에게 보위를 전하였다는 내용이 있다.

아니라 그 뜻을 봉양하는 것일 뿐이다. 입에 맞는 음식으로 봉양하는 것은 효도가 될 수 있지만 뜻을 받들어 모시지 않는 것을 맹자가 나무랐다.[73] 그렇다면 더구나 어버이 마음을 어겼는데 봉양했다고 말할 수 있겠는가?

은나라의 운수가 바뀌려고 할 때에 참위讖緯의 말이 점차 성해지니 태왕이 어떤 마음을 가졌겠는가? 하늘의 보살핌이 서쪽을 돌아보자 백성들의 바람은 간절하였으니, 태왕은 어떤 뜻을 지녔겠는가? 하늘의 마음을 얻을 수 있고 백성의 마음을 얻을 수 있지만 얻을 수 없는 것은 유독 내 집의 맏이와 둘째 자식의 마음이다. 태왕은 백성들의 위급함을 구원하려고 하였으나 태백은 임금과 신하의 의리를 부지하려고 하였고, 태왕은 한 세대의 혼란스러움을 구원하려고 하였으나 태백은 만세의 법을 소중히 여겼다. 아버지는 자식 때문에 그 뜻을 바꾸지 않았고 자식은 아버지 때문에 그 절개를 바꾸지 않았으니, 태백이 아버지 곁에 있었다면 일개 순종하지 않는 자식에 지나지 않았을 뿐이다. 태왕이 이미 태백을 순종하지 않는다고 보았다면 태백이 피해 떠남으로써 어버이의 뜻에 따르려 한 것이 어찌 아니겠는가? 당시에 태백이 형산의 밖으로 마음에 두었던 것은 형산을 얻어 멀리 피한다는 자취를 감추려고 한 것이 어찌 아니겠는가?

이윽고 태왕의 슬하에 있던 창昌이 이미 장성하자 온 세상에 퍼진 주나라의 칭송이 오래 전파되어 태왕이 상商나라를 없앨 뜻과 왕위를 전해줄 계책이 벌써 무르익었다. 그런데 단지 태백이 있었던 것이다. 만약 태백이 하루를 지체하며 떠나지 않으면 천하는 지체된 하루만큼 주나라의 것이 되지 않았을 것이다. 그렇다면 아침에 건너는 자 중에는 정강이를 온전하게 가진 자가 없으며, 어진 자 중에는 심장을 완전하게 보전한 자가 없게 될 것이었다.[74]

---

73) 입에 …… 나무랐다 : 『맹자』「이루상(離婁上)」에 나오는 말이다.

74) 아침에 …… 것이었다 : 『서경』「태서하(泰誓下)」에 "지금 상왕인 수가 …… 아침에 물을 건너는 사람의 정강이를 찍으며, 어진 사람의 심장을 가르며, 위엄을 지어 죽이는 것으로 온 나라를 괴롭히고 고통스럽게 하며[今商王受 …… 斮朝涉之脛 剖賢人之心 作威殺戮 毒痡四海]"라고 하였는데, 공안국(孔

태왕은 하루도 천하를 마음에 두지 않은 적이 없었으나 태백이 곁에 있음으로써 그의 계획을 이루기에 충분치 못하다고 여겼다면 태왕의 병이 근심 때문에 생긴 것이 아닌 줄 어찌 알겠는가? 태왕이 그의 병을 병이라 여기지 않고 백성들이 도탄에 빠진 것을 병으로 여기고, 백성들이 도탄에 빠진 것을 병으로 여기지 않고 태백이 곁에 있는 것을 병이라 여겼으니, 태백은 어떤 마음을 먹어야 하였겠는가? 궁중에 있으면서 어버이의 안부를 살피니 아버지의 안색이 날로 초췌하였다. "내가 있음으로서 어버이께서 병드셨으니, 내가 떠나면 어버이의 병이 나을 수 있다. 천문天門과 지골地骨[75]이 병을 치료하는데 도움이 되기에 부족하고, 이 몸이 한 번 떠나면 어버이의 병이 나을 수 있다. 유독 어찌 주변에 머물러 병으로 덧나게 하겠느냐?"고 생각하였을 것이다.

그렇지 않으면 태백이 태왕과 뜻은 비록 다르지만 역시 그의 아끼는 자식이니, 그가 병든 때에 걸음걸이가 풀이 죽어 있었는데 어느 겨를에 멀리 피하여 그 약을 먼저 맛보았으며 어찌 꼭 스스로 캐었겠는가? 마침내 형산으로도 피하기에 부족하다고 여겨 남쪽 오랑캐의 땅에 이르러 부모님께서 주신 몸에 머리카락을 자르고 문신을 새기면서도 아깝게 여기지 않았다. 아! 태백이 어찌 어버이에게 정이 옅었겠는가? 태백은 어버이를 따르는 것을 기쁨으로 여겼던 자이다. 더구나 돌아와 아버지의 장례를 치르는 날 낯빛이 슬프고 곡하며 우는 목소리가 슬펐던 것을 생각해 보면 태백의 마음이 여기에 이르러 분명해졌다.

공자孔子는 마음으로 지은 죄를 벌하는 법에 엄하여 허세자許世子가 약을 맛보지 않자 『춘추春秋』에 아버지를 시해하였다고 썼다.[76] 약을 맛보지 않고도 큰 죄악을 지었다는 오명을 얻었는데 약을 핑계로 삼아 도망간 것과 어찌 다르겠는가? 그러나 폄하하지

安國)의 전(傳)에 "겨울에 아침에 물을 건너는 자를 보고는 그 정강이가 추위를 견뎌내니, 정강이를 베어 보자고 하였던 것이다.[冬月見朝涉水者 謂其脛耐寒 斬而視之]"라고 하였다.

75) 천문(天門)과 지골(地骨) : 둘 다 약초 이름이며, 지골은 구기자의 다른 이름이다.

76) 공자는 …… 썼다 : 『춘추공양전(春秋公羊傳)』「소공(昭公) 19년」에 나온다.

않고 오히려 지극히 칭찬하였으니 그 뜻을 알 수 있다. 아, 태백의 어짊이여! 충성을 다하면서 그 자취를 없애고 효도를 다하면서도 그 자취를 끊었다. 행적이 사라졌으나 충성은 더욱 드러나고, 자취를 끊었지만 효성은 더욱 드러났다. 그렇지 않다면 공자가 무엇 때문에 "백성이 칭송할 길이 없었다."고 하였으며 또 무엇 때문에 "태백은 지극히 덕스럽다고 말할 만하다."[77]고 하였겠는가? 삼가 논한다.

77) 태백은 …… 말할 만하다 : 『논어』「태백」에 나온다.

유연당선생문집

悠然堂先生文集

제3권

유연당선생문집 제3권

서序

김백암[1]을 송별하며 지은 시의 서문[送金栢巖詩序]

갑오년(1594) 여름 6월에 백암栢巖 김선생이 조정의 아경亞卿[2]으로 한양에 가게 되니,[3] 고을의 어른과 벗들 중에 늘 왕래하던 자들이 다 모여 송별하였다. 이날은 삼복 때라 폭염이 몹시 심하였는데 나는 그가 가는 길에 혹시라도 섭생을 잘하지 못하여 병이 날까 염려되어 잔을 잡고 축원하며 말하였다.

바라건대 선생은 늘 몸을 아끼셔서 원기를 보호하십시오. 대체로 사람의 병은 그 종류가 한둘이 아니지만 늘 원기가 부족한 데서 비롯됩니다. 원기가 충분하면 한 때의 병은 걱정할 것이 못되어 약을 쓰지 않아도 됩니다. 그런데 세상의 의원이란 자들은 그저 병의 증상만을 급하게 여겨 병이 머리와 눈에 있으면 머리와 눈을 치료하려고 하고 가슴과 배에 있으면 가슴과 배를 치료하려고 하며 손과 발에 있을 경우에도 그러합니다.

---

1) 김백암(金栢巖) : 김륵(金玏, 1540~1616)을 가리킨다. 그의 자는 희옥(希玉), 호가 백암(栢巖)이며, 본관은 예안, 시호는 민절(敏節)이다.
2) 아경(亞卿) : 경(卿)의 다음 벼슬로, 육조의 참판, 한성부 좌·우윤(左右尹) 등을 말한다.
3) 갑오년 …… 되니 : 『백암선생문집』의 「연보」를 살펴보면, 갑오년은 공이 51세 되는 해로, 3월에 사헌부 대사헌, 5월에 가의대부 용양위 상호군, 이조 참판 겸 오위도총부 부총관 동지의금부사에 제수된 사실 등으로 볼 때, 3~5월 사이에 고향에 있었으리란 짐작을 할 수 있다.

아침저녁으로 좋은 처방을 강구하고 좋은 약을 구하는 사람은 이것에만 힘써 치료하려고 하고 전혀 원기에 관심을 두지 않습니다. 그러다가 하루아침에 원기가 고갈되어 떨치지 못하면 큰 병이 생각지도 못한 데서 반드시 이르게 되니, 미미한 병을 심한 병이 되게 하며 장수할 골격을 가진 사람을 오히려 요절하게 하는 것은 의원의 죄입니다.

의술이란 기술을 팔아 빨리 효험을 내어 그 가치를 높이는 데 있습니다. 그러므로 반드시 빠르게 효과가 나타나는 약제를 처방할 뿐이고, 환자의 병이 다시 발작하거나 원기가 어그러지느냐 하는 것은 걱정하지 않습니다. 그러나 사람이 죽어도 그가 약을 잘못 처방한 잘못을 추궁하여 죄 줄줄은 모릅니다. 그렇기 때문에 의원이 스스로 벌하지 않는 것은 의원만의 죄라고 할 수도 없습니다. 아, 일신一身의 경우도 이러한데 나라를 위하는 도가 어찌 병을 다스리는 것과 다르겠습니까!

지금 나라의 병도 역시 위중합니다. 그러나 근심할 것은 병에 있지 않고, 원기를 염려해야 될 줄 모르는 데 있습니다. 지금 아버지와 자식이 서로 잡아먹는 것을 보자면 인륜의 이치가 사라졌고, 사람을 죽여 재물 취하기를 일삼으니 풍속이 위태합니다. 예의는 점차 없어지고 염치는 날로 사라져 여러 대에 걸쳐 성주聖主가 덕으로 편 교화는 마치 애당초 베푼 적이 없는 듯하니, 백성들 중에 오랑캐와 짐승같은 사람이 되지 않은 자가 얼마이겠습니까? 기강이 무너지면 원기가 믿고서 설 곳이 없고 형벌과 상이 문란해지면 원기가 의지하여 있을 곳이 없습니다.

저는 오늘날의 병이 차례대로 근심거리가 될까 걱정스럽습니다. 그런데 사람들은 모두 적이 한 번 물러가자 태평성대를 기약할 수 있다고 생각하니 어찌 어리석지 않겠습니까? 저 소인들은 꾸짖을 것도 못됩니다. 그러나 군자도 말하기를 "질병이 멎기를 기다리면 원기가 서서히 다스려질 것이다."라고 합니다. 선후와 완급과 대소의 소재를 알지 못하니 하늘이 천하를 다스리고 싶지 않은 것이겠지요.

맹자께서는 일곱 나라가 싸우던 때에 세금을 거두는 것을 왕정王政을 행하는 근본이라고 여겼고,[4] 한나라 때의 선비는 마음을 바르게 하고 기운을 온화하게 하는 것을 천하를 다스리는 도라고 여겼으니, 참으로 시대를 구원하는 약을 알았다고 할 만합니다. 성스러운 군주와 어진 재상이 선생을 기다려 정사를 다스리려고 하니 이 병이 나아 즐거운 상태로 돌아가리라 바랄 수 있게 되었습니다. 저는 선생의 가시는 길에 단지 송축하는 말만 할 수 없었습니다. 그래서 처음에는 몸을 치료하는 것으로 경계하고 마지막에는 나라를 치료하는 것으로 권면하고 또 짧은 시로 나머지의 뜻을 미루어 봅니다.

전적 안희를 송별하며 지은 시의 서문[送安典籍詩序]

언우彦優[5]는 젊어서부터 사부辭賦를 잘 지어 한양에서 배울 때부터 이름이 났었는데, 나는 일찍이 알고 지내지 못한 것을 아쉽게 여겼다. 계사년(1593)의 난리 때문에 이리저리 떠돌아다닐 때에 그는 구성龜城[6]에 있는 나의 집을 방문하여 울면서 말하였다.

"난리가 시작되었을 때 웅장한 성과 큰 진鎭에는 지키는 장수가 없었습니다. 저는 강개하여 역량을 헤아려보지도 않고 의사義士 천 명을 모집하여 김해의 성을 근거로 적을 막았습니다. 지금 흉악한 세력이 더욱 성한데 힘이 다하여 지탱하지를 못하겠습니다. 아! 나라를 위하려고 하지만 어가御駕는 초야에 계시고 사직은 빈 터가 되어 2년 동안 전쟁터를 달렸지만 한 가지의 공도 이루지 못하였습니다. 집안을 위하려고 하지만 아버지께서는 돌아가시고 아내가 죽었으며 형도 전사하였고, 세 자식은 지금 포위된 진주성에 들어가 있어서 생사를 알 수 없습니다. 홀로 남은 저는 죽는 것 외에는 아무 바람이 없습니다."

말을 마치고는 오열을 하니, 나는 가련하여 장주莊周의 사생死生과 팽상彭殤을 한가지로

---

4) 맹자께서는 …… 여겼고 : 『맹자』 「양혜왕상(梁惠王上)」에 나오는 말이다.

5) 언우(彦優) : 언우는 안희(安熹, 1551~1613)의 자이다. 호는 죽계(竹溪), 본관은 순흥(順興)이다. 1585년 문과에 급제하였다. 1587년 진주의 감목관(監牧官), 형조 정랑 등을 거쳐 외직인 장단 부사·단양 군수 등을 역임하였다. 저서로는 『죽계집』이 있다.

6) 구성(龜城) : 경상북도 영주(榮州)에 있는 지명이다.

여겼다는 말[7]로 그 생각을 위로하고 싶었으나 그럴 수 없었다. 그래서 충효의 도로 그에게 이렇게 알려주었다.

“충성하고 효도하는 데 있어서 잘 마치는 것보다 귀한 것이 없습니다. 공께서는 만 번 죽을 사지에서 벗어나 적들이 다니는 요충지에 맞닥뜨려 있는데도 사졸들은 그대를 위해 쓰이기를 기꺼워하고, 굶주리고 곤하며 추위와 더위에 시달리고 여러 번 위태로운 상황에서도 배반하고 떠나가지 않으니, 그대의 순수한 충성심에 감격된 것이 아니겠습니까? 적의 칼끝이 미치는 곳마다 백성들은 다 죽어나니 혹 여러 고을에 걸쳐서 한 사람도 온전하게 살아있는 자가 없습니다. 공께서는 미친 물결 속에 우뚝이 서서 홀로 극맹劇孟[8]처럼 몸을 온전히 하였고, 염습斂襲과 장례를 치르는 데 예를 갖추어 빠뜨림이 없었으니 참된 효성에 하늘이 감격한 것이 아니겠습니까? 근력이 한창 좋고 앞길은 매우 머니 해야 할 바의 일에 힘써야만 하며, 늙어서는 공적을 거두어 충효의 마음을 저버리지 않는 것이 또한 옳지 않겠습니까? 만약 슬픔 때문에 스스로 아파하여 갑자기 아침 이슬처럼 먼저가게 되면, 도랑으로 굴러 떨어져 죽어서 한을 품고 있다고 한들 누가 알겠습니까? 더구나 전쟁터에서 목숨을 걸고 싸우다 죽어야 할 때에 처자妻子를 생각한다면 슬픈 일입니다.”

언우는 대답하지 않고 함께 유연당에서 잤으며 얼마 지나지 않아 언우는 백운동의 소수서원으로 향하였다.

언우는 문성공文成公[9]의 주손冑孫이다. 선조의 유풍을 생각하고 배회하고 우러르며,

---

7) 장주의 …… 말 : 팽(彭)은 옛날에 800세를 살았다는 팽조(彭祖)로 장수를 뜻하고, 상(殤)은 19세 이전에 죽은 자를 이르는 말로 단명을 뜻한다. 『장자』 「제물론(齊物論)」에서 “천하에는 상자(殤子)만한 장수가 없고 팽조만한 단명이 없다.[莫壽乎殤子 而彭祖爲夭]”라는 말이 있는데, 그 뜻은 우주라는 큰 관점에서 보면 상자(殤子)의 단명이나 팽조의 장수가 같고, 생과 사가 마찬가지라는 말이다.

8) 극맹(劇孟) : 전한 시대 낙양사람이다. 유명한 협객으로 제후들 사이에 이름이 널리 알려졌는데, 그의 어머니가 죽자 장례에 참석하러온 자들의 수레가 천 대나 되었다고 한다.

9) 문성공(文成公) : 문성은 안향(安珦, 1243~1306)의 시호이다. 자는 사온(士蘊), 호는 회헌(晦軒), 초명은 유(裕), 본관은 순흥이다. 우리나라에 주자학을 최초로 도입하였다.

강산이 옛날과 다르게 된 것을 분개하며 슬피 읊조려 마음속의 회포를 펼치면 절로 시문이 이루어졌다. 그의 나라에 대한 근심과 어버이에 대한 사모함이 한결같이 여기에 깃들였으니, 참으로 한 글자마다 눈물을 흘리게 하는 것들이다. 이윽고 소매에서 꺼내어 나에게 보여주고는 작별을 고하며 이렇게 말하였다. "말고삐를 잠시 풀어 놓으니 달이 여러 번 기울었습니다. 가을바람이 언뜻 서늘해지니 공명功名을 세울 큰 뜻을 지녀봅니다. 장차 한 자루 칼을 쥐고 다시 바다와 산으로 향하려 하니, 그대는 어찌 한 마디 말로 송별하지 않으시겠습니까?" 나는 그가 장차 꼭 일을 이루어 내리라는 것을 알고 비록 문장에 서투르고 시를 잘 짓지 못하지만 그 마음을 소중하게 여겨 사양하지 못하여 대략 서로 만나고 이별한 전말을 서술하고 마지막으로 충효라는 말로 권면한다.

기記

유연당기悠然堂記

주인이 유연당으로 이름을 짓고 거처한 지 여러 해가 되었는데 손님 중에 캐묻는 사람이 있어 이렇게 말하였다. "옛날이든 오늘날이든 생각이 같은 자는 한 사람이 아니고, 꽃이든 풀이든 눈에 들어오는 것은 한 가지가 아닌데 선생은 어찌하여 정절靖節의 뜻을 취하여 남산을 감상하는가요?"[10]

주인이 말하였다. "화순한 사람인 유하혜柳下惠와 청렴한 사람인 고죽국孤竹國의 백이伯夷[11]는 모두 제가 숭상하고 우러르는 사람인데 오직 우리 도연명陶淵明은 그 두 사람의 화순함과 청렴함을 겸하여 가지고 있습니다. 그 사람은 이미 갔고 그의 자취도 아득해졌습니다. 「귀거래사歸去來辭」 한 편과 「한거閒居」라는 몇 수의 시가 있어서 아껴 감상하며 차마 놓아 버리지 못하게 합니다. 저는 젊어서부터 벼슬을 해 보려는 바람이 있었으나 이러한 시절을 만나고 이러한 산을 보고는 마음속으로부터 천 년 전 도연명이 살던

---

10) 선생은 …… 감상하는가요? : 정절(靖節)은 진나라 때의 은자인 도연명을 말한다. 그가 지은 「음주(飮酒)」라는 시에 "동쪽 울타리 아래에서 국화를 따다가, 유연히 남산이 눈에 보이네.[采菊東籬下 悠然見南山]"라는 구절이 있다.

11) 화순한 …… 백이(伯夷) : 맹자는 유하혜를 평하면서 "유하혜는 성인으로서 화(和)한 사람이다.[柳下惠聖之和者也]"라고 하였고, 백이를 평하면서 "백이는 성인으로서 맑은 분이다.[伯夷聖之淸者也]"라고 한 적이 있다.(『孟子』「萬章下」)

때와 차이가 없는 듯한 감흥이 일어났습니다. 그러니 어찌 내 집의 당호堂號로 하지 않을 수 있겠습니까? 교제를 끊고 어린 아이와 기쁘게 노닐며 아침저녁으로 국화나 캐는 것을 일삼고 봄가을이면 술잔을 기울이며 흥취를 돋웁니다. 창에 기대어 의기양양하다가 머리를 들어 먼 곳을 바라볼 때에 높고 우뚝한 저 남산과 마침 서로 뜻이 맞을 뿐이니, 이는 애당초 바란 것이 없기에 끝내 서로 저버리는 바가 없습니다. 추위와 더위가 바뀌어도 푸른빛을 바꾸지 않고 바람과 구름이 온갖 변화를 일으켜도 홀로 우뚝한 본질을 간직하여 유연히 내 눈에 들어와서 물아物我를 모두 잊게 합니다. 이러한 흥취는 바로 이 유연당 속에서 스스로 터득한 바이니, 어떻게 쉽사리 말할 수 있겠습니까?" 그리고는 마침내 거문고 줄을 고르면서 말하였다. "산 구름 무심히 흘러나오고 당에는 어루만져도 소리 없는 거문고 있네."

손님이 일어나 "말씀은 잘 들었습니다. 그렇다면 옛사람 중에서 도연명과 그 뜻과 취향이 같은 자가 있었습니까?"라고 물었다. 이에 내가 말하였다.

"옛날 순舜이 집에 있을 때에는 상象이 근심하면 순도 근심하고 상이 기뻐하면 순도 기뻐하였습니다.[12] 그러다가 나라를 다스리게 되어서는 남훈전南薰殿에서 한바탕 거문고를 뜯을 뿐이었습니다.[13] 증점曾點은 지극히 높은 기상으로 봄옷을 입고 어른과 아이들과 더불어 무우대에서 읊으며 돌아왔습니다.[14] 도연명이 친척들과 정겨운 대화를

---

12) 옛날 …… 기뻐하였습니다 : 『맹자』 「만장상(萬章上)」에 나오는 말이다. 순임금의 이복동생인 상(象)이 어머니와 함께 순을 죽이려고 창고를 수리하게 했는데, 순이 창고 지붕으로 올라가자 불을 질렀지만 순은 마침 무사히 불을 피해 내려와서는, 화를 내지 않고 태연히 평상에서 거문고를 뜯었던 사실이 있다. 이렇게 순은 상이 기뻐하면 자신도 기뻐하고 상이 근심하면 자신도 근심하여 항상 화순한 마음으로 대하니, 상도 뉘우치고 결국에는 화목한 집안을 이루었다고 한다.

13) 남훈전(南薰殿) …… 뿐이었습니다 : 남훈전은 순 임금의 거처를 말한다. 순이 오현금(五絃琴)을 만들고 나서 "남풍의 훈훈함이여, 우리 백성의 성냄을 풀 만하도다. 남풍이 제때에 불어옴이여, 우리 백성의 재물이 풍부하리로다.[南風之薰兮 可以解吾民之慍兮 南風之時兮 可以阜吾民之財兮]"라는 「남풍시(南風詩)」를 노래한 데서 이름이 붙었다.

14) 증점(曾點)은 …… 돌아왔습니다 : 『논어』 「선진(先進)」에 공자가 제자인 자로(子路)·증점·염유(冉有)·공서화(公西華)에게 각자의 뜻을 말해 보라고 하자, 증점이 "늦은 봄에 봄옷이 만들어지면 어른 대여섯

나누고 거문고를 켜고 책을 읽으며 근심을 풀었던 것은 순임금과 같고, 동쪽 언덕에서 휘파람 불며 맑게 흐르는 시내에서 시를 지은 것[15]은 증점과 비슷합니다. 저 남훈전과 기수의 물가와 남산은 단지 저의 회포를 붙이기에 충분합니다. 회포를 붙인 곳에 나아가 홀로 깨달은 실체를 생각해보면 그 기상이 같다는 것을 볼 수 있습니다. 정절보다 뒤에 태어나 그와 같은 흥취를 일으킨 자로는 소옹邵雍이 있습니다. 그의 시에 이르기를 '비단 같은 꽃이 핀 시절에 높은 누각에서 바라보고, 자리를 깔아놓은 듯한 풀 위로 작은 수레 타고 지나가네.[花似錦時高閣望 草如茵處小車行]'[16]라고 하였습니다. 이도 자신의 마음에 만족한 것이지만 세상에 그의 즐거움을 아는 자는 없었습니다. 백낙천白樂天과 소식蘇軾도 일찍이 선생을 사모하였습니다.[17] 그러나 그들의 마음이 흘러가서 속임수를 부리게 되었으니, 또 어떻게 도연명의 참된 즐거움을 함께 말할 수 있겠습니까? 참된 즐거움에 대하여 손님은 듣기를 원합니까? 저도 말하고 싶지만 할 말을 잊었습니다."

손님이 물러가고 나서 주인이 주고받은 말을 서술하여 당의 기문으로 삼는다.

명과 아이들 예닐곱 명을 데리고 기수에 가서 목욕을 하고 기우제 드리는 곳에서 바람을 쏘인 뒤에 노래하며 돌아오겠습니다.[暮春者 春服既成 冠者五六人 童子六七人 浴乎沂 風乎舞雩 詠而歸]"라고 한 말에서 가져왔다.

15) 도연명이 …… 지은 것: 도연명의 「귀거래사」에 "친척들과의 정담을 즐거워하고, 거문고와 책을 즐기면서 시름을 해소한다.[悅親戚之情話 樂琴書以消憂]"는 말과 "동고에 올라 휘파람 불고, 맑은 물에 임하여 시를 짓는다.[登東皐而舒嘯 臨淸流而賦詩]"는 구절을 가져왔다.

16) 비단 같은 …… 지나가네: 소옹(邵雍)의 『이천격양집(伊川擊壤集)』에 나온다.

17) 백낙천과 …… 사모하였습니다: 낙천(樂天)은 백거이(白居易)의 자로, 그는 일찍이 도연명의 시를 모방하여 「효도잠체시(效陶潛體詩)」 16수를 지은 적이 있으며, 소식(蘇軾)은 도연명을 사모하여 연작시인 「화도시(和陶詩)」 78수를 지은 적이 있다.

발跋

칠송정 동도회 제명록 뒤에 쓰다[書七松亭同道會題名錄後]

내가 김지화金志和·김경원金慶遠·정직보鄭直甫[18] 와 함께 군문軍門의 관사에서 일하면서 일하는 여가에 서로 난리의 괴로움에 대하여 이야기를 나누기를 "영남지역 출신으로 한양에 벼슬하고 있는 자가 몇 명이나 되겠소? 글 짓는 모임을 가져 전란 속에 어렵게 지내는 회포를 그려내고 답답한 심정을 펴 내지 않으려오?"라고 하였다. 그래서 기일을 약속하고 널리 알리니, 술병을 들고 기꺼이 참여하여 빠진 자가 없었다. 칠송七松의 옛 터에서 술잔을 잡고 달을 마주하니 슬픈 감상에 젖어 눈물만 흐를 뿐 말이 없이 있다가 근심스레 파하였으니, 무술년(1598) 10월 19일이다.

사마계[19] 좌목 뒤에 쓰다[書司馬契座目後]

군郡에 업유소業儒所와 사마소司馬所[20] 가 있으니, 그 유래가 오래되었다. 처음에는 북정

---

18) 정직보(鄭直甫): 직보는 정장(鄭樟, 1569~1614)의 자이다. 호는 사곡(沙谷)·만오(晩悟), 본관은 청주이며, 정구(鄭逑)의 아들이다. 1612년 증광문과에 급제하고, 1614년 성균관 전적·예조 좌랑 등을 거쳐 전라도 도사 겸 춘추관 기주관이 되었으나 병으로 사직하고, 고향인 성주로 내려가서 세상을 떠났다.

19) 사마계(司馬契): 16세기 초 생원·진사시인 사마시(司馬試) 출신의 젊은 유림들이 훈구파의 유향소(留鄕所)에 대항, 향권을 주도하기 위해 만든 자체 협의기구로, 생원·진사시에 입격한 사람들의 친목과 학문, 징치토론 및 교육활동 등을 펼침으로써 각 고을의 교화와 지방 행정에 기여하는 역할을 하였다.

20) 업유소(業儒所)와 사마소(司馬所): 업유소는 아직 과거에 급제하지 않은 유생을 모아 수학시킨 지역단

北亭을 모이는 장소로 삼았다가 정자의 북쪽에 다시 대臺를 짓고 모임을 열었다. 보자[寶穀][21]와 심부름꾼은 모두 수령께서 정하여 관에서 대어 준 것이다. 아름답고 좋은 철이 되면 글을 짓기 위해 모여 술 한 잔에 한 수의 글을 읊으니, 완연히 회계會稽 난정蘭亭의 풍치[22]가 있었다. 공론公論을 주장하여 고을의 풍속을 바로잡고 나이 많은 어른을 존숭하고 선비의 기개를 부지하니 이는 또한 여씨향약呂氏鄕約[23]의 남긴 뜻이다.

정자는 처음에 이름이 없었는데 상사上舍 금남계琴南溪[24]가 퇴계 선생에게 편액을 청하자 선생께서는 이렇게 답장을 써 주셨다. "옛날 동한東漢의 이고李固가 관상 보는 사람을 만났는데 그가 말하기를 '내년에 부용방芙蓉榜에 급제할 것이오.'라고 하였다.[25] 오늘날의 사람들이 사마방司馬榜을 연방蓮榜이라고 하니, 대臺의 이름을 부용이라고 하는 것도 좋지 않겠는가." 그리고 손수 큰 글씨로 써서 보내주셨다. 그 뒤로 선생께서 한양을 왕래하시거나 풍기豊基에 오셔서 다스리게 되었을 때 여러 번 이 모임에 참석하셨다.

위의 단체이고 사마소는 사마시에 합격한 자들의 모임이다.

21) 보자[寶穀] : 보는 특별한 목적의 사업을 경영하기 위하여 돈이나 곡식을 모아 일정한 기금을 마련하고, 이를 백성에게 꾸어 주어 이자를 받아 운영하는 제도이다. 환자[還上]에 비겨서 '보자'라고 한다.

22) 회계(會稽) 난정(蘭亭)의 풍치 : 영화(永和) 9년(353) 상사일(上巳日, 3월 3일)에, 동진(東晉)의 왕희지(王羲之)와 사안(謝安) 등 42인의 명사가 회계산(會稽山)의 산음(山陰) 난정에 모여서 귀신에게 빌어 재앙을 쫓는 수계(修禊)를 하고 술을 마시며 시를 지은 일을 말한다.

23) 여씨향약(呂氏鄕約) : 섬서성(陝西省) 남전현(藍田縣) 여씨 문중에서 도학으로 이름 높던 대충(大忠)·대방(大防)·대균(大鈞)·대림(大臨) 4형제가 문중과 향리를 위해 만든 것으로, 그 주요 내용은 좋은 일을 서로 권장하며[德業相勸], 잘못을 서로 고쳐주고[過失相規], 사귐에 있어 서로 예의를 지키며[禮俗相交], 환난을 당하면 서로 구제한다[患難相恤]는 것으로 되어 있다.

24) 금남계(琴南溪) : 금축(琴軸, 1496~1561)을 말한다. 남계는 그의 호이고, 자는 대임(大任), 본관은 봉화이다. 학행으로 천거되어 재릉 참봉에 제수되고, 학문과 덕행으로 사림의 추중을 받았다.

25) 옛날 …… 하였다 : 퇴계 선생은 이고(李固)를 동한(東漢)시대 사람이라고 하였으나, 『촉중광기(蜀中廣記)』·『산당사고(山堂肆考)』·『태평광기太平廣記』 등 여러 서적에 '당나라 때의 이고[唐李固]', 혹은 '상국인 이고[相國李固]'로만 나오고 있어서 언제 때의 사람인지 확실치 않다. 대표적으로 『산당사고』를 살펴보면 "『유양잡조(酉陽雜俎)』에 당나라 이고가 말하기를, 낙방하여 촉 땅을 유람하였는데 노파를 만나 이야기 나누다, 노파가 말하기를 '그대는 내년에 부용경 밑에서 급제를 할거요.'라고 하더니, 다음해에 과연 장원급제 하였다.[酉陽雜俎 唐李固言 下第遊蜀 遇老姥與言 郎君明年芙蓉鏡下及第 明年果中狀元]"라고 기록되어 있다.

이는 사문斯文의 성대한 일이고 모임을 여는 모범으로는 우리 군郡 만한 곳이 없다. 조정의 명으로 모임을 그만두게 되니[26] 후생의 감개한 마음은 오래되어도 더욱 간절하였다.

이즈음 향선생鄕先生 등이 서로 의논하여 말하기를 "옛날부터 훌륭한 일도 세월이 흘러가면서 폐단이 되지 않은 적이 없다. 조정이 혁파하라고 명한 것은 그 폐단을 바로잡으려는 것이다. 우리들이 흘러가면서 폐단이 되는 잘못을 삼가고 다시 옛날의 성대한 일을 회복하고 닦지 않겠는가?"라고 하였다. 좌목座目은 대체로 남계의 글씨인데 향교에 보관되어 있었다. 천지공川至公 백伯과 함께 그것을 살펴보니 예전에 계를 하던 사람들의 성명姓名이었다. 공경스럽고 우러를 만하여 더욱이 자취를 어루만지며 일어나는 감회를 견딜 수 없었다. 살펴보건대 책자는 난리 중에 파손되었으므로 함께 손수 수선하고 대충 그 전말을 기록하였다.

만력萬曆 신축년(1601) 초봄 하순에 풍산豐山 김대현金大賢은 삼가 기록한다.

---

26) 조정의 …… 되니 : 사마소(司馬所)가 처음의 설립 의도와 달리 후기로 갈수록 수령의 지방통치에 간섭하고 노비와 토지를 확보하여 재산을 늘리며, 향리·백성을 함부로 잡아다 형벌을 주는 등의 폐단을 가져오자, 이러한 폐단과 유향소와의 끊임없는 마찰이 문제가 되어, 1603년 서에 류성룡의 건의로 폐지되었다.

잡저雜著

군문의 여러가지 일을 기록하다[記軍門雜事]

이 당시 선생은 군문軍門 형개邢玠의 접대낭청接待郞廳이었다.

무술년(1598) 8월 어느 날 군문軍門[27]이 관왕묘關王廟[28]에 도착하여 소차少次에 들어가 두 명의 안찰사와 세 명의 제독과 회맹의 절목에 대하여 상의하고는 첩帖에 기록하였다. 그 대략은 마음을 함께하고 힘을 모으며 남북이 서로 화합하여 왜적을 소탕하기로 기약하고, 그렇게 하지 않는 자는 여기에서 함께 죽어 집으로 돌아갈 수 없다고 운운하였다. 기록한 종이의 끝에 군문 이하 각자 서명을 한 뒤 군문이 안찰사와 여러 장수들을 거느리고 관왕묘의 탁자 앞에 들어가 먼저 사배四拜를 하고 군문은 향안香案 창으로 나아가 향을 불사르고 연이어 나아가 세 번 술을 올렸다. 섭정국葉靖國[29]에게 축문을 읽게 하고 사배四拜를 한 뒤 군문 이하는 동쪽으로 향하여 서고 찬자贊者는 흰 닭을 잡아들고 향안 앞에 나아가니, 재宰가 백계를 죽여 그 피를 온주溫酒[30]에 섞었다. 군문 이하는 다시

---

27) 군문(軍門) : 형개(邢玠)를 말한다. 호는 곤전(昆田), 산동(山東) 청주부(靑州府) 익도현(益都縣) 사람이다. 정유년에 병부상서 겸 도찰원 우부도어사(兵部尙書兼都察院右副都御史)로 손광(孫鑛)을 대신하여 10월에 우리나라에 왔다.

28) 관왕묘(關王廟) : 명나라 군사가 왔을 때, 남대문 밖 도제고현(都祭庫峴)에 관왕묘를 세웠다는 기록이 『갑진만록(甲辰漫錄)』에 있다.

29) 섭정국(葉靖國) : 명나라 장수로 임진왜란 때 우리나라에 파견된 사람이다. 풍수지리에 능하다고 한다.

중청中廳의 자리에 나아가 북쪽을 향해 서니, 찬자가 맹세가 적힌 서첩誓帖을 가지고 군문의 오른쪽에 나아갔다. 군문이 직접 잡고 읽기를 마치고 나서 찬자에게 돌려주었다. 찬자는 백계의 피가 섞인 술이 들어 있는 잔을 군문에게 드리자 군문이 다 마시고 나서 읍을 하고 자리로 물러났다. 안찰사 이하가 차례대로 군문과 같이 맹세의 글을 읽고 피가 섞인 술을 마셨다. 예를 마치자 군문 이하는 한 번 절하면서 세 번 머리를 조아리고는 나왔다. 축문과 서첩을 불살랐다. 축문에 이렇게 말하였다.

> 왜적이 조선을 유린한 지 이제 7년이나 되었습니다. 우리 황상께서 조선을 불쌍히 여기시고 변경의 수비에 대해 매우 근심하여 사방에서 징병하고 만 리 떨어진 곳에서 음식을 보내어 위로하였으며, 부거賦車[31] 적마籍馬[32]로 행군하는 군대에 재물을 실어 보내어 많은 사람들을 위로하였습니다. 조선이 도탄에 빠졌을 뿐만 아니라 우리 중국도 시끄럽습니다.
>
> 왜적이 오래도록 포악하게 굴어 무고한 백성들을 살육하니, 영험하신 신명께서 어찌 차마 그대로 보고만 있겠습니까. 잔인하고 포악한 자들을 제거하는 것은 오로지 동쪽을 정벌하는 문무장사文武將士들이 마음을 합하고 힘을 모으는 데 달려 있습니다. 만약 간사한 마음을 품고 악독한 짓을 쌓아 사람을 넘어뜨리고 나라에 재앙을 끼치는 자가 있다면 실로 신명께서 자세히 살펴보심에 의지하는 바입니다. 이에 대소의 문무장리文武將吏들을 징집하여 함께 큰일을 꾀하고자 격문을 돌려, 수륙水陸의 대장들이 피를 입술에 발라 동맹을 하고, 형개邢玠 등은 경건하고 엄숙하게 재계하고 교외의 제단에서 맹세합니다. 하늘이 비록 높지만 낮은 곳에서 하는 맹세를 들으시고 신령은 비록 은밀하지만 응하는 것은 메아리

---

30) 온주(溫酒) : 불이나 뜨거운 물로 데운 술을 말한다.
31) 부거(賦車) : 전차(戰車)를 말한디.
32) 적마(籍馬) : 털 색깔과 나이가 문서에 기록된 말로, 군용(軍用)에 대비하는 말이다.

같습니다.

총독總督과 순무사巡撫使 삼원三院 네 명의 대장군大將軍, 두 명의 도차道次 및 부관副官·참군參軍·유격遊擊·수비막부[守府][33]·호위護衛 등의 관리와 지위가 낮은 관리는 국가가 맡긴 일에 마음을 함께하여, 바다 오랑캐의 기운을 잠잠하게 할 것입니다. 이러한 때 구원하는 것은 변경의 어려움이며, 펴주는 것은 임금의 근심입니다. 국사는 중요하고 개인적인 일은 가볍습니다.

무릇 질투하는 마음과 탐내고 분노하는 마음과 속이고 남을 헐뜯는 마음과 기회를 엿보고 꾀를 부리는 마음이 하나라도 이 중에 있으면 서로가 겨루게 되어, 이기지 않고서는 그만두지 않을 것이니, 재앙을 일으키는 마음도 이루지 못하고 국사는 벌써 무너질 것입니다. 이러한 사람은 참으로 조정의 죄인이며 유학의 가장 큰 죄인이니, 더럽다는 소리와 추한 소문은 죽어서도 악취가 풍길 것입니다. 사람이 살면서 공명을 이루고 재앙과 복을 불러들이는 것은 모두 앞에 정한 것으로부터 비롯됩니다. 거짓을 일삼고 교묘하게 바꾸어 속이게 되면 하늘이 내리는 재앙을 빨리 불러들이게 되리라는 것을 알아서 각자 정성된 마음을 열고 공변된 생각을 펴서 마음을 함께하고 힘을 모아야 합니다.

구원병은 약속하기를 기다리지 않아도 즉시 보내며, 구원할 때는 시간을 지체하지 말아야 합니다. 사방에서 일어나는 일을 자신이 있는 곳에서 일어나는 것처럼 보고, 무리의 마음을 합하여 한 사람의 마음이 된 것처럼 할 것입니다. 남의 공로를 질투하여 싸움을 일으키거나 어려움을 보고도 구원하지 않아서는 안 됩니다. 남의 공로를 탐내어 분한 마음을 일으키지 말고 몰래 남을 해치지 말 것입니다. 속임수를 길러 겉으로는 마음을 합한 듯하지만 속으로는 마음이 떠나가며, 입으로 옳다

---

33) 수비막부[守府] : 무관의 명칭으로, 명청시기 지방의 무직(武職) 중에 수비(守備)가 있었는데, 그 관등의 계급이 부동지(府同知)에 해당하였다.

고 하면서 마음속으로는 틀렸다고 여기지 말 것입니다. 남을 비방하는 말을 하여 유언비어로 헐뜯는 말을 조장하거나 남의 재앙을 즐거워하고 다행으로 여기지 말 것입니다. 교묘하게 남을 속여 군사적 정황이라고 빙자하여 사적인 욕심을 지니고 자기에게 편하게 하거나 악한 무리들의 손을 빌려 재앙을 남에게 옮기거나 남을 상하게 하지 말 것입니다. 이러한 모든 말을 지키지 않으면 신께서 함께 살펴보시는 바이니, 하늘이 재앙을 내리지 않더라도 사람이 끼치는 화를 얻게 되어 패가망신하거나 자손이 끊어질 것입니다.

독부督撫와 감군監軍과 사도司道는 남북의 군병을 볼 때 피차의 구분이 없어야 하며, 크고 작은 군무를 한결같이 공평하게 처리하며, 만약에 자신이 좋아하고 싫어하는 것에 치우쳐 고집하여 공로가 있거나 죄를 지은 자를 마음대로 처리하고, 개인적인 일로 무리지어 서로 비호하며 잘한 일을 가리고 나쁜 일을 용서해주어, 하나라도 간사한 마음이 있다면 맹세컨대 앞에서 말한 바와 같이 될 것입니다. 이제부터 항상 이를 생각하여 함께 올곧은 충성을 다하고 위세 당당한 진陣을 크게 바로잡으며 오랑캐를 잡고서 경관京觀[34]을 높이 세우고 사나운 적을 죽이고 북을 치며 용감하게 나아갈 것입니다.

여가呂嘉[35]가 함부로 중국을 침범하여 기필코 마원馬援[36]의 군대에게 패배하였듯, 백제百濟가 삼한 땅에 있다가 끝내는 소정방에게 멸망당했듯이 한다면 저 조그만 섬 오랑캐가 어찌 감히 천자의 군대에게 항거할 수 있겠습니까? 신명께서 크게 신령스러움을 드러내시어, 힘써 충성스러운 자에게 복을 주시고 간사한

---

34) 경관(京觀) : 무공을 과시하기 위해 많은 적의 시체를 쌓아서 거대한 무덤을 만든 것을 말한다. 경구(京丘)라고도 한다.

35) 여가(呂嘉) : 한 무제 때 남월(南越)의 승상이다. 그는 승상이 되어 적극적으로 중원 문화와 선진 농업기술을 받아들여 남월의 발전을 촉진시켰으나, 한나라에 항거하다 한나라 군대에 패하여 사로잡혀 죽었다.(『史記』「南越尉佗列傳」)

36) 마원(馬援) : 후한 사람이다. 복파장군(伏波將軍)으로 교지(交趾)를 정벌했다.

마음을 품은 자에게 재앙을 내리시기를 우러러 바라나이다. 천도가 신속히 보응을 한다면 인심이 권선징악하는 줄 알게 될 것입니다. 만약 어둡고 밝음이 다르다고 해서 선악을 구분하지 않는다면 형개 등은 참으로 조정에 죄를 지은 것이고 신명도 상제에게 직분을 제대로 수행하지 못한 것이 되리니, 어떻게 만대에 우러름을 불러일으키고 천하가 바치는 제사를 누릴 수 있겠습니까? 신께서 살피시고 흠향하소서.

동로東路는 마귀麻貴[37]가 맡고, 중로中路는 동일원董一元[38]이 맡고, 서로西路는 유정劉綎[39]이 맡고, 수로水路는 진린陳璘[40]이 맡는다.

8월 27일

군문이 사로四路에 기패관旗牌官을 나누어 보내니, 소응충邵應忠[41]은 동로東路로, 범문석

---

37) 마귀(麻貴) : 자는 서천(西泉)이며, 돌궐족으로 대동(大同) 우위(右衛) 사람이다. 정유재란 때 명군제독이 되어 원군을 인솔하여 왔다. 도원수 권율과 연합하여 울산성을 공격했으나, 흑전장정(黑田長政)의 원군으로 인해 패배했다. 이듬해에도 왜군과 싸웠으나 크게 전공을 세우지 못하고 본국으로 돌아갔다.
38) 동일원(董一元) : 1597년 정유재란 당시 좌도독으로 조선에 들어왔다. 경기·황해·경상우도 등 각지 병마절도사들과 연합하여 남진, 사천에 이르러 도진의홍(島津義弘)의 왜군을 공격하다 참패하여 거창으로 철수한 적이 있다.
39) 유정(劉綎, 1558~1619) : 임진왜란이 일어나자 복건(福建)·서촉(西蜀)·남만(南蠻) 등을 돌며, 소모병(召募兵) 5천을 모아 명나라 원군 대열에 참여, 성주·순천 등의 지역의 전투에 참여한 적이 있다.
40) 진린(陳璘) : 원문에는 '璘'이 '遴'으로 오기되어 있다. 자는 조작(朝爵), 호는 용애(龍厓)이고, 중국 광동 사람이다. 임진왜란 때 부총병으로 발탁되었다가 병부상서 석성의 탄핵으로 물러났으며, 정유재란 때 다시 발탁되었다. 전투에는 소극적이고 공적에는 욕심이 많았던 인물로, 조선 수군에 대한 멸시와 행패가 심한 것으로 알려져 있다. 노량해전에서 이순신과 공동작전을 펼쳐 공적을 세웠다.
41) 소응충(邵應忠) : 참군(參軍)으로, 우리나라의 장수와 군졸들에게 군사훈련을 시킨 적이 있는 인물이다.

范文石은 중로中路로, 하위귀河爲貴는 서로西路로, 주충朱忠은 수로水路로 보내었다. 각자 영기令旗와 영인令釼을 가지고 모든 장수들을 감독하였다.

우의정 이덕형李德馨42) 은 서로西路를 따라 가서 군기軍機와 관련된 일을 첩帖으로 아뢰면서 왜교倭橋43) 의 도형圖形을 동봉하여 올렸다.

9월 25일

경상 중로慶尙中路의 변보邊報가 왔다. 동 제독董提督44) 은 본래 이달 20일 진주성으로 진격하려 하였으나 왜적이 그 무기와 소와 말을 모두 버리고 갔다. 우리나라의 남녀 454명이 곤양昆陽 등의 지역으로 달아나는 것을 정기룡鄭起龍45) 에게 편입하여 진주성에 들어가 성을 점거한 다음 다시 적을 추격해 갔다. 군량미에 대하여 물으니 아직 비축된 여분이 있다고 하고, 목을 벤 적의 수급首級을 물으니 모두 달아나 버려서 많이 얻지 못하고 대여섯뿐이라고 했다.

(『西厓先生文集』「答邵參軍應忠書」)

42) 이덕형(李德馨) : 임진왜란 때 왕을 호종했고, 청원사(請援使)로 명나라에 파견되어 파병을 성취시켰다. 저서로 『한음문고』가 있다.

43) 왜교(倭橋) : 순천에 있었던 왜성(倭城)이다. 1598년 9월부터 11월에 걸쳐 소서행장(小西行長)을 중심으로 한 1만 4천여의 일본군이 주둔하고 있던 성으로, 육지를 파서 해자를 만들어 다리를 설치한 것에서 유래한다. 소서행장의 부대를 섬멸하기 위해 1598년 11월 18일부터 19일 이틀 사이에 이순신과 진린(陳璘)이 이끄는 조명 연합함대가 노량 앞바다에서 임진왜란 중 바다에서의 마지막 싸움을 하였으며, 이순신은 이때 전사하였다.

44) 동 제독(董提督) : 동일원(董一元)을 말한다.

45) 정기룡(鄭起龍, 1562~1622) : 임진왜란 때 거창, 금산 싸움에서 전공을 세우고 상주성을 탈환했으며, 정유재란이 일어나자 고령에서 적장을 생포하고, 성주·합천·초계·의령·경주·울산을 수복했다.

27일

동로東路에서 보고가 왔다. 도산島山46)을 막 포위하였으니 잘 정비하여 진격할 때인 듯하다. 그러나 해자를 바다처럼 넓고 깊게 파 놓아 사람이 건너갈 수 없으니, 진격하여 빼앗기는 어려울 듯하다. 긴 개천의 건너편 쪽 30리쯤에 적의 군량이 많이 쌓여 있었는데 왜적이 모두 불태웠으나 우리나라 사람이 앞뒤로 1,100여 섬을 간추려 왔다.

○ 정응태丁應泰47)가 우리나라가 왜국과 내통하고 있다고 탄핵하자 주상께서 명나라의 조치를 기다린 지 오래되었다. 군문이 주상에게 말하였다. "국왕이 아직도 사태를 보지 못하였습니까? 지금이 어떤 때입니까? 정응태가 비록 이렇게 무고에 빠뜨렸지만 황상께서도 벌써 그 정황을 환히 알고 계시며 나와 서야徐爺48)도 극력 분명하게 밝혔습니다. 명나라 사람은 비록 남들의 비방을 받더라도 각자 무고함을 밝혀 분명하게 풀리도록 기약할 뿐입니다. 국왕께서 이러한 위급한 때에 두려워하며 혐의를 고수하고 오래도록 사태를 살피지 않고 계십니다. 세 곳의 모든 일에 그 기밀이 긴박하고, 무기와 군량미는 분주히 조치하여도 제때 대지 못할까 염려스러운데 이렇게 여러 날 국사를 포기하니 이 무슨 도리입니까? 신속히 사세事勢의 경중을 살펴서 대사를 이루소서. 또 화약과 연자鉛子49)는 전투에 쓰일 일이 한창 급하니 따로 차관差官을 정하여 신속히 발송하십시오."

---

46) 도산(島山) : 지금의 울산 학성공원 일대를 말한다. 『신증동국여지승람』에 의하면 계변천신(戒邊天神)이 학을 타고 신두산(神頭山)에 내려와서 사람의 수록(壽祿)을 주장했다 하여 신학성(神鶴城)이라 하다가 뒤에 학성(鶴城)이라 하였는데, 정유재란 때 왜장 가등청정(加藤淸正)에 의해 새로 축성된 뒤에 도산성(島山城)이라 불렀다.

47) 정응태(丁應泰) : 자는 원보(元父), 무창(武昌) 강하(江夏, 지금의 호북 무창) 사람이다. 만력 연간에 진사에 급제하였다. 1598년 조선이 일본과 연합, 명나라를 공격하려 한다고 명나라에 무고한 사건을 일으킨 장본인이다.

48) 서야(徐爺) : 형개의 감군(監軍)이었던 서관란(徐觀瀾)을 말한다.

49) 연자(鉛子) : 구리로 된 탄환이다.

30일

군문이 밤에 진 도독陳都督의 진에서 철수해 오지 않았다고 한다. 지난 달 22일 육병陸兵이 서남쪽에서 북쪽 모퉁이로 모두 포위하고 수병水兵도 동쪽에서 남항南港까지 역시 모두 에워쌌다. 수병이 먼저 가도駕島[50]를 공격하여 양식 300여 섬을 얻었다. 적이 비록 화포를 쏘았지만 우리 배에는 미치지 못했다. 육병은 성을 공격하는 기계를 막 만들어 적의 양식과 힘이 다하기를 기다리는데, 며칠 지나지 않아 쳐서 함락시킬 것이라고 한다. 또 동로로부터 온 자가 말하기를 "울산은 점차 진격하여 포위해 가는 데 사람들이 모두 '가등청정加藤清正[51]이 성 안에 있다. 그러나 형세가 편치 않아 당시에 아직 손을 쓰지 못하고 있다.'고 한다."라고 하였다.

10월 2일

동 제독董提督의 차관差官이 와서 말하기를 "지난달 24일에 곤양昆陽의 적을 쫓아내었다."고 한다. 28일 사천성 밖까지 진격하니 왜적이 밖에 복병을 풀어놓았지만 명나라 군대가 먼저 복병을 공격하여 80개의 수급을 얻었다. 성안의 왜적 중에 죽거나 부상당한 자는 그 수를 정확하게 알 수 없다. 해변에 적의 진지가 두 곳 있는데 명나라 군대가 막 가서 공격하니 필시 불리할 이치가 없다. 마 제독麻提督의 차인差人이 또 도착하여 "형세가 편치 못하여 지금까지 서로 대치하고 있다. 다만 적의 원병이 나오게 되면 공격하여 점령하기가 쉽지 않을까 염려된다."고 말하였다.

군문의 차관이 서로西路에서부터 와서 "비루거자飛樓車子[52]가 벌써 만들어졌으니, 2일

---

50) 가도(駕島): 진도군 흑산면 나주목(羅州牧) 우이도(牛耳島)의 부속 섬 중 하나이다.
51) 가등청정(加藤清正, 1559~1611): 임진년에는 소서행장(小西行長)과 함께 선봉이 되어 침입, 회령(會寧)에서 임해군(臨海君)·순화군(順化君) 등 두 왕자를 사로잡았고, 정유재란 때는 울산에 포위되어 악전고투하였다.

에 성을 공격할 계획입니다."라고 하자, 군문이 "유 제독劉提督은 어떤 모습을 하고 있더냐? 기뻐하더냐? 근심하더냐?"라고 묻자, 차관은 "제독은 기쁨을 이기지 못하고 있습니다. 군심은 모두 나아가 싸우기를 바랍니다."라고 대답하였다.

동 제독董提督의 차관이 와서 "사천은 벌써 공격하여 성을 점령하였고 목을 벤 수급이 102개나 됩니다. 나머지는 모두 패하여 달아났으며, 그대로 진격하여 새 영채營寨를 포위하니 적은 수만 여명 정도이므로 형세에 비추어 쉽게 점령할 수 있습니다."라고 하였다.

6일

진 제독陳提督의 차관이 와서 "2일에 수병水兵이 성책城柵에 진격하였는데 성이 아주 견고하여 점령할 수 없어 다시 물러났습니다. 그래서 방화하여 적선賊船 70~80척을 모두 불태웠습니다."라고 하였다.

7일

진린·유정 두 제독의 차관이 와서 말하였다. "수륙으로 함께 진격하였으나 모두 점령하지 못하였습니다. 류 제독의 군대는 진격하여 성 아래로 다가가서 대포와 불화살을 많이 쏘아 성 안의 집 50~60채를 불태웠습니다. 그러나 성책이 아주 견고하고 조총을 많이 쏘아대니 감당하지 못하여 어쩔 수 없이 다시 물러났습니다. 왜놈이 다수 나와서 마주 싸우려 하다가 우리 군세가 대단한 것을 알고는 다시 들어갔는데, 추격하여 세 명의 수급을 베었습니다."

---

52) 비루거자(飛樓車子) : 비루(飛樓)라고도 부른다. 성을 공격하는 용도로 만들어진 일종의 누거(樓車)이다.

11일

접반사接伴使 노직盧稷[53]이 비변사備邊司의 뜻으로 중군中軍에게 의논하여 말하였다. "당초에 삼로三路가 동시에 일어나기로 하였으나 병력이 나뉘고 힘이 미약하여 사세가 어려운 듯하니 한 갈래의 병력이 세 곳을 견제하는 것만 못합니다. 만약 서로 싸우게 되면 의심을 가지게 만들거나 시위를 하여 그들의 소굴이 서로가 지원할 수 없게 하고, 명나라 군대의 대군이 합세하여 앞으로 진격하며, 적의 세력 중에 조금 취약한 곳을 가려고 먼저 공격합니다. 우리가 칠팔만 병력으로 일이만의 적 주둔지를 점령하게 되면 이기지 않을 리가 없습니다. 먼저 한 영채를 점령하면 나머지 적은 비록 싸우지 않아도 저절로 무너지지 않을 리가 없습니다. 이것이 이른바 틈을 공격하는 병법입니다. 노야老爺의 뜻은 이떻습니까?" 중군中軍이 노야에게 고하니 노야가 "이 말은 과연 이치가 있소. 그렇지만 나는 멀리 있으면서 제어하기 어려우니 차인差人이 감군監軍과 논의하시오."라고 말하였다.

○ 모든 신료들이 글을 올리려고 아문 안에 죽 늘어서 있으니 중군이 노 접반사盧接伴使를 불러 "변방의 시세가 끝내 이러한 지경에 이르렀으니 무어라고 말을 해야 할지 모르겠소. 그러나 노야께서 무슨 일로 오셨겠소? 반드시 사태가 완료된 뒤에 그만둘 것이며 중간에 철군할 이치는 만에 하나도 없으니, 전혀 의심하지 마오."라고 하였다. 이에 신료들이 이렇게 대답하였다. "노야의 승리에 대한 계책이 이미 이렇게 정해진 줄은 참으로 알겠습니다. 그러나 세 곳의 군대가 패배한 것이 비록 경중은 다르지만 의지가 꺾인 것은 같습니다. 모르겠습니다만 어떤 계획으로 다시 도모하시려는지요? 군량을 더 마련하려는지요? 이 현재의 병력으로 힘을 다해 합세하여 한 쪽을 먼저 공격하시려는지요?"

---

53) 노직(盧稷, 1545~1618) : 자는 사형(士馨), 본관은 교하(交河)이다. 1584년 문과에 급제하였고, 검열(檢閱)을 시냈나. 1592년 임진왜란 때는 병조 참판으로 선조를 호종하였으며, 1597년 정유재란 때는 접반부사(接伴副使)로 명나라 군사를 맞아 병사(兵事)를 논의하기도 하였다.

중군中軍이 말하기를, "노야께서 벌써 영기令旗를 보내셨으니 중로中路의 장관將官이 잡아와서 자세히 물어보고 처치한 뒤에 잠시 병력을 쉬었다가 먼저 한 쪽에 시험해보려고 하오. 그러나 유 총병劉總兵[54]께서는 '어쩌다가 패배를 하게 되었는지 모르겠다.'고 말씀하시오."라고 하니, 접반사가 "우리들의 보고도 자세하지는 않습니다. 대체로 수군이 먼저 상륙했는데 육군이 그와 동시에 진격하지는 않았습니다. 성 아래에 다가간 병사들 중에 왜적이 성위에서 끈을 매달아 내려오는 것을 보고는 우리 병사들이 그 병기를 버리고 오자, 적들이 물에서 힘을 다해 항거하게 하였기 때문에 패배하였다고 합니다."[55] 라고 대답하였다. 중군中軍이 "유 총병의 보고에 중로中路의 적이 와서 지원하였기 때문에 지탱할 수 없었다고 하던데 그렇소?"라고 물었다. 접반사가 "그렇지 않습니다. 중로와 서로는 같은 날 거사를 하였으므로 자신을 보살피기에도 겨를이 없는데 어찌 와서 다른 소굴을 보살폈겠습니까?"라고 하였다. 중군이 말하였다. "노야께서는 유공이 정직하지 않았던 점을 매우 노여워하는 것이오. 그대 나라는 한 번의 패배로 의심치 마오. 그러나 정 주사丁主事[56]가 서 과도徐科道[57]에게 말하기를, '삼로三路의 일은 여지없이 대패했는데 우리 장관將官들이 한결같이 사실대로 보고하지 않았으니 반드시 조선 전선의 보고를 보아야 합니다.'라고 하였소. 그래서 서야徐爺께서는 그대 나라 전선의 보고를 보려고 하는 것이오. 전선의 일은 하는 말이 다르니 정확하게 글로 써서 올린 것을 따르지 않을 수 없소. 정 주사도 흠을 잡아 일을 망치려고 하니 신중히 하지 않을 수 없소."

---

54) 유 총병(劉總兵) : 유정(劉綎)을 말한다.

55) 대체로 …… 합니다 : 이 사실은 『상촌선생집』 제56권의 「중국이 앞뒤로 군사를 내보내 도와준 것에 관한 기록[天朝先後出兵來援志]」에 자세한 내용이 있다.

56) 정 주사(丁主事) : 명나라의 병부주사 정응태(丁應泰)를 말한다.

57) 서 과도(徐科道) : 과도(科道)는 과도관(科道官)을 말하며, 중국 도찰원(都察院)의 육과 급사중(六科給事中)과 십오도 감찰사(十五道監察使)를 통칭하여 말한다. 사찰 기관으로 모든 관원의 잘잘못을 규찰하는 기관이다. 서 과도는 서관란(徐觀瀾)을 말한다.

29일

접반사가 중군中軍에게 의논하여 말하였다. "저 왜적이 충돌하려고 하는 것은 비록 협박하는 말이기는 하지만 우리가 방비를 하지 않을 수는 없습니다. 게다가 이 왜적은 흉악하고 방자하여 꺼리는 것이 없어서 전투하기에 앞서 먼저 군대를 발동하는 날을 말하였으니, 중로中路의 병세兵勢가 외롭고 약하여 갑작스럽게 예봉銳鋒을 만나게 되면 막기 어려운 형세입니다. 미리 강구하여 동로와 서로 양 쪽에서 병사를 요량껏 뽑아서 뜻밖의 일에 대비해야 합니다. 그리고 충청도 관병관忠淸道管兵官인 이시언李時言[58]이 우선 협조하러 왔으니, 그를 군중軍中에 두어 사태의 변고에 대비하는 것이 어떻겠습니까?" 중군中軍이 이 일을 노야에게 아뢰니, 이렇게 말하였다. "양 포정梁布政[59]이 26일 다시 행농을 개시하려고 하니, 내가 즉시 차인差人을 보내어 나약한 병사로 경거망동해서는 안 되며 우선 휴식해야 한다고 분부하였소. 왜적이 만약 돌격해 오면 삼로三路의 병사들이 서로 구원할 것이오. 진잠陳蚕[60]의 군대도 팔량치八良峙[61]로 보내어 중로의 왜적들이 가서 순천順天을 도울 수 없게 할 것이오. 그러나 오늘 마 제독麻提督이 품첩稟帖하여 말하기를, '조선사람 중에 달아나 돌아온 사람들은 모두 심안도沈安道[62]가 벌써 사천과 진주

---

58) 이시언(李時言, ?~1624) : 1589년 이산해(李山海)의 천거로 오위(五衛)의 사용(司勇)에 등용되었다. 임란 때 충청도 병마절도사로서, 정기룡(鄭起龍)·권응수(權應洙) 등의 의병장과 합세하고 명나라의 원군과 연합하여 경주탈환전에서 큰 공을 세워 가선대부(嘉善大夫)에 승차되었다.

59) 양 포정(梁布政) : 명나라 장수이다. 산동 포정사사(山東布政使司) 우참의(右參議)인 양조령(梁祖齡)을 말한다. 참정(參政)인 왕사기(王士琦)의 표하관(標下官)으로, 명나라 장수 중에 드물게 청렴하고 검약하여 스스로 삼갔으며, 풍채와 절도가 있었다고 한다. 『선조실록』 무술년(1598) 기사에 여러 차례 그에 대한 기록이 보인다.

60) 진잠(陳蠶) : 호는 견당(見塘)으로 절강(浙江) 금화위(金華衛) 사람이다. 흠차통령오군사관남병유격장군(欽差統領五軍四管南兵游擊將軍) 도지휘첨사로 보병 3천을 이끌고 무술년 10월에 나왔다가 기해년 3월에 돌아갔는데, 부하를 다스림에 법도가 있었다.

61) 팔량치(八良峙) : 경상남도 함양군 함양읍과 전라북도 남원시 인월면 사이에 있는 고개이다.

62) 심안도(沈安道) : 사천(泗川)에 주둔했던 왜장(倭將)이다. 『선조실록』 무술년(1598) 기사에 여러 차례 그에 대한 기록이 보이며, 특히 그는 이해 11월 21일 기사에 사망하였다는 내용이 나온다.

등지를 공격했고 장차 병영을 부산으로 옮기려고 한다.'고 하였소. 왜적의 중군이 결코 돌격해 올 염려가 없을 것이오."

11월 7일

접반사가 비변사의 공사公事로 제로諸路의 병세兵勢를 합하여 오직 서로西路를 공격할 일로 중군中軍과 상의하자 중군이 말하였다. "노야께서 벌써 분부하여 왕 참정[63]과 양 포정 두 분이 의논하여 처리하게 하였으니 반드시 힘을 합할 것이오. 중로中路는 벌써 싸울 수 없게 되어[64] 막아서 차단할 병사만 남겨두고 그 나머지는 유 총병劉總兵과 합세하여 함락시키게 하였고, 지금은 달리 방법을 써서 거짓으로 적과 통하는 한편 미리 우리 군사를 많이 보내어 내응하게 하였소. 마 총병麻總兵은 그곳의 군세가 고립되고 미약하다고 여겨 나누어 보내고 싶어 하지 않소.[65] 세 곳의 병력이 합세하는 것은 형세 상 시행하기 어렵소. 조정의 뜻은 반드시 올 겨울에 끝장을 보려는 것이니, 만 도야萬都爺[66]

---

63) 왕 참정(王參政): 왕사기(王士琦)를 말한다. 자는 규숙(圭叔), 호는 풍서(豐嶼), 절강(浙江) 태주부(台州府) 임해현(臨海縣) 사람이다. 무술년 6월에 흠차어왜 서로감군(欽差禦倭西路監軍) 산동포정사사 우참정(山東布政使司右參政)으로, 서로(西路)의 제독인 유정(劉綎)과 수로(水路)의 제독인 진린(陳璘)이 모두 그의 지휘를 받았다.

64) 중로(中路)는 …… 없게 되어: 『선조실록』 31년 무술년(1598) 10월 17일의 기사에 의하면 "10월 1일의 공격에서 우연히 화약에 불이 붙어 연기와 불꽃이 하늘을 뒤덮자, 우리 군사가 피해 달아나니 왜적이 그 시기를 틈타 갑자기 돌격해 왔다. 그러자 기병(騎兵)이 먼저 도망쳤고 보병(步兵)은 세력을 잃어 낭패되니, 왜적이 추격하여 강까지 왔다가 돌아갔다. 우리 군사는 매우 많이 손상되었고 군량과 말먹이도 모두 버렸다."고 하여, 중로(中路)의 총병(摠兵)인 동일원(董一元)의 패전을 기록하고 있다.

65) 마 총병은 …… 않소: 동로(東路) 제독(提督)인 마귀(麻貴)는 1597년 12월에 도원수 권율(權慄)과 합세하여 울산으로 내려가 도산성(島山城)을 포위하여 공격하였으나, 흑전장정(黑田長政)이 이끄는 일본군에게 패하여 경주로 후퇴하였고, 다음 해에 만세덕(萬世德)이 거느린 원군(援軍)을 따라 또다시 도산성을 공격하였으나 성과를 올리지 못하고, 일본군이 철수한 뒤에 중국으로 돌아간 정황으로 보아 이때는 경주에 주둔했을 때로 보인다.

께서 만약 오시면 이것으로만 끝내지 않을 것이오."

13일

유 제독劉提督의 접반사인 김수金睟[67]가 장계를 올려 "겉으로 화친하는 척하다가 군선을 출발시키는 것을 엿보아 수륙이 협공하기로 했습니다."라고 하였다.

20일

동로東路의 차관이 와서 말하였다. "17일에 도산島山의 적선 30척이 달아났으며, 18일에 가등청정加藤淸正이 영책營柵을 불사르고 모두 철수하여 떠나자 제독이 군대를 거느리고 그 성에 들어가 점령하고, 한편으로는 군대를 서생포西生浦와 부산포釜山浦 등에 파송하여 추격 소탕하였습니다."

21일

중로中路의 차관이 와서 말하였다. "신책新柵에 있는 적의 우두머리가 영책을 모두 불태우고 바다를 건너가니, 제독이 추격하여 32개의 수급과 말 100필 남짓과 쌀·보리의 군량 6,000여 섬을 포획하였습니다."

---

66) 만 도야(萬都爺) : 만세덕(萬世德)을 말한다. 호는 진택(震澤), 산서(山西) 태원부(太原府) 사람이다. 무술년에 흠차조선군무(欽差朝鮮軍務) 도찰원 우첨도어사(都察院右僉都御史)로 양 경리를 대신해 11월에 압록강을 건너왔다가 경자년 6월에 돌아갔다.

67) 김수(金睟, 1537~1615) : 자는 자앙(子昂), 호는 몽촌(夢村), 본관은 안동이다. 1573년 문과에 급제하였고, 일찍이 호조 판서로서, 임진왜란 때 지직을 올려 수십 년 동안의 호조 판서 중 제1인자로 꼽혔다. 시호는 소의(昭懿)이다.

22일

서로西路의 당보塘報[68]가 붉은 깃발을 들고 말을 달려와 아문衙門에 도착하여 말하였다. "이달 19일 사시巳時에 대병大兵이 왜교倭橋를 공격하니, 적들이 배에 올라 달아날 즈음에 수병水兵이 막아서 공격해 죽이고 적선 50여 척을 불태우고 파괴하였다. 심안도沈安道도 와서 돕다가 우리 군사에게 죽었으며 본국本國(우리나라)의 장관將官 한 사람도 죽었는데 누구인지 모른다."

24일

진 제독陳提督의 차관이 와서 말하였다. "적선 100척을 포획하고 200척을 불태워 파괴하였으며, 500개의 수급을 베고 180여 명을 사로잡았습니다. 총병總兵 이순신李舜臣이 정녕 죽었습니다."

26일

주상께서 오셔서 군문軍門에게 사례하니, 군문이 이순신이 힘써 싸운 공로를 말하고 높은 작위를 주어 상주기를 청하였다.

29일

동로東路 차관이 와서 말하였다. "부산의 적이 모두 바다를 건너가니, 한양에 있는

---

68) 당보(塘報) : 저보(邸報) 또는 조보(朝報)를 말한다. 당나라 때부터 당보라고 하여 청나라 때까지도 쓰이던 말이다.

모든 장관將官과 우리나라의 사람들이 모두 아문에 와서 하례를 하였습니다."

12월 22일

수군이 남해에 도착하니 왜적은 벌써 달아나고 나머지 왜적도 모두 산으로 올라가 버렸다. 육지로 끌어내려 사로잡고 싶지만 허실虛實을 알지 못해 마침내 포위하여 스스로 죽기를 기다린다.

기해년(1599) 1월 5일

중군中軍이 이해룡李海龍을 불러 말하였다. "노야老爺께서 왜적이 이미 달아나 요즈음은 걱정할 만한 일이 없다고 여기오. 군량미가 이렇게 부족하니 병마兵馬를 오래 머물러 둘 수 없소. 왜적이 비록 바다를 건너갔으나 그 의도는 헤아리기 어렵고, 조선의 병사들은 급작스러운 때에 훈련하여 익숙해지기는 정작 어려우니, 군사를 남기는 것이 만약 너무 적다면 그다지 멀리 내다보는 계책이 못되오. 국왕을 뵙고 상의해서 거취를 결정하려고 하오."

9일

중군이 노 접반사를 불러 "남해에 머물러 있던 왜적도 모두 사로잡았으며 평조신平調信과 그 아들 평관재平管在의 수급도 그 속에 있소."라고 말하면서 진 도독陳都督의 당보塘報를 보였다. 또 말하기를 "그대 나라에서 보낼 사은주謝恩奏의 원고도 완료되었소? 내가 보고 싶소. 당초의 보첩報捷은 그대 나라도 노야와 함께 동시에 발송해야만 하였소. 그런데 노야는 지난 29일 벌써 보냈으니 오늘이면 북경에 도착했을 것이오."라고 말하였다. 이에 접반사가 "우리나라가 비록 보첩을 아뢴 일이 있지만 계속 이어서 하지는 못하였습니다. 사은주謝恩奏의 원고에 승첩의 자세한 내막을 진술하려고 합니다."라고 대답하였다. 중군이 말하기를 "성은에 사례하는 일은 빨리 하지 않을 수 없소."라고 하자, 접반사가 "매우 중대한 일을 소관小官으로 차송差送할 수 없어 대신 세 사람 중 두 사람은 벌써 명나라 조정에 갔습니다만 이덕형은 저를 불러 보내고 싶어합니다. 게다가 표表를 올릴 때 반드시 길일을 간택해야 하므로 28일로 벌써 간택을 하였습니다."라고 대답하였다.

중군이 말하였다. "반드시 빨리 보내고 그 초고가 완성되면 즉시 와서 보이시오. 이 일은 당초에 석 상서石尙書[69]가 소탕할 수 없다고 여겼기 때문에 어쩔 수 없이 임시적 편의대로 하였소. 고 시랑顧侍郎[70]도 함부로 다른 의견을 내지 못하였소. 손 군문孫軍門[71]을 통해 추측해보면 그 당시 많은 의논이 계속 일었는데 형 노야邢老爺께서 힘써 뭇 의논을 배제하고 홀로 싸울 것을 주장하셨소. 오늘날 예컨대 정 주사丁主事 이하 여러 사람들이 화의하자는 말로 동요시켜도 노야께서는 미혹되지 않을 뿐만 아니라 패牌를 발하는 것도 엄히 꾸짖었다. 유 총병劉總兵도 여러 번 노야에게 게첩揭帖을 올려 진린陳璘과 이 각로李閣老[72]가 노야를 현혹시키려고 한다고 헐뜯었소. 노야는 애당초 역시 진린을 편치 않게 여겨서

---

69) 석 상서(石尙書) : 명나라 병부 상서(兵部尙書)인 석성(石星, ?~1599)을 말한다. 자는 공진(拱辰), 호는 동천(東泉), 동명성(東明城) 석가정(石家井) 사람이다. 임진왜란 초에 주전(主戰)을 주장하였으나 심유경(沈惟敬)의 화의(和議)를 주장하는 말에 동요되어 적극적으로 나서 화의를 진행하였다. 정유재란(1597)이 발발하자 명나라 조정은 그에게 책임을 물어 결국 1599년 옥사(獄事)하였다.

70) 고 시랑(顧侍郎) : 고양겸(顧養謙)을 말한다. 호는 충암(冲菴)이고 직례(直隷) 양주부(楊州府) 통주(通州) 사람이다. 계사년 11월에 시랑(侍郎) 송응창(宋應昌)을 대신하여 경략이 되었다. 송 경략과 고양겸은 중국의 재력과 병력이 모두 고갈된 까닭에 모두 강화를 주장했다.

71) 손 군문(孫軍門) : 손광(孫鑛)을 말한다. 호는 월봉(月峯)이며 절강(浙江) 소흥부(紹興府) 여요현(餘姚縣) 사람이다. 갑오년에 병부 우시랑(兵部右侍郎)으로, 고양겸을 대신하여 경략이 되어 공격하는 것도 강화하는 것도 주장하지 않고, 파견된 장수나 군사들이 우리나라에서 노략질하고 포악하게 굴어도 금하지 못했다. 고양겸과 손광은 모두 요동까지 왔다가 압록강은 건너오지 않았다.

72) 이 각로(李閣老) : 『성호사설』「경사문(經史門)」의 내용에 의하면 이현(李賢)을 말한다. 각로(閣老)는 주원장(朱元璋)이 황제의 자리에 오르고 나서 내각(內閣)을 설치하였는데, 이는 황제의 자문에 응하고 조서의 초안을 작성하는 비서기관이었고 정책 결정기관이 아니었으나, 신종(神宗) 때 이르러 그 권한이 강화되어 재상(宰相)의 지위에 버금갔다.

나는 누누이 진·류陳劉 총병總兵의 정상情狀을 말씀드렸으니, 노야께서 비로소 그 잘못을 아시고 여러 번 견책하였오. 제본題本[73])으로 죄를 청하는 것에 대해서는 유 총병이 두려워하여 왕 안찰사[74])에게 애걸하였고, 안찰사가 노야에게 신원하여 그 죄를 면하였오. 오늘 수전水戰에서 승리한 것은 오로지 노야께서 마음을 다해 경영하여 이룬 것이오. 영기令旗와 영인令釖을 나누어 보내고 엄한 말로 전쟁을 감독하며 진린陳璘을 경계하여 적선을 놓아주지 못하게 하였고, 유정劉綎을 꾸짖어 성책을 공격하여 점령하도록 하였소."

또 사자를 보내어 말하였다. "만 도야萬都爺께서 20만 정병을 거느리고 지금 도착하였소. 이 왜적을 필시 다 없앤 뒤에야 그만둘 것이니, 저 왜적도 두려워하지 않을 리 없소. 노야께서 싸울 것을 주장하고 계책을 결단하여 이렇게 왜적을 물리치기에 이르렀으니, 그대 나라가 황제께 올리는 글에 이러한 사정을 모두 써야 할 것이오. 급히 글을 올린다면 황상께서 들으시고 어찌 기뻐하지 않겠소? 공을 서술할 때는 진린이 으뜸이 되고 다음으로는 마 제독이며, 또 그다음은 동 제독이오. 유 제독의 일은 비록 이렇기는 하지만 그대 나라의 체면으로는 완전히 버릴 수는 없소."

접반사가 남길 병력이 얼마인지 어느 장수를 남길 것인지 물어보았다. 중군中軍이 "노야께서는 진린을 남기는 것이 좋다고 생각하시오. 또 오유충吳惟忠[75])은 지금 관작이 없으니 대장으로 할 수 없소. 비록 남기더라도 진린의 통제를 받아야 할 것이오. 경리經理로는 해생解生[76])을 남기고 싶은데 그대의 뜻은 어떠하오?"고 말하자, 접반사가 대답하였

---

73) 제본(題本) : 명대(明代)에 쓰이던 공문을 말한다. 명대에 신하들의 장소(章疏)는 공사(公事)에는 제본을, 사사(私事)에는 주본(奏本)을 썼다.

74) 왕 안찰사(王按察使) : 명나라 구원병의 장수인 경리(經理) 양호(楊鎬)와 제독(提督) 마귀(麻貴)가 4만 명의 병력으로 선조 30년(1597) 12월에 울산성에서 가등청정(加藤淸正)이 이끄는 왜군과 접전하다가 패배한 진상과 우리나라의 사정을 조사하기 위해 우리나라에 나왔던 감찰어사 진효(陳效)와 병과급사중 서관란(徐觀瀾)의 일행으로 보이는데, 이름은 자세하지 않다.

75) 오유충(吳惟忠) : 호는 운봉(雲峯), 절강(浙江) 금화부(金華府) 의오현(義烏縣) 사람이다. 임진년 12월에 흠차통령절병 유격장군(欽差統領折兵游擊將軍)으로 보병 1천 5백을 이끌고 나왔다가 갑오년 정월에 돌아갔다가 정유년에 다시 왔다.

다. "해 장군은 청렴하고 삼가며 전투에 뛰어나니 남기셔도 무방합니다. 게다가 이 왜적이 비록 물러났지만 우두머리의 목을 베지 못했으니 우리나라로서는 아쉬움이 남습니다. 하고 싶은 말을 다 하지는 못하겠습니다만 아무 이유 없이 철수하여 물러나니 그 계획을 헤아릴 수 없습니다. 우선 섬에 숨어서 명나라 군대가 철수하여 돌아가기를 기다리는 것이 아닌 줄 어찌 알겠습니까? 대마도와 부산은 거리가 멀지 않고 게다가 그 형세는 변하기 쉽습니다. 또 뒤에 도착한 수병水兵이 뜻하지 않게 나와 습격하게 되면 공을 이루기가 어렵지 않습니다. 이 섬에 있는 왜적들이 요충지를 나왔을 때 만약 남김없이 소탕하고 집들을 불태워 버린다면 저 왜적들이 비록 나오려고 해도 군대를 주둔할 곳이 없게 됩니다. 기회를 틈타서 이 섬을 공격한다면 노야의 은덕은 만세토록 영원할 것입니다. 이는 이른바 '일은 옛사람의 반만 하고도 공은 배가 된다.'[77]는 것입니다." 중군이 말하였다. "배신陪臣의 말도 일리가 있소. 노야께 고하고 또 경리께 아뢰어 상의하여 잘 처리할 것이오. 그리고 경리께서 만약 이 일을 오로지 자기의 공로로 하게 되면 더욱 좋겠소."

10일

중군이 군문께 아뢰니 군문이 말하였다. "공로에 대해서 이렇게 서술하지 않는다면 너는 말을 잘못한 것이다. 진린陳璘과 유정劉綎의 공이 으뜸이 되어야 하고 유정을 끝에 둘 수는 없다. 마땅히 두 번째에 두도록 하여야 한다. 동일원董一元을 말단에 두는 것은 괜찮다. 이것은 유정과 진린 군감이 왕 안찰과 제일 친하기 때문이다."

---

76) 해생(解生) : 자는 문영(文英), 호는 순천(順泉), 선부(宣府) 전위(前衛) 사람이다. 정유년에 흠차비왜좌익부총병(欽差備倭左翼副摠兵) 서도독첨사로 왔다. 용맹스러웠고 전투를 잘 했으며 전진(戰陣)에 임해서는 반드시 앞장을 섰다. 부하들을 매우 엄하게 단속하고 성품 역시 공손하였다.

77) 일은 …… 된다 : 『맹자』「공손추상(公孫丑上)」에 나오는 말이다.

중군이 접반사에게 말하였다. "만약 유정의 공로를 기록하지 않는다면 필시 좋지 않은 일이 있을 것이오. 게다가 노야께서 내내 사람들의 의논을 애써 물리치니, 비록 남김없이 소탕할 수는 없지만 사세용史世用[78]과 오종도吳宗道[79] 등이 꾀는 말에 현혹되지 않고 마음을 다해 싸움을 독려하여 끝내 수병이 대첩을 이루는 효과가 있었소. 노야께서 마음 쓰고 일을 행한 것은 그 대절大節이오. 저 왜적이 비록 스스로 물러간다고 말하지만 화친하고서 간다고는 할 수 없으니 그대 나라도 필시 후환은 없을 것이오."

11일

중군이 이해룡李海龍을 불러 말하였다. "전날 송응창宋應昌이 나갈 때에 조선 사람들이 노래를 불러 덕을 기렸고 이 제독을 위해 생사당生祠堂을 짓기도 하였소. 송응창과 이여송은 평양 한 곳에서만 이겼을 뿐이고 일을 끝내지도 않았는데 이렇게 하였소. 오늘의 일은 전날과 달라 왜적은 모두 떠났고 영토는 깨끗이 정돈되었소. 덕을 기리는 등의 일을 거행해야 할 듯하오. 그리고 생사당도 노야께서 돌아가기 전에 세운다면 노야를 대하는 도가 빛나지 않겠소?"

12일

군문의 패문牌文에 왜적이 이미 소탕되어 평정되었고 부산釜山·도산島山·고성固城·김해

---

78) 사세용(史世用) : 흠차통령절승영병 유격장군(欽差統領折勝營兵游擊將軍)으로 정유년 9월에 왔던 모국기(茅國器)의 참모로 일본에 잠입했던 명나라의 간첩인데, 모국기는 사세용을 통해 적과 강화하여 물러나게 하려 하였다.

79) 오종도(吳宗道) : 자는 여행(汝行), 호는 석루(石樓), 절강 소흥부(紹興府) 산음현(山陰縣) 사람이며 무거(武擧)를 통해 벼슬길에 올랐다. 정유년에는 형 군문(邢軍門)에 소속되어 수군을 이끌고 나왔으며, 항복한 왜군 등과 비밀히 의논하여 소서행장과 강화하기로 한 적이 있다.

金海·서생西生·기장機張·사천泗川·예교曳橋·순천順天 등의 성책과 바다에 있는 남해南海·한산閑山 등의 섬이 다 우리 것이 되었다고 하였다. 맡고 있는 각자의 군마를 한 곳에 모아 주둔시켰는데 참으로 군량이 계속 조달되지 못할까 염려스럽다. 만약 급히 철수하여 회군한다면 혹시라도 멀리 떠나지 않은 왜적이 예전처럼 즉시 복수하려고 할 것이니 이는 방비하지 않을 수 없다.

2월 2일

접반사가 다음과 같이 계를 올렸다.

장구경張九經[80]의 사람됨은 비록 지식은 없지만 성품이 퍽 영리하여 아문이 주선하는 일은 구경이 아니면 안 됩니다. 신 들은 후히 대접하여 환심을 얻으려 합니다. 그러나 요즈음 서로西路의 각관各官은 물력物力이 벌써 다 되어 남겨둔 것이 하나도 없습니다. 지금은 예물이 있어야 할 듯한데 오히려 할 수 없으니 매우 미안합니다. 인삼과 화문석, 활과 화살 등의 물건을 해당하는 부서에서 수량을 주선하여 그 마음을 위로하는 것이 타당할 듯합니다. 대개 장구경은 전에 송 시랑宋侍郞이 나올 때도 기고관旗鼓官이었습니다. 그 당시 지위를 빙자하여 함부로 굴며 잘못을 저질러 기강이 없어서 동행한 역관과 각관各官 등이 감당할 수 없었습니다. 그런데 지금은 응당 받아야 할 반찬도 먹지 않습니다. 무릇 그가 하는 행위가 전에 비해서 매우 간소해 졌습니다. 늘 스스로 "그대 나라를 위해 힘을 다해 주선한다."고 말합니다. 이는 비록 전후 군문의 법도에 차이가 있는

---

80) 장구경(張九經) : 호는 봉죽(鳳竹), 하남(河南) 수양위(睢陽衛) 사람이다. 중군(中軍) 기고관(旗鼓官)으로, 송 경략을 따라 나왔다가 경략과 함께 돌아갔다가 정유년에 다시 왔다.

데서 나온 것이지만 그의 노력이 이러하여, 관서지역에서 경험한 바 있는 수령들은 모두 "장구경이 전후로 두 사람이다."라고 하니, 후대하지 않을 수 없기에 감히 아룁니다.

3일

접반사가 다음과 같이 계를 올렸다.

군문의 생사당을 세우는 일에 대해서는 앞서 이미 하계下啓하셨습니다. 그런데 비변사는 뒤따라 세우자는 뜻으로 회계回啓하였습니다. 중군이 어디에 세울 것인지 자주 물으니, 지체되는 것에 대해 편치 않아 하는 뜻이 있습니다. 태평관 뒤의 자리에 세우게 하라고 하니, 즉시 해당 부서에서 헤아려 신속히 거행하는 것이 어떻겠습니까?

12일

연회의 자리 순서. - 군문이 미시未時 말에 훈련원訓鍊院에 도착하여 궐패闕牌[81]를 설치하였다. 저녁에 오고두례五叩頭禮를 마치고 연회를 베풀었으며 배신陪臣에게 홍단紅段·홍목紅木·금화金花를 하사하였다. -

이 연회는 한 동지韓同知 초명初命[82]이 실제 관리하여 미리 채색한 비단으로 훈련원을 꾸미고 자리를 펴고 의자를 설치하였다. 처음에는 연회의 이름을 태평太平으로 하려고

---

81) 궐패(闕牌) : '궐(闕)'자를 새긴 나무 패(牌)로, 대궐이나 각 고을에 두고서 망궐례(望闕禮)를 행한다.
82) 한 동지 초명(韓同知初命) : 산동 사람이다. "위인이 탐욕스러워 그가 폐를 끼치고 요구하는 일을 사람들이 감당하지 못하였다."는 기사가 『선조실록』 무술년(1598) 9월 1일 기사에 보인다.

했지만 서관란徐觀瀾·정응태丁應泰가 "왜적들이 스스로 물러갔으니 훗날의 도모를 보증할 수 없는데 어떻게 연회를 하겠소? 또 어찌하여 태평이라고 이름을 붙이는 것이오?"라고 하며 참석하지 않고 갔다. 동일원董一元도 "우리들이 힘써 토벌하지 못해 왜적이 돛을 올리고 돌아가도록 내버려두었으니 죄를 사양할 수 없는데, 무슨 낯으로 또 연회를 받겠소."라고 하니, 모든 장수들이 마침내 성대하게 자리를 펼치지 못했다.

2월 12일

성대한 연회를 열어 대문에 '왜적을 평정한 성대한 연회[平倭盛宴]'라고 쓰고 청사廳事에서 책훈策勳과 음지飮至[83]에 대해 쓰면서 동쪽에 "동쪽나라에 활을 걸어 두다.[扶桑掛弓]"라고 하고, 서쪽에 "푸른 바다에 파도가 잠자다.[滄溟息波]"라고 하였다. 경리經理 이하는 아침에 일제히 모였고 신시辛時에 군문이 이르렀다. 고수鼓手와 배우가 음악을 연주하고 놀이를 하며 길거리에서 맞이하였다. 연회 자리에 도착하자 궐패闕牌를 설치하고 오고두례五叩頭禮를 행하였다. 부원독부拊院督府로부터 유격도사游擊都司에 이르기까지 동서로 자리를 나누고 각각 두 줄을 지어 군문에 대한 예를 마쳤다. 제독 이상은 당상에 앉고 대 중군戴中軍[84] 이하는 당하에 앉아 무사武士와 빙재聘才에게 배우들과 기예를 겨루게 하였다.

유정劉綎의 병마가 가장 날래어, 나란히 두 말을 몰고 달리다가 말을 바꾸어 타거나 말안장 위에서 몸을 뒤집으면서 뛰어오르기도 하니, 말이 빠르게 달릴수록 환상적인 기교는 더욱 뛰어났다. 원숭이나 토끼처럼 뛰어오르고 새가 놀라 날아가듯 짐승이 우르

83) 음지(飮至) : 장군이 출정했다가 개선하여 돌아오면 군신과 함께 종묘에 가서 개선을 고하고 연음(宴飮)하는 예식을 말한다.

84) 대 중군(戴中軍) : 대연춘(戴延春)을 말한다. 호는 소천(小泉)으로 섬서(陝西) 영강위(寧羌衛) 사람이다. 중군도독첨사(中軍都督僉事)로 무술년 7월에 군문을 따라 나왔다가 군문과 함께 돌아갔다.

르 모여들 듯하니, 황홀하여 똑바로 볼 수가 없었다. 이윽고 음악 연주를 그만두고 연회를 베풀자 그 사이에 고상한 이야기와 뛰어난 변론이 왁자지껄하게 오가는데, 사람들이 귀 기울여 듣는 것을 금하니 무어라 말하는지 알 수가 없지만 대개 모두 용감함과 공로를 자랑하는 말이었다.

○ 장 기고張旗鼓(장구경張九經)가 역관에게 "경보京報를 보면 황상께서 그대 나라의 명료한 글을 열람하시고 매우 기뻐하여 나와 과도科道(서관란徐觀瀾)에게 회의하러 오도록 말씀하셨다. 매우 축하드린다. 반드시 이 뜻을 너희 국왕께 아뢰어라."고 말하였다.

13일

화상畵像을 그리는 일로 접반사가 중군에게 아뢰니, 김수운金守雲[85]과 당 화원唐畫員에게 함께 아문 안으로 들어가게 하여 편리한 때를 봐서 화상을 그리도록 하였으나 요즈음 아문이 일이 많아 안으로 들어갈 수 없어 그릴 수가 없었다.

○ 생사당을 건축하는 일을 중군에게 물으니, "관왕묘關王廟는 지형이 좋지 않아서 만 경리萬經理가 막 다른 곳으로 이건하고 싶어한다. 게다가 생사당은 성 안에 개설해야 하는데 태평관은 지형이 협소하니 건너편의 빈자리가 좋은 듯하다."고 하였다. 이는 바로 군자분감軍資分監[86]의 옛터이다. 이에 관사 뒤에 언덕을 파서 터를 열고 건립하였다.

---

85) 김수운(金守雲) : 「천조장사전별도(天朝將士餞別圖)」를 그린 화가이다. 이 그림은 임진왜란이 끝난 후 1599년 4월 명나라 군 총독이었던 형개(邢玠) 장군의 부대가 철수하는 장면을 네 폭에 그린 것으로, 명군의 진용과 무기류 군복 등을 세밀히 묘사하고 있다. 형개가 조선땅을 떠나면서 당시 조선인 부관이었던 김대현에게 정표로 주었다.

86) 군자분감(軍資分監) : 군수물자를 관장하는 세 관아, 즉 군자감(軍資監)·군자강감(軍資江監)·군자분감(軍資分監)의 군자 삼감(軍資三監) 중 하나이다.

18일

접반사가 다음과 같이 계啓를 올렸다.

명나라 장수가 도성에 가득하니 접대하는 것이 전에 비해 더욱 어렵습니다. 해당 관청 중에서 지체하는 자는 죄를 받아야 마땅하며 마음을 다해 직무에 이바지한 자는 포상하고 장려해야 마땅합니다. 상벌을 병행하여 모든 도감 낭청都監郎廳[87]과 해당 관서 중에서 마음을 다해 직무에 이바지하여 태만하지 않은 자를 속히 서계書啓할 일로 전교하소서. 도감 낭청의 주색酒色[88]인 한성 참군漢城參軍 김자金滋와 사후내선봉사伺候內膳奉事인 김광석金錫光, 반선盤膳[89] 및 지응색支應色[90]인 상의원 직장尙衣院直長[91] 김대현金大賢은 모두 지난해 7월 임명하였는데 마음을 다해 힘써 일하여 지금까지도 게을리하지 않았습니다. 사과司果[92] 송해宋垓도 지난해 10월에 임명하였는데 공방工房을 겸임하여 관장하던 전함원前銜員으로서, 요구하여 청한 직책에 온 힘을 다하여 이바지하였습니다. 선공 봉사繕工奉事[93] 어몽인魚夢寅은 해당 부서의 관원으로서, 처음부터 물건 만드는 것을 전

---

87) 도감 낭청(都監) : 도감은 국장(國葬)·국혼(國婚) 그 외에 궁궐을 짓는 등 국가의 중대사를 관장하게 할 목적으로 임시로 둔 관청이며, 낭청(郎廳)은 각 관아의 당하관의 총칭이다.

88) 주색(酒色) : 술을 담당하는 관리이다.

89) 반선(盤膳) : 반선색(盤膳色)을 말한다. 응접 도감(應接都監)의 한 분장(分掌)이다. 원래는 칙사 일행에게 식사의 제공을 담당하는 직책인데, 여기서는 명나라 장수들의 식사 제공을 담당한 관리를 말한다.

90) 지응색[支應] : 원래는 벼슬아치가 공무로 어느 곳에 갔을 때, 필요한 물품을 그 지방 관아에서 대어주는 일을 '지응'이라고 하는데, 여기서 지응색(支應色)이란 명나라 장수들을 접대하는 물건을 대어주던 담당자를 말한다.

91) 상의원 직장(尙衣院直長) : 상의원(尙衣院)은 동반(東班) 소속의 정3품 관아로서, 국왕과 왕비의 의복을 만들어 바치고 내부의 보·금보 등을 관장하며 정(正)·첨정(僉正) 이하 각급 관직을 두고 있었다. 직장은 종7품의 관직이다.

92) 사과(司果) : 조선조 때 오위(五衛)에 딸린 정6품의 군직이다. 현직에 있지 아니한 문무관(文武官) 및 음관(蔭官) 중에서 뽑았다. 부사직(副司直)의 다음 벼슬이다.

93) 선공 봉사(繕工奉事) : 선공(繕工)은 동반(東班) 종3품 아문으로서, 토목과 건축에 관한 사항을 관장하였

임하여 아문의 영선營膳과 기구器具 뿐만 아니라 표하標下[94]의 모든 장수들의 관소官所에 쓰는 갖가지 물건을 힘을 다해 공급하고 마련하여 조금도 모자람이 없었으니 공로가 매우 많아 감히 계啓합니다.

다음과 같이 전교하셨다. "김자·김석광·김대현·송해는 모두 출육품出六品[95]하라."

○접반사가 중군中軍을 뵙고 말하기를, "명나라 장병들이 눈바람에 노숙을 하고 있으니 수고로움이 매우 많습니다. 우리 군왕께서 군사들을 위로하기 위해 은자 삼천냥을 대노야大老爺 앞에 받들어 보냅니다. 장병들에게 나누어 주게 하셔서 참으로 우리 군왕의 작은 정성을 대노야께 주선하고 전달해 주시는 것이 어떻겠습니까?"라고 하자, 중군이 "내가 안에 들어가서 다시 아뢰겠소."라고 말하였다.

○중군이 이해룡李海龍을 불러 "동수[96]는 어떻게 되고 있느냐?"라고 묻자, 이해룡은 "구리 기둥은 옛날부터 변방에 세웠습니다. 오늘날에도 남쪽 지역의 변경에 세워야 하니 공역功役이 매우 엄중하여 경솔하게 할 수 없습니다."라고 대답하였다. 중군이 말하기를 "하필 변경에 세워야 하오. 성 안의 생사당 근처에 세워 두어도 무방하오. 그 공역은 엄중한 데 이르지는 않을 것이니 길이는 두세 척으로 둥글거나 모나거나 비석의 형태이거나 쉬운 대로 주조하시오. 다만 팔도의 사람들은 노야의 공덕을 모두 칭송하지 않을

으며 봉사(奉事)는 종8품 관직이다.

94) 표하(標下) : 경략(經略) 송응창(宋應昌)의 표하관(標下官, 부하관(部下官)) 혹은 책사(册史)의 표하관을 말하는 듯하나 자세하지 않다.

95) 출육품(出六品) : 7품직에 있는 관원이 그 임기가 만료되고 성적이 좋은 경우에 6품으로 승급하여 다른 직에 전임(轉任)하는 것을 말한다.

96) 동주(銅柱) : 『선조실록』 기해년(1599) 2월 1일의 기사에 비변사가 "'대 중군(戴中軍)이 해변에 동주(銅柱)를 세우고 문(文) 1편(篇)과 송(頌) 1편을 지어 거기에 새겨 달라.'는 말을 하였다."는 등의 내용이 있고, 같은 해 2월 19일의 기사에 "동주문(銅柱文)은 노야의 말씀이 '문장을 지을 것은 없고 비면(碑面)에 모관(某官) 모(某) 등이 왜구를 탕평하고 돌아간다고만 쓰고, 성명과 월일을 기록, 길가의 거사비(去思碑) 양식처럼 하여 부산에 세워야 한다.'고 하였으니, 당신들은 빨리 나무조각으로 견양(見樣)을 만들어 글자 수십 자를 새겨서 먼저 노야에게 보이라."는 말이 있다.

수 없소. 시축을 만들 필요는 없으나 시나 송가를 임의로 글로 써서 올리는 것도 좋겠소. 이것을 좌의정에게 말하고 장계하여 아뢰시오."라고 하였다.

19일

중군이 이 역관李譯官을 불러 "별축別軸은 벌써 이 각로李閣老에게 말씀드렸소?"라고 말하였다. 또 말하였다. "족자 하나를 만들어 그대 나라의 경면지鏡面紙[97]를 바탕으로 하여 그대 나라 공인匠人에게 그림을 그리게 하시오. 국왕과 노야가 전별하는 모습을 그리게 하고 그 아래에 제시題詩를 하는 것이 적절하겠소. 또 노야께서 즉시 심 각로沈閣老[98]의 서신을 보도록 분부하셨소. 정응태의 말이 황당무계하지만 황상께서는 조선의 사은謝恩 문서가 오지 않은 것 때문에 의심하고 있으니, 신속히 계지啓知의 출발을 재촉하시오."라고 하였다.

23일

중군이 이 역관을 불러 "동주銅柱는 변방에 세워야 하오. 그리고 그 글에는 대략 '노야가 어느 해 어느 달에 공경히 황제의 명을 받들어 몇 만의 병사들을 통솔하여 어느 해 어느 달 어느 날에 왜적을 소탕하여 평정하였다'는 등의 말을 서술하시오. 먼저 목판에 새겨 노야께서 떠나기 전에 인쇄해서 보내시오."라고 말하였다.

---

97) 경면지(鏡面紙) : 거울과 같이 맑고 깨끗한 종이라는 뜻으로 등피지(等皮紙)라고도 하며, 질기고 윤기가 뛰어나 중국에 수출한 조공품의 주종을 이루기도 하였다.

98) 심 각로(沈閣老) : 심일관(沈一貫, 1531~1613)을 말한다. 자는 견오(肩吾), 또 다른 자는 불의(不疑)·자유(子唯), 호는 용강(龍江), 또 다른 호는 교문(蛟門)·절강(浙江)이다. 임진왜란 때 군대를 출병하여 일본을 막아야 한다고 극력 주장한 인물이다.

24일

비변사가 다음과 같이 계를 올렸다.

동주에 새긴 글은 전에는 중군이 하루 이틀 뒤가 되면 저절로 일정 기간 내에 완성해 낼 것이라고 하였는데 지금은 대략 왜적을 소탕하여 평정하였다는 등의 말을 서술하여 먼저 목판에 새기라고 합니다. 앞뒤로 말이 다르기 때문에 그 자세한 내막을 접반사에게 물어보니 동주문을 자신이 지으면 과장에 가깝다는 혐의가 되기에 오로지 양 경리楊經理[99]가 비문에 새긴 뜻대로 대략 노야가 출정하여 성공한 내막을 서술하는 것이라고 합니다. 사세가 따르지 않을 수 없어 군문이 출발하기 전에 신속히 거행하는 것이 어떻겠습니까?"

주상께서 "계啓한 대로 하라."고 하교하셨다.

동주문銅柱文 예조 판서 심희수沈喜壽가 짓다

흠차 총독 경략 병부 상서 겸 도찰원 우부도어사 형공欽差總督經略兵部尙書兼都察院右部都御使邢公이 명을 받아 동쪽을 정벌하였다. 문무장리文武將吏와 수륙관병水陸官兵 십여만 명을 통솔하여, 네 가지 노선으로 나누어 진격하여 왜구를 소탕하

---

99) 양 경리(楊經理) : 경리(經理)는 경략사(經略使)의 약칭이고, 이름은 호(鎬)이다. 그 당시 우리나라에 온 명나라 군사의 총지휘관이다. 우리나라의 피폐한 사정을 알고 병사들을 엄히 단속하였고 청렴함으로 이름이 높았다. 뒤에 왜적과 강화하려고 한다는 모함을 받고 파직되어 돌아갔으며, 만세덕(萬世德)이 대신 왔다.

여 평정하였고 이에 조선이 다시 살아나게 되었으니, 이는 만력 26년(1598) 겨울 11월이다. 나라 사람들이 감사하여 떠받들어 마지않으며 한성에 생사당을 건립하고 또 바닷가에 동주를 세워 이룬 공적을 새긴다. 공의 이름은 개玠이고 호는 곤전昆田이니 신미년(1571)에 진사가 되었으며 산동山東 익도益都 사람이다. 풍도가 장대하고 도량이 넓고 깊어 멀리서 바라보면 우뚝하니 그가 대인군자임을 알 수 있다.

중군이 보고 말하기를, "언어의 선택이 매우 타당하오. 생사당의 기사記事도 이 글에 따라 하시오."라고 하였다.

3월 1일

중군이 기패旗牌[100] 하위귀河爲貴에게 하나의 화축을 접반사에게 조심스레 보여주게 하면서 말하였다. "이것은 노야와 그대 국왕이 이별하는 그림입니다. 비록 실지로 있는 일은 아니지만 이것을 자손에게 보배롭게 전하려고 합니다. 접반사께서는 반드시 계지啓知하여 위의 한 부분에 네 글자를 써서 표제를 만드십시오." 접반사가 "어떤 뜻으로 지을지 모르겠소."라고 말하니, 하위귀가 '반원읍별攀轅泣別'[101]이란 네 글자를 써 주며 "이러한 뜻으로 따로 글을 쓰십시오. 또 중요한 것은 아래에 국왕이 문장이나 시를 짓고 그 끝에 옥새를 찍어야 합니다."라고 말하였다. 접반사가 "우리 군주께서는 과연 학문에

---

100) 기패(旗牌) : 기패관(旗牌官)을 말한다. 호령을 전달하는 등의 임무를 맡은 군리(軍吏)이다. 『선조실록』 기해년(1599) 2월 19일 기사에 "그림은 하위귀(何爲貴, 군문(軍門)의 기고(旗鼓))가 지금 권축(卷軸)에 그리는 중이니 속히 시문을 써 올리도록 하라."는 내용이 보인다.

101) 반원읍별(攀轅泣別) : 수레의 끌채를 잡고 울며 이별한다는 뜻으로, 가는 사람을 차마 놓지 못하고 아쉬워하는 뜻을 말한 것이다.

뜻이 있지만 시문詩文에 대해서는 평소 익히지 않으셨기에 명하신 대로 할 수 없을 듯하오."라고 답하니, 기패관이 "일찍이 국왕의 문장을 보니 매우 고명하셨습니다. 노야를 위해 한 마디 이별의 말을 하는 것도 무방할 것입니다. 만약 '할 수 없다.'고 한다면 비록 글을 잘 짓는 신하가 대신 짓게 할지언정 하지 않아서는 안 됩니다. 그 아래에 옥새도 반드시 찍어야 합니다. 그 뒤에 여러 사대부들 중에 문장에 능한 자들이 이어서 짓는다면 더욱 좋겠습니다."라고 하였다.

5일

화축畫軸을 펼치니 잘못된 곳이 있어 접반사가 중군에게 지시하여 말끔히 지우고 다시 그리게 하였다. 또 "윗 부분에 쓰는 것을 '무양사해武揚四海'나 '재조번방再造藩邦' 중에서 좋은 것을 가려서 써라. 그리고 누런 표지에 '조선국왕회송개선도朝鮮國王繪頌凱旋圖'라고 써라."고 하였다. - 주상의 얼굴이 너무 희고 수염이 너무 많으며, 군문의 안색이 지나치게 검고 여러 배신陪臣들이 대체로 연자蓮子로 된 갓끈을 드리우고 있는 것이 잘못된 점이다. -

6일

접반사가 다음과 같이 계啓를 올렸다.

> 오늘 신 등이 대 중군戴中軍을 만나 완곡한 말로, 화축畫軸에 그린 그림이 편치 않다는 마음을 말하니, 중군이 "배신陪臣의 말이 옳소. 다만 노야께서 이 이국에 와서 국왕과 대하여 예를 행하는 것은 예전에 없었던 일이기에 이것으로 자손에게 자랑하려고 한 것이오. 국왕께 편치 않은 부분이 있으면 내가 미처 생각지 못한 것이오. 만약 그림이 정미精美하지 못하다면 고쳐도 괜찮소. 또 배신 등이 국왕과 함께 한 종이에 짓고 싶지 않다고 말하는 것도 일리가 있소. 접반사께서 하려는 대로 하시오."라고 하였습니다. 또 노야께 떠날 시기를 물었더니 노야께

> 서는 10일에 출발하려고 하였는데 만 도야萬都爺가 와서 "뒷일을 잘 처리하고 또 서훈敍勳하고 병사들에게 상을 주는 등의 일이 아직 완료되지 않았는데 어떻게 곧장 출발할 수 있겠습니까?"라고 하기에 노야께서 부득이 출발을 늦춘다고 하였습니다.

8일

중군이 노 접반사를 불러 "노야께서 경보京報를 보시고 말하기를 섬서陝西의 경왕慶王이 건청궁乾淸宮과 곤녕궁坤寧宮[102]을 위하여 궁을 짓는데 공역을 돕게 되었소. 양응룡楊應龍과 안강신安康臣은 그의 토관土官이라서 역시 상아와 금은을 바치는데 조선도 외국이라고 자처해서는 안 되며 마땅히 공역을 도와야 할 듯합니다."라고 말하였다. 접반사는 "국왕께서 공역을 돕고 싶지만 작은 나라에서는 금은도 생산되지 않고, 명주로 만든 자리와 종이와 먹 등도 바칠 수 없으니 백 번 생각해도 할 수가 없어서 국왕께서는 늘 마음에 편치 않으십니다."라고 대답하였다.

10일

접반사가 다음과 같이 계啓를 올렸다.

> 중군이 전에 말한 양궁兩宮을 짓는데 돕는 일은 신 등이 여러 가지 방법으로 막고 있습니다. 그런데 오늘 또 말하기를 "공역을 돕는 일은 어떻게 처치하고

---

102) 건청궁(乾淸宮)과 곤녕궁(坤寧宮) : 건청궁은 북경 자금성 안에 있는 궁전으로, 청나라 황제의 정전(正殿)이며, 곤녕궁은 전정 뒤에 있는 세 궁 중의 하나로 교태전(交泰殿) 뒤에 있다. 정덕(正德) 9년(1514)과 만력(萬曆) 24년(1596)에 각각 불탔는데, 만력 33년(1605)에 중건하였다.

있느냐? 외국인 서번西蕃(티베트) 등에서도 모두 바쳤는데 조선은 천자의 전에 없는 은전을 입고서도 유독 공역을 돕지 않고 있으니, 정리情理와 도의道義로 볼 때 어떻게 된 것이냐?"고 하기에 "물력物力이 다해서 비록 하고 싶어도 전혀 조처하고 대비할 길이 없으니 민망함을 견디지 못하겠습니다. 6월에 은주銀紬 등의 물자로 궁역宮役을 도와 대 중군戴中軍의 말을 따르겠습니다."라고 하였습니다.

13일

중군이 말하였다. "노야께서 바라는 것은 국왕이 지은 것입니다. 여러 신하들은 별축別軸에 하더라도 상관이 없습니다. 요즈음 배신陪臣의 뜻을 살펴보면 국왕의 모습을 그리는 것과 국왕이 지은 글을 중히 여깁니다. 이는 업신여기기를 좋아해서 하는 일이 아니라 이것으로 자손에게 자랑하고 싶어 하는 것이니, 실로 국왕을 영광스럽게 하는 것입니다. 옛날의 제왕은 모습을 그리기도 하고 시를 짓기도 하여 신료들에게 하사하거나 이웃나라에게 보내었는데 편치 않은 뜻이 있는 줄은 몰랐습니다."

15일

중군이 "수많은 문서를 어찌 국왕이 직접 짓고 쓴 뒤에 하는 것이겠습니까. 글재주 있는 신하가 대신해도 괜찮습니다. 다만 끝에 옥새를 찍어서 전하여 보이는 영예로 삼으려는 것입니다."라고 말하였다. 접반사가 입계入啓하니, 전교하시기를 "밖에서 짐작해서 하라."고 하시고, 대신들이 짓고 글을 지은 자와 쓴 자의 이름을 쓰도록 하셨다.

30일

중군이 말하기를, "화축畫軸의 시문詩文을 지어 주는 것은 어떻게 하고 있습니까."라고 하기에 "국왕이 노야를 위해 지어 주고 싶지 않은 것은 아니지만 평소 익숙하지 않아서 함부로 억지로 짓지 못하고 또 대신해서 짓는 것도 편치 않아 우선 아직 완성하지 못했으니, 배신陪臣들도 민망하고 염려됩니다."라고 대답하였다. 중군이 말하기를, "제왕의 사령詞令이 어찌 모두 자신이 직접 합니까. 명나라 황제의 성지聖旨도 모두 사신詞臣들이 짓습니다. 노야께서 군이 얻고 싶어 하니, 그 뜻은 우연이 아닙니다. 탈이 있다고 핑계대면서 하지 않는 것은 무슨 체통입니까."라고 하자 접반사가 이러한 말로서 계啓하니, 전교하여 "알았다."고 하셨다.

4월 13일

전별도餞別圖의 머리 부분은 이산해李山海[103]가 '재조번방再造藩邦'이란 네 글자를 쓰고, 끝 부분에 대략 노야가 여기에 와서 개선하니 나라 사람들이 추모한다고 서술하고 처음과 끝에 '신臣 이산해李山海'라고 쓰니, 중군이 크게 화를 내며 "노야께서는 국왕이 지은 글을 얻으려는 것이지 국왕을 욕되게 하려는 것이 아닙니다. 이것으로 자손에게 전하는 보배로 삼으려는 것입니다. 국왕의 체통이 존귀하고 중하여 써서 주고 싶어 하지 않는 것입니까? 노야가 비록 감히 국왕과 서로 동등하지는 않지만 어찌 배신陪臣인 이산해와 대등하겠습니까? 국왕께서 이미 거듭 어렵다고 여긴다면 할 필요가 없습니다."라고 말하자, 접반사가 이러한 사실을 계啓하니, 전교하시기를 "말을 만들어 '처음에는 황공하여 하지 못하였고 지금은 자못 바쁘나 글을 지어 뒤따라 보내겠다.'고 답하라."고 하셨다.

○ 군문의 헌패에 대략 다음과 같이 말하였다.

---

103) 이산해(李山海, 1539~1609) : 자는 여수(汝受), 호는 아계(鵝溪)·종남수옹(終南睡翁), 본관은 한산이다. 1561년 문과에 급제하였고, 문장에 능해 선조 때 문장팔가(文章八家)의 한 사람으로 불렸다. 서화도 잘해 대자(大字)와 산수묵도(山水墨圖)에 뛰어났다. 시호는 문충(文忠)이고, 저서로 『아계집』이 있다.

공경히 천자의 명을 받들어 군대를 이끌고 동쪽으로 정벌하여 외국에 머무른 지 두 해가 되려 하오. 힘입은 바 조선의 의정배신議政陪臣 등의 관리가 계책을 바쳐 진실로 재난을 물리쳐 안정시키는 계책을 돕기도 하고 병사들의 군량을 마련하여 깊이 전쟁의 물자를 돕기도 하였소. 지금 이미 일이 끝나 회군하여 서쪽으로 돌아가려고 하오. 각기 해당되는 배신陪臣은 모두 응당 회군하는 것을 도우시오. 이원익李元翼[104]과 이덕형李德馨[105]은 재주가 뛰어나고 명을 받들어 보좌하는 데 힘써 다스렸소. 예악으로 나라를 다스리니 한나라와 당나라의 문물과 다름없고, 충성스럽고 부지런하게 나라를 위해 도모하니 문종文種과 범려范蠡[106]의 미덕이 있었소. 명망은 삼한三韓에 무겁고 명성은 백대에 높소. 김명원金命元[107]과 노직盧稷[108]은 동량棟樑의 거장巨匠이고 사직社稷의 어진 신하이오. 두 해 동안 군대를 다스리면 밤낮으로 어려운 일을 헤쳐 나가기를 사양치 않고 한 마음으로 어려움을 구원하였소. 어려움을 겪고 나서 마침내 태평한 세월이 왔소. 통역관 이해룡李海龍과 박의검朴義儉, 접반종사接伴從事 송기宋圻는 사자로서 분주하였으니 가장 노고가 많았소. 국왕의 일에 어려움을 겪으면서 자못 건

---

104) 이원익(李元翼, 1547~1634) : 자는 공려(公勵), 호는 오리(梧里), 본관은 전주이다. 1569년 문과에 급제하였다. 정유재란 때 명나라의 정응태(丁應泰)가 경리(經理) 양호(楊鎬)를 중상모략하자 진주변무사(陳奏辨誣使)로 명나라에 갔다. 귀국 후 선조로부터 많은 위로와 칭찬을 받고 영의정에 임명되었다. 시호는 문충(文忠)이다.

105) 이덕형(李德馨) : 1597년 정유재란이 일어나자 명나라 어사 양호(楊鎬)를 설복해 서울의 방어를 강화하는 한편, 스스로 명군과 울산까지 동행, 그들을 위무하였다.

106) 문종(文種)과 범려(范蠡) : 전국 시대에 함께 월왕(越王) 구천(句踐)을 섬겼다. 오(吳)나라와 싸워 패한 어려운 상황에서 나라를 구한 신하로서, 오나라를 멸망시키고 월나라를 패자(霸者)로 만든 공신이다.

107) 김명원(金命元, 1534~1602) : 자는 응순(應順), 호는 주은(酒隱), 본관은 경주이다. 이황의 문인으로, 1561년 문과에 급제하였다. 1597년 정유재란 때 병조 판서 겸 유도대장(留都大將)으로 명나라 군대와 연합하여 공로를 세웠다. 시호는 충익(忠翼)이다.

108) 노직(盧稷) : 자는 사형(士馨), 본관은 교하(交河)이다. 1584년 문과에 급제하였으며, 검열(檢閱)을 지냈다. 1597년 정유재란 때 접반부사(接伴副使)로 명나라 군사를 맞아 병사(兵事)를 논의하였다.

의하고 진술하는 바가 있었소. 낭중郞中 윤휘尹暉[109]·윤탁尹晫·송해宋垓·김석광金錫光·남복시南復始·어몽인魚夢寅·김자金滋·김대현金大賢·류성민柳成民 등은 두 해를 힘써 일하면서 노고는 안쓰러웠소. 그리고 통역관 정인남鄭仁男 등 여섯 명의 원외랑員外郎과 전유형全有馨 등 열 두 명은 각자 홍포紅布와 은화銀花를 차등이 있게 상으로 내리오.

15일

군문이 몸을 일으켜 서쪽으로 돌아가니 주상께서 홍제원洪濟院[110]에서 전별하며 위로하고 준마駿馬와 저포유苧布紬 지필묵紙筆墨을 주었으나 백저白苧 2단과 유둔油芚[111] 1장을 가지고 갔다.

○ 군문이 무술년 8월 3일 경성에 도착하여 이때에 이르러 아홉 달 만에 돌아갔다.

총서總叙

아문의 일은 중군中軍이 전적으로 관리하고 기고관은 명령을 출납한다. 아침 일찍 포를 세 번 발사하며 세 번 고취鼓吹하는 것을 삼통三通이라고 하며 문을 여는 것을 조문早門이라고 한다. 군문이 의관을 갖추고 당에 앉으면 문지기가 두 기를 긴 깃대 위에 거는데

---

109) 윤휘(尹暉, 1571~1644) : 자는 정춘(靜春), 호는 장주(長洲)·천상(川上), 본관은 해평(海平)이다. 1594년 문과에 급제하여 사관(史官)이 되었다가 1596년 병조 좌랑을 거쳐 이듬해 병조 정랑이 되었다. 글씨를 잘 썼으며, 영의정에 추증되었다. 시호는 장익(章翼)이고, 저서로는 『장주집』이 있다.

110) 홍제원(洪濟院) : 조선시대에 의주가로(義州街路)에 설치했던 것으로, 중국 사신들이 서울 성안에 들어오기 전에 임시로 묵던 공관이다. 현재의 서울특별시 서대문구 홍제동에 있었다.

111) 유둔(油芚) : 비를 피하기 위하여 만든 것으로, 두꺼운 기름종이를 이어 붙인 것이다.

한 쪽에는 '제곤육진制閫六鎭'112) 이라고 쓰여 있고 한 쪽에는 '총월십성總鉞十省'113) 이라고 쓰여 있다. 여러 장관將官들은 포성炮聲을 듣고 모여 차례대로 뜰에 들어와 예를 행한다. 지위가 높은 자는 중간 계단에서 절하고 군문은 똑바로 당 앞에 선다. 고시告示하는 말이나 문책할 일이 있으면 듣는 사람은 꿇어앉아 오직 공손히 답하고 이마를 땅에 대고 절을 한 뒤 나간다. 경리經理와 어사御使와 과도科道가 올 때만은 군문이 중문中門 밖에서 맞이하여 읍을 하고, 우리나라의 주상께서 도착하면 중문의 안에서 맞이한다. 접대를 마치면 모든 아뢰거나 보고할 문서에 비답을 써서 내려준다.

해가 저물었는데도 여는 것을 만문晩門이라고 하고, 저녁이 되어 닫는 것을 관문關門이라고 하며, 바깥의 보고를 막는 것을 소관문少關門이라고 한다. 문을 닫은 뒤는 안팎이 완전히 막혀 비록 중군中軍이나 기고관旗鼓官이라고 하더라도 변방의 보고 외에는 말로서 통할 수 없다. 우리나라의 배신陪臣과 역관譯官 등은 삭망절朔望節에 우러러 절만 하고 일이 있어 불러 묻지 않으면 전혀 서로 대할 때가 없다. 사정을 알리고 싶으면 중군中軍에게 나아가 고하여 그가 전달하게 한다.

○ 어사御使 진효陳效114) 가 도성에서 갑자기 죽었는데 꼴을 묶어 인형을 만들고 조관朝冠과 조복朝服에 면사面紗로 덮어 영좌靈座로 삼았다. 따르는 자는 흰 옷과 흰 두건에 띠를 두르고는 술과 고기를 요구하는 것이 평소보다 심하였고, 어떤 자는 관棺에 기대어 마시고 어울려 취하여 노래를 불렀다. 중국으로 돌아갈 때 가면을 씌운 허수아비를 만들었는데, 세 길이나 되는 것 하나와 인형처럼 작은 것 네 개로 길잡이를 삼고, 고취鼓吹는

---

112) 제곤육진(制閫六鎭) : 육진(六鎭)을 통솔한다는 뜻이다.

113) 총월십성(總鉞十省) : 열 개의 성(省)을 총괄하여 다스린다는 뜻이다.

114) 어사(御使) 진효(陳效) : 『상촌선생집』 제57권과 『성호사설』 제22권에 의하면, 자는 충보(忠甫), 호는 민록(岷麓), 사천(泗川) 성도부(成都府) 정연현(井硏縣) 사람으로, 1580년에 진사가 되었다. 1597년 12월에 동정군(東征軍)의 공죄(功罪)를 조사하라는 명을 받고 우리나라에 왔는데, 1599년 2월 22일에 갑자기 죽었다. 당시의 소문으로는 진효(陳效)가 어러 장수가 공로를 속이는 것을 알고 사실 그대로 폭로하려 하니, 유정(劉綎)이 주방(廚房) 군사에게 뇌물을 주어 그를 독살시키도록 하였다고 한다.

있으나 곡성哭聲은 없었다.

○ 중원은 상례 제도에 밝지 않다. 양 경리楊經理는 기복인起復人[115]인데 무술년(1598) 여름 마귀麻貴가 남정南征할 때 경리經理가 전송하러 한강에 이르러서는 배에 올라 술을 나누며 이별하면서 물길을 거슬러 올라가 취한 뒤에 뱃전을 두드리며 길게 노래 불렀다. 서중소徐中素[116]는 우리나라에 있으면서 그 부친의 상을 듣고 4일 뒤 술과 고기를 불러 들였다. 그러나 두 사람이 돌아갈 때 주상께서 전별의 위로연을 베풀었으나 받지 않았다. 양 경리는 여러 장수들 중에 우리나라에 가장 공로가 있는 자였다. 주상께서 모화관慕華館에서 전송을 할 때 눈물을 흘리며 이별하면서 비를 세워 영원히 생각하겠다고 말하였다.

○ 제독提督 이상은 주상께서 교외에서 맞이하여 전송하였고, 총병總兵 이하로는 재상들이 접대하게 하였다. 유격도사游擊都司는 주상께서 모두 나아가 하마연下馬宴을 베풀었고, 그들이 돌아갈 때는 상마연上馬宴[117]을 베풀면서 또 각각에게 면사례面謝禮[118]를 행하였다. 명나라 장수들이 끊임없이 이어지느라 주상의 행차가 하루도 비는 날이 없으니, 진 어사陳御使가 말하기를, "내가 국왕이 길가로 행차하는 것을 하루에 세 번 만났는데 천승千乘의 군주가 이처럼 스스로를 고달프게 하니 우리들이 어찌 안심하고 오래 머무를 수 있겠습니까."라고 하였다. 주상의 위의威儀가 단정하고 엄숙하시며 익숙한 예모에 명나라 장수들은 공경하고 조심스러워하지 않는 자가 없어서 함께 교례交禮[119]를 행하면서 우러러보고 돌아보며 예에 맞지 않을까 조심하고 음식을 대하여 수저를 잡으면서 감히 방자하게 마시거나 먹지 못하였다.

---

115) 기복인(起復人) : 나라의 중요한 일 때문에 부모의 상중에 있으면서 다시 출사한 자를 말한다.
116) 서중소(徐中素) : 호는 옥연(玉淵)으로 강서(江西) 남강부(南康府) 건창현(建昌縣) 사람이다. 1595년에 진사가 되었다. 1598년 5월에 우리나라에 왔다가 6월에 부친상을 당해 돌아갔다.
117) 하마연(下馬宴) …… 상마연(上馬宴) : 도착했을 때 베푸는 장치를 '하마연'이라고 하고, 길을 떠날 때 베푸는 잔치를 '상마연'이라고 한다.
118) 면사례(面謝禮) : 직접 마주하여 인사를 하는 예이다.
119) 교례(交禮) : 서로 절을 주고받는 예이다.

진린陳璘은 젊었을 때 산적이었는데 자라서는 행실을 바꾸어 공명을 이루었다. 우리나라에 왔을 때는 나이가 일흔 정도로, 괴팍하기가 옛날과 같아서 누군가 그의 뜻을 거스르면 직접 일어나 그를 치기도 하였다. 그러나 우리나라 사람을 대하는 데는 은혜가 있어 땔나무나 물을 가져오는 자를 보면 따뜻하게 후대하여 보내었고 배신陪臣의 낭청郎廳[120]이 한 달에 한 섬의 쌀을 받는 것에 대하여 "그대들이 벼슬하면서도 녹봉을 받지 않는 것이 가련하구나."라고 하였다.

동일원은 한나라 유생처럼 몸가짐이 단아하였으며 힘써 청렴하고 간소하여 우리나라에 온 문무 관원들 중에 당연히 으뜸이 된다고 하였다. 양호楊鎬는 정사에 부지런하며 군사들을 잘 단속하여 우리나라 백성들을 번거롭게 하거나 해코지를 하지 않았다. 이 때문에 모든 진지의 군사들이 모두 원망하여 "고려의 재상이다."라고 하니 우리나라 백성들이 그를 덕스럽게 여겨 떠난 뒤에도 더욱 사모하였다.

유격彭游 팽신고擊信古[121]는 포르투갈 사람 네 명을 거느리고 있었는데 그들의 살갗은 검고 머리카락은 짧은 황적색으로 해구海寇라 불렀다. 주상께서 유격 장군을 직접 만나 보실 때 유격 장군이 해구들에게 나와서 절하게 하며 말하기를 "포르투갈은 세 개의 바다를 건너야 바다로 호광湖廣[122]과 닿게 되는데 이곳과의 거리는 15만리입니다. 그 사람들은 잠수하여 적선을 뚫을 수 있고 또 대포를 쏘는 기술이 좋기 때문에 데려왔습니다."라고 하자, 주상께서 비단과 은냥銀兩을 하사하셨다.

우리나라에 온 장사將士들 중에 자신과 아랫사람을 잘 단속하기로는 오유충吳惟忠[123]

---

120) 낭청(郎廳) : 조선 후기 비변사, 선혜청, 준천사, 오군영 등에 두었던 실무 담당 관직이다. 품계는 보통 종6품으로 규정되어 있으나 정3품부터 종9품에 이르기까지 폭넓게 임명되었다.

121) 유격(游擊) 팽신고(彭信古) : 『선조실록』 1599년 3월7일 기사에 의하면, 강하(江夏) 사람으로 병부 주사였던 정응태(丁應泰)와 동향(同鄕)이다. 탐욕스럽고 방자하여 매일 금전을 갈취하는 것으로 일삼았으므로, 그의 표하에 있는 군병들이 원망하고 욕하지 않는 자가 없었다고 한다.

122) 호광(湖廣) : 중국에 있는 남방 8도 중 호남(湖南)과 호북(湖北)을 말한다.

123) 오유충(吳惟忠) : 호는 운봉(雲峯), 절강(浙江) 금화부(金華府) 의오현(義烏縣) 사람이다. 1592년과 1597년 두 차례에 걸쳐 우리나라에 왔다.

과 모국기茅國器124)가 으뜸이었다. 모국기는 선비의 전아한 풍도가 있어 행군할 때 비록 날씨가 매우 춥더라도 반드시 야외에서 밤을 지냈다. 영천榮川의 남쪽 교외에서 머무를 때 많은 선비들이 찾아가서 뵙고 초서를 구하면 일필휘지로 써 주기를 사양하지 않았는데, 그 필법이 호방하고 웅건하였다. 젊은 유생을 만나면 더욱 아껴서 담박하게 서로 이야기를 주고받았지만 영천 수령이 뵙기를 청하자 사양하며 말하기를, "지금 유생들과 대화를 나누고 있으니 태수께서는 간섭해서는 안 됩니다."라고 하였다. 오유충과 모국기가 지나간 곳에는 모두 비를 세워 덕을 기렸다.

관왕묘關王廟는 숭례문 밖 남산의 서쪽 기슭에 있는데 양 경리가 유격장군인 진린에게 주관하여 창건하게 하였다. 속담에 명나라 태조太祖 고황제高皇帝가 관우關羽 신병神兵의 도움으로 여러 번 싸움에게 이겼는데, 이로부터 중국 사람들이 그를 제사지내며 집집마다 관우의 상像을 마련하고 음식을 먹을 때 반드시 제사를 지내는 것이 승려가 부처를 숭상하는 듯이 한다고 한다. 우리나라에 온 장사將士들이 요동에 있을 때 세 사람이 같은 꿈을 꾸었는데 관왕關王이 수만 명의 병사를 거느리고 압록강을 건너며 말하기를, "내가 장차 조선의 난리를 소탕하여 평정하고 돌아올 것이다."라고 하여 마침내 조선에 사당을 짓게 된 것이다. 군문은 초하루와 보름에 사당에 이르러 향을 사르고 출병하거나 회군했을 때 반드시 고하였다. 만세덕萬世德이 동대문 밖에도 창건하였다.

속담에 전하기를 황제의 꿈에 동쪽으로 정벌을 나간 병사들이 적을 토벌하고 개선하여 돌아오는데 그 대장을 보니 눈알이 하나밖에 없는 애꾸눈이었다. 그래서 꿈에 나타났던 사람을 찾아보니 바로 만세덕이었다. 그러나 처음에는 조선 출병의 일로 제수하지 않았다. 양호가 경리에서 체직될 때 다른 사람으로 대신 임명하려고 하다가 그 사람은 멀리 가 있고 출정은 급해서 만세덕으로 교체하였다. 애꾸눈으로 우리나라

124) 모국기(茅國器) : 호는 행오(行吾), 절강 소흥위(紹興衛) 사람이다. 흠차통령절승영병 유격장군(欽差統領折勝營兵游擊將軍) 도지휘동지로 1597년에 우리나라에 왔다. 사천에서 패한 뒤 사세용(史世用)에게 왜적의 진영을 왕래하게 하였는데, 적이 물러가자 그것을 스스로 자기의 공으로 삼았다.

에 오자 오랑캐들이 남쪽으로 달아나니 비록 지휘하는 수고를 번거롭게 하지 않고도 나라를 회복한 공로를 힘들이지 않고 거두었으니 또한 기이한 일이다.

우리나라에 온 장사들이 우리나라 사람들과 만났을 때 한 마디도 "너희 나라를 위하여 멀리서 왔다."고 말한 적이 없고, 만약 노고를 위로하면 반드시 "천자의 명을 받들어 와서 정벌을 하는데 무슨 괴로움이 있겠느냐."라고 하니 이는 대국의 풍모이다.

허국위許國威[125]는 문장에 능했는데 주상께서 일찍이 허국위의 거처에 가셨을 때 술자리를 베풀고는 조용히 묻기를, "도의 본체에 대해서 들을 수 있겠소."라고 하니, 그는 "하늘 밖에 도가 없으니 하늘의 이치를 알면 군신부자의 이치도 알 수 있으며 죽음과 삶의 이치도 알 수 있습니다. 그런 뒤에 도에 대하여 말할 수 있습니다."라고 하였다. 마음에 대하여 물으니 "사람들은 온몸에 있다고 하는데 저는 드러나는 모습에 있다고 말하겠습니다."라고 하였는데, 그의 학문은 상산象山 육구연陸九淵[126]을 조종祖宗으로 하였으나 불교에 더욱 가깝다. 그가 작별을 하고 돌아갈 때에 주상께서 부채에 "4월이 맑고 화창하여 비가 언뜻 개니, 남산에 있는 집이 더욱 또렷하네. 바람에 흩날리는 버들 솜은 전혀 없고, 해를 향해 기우는 해바라기만 있구나.[四月淸和雨乍晴 南山當戶轉分明 更無柳絮因風起 惟有葵花向日傾]"라는 절구 한 수를 쓰시고, 그 끝에 "조선 국왕이 쓰다."라고 적어 주셨다. 허국위가 감사하며 말하기를, "마땅히 돌아가서 명나라 대신들과 보겠습니다."라고 하였다.

만력 황제萬曆皇帝[127]는 정무政務를 다 제쳐두고 왜구를 토벌하는 한 가지 일에만 오로

125) 허국위(許國威) : 호는 원진(元眞), 복건 진강현(晉江縣) 사람이다. 흠차통령복영 유격장군(欽差統領福營游擊將軍) 도지휘첨사로 1598년에 우리나라에 왔다. 문장을 잘하고 의기(義氣)가 있었으며 양경리와 가장 친했는데, 경리가 탄핵을 받자 허국위가 장관(將官)들을 이끌고 주본을 올려 변호해 주었다.

126) 육구연(陸九淵, 1139~1192) : 자는 자정(子靜), 호는 존재(存齋)·상산(象山)이다. '심즉리(心卽理)'설을 주장하였고, 그 결과 유교의 고전인 육경(六經)조차도 '내 마음의 주각(註脚)'이라 하여 주자와 대립하였다.

127) 만력 황제(萬曆皇帝) : 명나라 신종(神宗)을 말한다. 1573년에 즉위하여 1620년까지 48년간 재위

지 전념하여 잊지 않았다. 우리나라가 군대와 양식을 부탁하면 대체로 거절하지 않고 더 징발하여, 조금도 지체하거나 어려워하지 않았다. 조정의 의논이 비록 무성했지만 홀로 내린 결단은 오히려 견고하였다. 변방의 보고가 도착하면 비록 한밤중이라도 반드시 결정하여 내려 보내어 반드시 이 왜적을 제거하는 것으로 마음을 삼으니, 중국 사람들이 '고려의 천자'라고 말하였다. 조칙이 내려오면 전하께서는 반드시 탄식하시며 "천자의 은혜가 망극하다."고 하였다. 한응인韓應寅[128]·홍진洪進[129] 등이 평왜사은사平倭謝恩使로 명나라에 도착하자 천자께서 정전正殿에 나오셔서 만국萬國의 하례를 받았으니, 이때는 조회에 나가지 않은 지 20년이 지난 때였다.

무술년(1598) 가을에 서애西厓 류성룡柳成龍이 일 때문에 파직 당하자 좌중에 있는 손님들이 모두 그가 죄 없음을 안타까워하였다. 어떤 늙은 역관은 "서애공이 어찌 죄가 없겠는가? 남은 이익을 위하는데 나는 의리를 지키고, 남은 사사로움을 챙기는데 나는 공적인 것을 챙긴다. 사람들은 다스려지고 어지러움의 근본을 잊어 각자 그 원한을 보복하는데 나는 나라의 편안함과 위태로움을 걱정하여 스스로 그 마음을 다한다. 좋아하고 싫어하는 것이 사람들과 다르니 이것이 바로 그의 죄이다."라고 하였다.

난리 초에 적의 머리 하나를 벤 자는 급제첩及第帖을 주었는데, 기해년(1599) 3월에 한양에서는 "전시殿試에 대략 그들은 문과 급제자와 맞먹는다."고 하였다. 이재영李再榮[130]이

하였다. 재위 후반의 30년간은 조회에 참석하여 정무를 보지 않았다.

128) 한응인(韓應寅, 1554~1614) : 자는 춘경(春卿), 호는 백졸재(百拙齋)·유촌(柳村), 본관은 청주이다. 1577년 문과에 급제하였다. 이여송(李如松)이 원군을 이끌고 압록강을 건너자 한어(漢語)에 능한 그가 접반관(接伴官)으로 이여송을 맞이하였다.

129) 홍진(洪進, 1541~1616) : 자는 희고(希古), 호는 인재(訒齋)·퇴촌(退村), 본관은 남양(南陽)이다. 1570년 문과에 급제하였고, 임진왜란 때 호군으로 어가(御駕)를 호종하였다. 시호는 단민(端敏)이고, 저서로는 『퇴촌유고』가 있다.

130) 이재영(李再榮, 1553~1623) : 자는 여인(汝仁), 본관은 영천이다. 군공절목(軍功節目)에 따라 참급(斬級)한 군공으로 허통(許通)되어 1599년 정시문과에 장원하였다. 출신문벌이 천한 사람은 비록 과거에 급제해도 관직을 주지 않고 승문원의 한리학관(漢吏學官)으로 삼았는데, 그런 예에 따라 그도 한리학관이 되었다.

장원이 되었는데, 대간臺諫이 천한 서자라는 것 때문에 계啓하자 급제자 전체 중에서 장원이 없었다. 일을 벌이기 좋아하는 자가 말하기를, "참으로 이른바 머리를 베는 방榜이다."라고 하였다.

문견잡록聞見雜錄

임진왜란을 겪은 뒤에 사대부들은 생계를 꾸려나가는 데 급하여 대부분 자신을 단속하지 않아 지나치게 탐욕을 부린다는 책망과 심하게 분수에 넘친다는 비방이 나날이 불어났으니, 선비의 기풍과 민간의 풍속이 예전과는 크게 달라졌다. 세상을 조롱하는 어떤 자가 말하기를 "왜적의 재앙이 한결같이 이러한 심한 지경에 이르렀는가? 집이 불타서 없어진 것은 아까울 것 없고 오랑캐가 자녀를 끌고 간 것도 탄식하기에 부족하지만 우리의 염치를 빼앗아 간 것이 대단히 안타깝다."고 하였다.

계사년(1593)과 갑오년(1594)[131] 사이에 남편과 아내, 아버지와 자식이 서로를 보살피지 못하여 갓난아이를 물에 던지고 가는 자가 있으며 강한 자가 약한 자의 것을 먹는 경우도 있었다. 풍기豊基·영주榮州 등의 네댓 읍은 왜적의 침략을 받지 않아 걸식하는 자들이 그곳으로 많이 갔다. 어떤 한 노인이 지팡이를 짚고 이르렀는데 마실 것을 찾지도 않고 먹을 것을 구하지도 않고서 빈 집에 반듯하게 앉아 일어나지 않자 이웃 사람이 그가 장차 죽게 될 것을 꺼려하여 몰아내려고 하니, 노인이 말하기를 "목숨이 다하기를 기다렸다가 피하여 떠나서 산 자와 죽은 자가 섞이지 않도록 하겠다."라고 하였다. 여러 날이 지나도록 죽지 않자 사람들이 기이하게 여겨 다투어 죽을 가지고 와서 권하자,

---

131) 계사년과 갑오년 : 이 두 해에 걸쳐 전국적으로 대기근이 있었다.

사양하며 “나의 분수로는 벌써 죽은 것이다. 여러 날 전에 죽는다고 어찌 한스러우며 여러 날 뒤에 죽는다고 어찌 기뻐하랴. 나는 그저 구차하게 살고 싶어 하는 것을 싫어한다.”라고 말하였다. 장차 죽으려는 저녁에 스스로 일어나 정결한 장소로 가서 자리를 깔고 편안히 누운 채 죽으니 마을 사람들이 그가 도가 있는 사람이라는 것을 알고 서로 모여 묻어주었다. 애석하구나. 당시에 식견이 있던 자를 만나지 못해서 현인의 고향과 성명은 전해지지 않았다.

주상께서 평소 지은 시가 있어 이렇게 말씀하셨다.[132]

한밤에 칼 어루만지니 기세는 무지개 토해 내는 듯	拊釼中宵氣吐虹
장사의 마음은 일찍이 우리나라를 안정시키려 했네	壯心曾許奠吾東
근래에 사업은 한단의 걸음걸이 배우듯[133] 하여	邇來事業邯鄲步
가을바람에 머리 돌리니 한스러움 끝이 없네	回首西風恨不窮

당시 나라의 치안은 안팎으로 경계할 만한 것이 없었으니, 어찌 불평한 일이 있어 밤에 칼을 어루만졌겠으며 또 어찌 제자리를 잃은 것이 있어서 마음에 그것을 안정시키고 싶어 하였던 것이겠는가? 아마도 성스런 총명함으로 죽거나 재난의 화가 있음을 미리 알고서 시에 징조를 드러낸 것이리라.

---

132) 이 시는 허균(許筠)의 문집인 『성소부부고(惺所覆瓿藁)』에는 신묘년(1591)에 지은 것으로 되어 있고, 『연려실기술(燃藜室記述)』에는 기축년(1589)에 민응기(閔應箕)가 왕자의 사부가 되었을 때 임금이 손수 시 두 편을 부채에 써서 하사한 것으로 나온다.

133) 한단의 걸음걸이 배우듯 : 자기의 본분을 잊고 남의 흉내를 내다가는 둘 다 잃게 된다는 뜻이다. 춘추시대 연(燕)나라 사람이 조(趙)나라의 한단 사람이 걷는 걸음을 보고 훌륭하게 여겨 조나라에 가서 걷는 방법을 배웠는데, 배우지 못하였을 뿐 아니라 자기 나라의 걸음걸이도 잊어버리고 기어서 돌아왔다는 고사에서 유래한다.(『莊子』「秋水」)

계미년(1583)에 이양개尼陽介가 경원慶源[134]을 도둑질 할 때 당쟁의 재앙으로 파면되어 귀양을 간 사람이 여럿 있었다. 김도성金道盛이 강계江界로 가는 허봉許篈[135]을 전송하는 시에 이렇게 말하였다.

미친 오랑캐가 십만의 병사를 거침없이 몰고 와서	狂虜長驅十萬兵
모래밭에 마른 뼈가 오래도록 높이 쌓였네	沙場枯骨久崢嶸
지난 일 년 동안 조정에서는 기이한 계책 없어	一年經幄無奇策
서생들을 다 내보내어 요새의 성 지키게 하네	盡出書生守塞城

경원慶源 지역의 변고는 대단한 지경에 이르지는 않았으니 시의 뜻이 지나치다. 임진왜란 뒤에 내가 도성에게 농담으로 "이 시는 요즈음에 지어진 듯하다. 어찌 미리 내다보는 참설讖說이 아니겠는가?"라고 말하니, 도성도 웃었다.

서애西厓가 정유년(1597) 봄에 파사성婆娑城[136]을 지나며 지은 시[137]에 말하였다.

파사성 아래의 길에서	婆娑城下路
어찌하여 말을 멈추었나	駐馬意如何

---

134) 경원(慶源) : 함경도 경원을 말한다. 『계미기사(癸未記事)』 2월 7일 및 9일의 내용을 살펴보면 "경원(慶源)의 번호(藩胡)가 난을 일으켜 경원(慶源)과 안보(安堡)를 함락시키자, 임금이 경원 부사 김수(金鐩)와 판관 양사의(梁思毅)가 지키지 못했다 하여 진전(陣前)에 효시(梟示)한 일이 있다."고 하였다.

135) 허봉(許篈, 1151~1588) : 자는 미숙(美叔), 호는 하곡(荷谷), 본관은 양천(陽川)이다. 1572년 문과에 급제하였다. 병조 판서 이이를 탄핵하다가 강계에 유배되었다. 저서로는 『하곡집』·『해동야언(海東野言)』 등이 있다.

136) 파사성(婆娑城) : 경기도 여주군 대신면 천서리에 있는 삼국시대의 산성이다.

137) 파사성 …… 시 『서애선생문집』 제1권에 「파사성에서 좌랑 정경임에게 부치다. 당시 경임은 방수순심어사로 남쪽으로 내려갔다.[婆娑城 寄鄭佐郎景任 時景任以防守巡審御史南下]」라는 동일한 내용의 시기 있으나 병신(丙申)의 작품으로 되어 있다. 또 '立馬'는 '駐馬'로 '忠孝志'는 '忠孝願'으로 되어 있다.

봄풀은 누구를 위해 푸른지	春草爲誰綠
강물만 부질없이 절로 흐르네	江流空自波
세상에는 온전한 재주 지닌 자 적어	宇宙全才少
산하에 남긴 한이 많구나	山河遺恨多
평생 충성과 효도할 뜻 지녔는데	平生忠孝志
늙어서 모두 어긋나 버렸네	末路共蹉跎

무술년(1598)에 서애공은 일 때문에 파직되었다.

이기설李基卨138)의 집은 대대로 효성으로 이름이 났다. 천거를 받아 청풍淸風(충북 제천의 옛 지명)의 수령이 되었는데 다스림은 인자함과 간략함을 숭상하여 아전과 백성들이 경외하며 따랐다. 임진왜란 때에 조세의 징수를 독촉하는데 서툴러 봉사奉使139)에게 곤장을 맞게 되자, "나의 죄 때문에 부모님께서 주신 몸을 상하게 할 수는 없다."고 탄식하며 말하며 마침내 관직을 버리고 돌아갔다. 무릇 벼슬자리에 있을 때 사용했던 물건은 비록 아주 사소한 것이더라도 모두 관에 돌려주었다. 알고 지내는 어떤 사람이 그의 아이를 가리키며 "이 아이도 군에 있을 때에 얻은 것인데 어찌 남겨두지 않는가?"라고 말하니, 기설이 웃으며 말하기를, "이 아이는 비록 장물죄贓物罪에 걸리더라도 데리고 가지 않을 수 없다."고 하였다.

정기룡鄭奇龍·기린奇麟은 호남湖南 사람이다. 난리통에 부모님을 모시고 밀양의 풍각현豊角縣으로 피신하였다. 정유년 가을에 청야淸野140)의 의논이 급박하게 진행되고 있었는

---

138) 이기설(李基卨, 1558~1622) : 자는 공조(公造), 호는 연봉(蓮峯), 본관은 연안이다.
139) 봉사(奉使) : 어명을 받들고 나아가 일을 보는 관리를 말한다.
140) 청야(淸野) : 적병이 쳐들어 올 때에 백성과 재물을 모두 성안으로 모아들이고 그 나머지는 전부 불살라 버려서, 적병이 와도 거처할 집이 없고 먹을 양식이 없어 곤란을 겪게 하는 전술이다.

데 관찰사가 팔공산에 주둔하면서 인근의 백성을 성으로 들어가도록 몰아붙여 뒤처지지 못하게 하였다. 기룡은 건장하여 아병牙兵[141]의 명부에 들어갔으며 그 처형 김녹서金祿瑞도 함께 들어갔다. 그 식구들 중에 풍각豊角에 남아있던 자가 많았는데 명령이 엄하여 감히 보고하지 못하였다가 남몰래 가서 모두 오게 하려고 하였다. 그러자 관찰사는 기룡과 녹서가 도망하였다며 잡아들이고는 목을 베어 나머지 사람들에게 경고하려고 하였다. 기린이 몰래 기룡에게 말하기를, "형님은 처자妻子가 있으나 저는 아내가 없습니다. 게다가 제가 살아남는다 해도 필시 형만큼 부모님을 잘 모시지는 못할 것입니다. 또한 녹서가 죽으면 그 집안사람들은 누가 보살피겠습니까? 형을 대신하여 죽으렵니다."라고 하였다. 기룡이 말하기를, "죄는 나에게 있는데 차마 네가 형벌을 받게 할 수 있겠느냐?"라고 하니, 기린은 형 집행을 감독하는 자에게 나아가 말하기를, "제가 진짜 기룡이고 저 사람은 저의 아우 기린입니다. 당초에 잘못 잡아들였으니 형벌을 주는데 실수하지 마십시오."라고 하였다. 형 집행을 감독하는 자는 무식한 무부武夫라서 윗사람에게 고변告辨하지도 않고 마침내 기린을 목 베었다. 기룡이 부르짖으며 통곡하면서 "형 때문에 아우를 죽일 수 있는가?"라고 하자 관찰사가 그 말을 듣고 "죄인이 아직 형벌을 받지 않았으니 군율이 행하여 졌다고 할 수 있겠는가?"라고 하니, 형 집행을 감독하는 자가 다시 기룡의 목을 베었다. 한 집안에 세 사람이 동시에 죽게 되니 눈물을 떨구지 않는 자가 없었다.

일본의 일을 기록하다[記日本事]

풍후주豊後州는 일본의 서해도西海道에 예속되어 있는데 산성山城이 다섯이고 거느리고

141) 아병(牙兵) : 대장 휘하에 직속된 군졸 가운데 하나이다.

있는 군현이 여섯으로, 풍신수길이 직접 지배하고 있는 곳이다. 주州의 동쪽 수십 리에 큰 고을이 있는데 거주하는 백성이 자못 많았다. 병신년(1596) 가을에 지진의 변고로 온 고을이 함몰되어 아침에는 뽕나무 밭이던 곳이 저녁에 동해가 되어버렸다. 벼랑 곁에 또 큰 동굴이 하나 있는데 깊이를 헤아릴 수 없었다. 풍신수길이 직접 살펴보고는 괴이하게 여겨 어떤 사형수에게 말하기를, "너는 지금 마땅히 죽어야 하지만 만약 가서 저 속에 있는 것을 정탐하여 오면 내가 너의 죄를 용서해주고 벌주지 않으며 게다가 상까지 주겠다."라고 하였다.

죄수는 마침내 벽을 짚고 들어가서 끊임없이 나아가니, 홀연히 어둠이 끝난 곳에서 밝은 곳이 나타났다. 굴속은 환하고 넓게 틔어 있었는데 옛집과 거리와 울타리가 완연하게 보였다. 그러나 집들은 불에 타버리고 사람과 사물들은 다 죽고 거친 들에 시체가 쌓여 있어서 보이는 곳은 온통 처참하였다. 죄수는 이리저리 거닐다가 어렴풋이 한 여인이 덤불을 헤치고 나오는 것을 보았다. 급히 앞으로 가서 사태의 내막을 물었더니 여인은 주르륵 눈물을 흘리며 말하였다. "올해 초가을 한 밤중에 대병大兵이 이르렀는데, 북소리가 땅을 진동하였지만 어디서부터 들려오는지 알 수 없었고, 이 고을을 세 겹으로 에워쌌는데 그 숫자를 헤아릴 길이 없었습니다. 비할 길 없이 세찬 불길과 더없이 빠른 천둥 번개가 온 촌락을 씻은 듯 없애버리고는 북쪽을 향하여 달려가 버렸습니다. 옥석玉石을 가리지 않고 모두 불타버린 즈음에 제가 홀로 살아난 것도 다행이지만 귓가에 공격하는 소리가 아직도 그치지 않으니 어찌 홀로 산 것이 다행이겠습니까?"

죄수가 말하기를, "그 무리는 어디에 있느냐? 엿볼 수 있겠느냐?"라고 하니, 여인이 말하기를, "저 북쪽의 산에 오르면 볼 수 있습니다."라고 하였다. 죄수가 그 말대로 하였더니 용감한 병사들의 정돈된 진영이 보였는데 그 모인 모습은 숲과도 같았고, 창을 잡은 자와 칼을 멘 자와 포탄을 쏘는 자와 창을 쥔 자들의 기괴한 모습은 모두 인간세상의 사람이 아니었다. 죄수는 눈으로 보기도 전에 혼비백산하여 깜짝 놀라 돌아와 다시 여인을 찾아보았지만 역시 보이지 않았다. 죄수는 허겁지겁 지난번에 왔던 길을 따라 굴을 나와서 일일이 관백關白[142]에게 말하였다.

풍신수길이 듣고는 기뻐하며 "신병神兵이 모두 모여 전세戰勢를 도우니, 이는 내가 승리할 징조이다."라고 말하자, 식견이 있는 자가 비웃으며 "풍신수길도 지극히 우매하고 매우 미혹된 자이다."라고 말하였다. 애초에 풍신수길이 9층의 금각사金閣寺를 건립하고는 사신을 불러 자랑하려고 했는데 지진에 무너져 버리자 화를 내며 "볼 수 없게 된 것은 조선의 사신이 천천히 왔기 때문이다."라고 말하였다.

계속해서 하늘이 재앙을 내린 것은 천지가 경계하고 가르치는 지극한 덕이 흉측한 짐승 같은 자에게도 이른 것이건만 조심할 줄 몰랐고, 음병陰兵이 이미 출동하여 주살誅殺이 장차 닥치게 되었건만 오히려 기뻐하였으니, 저 더러운 놈은 꾸짖을 것도 못된다. 그러나 하늘이 어떤 마음으로 이 놈의 죄악이 가득차기를 허용하여 다만 제왕을 깨우치는 경계로서 즉시 풍신수길을 죽이지 않고 차마 우리나라의 백성들을 곤경에 빠트리게 하였던 것인지 유독 알 수가 없다.

후세에 이름을 드날리겠다고 한 말에 대한 논변의 후설[揚名後世辨後說]

왜장이 우리나라에 들어와서 삼년간이나 머물면서 돌아가려 하지 않고, 다시 몰아쳐 곧장 중원을 쳐부수겠다고 하면서, "반드시 후세에 명예를 드날려 남아의 뜻을 드러내겠다."라고 하였다. 고취병高翠屛[143]이 그것을 논변하여, 아름다운 명예를 후세에 전하는 자는 성현과 호걸이고 악명을 후세에 전하는 자는 간흉과 도적이라고 하며, 또 격치格致와 성정誠正의 학문[144]이 치국평천하治國平天下할 수 있는 것과 술수와 지력智力이

---

142) 관백(關白): 일본 평안(平安) 시대의 관직 이름이다.
143) 고취병(高翠屛): 취병은 고응척(高應陟, 1531~1605)의 호이다. 자는 숙명(叔明), 본관은 안동이다. 또 다른 호는 두곡(杜谷)이다. 김범(金範)의 문인으로, 저서로는 『두곡집』·『대학개정장(大學改正章)』 등이 있다.
144) 격치(格致)와 성정(誠正)의 학문: 격치는 격물치지(格物致知)의 준말로, 사물의 이치를 철저히 궁구

재앙을 초래하는 것을 자세히 말하였으며, 그 현명한 점과 어리석은 점을 구분하여 득실을 보여주었다. 그래서 노중련魯仲連이 언변으로 앉아서 요성聊城의 포위를 풀게 했던 것[145]처럼 하려 하였으니, 그 뜻은 훌륭하다고 할 만하다. 그러나 내가 가만히 보기에 취병의 말에는 미혹된 점이 있다. 호랑이는 내가 그 난폭함을 알고 뱀은 내가 그 독이 있음을 안다. 그런데 저 호랑이와 뱀도 스스로 난폭함과 독을 자기의 임무로 삼으니, 어찌 일찍이 기린의 인후仁厚와 용龍의 신덕神德이 있는 줄을 알겠는가. 알지 못할 뿐만 아니라, 분명히 또한 기린이 뿔로 들이받지 않는 것은 능력이 없는 것이고 용이 연못에 깊이 잠겨 숨는 것은 재주가 없는 것이라고 비웃을 것이다. 저 왜적은 성질이 잘 싸우는 것을 능력으로 여기고 살육을 일삼는 것을 재주라고 여기지, 중국의 인의예악仁義禮樂의 도를 알지 못한다. 우리 유학자가 군자와 소인의 변론을 성급히 말하여 그들의 미혹을 풀고자 하지만 이는 또한 어려운 일이 아니겠는가?

왜장이 '뜻'이라 말한 것은 그가 뜻한 것을 뜻이라고 한 것이니 우리가 말하는 뜻과는 다르며, 그가 '명예'라 말한 것은 그가 명예라 하는 것을 명예라 한 것이니 우리가 말하는 명예와는 다르다. 그렇다면 지금 후세에 드날리고자 하는 것을 나는 알지 못하겠지만, 스스로 그가 명예라 하는 것을 명예라 여기면서 그들의 나라에 큰 명예를 드날리려는 것인가? 아니면 그 명예를 버리고 중원에서 선한 호칭을 얻으려는 것인가? 중원에서 아름다운 호칭을 얻고자 하면 본국에서는 겁쟁이가 되어야 하고, 본국에서 큰 명예

하여 나의 앎이 극진한 경지에 이르는 것을 말하고, 성정은 성의정심(誠意正心)의 준말로, 마음의 발로인 생각[意]을 진실하게 가져 스스로를 속임이 없고, 치우치기 쉬운 마음을 항상 중정(中正)의 상태로 유지하는 것을 말한다.(『大學章句』 首章)

145) 노중련(魯仲連)이 …… 했던 것 : 노중련은 전국시대 제(齊)나라 사람으로, 전혀 벼슬에 뜻이 없이 고상한 절개를 지킨 사람이다. 연(燕)나라가 제(齊)나라의 요성을 공격하여 취하였는데, 전단(田單)이 그 성을 공격하였으나 항복시키지 못하였다. 그러자 노중련이 연나라 장수에게 보내는 편지를 화살에 매달아 성중으로 쏘아 보내니, 연나라 장수는 그 편지를 보고 사흘을 울다가 자살하였으므로 제나라가 그 성을 취하였다. 전단이 그의 공을 높이 여겨 벼슬을 주려고 하였으나 그는 사양하고 바닷가로 은거해 버렸다.(『史記』 「魯仲連鄒陽列傳」)

를 드날리고자 하면 중원에서는 미친 도적이 되어야 한다. 겁쟁이는 용납되기 어렵고 미친 도적은 반드시 패배한다. 내가 보건대, 그는 진퇴양난에 처하자 감히 명예를 드날리는 것으로 말을 하였으니, '미친데다 더욱 미쳐서 죽어도 후회하지 않을 자'라고 말할 만하다.

또한 자신의 군주에게 포악하게 하여 나라를 빼앗고, 여러 섬의 병사를 몰아 큰 바다를 건너 사람이 사는 나라에 들어와 백성과 재산을 다 빼앗아 돌아갔으니, 자신의 나라에서는 명예가 혁혁하여 더할 것이 없게 되었다. 왜장에게 부족한 것은 하늘의 뜻을 얻지 못하여 자신의 몸을 보존하지 못하는 데에 있다. 명예는 부족하지 않지만 명예와 목숨 중에서 어느 것이 더 소중한가?

호랑이와 뱀은 난폭하고 독이 있지만 오히려 또한 자기 몸을 아껴서 한가로이 거처하고 드물게 나오며, 다른 존재가 자기를 해칠까 두려워한다. 사람으로서 호랑이나 뱀만도 못해서야 되겠는가. 아기발도阿只拔都[146]는 일본의 영웅준걸이며, 소년으로서 잘 싸우는 장수라는 명성을 가장 많이 얻은 자인데, 어찌 지금의 왜장이 만분의 일에라도 미칠 수 있겠는가. 그러나 황산荒山에서 한 번 실패하자 날아가는 화살촉에 맞아 머리가 부서졌다. 게다가 지금은 천심天心이 전란을 싫어하고 백성들이 떨쳐 일어날 것을 생각하며, 황령皇靈이 멀리 통하여 우레가 치고 바람이 일어나듯 하며[147] 장령將令이 엄하고 밝아 구름이 모여들고 메아리가 응하듯 한다. 이것으로 왜적을 상대하면 분명히 지난날 아기발도가 궤멸하여 흩어지던 때만도 못할 것이다. 왜장이 만약 하루만큼 걸음을 나아가고자 하면 이는 하루만큼 명을 재촉하는 것이다.

내가 듣건대, 왜장은 옛 관백關白의 신하로서, 만약 명예를 좋아하는 마음을 돌려 몸을

---

146) 아기발도(阿只拔都) : 고려 말에 왜구가 운봉(雲峰)에 쳐들어왔을 때에 아기발도라는 자가 사납고 용맹스러워 대적할 자가 없었는데, 이성계가 그를 죽였다고 한다.

147) 우레가 …… 하며 : 명령을 엄중히 시행하는 일을 말한다. 전하여 어떤 일을 매우 용맹스럽게 시행하는 것을 뜻한다.

보호하는 계책으로 삼고, 하늘을 향해 던진 창[148]을 끌어당겨 원수를 갚는 거사를 행한다면, 몸은 남의 도끼에 죽지 않고 명예는 본국에서 더욱 떨쳐져, 한 시대의 웃음거리가 되지 않고 천년이 지나도록 영원히 명예를 전할 것이다. 그러나 왜장이 이것을 취할 수 있을지는 모르겠다. 나는 취병의 문장을 아끼지만 그의 미혹됨을 돌릴 길이 없을 듯하여 이에 감히 그 은미한 뜻을 밝힌다.

선유·유의 두 암자의 일을 기록하다[記仙遊留衣二庵事] 경자년(1600, 선조 33)

선영이 있는 산은 이름을 '광석산廣石山'이라 한다. 옛날에 원효元曉와 의상義相이 산의 가장 높은 봉우리의 남쪽과 북쪽 바위 아래를 각각 차지하고 살았는데, 거처를 옮겨가는 날에 가사를 소나무에 걸어놓고 떠났다. 그들의 문도가 그 땅에 두 암자를 세워 사모하는 마음을 붙였는데, 북쪽은 광석암이고, 남쪽은 가사거리암袈裟巨里庵이라 한다. 이런 사실 때문에 속어로 부른 것이다. 광석암은 예천醴泉의 지경을 굽어보며 맑고 탁 트인 풍광이 아름답고, 가사거리암은 안동의 승경을 다 볼 수 있으며 그윽하고 고요하여 사랑스럽다. 불초자는 성묘하고 난 뒤에 여기에서 소요하지 않은 적이 없었으며, 그때마다 미처 효도하지 못한 한탄이 개연히 일어나고 세상을 떠나서 살고 싶은 뜻이 초연히 들어, 여러 날 머물러도 오히려 부족하다는 아쉬움이 들었으며 곧 그대로 세상을 버리고 혼자 살고 싶어졌다. 다만 절의 이름이 세속적이어서, 광석암을 고쳐 '선유암仙遊庵'이라 하고, 가사거리암을 고쳐 '유의암留衣庵'이라고 하였다.

---

148) 하늘을 …… 창: 옛날 은왕(殷王) 무을(武乙)이 무도하여 가죽 주머니에 피를 담아 매어 달고는 천신(天神)이라 하면서 이를 향하여 쏘았다는 고사에서 나온 것인데, 여기서는 일본이 중국 황제의 명에 항거한 것을 가리킨다.

제문祭文

산음149) 향교의 터를 닦을 때 바치는 제문[山陰鄕校開基祭文]

한 번 난리에 십 년 세월 지나니	一亂十載
해독은 천지에 두루 미쳤습니다	毒遍率普
학문을 즐겨야 할 향교는150)	思樂泮水
무성한 풀로 덮였습니다	鞠爲茂草
제사를 올릴 곳이 없어	籩豆無所
많은 선비들이 슬퍼하다가	多士懷悼
새로 짓기를 도모하여	惟新是圖
길한 날 좋은 땅에 하였습니다	吉日良土
신령이시여 복을 주셔서	神錫之福
만세토록 보존하게 하소서	萬世永保
맑은 술과 제철에 나는 제수로	淸酌時羞
삼가 경건하게 아뢰옵니다	用伸虔告

---

149) 산음(山陰) : 경남 산청의 옛 이름이다.

150) 학문을 …… 향교는 : 반수(泮水)는 옛날 태학의 동서쪽 문 남쪽에 빙 둘러 있던 물로서, 일반적으로 성균관을 지칭하지만 여기서는 향교를 말한다. 『시경』「노송(魯頌) 반수(泮水)」에 "반수(泮水)에서 즐김이여, 잠깐 미나리를 캐노라.[思樂泮水 薄采其芹]"는 구절이 있다.

선영에 가토할 때의 고사[先塋加土告辭]

여러 해 동안	積以年紀
전란이 이어지니	仍以亂瘼
이 무덤이 무너져	形壞若堂
이슬 밟을 때마다 더욱 두려웠습니다	履露愈怵
길한 날을 가려 보수를 하고	涓吉加補
맑은 술로 아뢰옵니다	告以淸酌

남계 금축[151]을 애도하는 제문[祭琴南溪 軸 文]

사마계司馬契[152] 유생儒生을 대신하여 짓다

시원하고 맑은 성품이여	爽朗其性
화락하고 공경하는 자태여	愷悌之姿
달빛 어린 술병 같고[153]	月照氷壺
바람은 완화한 옥지[154] 같네	風和玉芝
천재는 어찌 그리 높아도	稟才何高

---

151) 금축(琴軸, 1556~1622) : 자는 대임(大任), 호는 남계(南溪), 본관은 봉화이다. 1591년 진사시에 입격하였고, 제릉 참봉에 제수되었으나 나아가지 않았다.

152) 사마계(司馬契) : 사마시에 입격한 자들의 모임이다.

153) 달빛 …… 술병 같고 : '빙호(氷壺)'는 '빙호추월(氷壺秋月)'의 줄인 말로, 티 없이 맑은 사람의 인품을 말한다. 등적(鄧迪)이 주자(朱子)의 스승인 연평(延平) 이통(李侗)의 인품을 "마치 얼음으로 만든 호리병에 맑은 가을 달이 비친 것과 같아 티 없이 맑고 깨끗하니 우리들이 미칠 수 없다.[如氷壺秋月瑩徹無瑕 非吾曹所及]"라고 한 데서 온 말이다.(『宋史』「李侗列傳」)

154) 옥지(玉芝) : 옥수(玉樹)·지란(芝蘭)인데, 아름다운 인물을 비유한다.

운명이 어째서 기구했던가	賦命何奇
명성은 생원시에 우뚝했건만	名巍蓮榜
문과 급제를 하지 못했도다	迹阻桂枝
과거에 대한 마음을 접고155)	北闕書休
남산에 콩을 심었도다156)	南山豆萁
부귀를 원하지는 않았고	富貴非願
선향仙鄕도 기대하지 않았다네157)	帝鄕無期
산수에서 유유자적하며	江湖自適
시를 짓고 술을 즐기시니	詩酒娛嬉
속세에 물들지 않았으니	俗塵不汚
세상의 더러움 어찌 알았으리	世累何知
솔 바위 높이 베고서	松巖高枕
세월 따라 달 따라	歲推月移
동헌에 초연하여	東軒嘯傲
구름 따라 새를 따라158)	雲出鳥歸
우리 후생들을 불러놓고	逨我後生
내 말을 들으라 했네	曰聽余辭
뜻과 일이 같은 것인데	志業旣同
벗 삼기 어찌 더딘가	托契何遲

155) 과거에 …… 접고 : 북궐(北闕)은 궁궐을 말한다. 서(書)는 글 솜씨를 다투는 과거시험을 말하며, '글을 그만두었다.[書休]'는 것은 과거 공부를 그만두리란 결심을 하였음을 말한다.

156) 남산에 …… 심었도다 : 도연명의 시 「귀전원거(歸田園居)」에 나오는 "남산 아래에 콩 심으니, 풀은 무성하고 콩 싹은 드문드문."이라는 시 구절에서 가져왔다. 여기서는 은거하여 사는 삶을 의미한다.

157) 부귀는 …… 않았네 : 도연명 「귀거래사」의 "부귀영화는 바라던 것이 아니었고, 선향(仙鄕)은 기대하지 않는다네.[富貴非吾願 帝鄕不可期]"에 나오는 뜻을 취하였다.

158) 구름 …… 따라 : 도연명 「귀거래사(歸去來辭)」의 "동쪽 언덕에 올라 휘파람을 분다.[登東皐以舒嘯]"라는 구절과 "구름은 무심히 산봉우리에서 나오고, 새는 날기에 지쳐서 돌아올 줄을 안다.[雲無心以出岫 鳥倦飛而知還]"는 구절에서 그 뜻을 취한 것이다.

부용의 우아한 운치	芙蓉雅致
우리가 계속하여	我則繼之
우리 마음 붙일 것이니	有寓我懷
세상의 조롱 관계 있으랴	無關世嗤
자해를 마시고[159]	飮是字解
글로서 벗을 모았었지[160]	會以文爲
젊은이와 어른이 난정蘭亭에 모였고[161]	少長集蘭
관동들은 기수에서 목욕했네[162]	冠童浴沂
나이 잊고 겉치레도 벗어버리니	忘齒去皮
태평하고 한가한 세월이었네	太平閒時
즐거워도 탕음에 있지 아니하니	樂不蕩淫
경계한 가르침도 해이해져	警敎亦弛
우리들 몽매함을 돌아보니	顧我群蒙
이제 본받을 스승[163] 잃었네	今失蓍龜
온갖 근심이 깊어져서	久逢百罹

---

159) 자해(子解)를 마시고 : 술을 마시면서 시를 읊고 문을 논하는 것이다. 당나라의 한유(韓愈)가 장안의 부호집 자식들을 조롱하면서 "문자음 할 줄은 알지 못하고 연분홍 치마폭에서 취하는 게 고작이지.[不解文字飮 惟能醉紅裙]"라고 한 말에서 유래한다.(『捫蝨新話』)

160) 글로서 벗을 모았었지 : 『논어』「안연(顔淵)」의 "군자는 문(文)으로 벗을 모은다.[君子以文會友]"는 말뜻을 가져왔다.

161) 젊은이와 …… 모였고 : 동진(東晉) 왕희지가 손작(孫綽)·사안(謝安) 등 명사 42명과 함께 상사일(上巳日)에 회계산의 난정(蘭亭)에 모여서 귀신에게 빌어 재앙을 쫓는 계사(禊事)를 행하고 술을 마시며 시를 지은 일을 말한다. 여기서는 문아(文雅)의 모임을 가졌다는 뜻이다.(「蘭亭序」)

162) 관동들은 …… 목욕했네 : 『논어』「선진(先進)」에 "늦봄에 봄옷이 만들어지면, 관을 쓴 벗 대여섯 명과 아이들 예닐곱 명을 데리고 기수에서 목욕하고 무우에서 바람 쐰 뒤에 노래하며 돌아오겠다.[冠者五六人 童子六七人 浴乎沂 風乎舞雩 詠而歸]"는 증점(曾點)의 말에서 뜻을 가져온 것으로, 탈속의 풍모가 있음을 말한다.

163) 본받을 스승 : 시귀(蓍龜)는 점(占)을 칠 때 사용하는 시초(蓍草)와 거북인데, 덕이 높고 명망이 무거운 사람을 비유할 때 쓰인다.

늦게야 한 잔 술을 올립니다 晩奠一巵

부안 현감을 지낸 고한운[164]을 애도하는 제문[祭高扶安 翰雲 文]

그대는 충성스럽고 후덕한 기량과 뛰어난 재주를 지니고서 마흔 살에 급히 요절하니 천명인가, 운명인가? 슬프구나! 나는 아끼고 경모하는 간절한 마음과 무거운 정분이 있건만 두 번째 기일이 되어서야 조문을 하게 되니 시절의 탓인가, 사세의 탓인가? 마음 아프구나! 이러한 시절에 조물주는 늘 거꾸로 뒤집고 잘못 시행하니, 어지럽고 혼란스러운은 안정될 때가 없구나. 만약 안정되는 때가 있더라도 이미 등백도[165]처럼 아이가 없는 것을 어찌할 수 없고, 나와 자네가 다시는 손을 맞잡고 기쁘게 웃으며 글을 논하고 술을 권할 길이 없으니, 이 원통함과 아픔을 또한 어느 날인들 잊겠는가. 지난번에 그대의 부친을 안동에서 뵈었는데 다행히도 건강하시니, 이것이 그대에게 위로가 되고 그대의 원통함도 지하에서나마 조금 풀어질 걸세. 막걸리 한 잔으로 길게 마음 아파하며 몇 글자 읊으니, 제수는 부족하지만 마음은 깊다네. 돌아와서 흠향하시게, 영령이시여.

---

164) 고한운(高翰雲, 1552~1592) : 자는 자룡(子龍), 본관은 안동이다. 1585년 문과에 급제하였고, 부안 현감으로 있을 당시 왜병이 침략했다는 소식을 듣고 금오산에 진을 치고 선산·금릉·인동 등지의 선비와 흩어진 병사들을 모아 항전하였다.

165) 등백도(鄧伯道) : 백도는 진(晉)나라 등유(鄧攸)의 자이다. 등유는 석륵(石勒)의 난 때 자기 아들과 조카를 데리고 피난하다가 사세가 급하여 둘을 다 살리기가 어렵게 되자 일찍 죽은 아우의 자식을 살리고 자기 아들을 버렸는데, 뒤에 후사가 없게 되자, 당시 사람들은 그를 슬피 여겨 "천도도 무심하다. 등백도에게 아들이 없게 하는구나.[天道無知 使鄧伯道無兒]"라고 한 말이 있다.(『晉書』「良吏列傳」)

물암 김륭[166]을 애도하는 제문[祭金勿巖 隆 文]

영령이시여	惟靈
곧은 절개의 바탕에	耿介之資
맑고 빛나는 용모를 가졌네	清曜之相
뜻이 매우 매서웠고	烈烈其志
이상이 너무도 컸다네	嘐嘐其尙
어릴 적부터 나아간 곳은	幼少出就
소고[167]의 문하였네	嘯皐之門
성리학의 서적과	性理之書
저술가의 문장을	述家之文
지엽까지 통달하고 분파까지 소급하며	達支溯派
말류까지 섭렵하고 근원을 탐구했네	涉委探源
나이 겨우 약관일 때	年纔弱冠
사람들이 원숙한 선비라 불렀네	人目宿儒
우뚝한 저 도산[168]에서	卓彼陶山
그 문도를 만나보았네	簪盍其徒

166) 김륭(金隆, 1549~1593) : 자는 도성(道盛), 호는 물암(勿巖), 본관은 함창(咸昌)이다. 이황의 문하에서 『소학』·『가례』·『태극도설』·『통서(通書)』 등을 수학하였으며, 『중용』·『대학』 등 경서와 산법(算法), 천문학에도 조예가 깊었다. 1592년 임진왜란이 일어나자 격문을 지어 여러 고을에 돌려 기병(起兵)할 것을 호소하였으며, 이듬해 학행(學行)으로 참봉에 천거되었다. 좌승지에 추증되었고, 영풍(榮豊) 삼봉서원(三峰書院)에 제향되었다. 저서로는 『물암집』·『삼서강록(三書講錄)』 등이 있다.

167) 소고(嘯皐) : 박승임(朴承任, 1517~1586)의 호이다. 자는 중보(重甫), 본관은 반남(潘南)이다. 경상북도 영주 출신으로, 이황의 문하에서 수학하였다. 영주의 구산정사(龜山精舍)에 제향되었다. 저서로는 『성리유선(性理類選)』·『공문심법유취(孔門心法類聚)』·『강목심법(綱目心法)』 등과 『소고문집』이 있다.

168) 도산(陶山) : 퇴계 이황을 말한다.

어찌 가서 배우지 않으랴	盍往從遊
우리의 도가 거기에 있는데	吾道在是
바른 도를 나에게 전해주어	授我以方
그 뜻을 더욱 면려하였네	益勵其志
정밀한 의리가 있는 곳과	精義所在
말에 가려진 뜻을	辭語所蔽
철저하게 잘 여쭈어	善問到底
알아내지 못하면 그만두지 않았네	不析不止
이치는 기필코 분별하였지만	理期其辨
견해가 어찌 꼭 같아야 하리요	見何必同
의혹은 떨어 없애고자 하였지만	疑欲其祛
논설을 구차하게 따르지 않았네	說不苟從
신념이 스스로 굳세니	自信之固
스승께서 마음으로 기뻐하셨네	師心之悅
이미 지극하게 친히 이끌어 주시고	親提旣至
또한 간찰로 간곡하게 깨우쳐 주셨네	札喩亦切
이에 잘 지키도록 경계하시고	乃戒其執
이에 그 독실함을 가상히 여기셨네	乃嘉其篤
편벽된 병을 바로잡아 제거하니	矯偏祛病
심법을 전수할 만하였네	合授心法
지극히 흠모하던 차에	鑽仰方勤
스승께서 갑자기 돌아가셨네	樑木遽摧
학업을 끝내지 못하고	不卒其業
큰 슬픔을 당하였네	用茹其哀
삼년간 심상을 지냈으나	三載申喪
어찌 내 마음을 다한 것이랴	曷盡余心
대대로 살던 곳에 집을 짓고	築室杜曲
남기신 뜻을 계승하려 했네	擬續遺音

부지런히 과거에 나아간 것은　黽勉就擧
부모 위해 뜻을 굽힌 것이　爲親之屈
여러 번 아쉽게 낙방하였으니　屢歎點額
타고난 명이 박했네　賦命之薄
재랑이라는 말단의 반열[169]이　齋郎末班
어찌 국량에 걸맞다 하리오만　豈云稱器
부모 봉양하는 데에는　推奉以養
또한 의지할 만하였네　亦足爲賴
어찌 한 번 병에 걸리더니　夫何一病
마침내 병마를 돌이키지 못하였나　卒纏二竪
효도하고자 하는 마음과　願孝之心
학문을 사랑하는 정성이　愛學之誠
하루아침에 허공으로 떨어졌으니　一朝墜虛
하늘의 이치 또한 알 수가 없네　天亦冥冥
현명하거나 어리석거나 모두 애도하며　賢愚共悼
가깝거나 멀거나 다 마음 아파했네　親疎咸傷
하물며 나는 지우를 만난 것이　矧余遇知
가장 특별했음에랴　最出尋常
같이 배우고 함께 학업을 닦으며　同遊共業
십 년 세월을 보냈네　一十星霜
현명해지기 위해 혼미함을 배격하고　擊昏欲明
서기 위해 나태함을 분발시켰네　激懶欲立
진실에 힘써 위선을 버렸고　勉僞以眞
곧은 것으로 굽은 것을 바로잡았네　楺曲以直

169) 재랑(齋郎) …… 반열 : 김륭은 1593년 윤11월에 집경전 참봉이 되었다.

분수로는 벗이면서 스승이고	分友而師
의리로는 동반자이면서 형이었네	義伴而兄
이미 의지할 분을 잃었으니	旣失所依
앞으로 이내 삶을 그르치겠네	將誤此生
한 번 그 풍모가 사라지자	一掩儀刑
영원히 삶과 죽음으로 나뉘었네	永隔幽明
오장은 소리와 함께 끊어지고	腸與聲摧
눈물은 술잔과 함께 쏟아지네	淚與杯傾

사위 장우정을 애도하는 제문[祭張甥 友程 文]

영령이여	維靈
통혼한 집안의 아들로서	以通家子
나의 사위가 되었다네	爲東床郎
이미 학문에 독실하였고	旣篤於學
성품이 순후하고 어질었네	性醇而良
대대로 교분이 두터워	世分之厚
나를 애비같이 여겼다네	視余猶父
정의가 돈독하기로는	情義之敦
벗이라고 말하지 못하리	友之云乎
그대를 믿고서 뒷일을 맡기려 했으니	惟恃子擬托後事
슬하의 자식들 한갓 많기만 할 뿐이네	諸子膝下徒紛紛
하루아침에 갑자기 목숨을 앗아가니	一朝而遽奪其命
하늘의 명이니 어찌하리오	奈何乎天
귀신이 조화하니 어찌하리오	奈何乎神
아, 슬프도다	嗚呼哀哉

살리기 좋아하고 죽이기 싫어함은	好生惡殺
천지의 마음인데	天地之心
조물주가	而造物者
중간에서 희롱하여	居中弄柄
사람에게 독을 끼쳤네	貽毒於人
나도 조물주의 죄를 구실삼아	吾亦藉造物者之罪
상제에게 하소연하려 했지만	訴之于帝
구만리 아득하여 어찌 할 방법이 없네	九萬茫茫柰無因
무덤이 이미 열렸으니	玄宅旣啓
늙은이의 간장이 찢어지려 하네	老腸欲裂
한 잔의 술을 부어	一酌之酒
영원히 이별을 하네	萬世之別

선부군의 대상일에 올린 제문[先府君大祥祭文] 계사년(1593, 선조 26)

아, 슬픕니다	嗚呼哀哉
한양의 집에서 세상을 떠나셨을 때	易簀京第
자식은 시골집에서 머물고 있었습니다	子滯鄕曲
초혼과 습에 남의 손이 필요하여	復襲須人
반함과 염을 친족에 의지했습니다	含斂仗族
슬픔 머금고 달려 나아갔으나	茹哀奔進
상복을 입는 데 열흘이나 지체했습니다	遲十日服
상여를 받들고 돌아올 때는	奉輀歸來
만산에 내린 눈을 무릅썼습니다	冒萬山雪
저의 애통함은 이미 깊은데	私痛旣深
세상의 어지러움은 언제나 끝이 날지요	世亂何極

묘에 봉분을 만들자마자	馬鬣纔封
도적의 기마병이 갑자기 나타났습니다	賊騎橫突
궤연을 철거하고 신주를 등에 진 채로	輟筵負主
산골로 달려가 숨었습니다	奔竄山谷
한 곳에 오래 있지 못하여	不恒其處
향불을 자주 올리지 못했습니다	香火屢闕
영주에서 소상小祥을 넘겼는데	過朞於滎
간장이 찢어지는 듯했습니다	腸摧欲裂
천지에 난리가 일어나	亂離乾坤
눈물로 세월을 보냈습니다	涕淚日月
거상중에 법령을 따르느라	出服戎索
오래도록 상복을 벗고 있었습니다	久釋麻絰
변방의 봉화는 그치지 않고	邊烽不息
계절은 자꾸 바뀌었습니다	時序數易
틈을 타서 잠깐 돌아왔는데	乘間言還
잡초에 묻혀 집이 없어졌습니다	草沒無室
우거하면서 고생하다 보니	僑寓間關
두 해가 이미 다 되었습니다	二朞已及
대상[170]을 대상답게 못했는데	祥未爲祥
곡을 어찌 지곡[171]할 수 있겠습니까	哭何止哭
선대의 신주를 보관하려고	先世主藏
분면[172]을 다 깨끗하게 하였습니다	粉面完潔
어린 아우들도 모두 살아있고	穉弟皆保

170) 대상(大祥) : 죽은 지 두 해 만에 지내는 제사를 말한다.
171) 지곡(止哭) : 상례를 치를 때의 한 절차이다.
172) 분면(粉面) : 신주의 희게 분칠한 앞쪽을 말한다.

저의 목숨도 끊어지지 않았습니다　微命不絶
보이지 않게 보살펴 주셨으니　陰佑冥冥
아, 드러나 어긋나지 않았습니다　於顯不忒
서적이 모두 불에 타버려　書籍灰燼
유고도 잃었습니다　手澤亦失
세 고모의 생사도　三姑存亡
아직 제대로 알지 못합니다　未得其實
죄는 불초자에게 있어　罪關不肖
한 근심이 아직도 간절합니다　一憂尙切
쇠잔해진 가문과　凋零門戶
황량해진 농토가　荒涼舊業
겨우 남아 있지만　一息尙存
언제 재건하겠습니까　幾時可葺
효도하려는 작은 정성이　願孝微誠
언제나 모두 부족했습니다　終始俱缺
상복을 벗게 되었지만　衰制可除
이 애통함은 없어지지 않습니다　此痛不滅
천지에는 끝이 있으나　天地有終
이 애통함은 사라지지 않습니다　此痛不滅
아, 슬픕니다　嗚呼哀哉
흠향하소서　尙饗

담제[173] 시 고유문禫祭時告由文

세상의 어지러움은 풀리지 않고　世亂不解
시사는 자주 바뀝니다　時事數易

사람은 애모의 마음 간절한데 人切哀慕
절기는 한 달이 지났습니다 節及中月
예법은 평상적인 것을 따르지만 禮雖循常
애통함은 실로 옛날보다 곱절입니다 痛實倍昔
꿈에서도 허둥지둥하니 夢亦遑遑
회포가 어찌 담담하겠습니까 懷寧澹澹
박한 술과 거친 제수 올리니 薄醪疎羞
슬픈 감회만 더욱 일어납니다 祇益悲感

개제[174] 시 고유문改題時告由文

궤는 난리로 잃어버렸고 櫝因亂失
상기는 지나가 버렸습니다 喪以月除
예에 따라 체천[175] 하시니 禮循遞遷
슬픔을 잠시라도 잊겠습니까 哀可暫祛
궤를 바꾸고 개제하니 改櫝改題
여기에 의지하고 여기에 머무소서 是憑是居

---

173) 담제(禫祭) : 상복을 벗는 제사로, 대상(大祥)을 지내고 한 달을 건너서 지낸다.

174) 개제(改題) : 봉사손(奉祀孫)이 죽었을 경우, 다음 봉사손의 대수(代數)에 맞추어 신주를 다시 쓰는 것을 말한다.

175) 체천(遞遷) : 봉사손이 친진(親盡)한 5대조의 신주를 아직 친진하지 않은 최장방의 집으로 옮기는 것이다. 최장방이 죽으면 또 다음 최장방의 집으로 옮기는데, 고손 항렬이 다 죽어 다시 옮길 곳이 없으면 그 신주를 땅에 묻는다.

상량문上樑文

권계검 가묘 상량문權繼儉家廟上樑文

- 원문 빠짐 -	□□□□
종신토록 사모한 대순의 마음을 품었네[176]	抱大舜終身之慕
고향 집에 반혼하여	魂返於室
묘우를 세운다고 한 주자의 글을 따랐네	遵紫陽立廟之文
조상에 대한 그리움 얼마나 일어났던가	霜露之感幾時
늘 그리워하는 마음이 여러 해 되었네	羹墻之見有所
공손히 생각건대 권씨는	恭惟權氏
본관이 안동이네	籍系安東
옛날부터 높은 벼슬 이어왔으니	襲冠冕於上世
실로 동방의 큰 가문이네	實乃東方大家
중세에는 후손들 번성하여	盛苗裔於中年
예부터 경상도의 성대한 집안 되었네	久作南州茂族
상사공[177]은	上舍公
경서에 마음을 두고	游心經籍

176) 종신토록 …… 품었네 : 『맹자』 「만장상(萬章上)」에 "큰 효도는 종신토록 부모를 사모하니, 50이 되어서도 사모한 것을, 나는 순 임금에게서 보았다."라고 한 데서 온 말이다.

177) 상사공(上舍公) : 생원시나 진사시를 통과한 사람을 일컫는 말로, 여기서는 권계검을 말한다.

문장은 여사로 보았네	餘事文章
태양 가의 붉은 살구를 읊은 것은[178]	詠紅杏於日邊
함부로 용 잡는 재주[179]를 쓰지 않았기 때문이지만	縱未運屠龍之手
어린 나이에 소과에 급제하였으니	採青蓮於早歲
또한 허벅지 찌른 공부[180]에 조금 보답하였네	亦少酬刺股之功
남들이 부모형제의 말에 이의를 달지 못하고	人不間父母昆季之言
선행이 향당과 이웃의 입에 오래도록 올랐네	善久騰鄕黨隣里之口
참봉부군은	參奉府君
충효가 본성이고	忠孝爲性
자상함이 본래 마음이었네	慈詳本心
좋은 전원에서 수양하면서	頤養好田園
바둑으로 긴 여름날을 보냈네	消長夏於碁局
소요하며 한가로이 세월을 보내고	優遊閒歲月
술로 아름다운 손님 초대했네	速嘉賓於盃樽
사람들은 모두 장자의 풍도를 우러르니	人咸仰長者之風
세상에는 군자의 은택 끊어지지 않았네	世未斬君子之澤
자식과 손자가 있어 계승하고 받드니	有子有孫而承奉
봄가을로 향불이 끊어지지 않았네	不絶香火於春秋

178) 태양 …… 것은 : 과거에 낙제했다는 말이다. 당대(唐代)의 문신 고섬(高蟾)이 낙제한 뒤 고 시랑(高侍郎)에게 바친 시에 "하늘 위의 벽도는 이슬에 적시어 심고, 태양 가의 붉은 살구는 구름 의지해 심거니와, 연꽃은 가을 물 위에 나서 자라는 것이라, 봄바람 아래 못 피는 걸 원망하지 않는다오.[天上碧桃和露種 日邊紅杏倚雲栽 芙蓉生在秋江上 不向東風怨未開]"라고 한 데서 온 말이다.

179) 용 잡는 재주 : 특별한 재주를 뜻한다. 『장자』 「열어구(列禦寇)」에 "주평만(朱泙漫)이 지리익(支離益)에게 용 잡는 기술을 배우면서 천금의 가산을 모두 탕진하였는데, 3년 만에 기술을 완전히 터득했으나 써먹을 곳이 없었다."고 하였다.

180) 허벅지 찌른 공부 : 전국 시대 소진(蘇秦)이 책을 읽다가 졸리면 잠을 깨기 위해 송곳으로 자기 허벅지를 찔러 피가 발뒤꿈치까지 흘러내렸다고 한다.

눈과 귀에 들리거나 보이지 않는다고	無聲無形於視聽
어찌 참배할 묘우가 없어야 되겠는가	奈乏參拜之祠宇
옛날 살던 집 북쪽이고	舊第之北
새로 터 잡은 곳 동쪽이네	新基之東
지세는 남쪽을 향하고	地勢面陽
점을 쳐보니 길하다 하네	卜筮云吉
새가 나는 듯 나래를 펼치는 듯[181]	如飛如革
홀연히 몇 칸 작은 묘우를 이루었네	倏成六架三楹
여기에서 편히 머물고 여기에 의지하여	是妥是依
천년만년 보호받기를 바라네	庶保千秋萬世
이에 송축하는 말을 올려	爰騰善頌
긴 들보 올리는 일을 돕네	助擧脩樑

어여차 제물을 들보 동쪽에 던지니	抛樑東
한 줄기 붉은 구름이 시야에 들어오네	一髮丹雲望眼中
혼백은 때에 따라 오고갈 줄 아니	魂魄有時知往返
정말 흐르는 물이 땅속에서 통하는 것 같네	正如流水地中通

어여차 제물을 들보 남쪽에 던지니	抛樑南
상서로운 기운이 아침마다 학가산에 끼네	瑞氣朝朝鶴駕參
몸은 죽었지만 지금 적막하지 않으니	身後秖今非寂寞
정성 올리는 두 아들이 보이네	薦誠方見有雙男

181) 새가 …… 펼치는 듯 : 건물이 웅장하고 화려한 것을 뜻하는 표현인데, 『시경』 「소아(小雅)·사간(斯干)」의 "추녀가 마치 새가 나래를 펼치는 듯, 꿩이 날아가는 듯하였다.[如鳥斯革 如翬斯飛]"라는 말에서 나온 것이다.

어여차 제물을 들보 서쪽에 던지니	拋樑西
높은 저 구암과 형세가 가지런하네	節彼龜巖勢與齊
본래 삶과 죽음은 동떨어진 것 아니니	自是幽明元不隔
저승에서 함께 따르는 남계[182]가 있으리	九原追逐有南溪
어여차 제물을 들보 북쪽에 던지니	拋樑北
몇 해 동안을 허둥지둥 얻지 못하는 듯했던가	幾歲遑遑求不得
이제는 묘우 있어 의관을 간직할 수 있으니	如今有室可藏衣
화기애애한 부자의 정 끝이 없겠네	曖曖餘情終不極
어여차 제물을 들보 위로 던지니	拋樑上
복을 풍성하게 내려 흥성할 줄 알겠네	降福穰穰知肹饗
여기에서 정성을 쓰지 않고 어디에서 쓰랴	此不用誠惡用誠
향기로운 서직과 울창주를 올리네	黍稷馨香薦鬱鬯
어여차 제물을 들보 아래로 던지니	拋樑下
오르내리시는 기운은 - 원문 빠짐 - 바가 없네	陟降君蒿無所□
- 원문 빠짐 - 상서로움 내리시니	□□□□□降祥
본래 진심을 따라 겉을 꾸미지 않으리	自是由衷非外假
삼가 바라옵건대, 상량한 뒤에는	伏願上樑之後
계절마다 온화하고 해마다 풍년들어	時和歲豐
집안은 편안하고 국가는 태평하기를	家安國泰
남자는 혼인하고	男而婚

---

182) 남계(南溪) : 금축(琴軸)의 호이다.

여자는 시집가서	女而嫁
자자손손이	子子孫孫
집에 넘치고 당에 가득하기를	衍宇而充堂
과거에 급제하고	科則捷
지위는 높아져	位則高
해마다 해마다	歲歲年年
술잔 올려 묘우를 영광되게 하기를	奠爵而榮廟

유연당선생문집

悠然堂先生文集

제4권

유연당선생문집 제4권

부록附錄

유사遺事

공은 타고난 바탕이 화락하고 덕량이 넓어 영화와 치욕에 매이지 않았고, 기쁨과 노여움이 낯빛에 드러나지 않았다. 공이 사람을 만나고 사물을 접할 때에는 화기가 가득하였고, 사물의 이치를 논하여 시비를 결정할 때에는 공사公私와 의리義理의 분별을 해와 별처럼 분명하게 하였다. 본성이 또한 선비를 좋아하여, 다른 사람의 선행을 들으면 진심으로 좋아하여 반드시 도의道義의 사귐을 맺었다. 다른 사람의 악행을 보면 반드시 먼저 꾸짖고 깨우쳤으며, 만약 스스로 새로워지면 그의 옛 악행을 생각하지 않고 사귀었다. 빈객이 올 때마다 반갑게 맞이하였고, 참으로 함께 말할 만하면 비록 연배가 같지 않아도 곧 격의 없이 이야기를 나누었다. 이 때문에 고을 사람 중에 착한 이들이 마음으로 기뻐하며 진심으로 따랐고, 불초한 자들도 공경하고 사모할 줄을 알아 함부로 원망하지 않았다. 선비들은 현우賢愚와 노소老少의 구분 없이 모두 진심으로 공의 문하에서 배우기를 원하였다. 상헌尙憲은 젊어서 공에게 배웠는데, 공의 지극한 행실에 감복하는 경우가 많았다.

일찍이 보건대 공이 동년배와 모여서 이야기를 나눌 때 좌중의 어떤 사람이 제멋대로 미친 것처럼 날뛰며 어진 재상에 대해 함부로 말하면서 자못 업신여기고 모욕하기까지 하자, 공이 정색하고 꾸짖었다. 그 사람은 평소 모질고 사나와 다른 사람에게 굽히지 않았는데 그날 공이 경계하고 꾸짖는 말을 듣자 즉시 진심으로 땅에 엎드려 부끄러워하며 사죄하였다. 평소에 절친했던 벗이 있었는데 중년에 불행히 문둥병에 걸려 친척과 친구들이 모두 꺼려 피하며 만나보지 않았다. 공은 예전처럼 왕래하며 안부를 물었고, 서로 마주하고 음식을 먹으며 평소와 다름없이 지냈다. 어떤 이가 의문을 갖고 그 까닭을 묻자, 공은 "이 사람이 이 병에 걸린 것은 그의 죄가 아니오. 내가 어찌 차마 평소에 서로 사귀던 우의를 등지고 병에 걸려 죽게 된 때에 절교하겠소."라고 하였다. 그 사람이 감동하여 울며 집안사람들에게 말하기를, "너희는 나를 섬기는 것처럼 김공을 섬겨야 한다."라고 하였다. 공이 사람을 감복시킨 것이 이와 같았다.

임진왜란 때에 전란이 온 나라에 번져 굶어죽은 사람이 즐비하였다. 이때에 공은 영주의 집에 있었는데, 영주는 경상도 안에서 조금은 온전하게 남은 지역이어서, 사방에서 유리걸식하는 사람들이 많이 모여들었다. 공은 걸인들이 문 앞에 온 것을 볼 때마다 번번이 측은하게 여기고 불쌍하게 여기며, 집안에서는 아침에 저녁끼니를 기약 못할 정도였지만 진실로 곡식이 조금이라도 있으면 반드시 나누어 주었다. 당시에 여러 읍은 진제장賑濟場[1]을 설치하였지만 관례대로 감독관의 아전 손에 맡겨져 빈이름만 있고 유민은 실제 혜택을 입지 못하였다. 공이 군재郡宰에게 자신이 그 일을 맡겠다고 청하고, 드디어 문 앞 수십 보 즈음에 진제장을 설치하였다. 새벽과 저녁에 몸소 그곳에 나아가 죽 쑤는 도구를 반드시 모두 친히 점검하였다. 그해에는 전염병이 크게 유행하여 굶주린 백성들이 대부분 병을 앓아, 신음하는 소리가 사방에서 일어났다. 다른 사람들은 모두 두려워 피했으나 공은 전염병에 걸릴까 염려하지 않고, 오직 미처 구휼하지 못할까만을 걱정하였다. 뿐만 아니라, 마치 자애로운 어머니가 갓난아이를 보살피듯 하니, 공의 보살핌에 힘입어 온전히 살아난 자가 매우 많았다. 이렇게 공이 어질게 백성을 사랑한 것은 타고난 본성에서 나온 것이다.

을미년(1595, 선조 28)에 성현도 찰방省峴道察訪에 임명되었다. 당시는 전쟁으로 어수선한

1) 진제장(賑濟場): 기민(飢民)을 구제하기 위하여 죽을 쑤어서 나누어 먹이는 곳이다.

때여서 역로驛路가 피폐하였다. 공이 진심으로 어루만지니, 이졸吏卒들이 두려워하며 존경하였다. 자신의 생활을 매우 검소하게 하였고, 작은 것이라도 본가에 전해주어 배고픔을 벗어날 수 있는 꺼리로 만들지 않았다. 임기가 차서 교체되자, 마을에서 송덕비를 세우고 그 옆면에 새기기를, "맑고도 맑구나, 하얀 옥처럼 흠이 없네."라고 하였는데, 공의 청렴결백은 가정에서 물려받은 것이다. 정유년(1597, 선조 30)에 관찰사 이용순李用淳이 팔공산 산성을 쌓으며 수비하기에 편리한 지형을 얻었다고 스스로 생각하고 묻자, 공은 주변이 드넓어 외로운 군대가 지킬 수 있는 곳이 아니라고 대답하여 그의 뜻을 거슬렀다.

무술년(1598, 선조 31)에 상의원 직장 겸 형군문 접대낭청尙衣院直長兼邢軍門接待郎廳이 되었는데, 형개邢玠는 성품이 경솔하고 조급하며 격노하는 일이 많았다. 매번 품처할 일이 있으면 동료들이 모두 말을 하지 못하고, 번번이 상주上奏하는 일을 공에게 미루었으니, 공의 정직함은 또한 가학家學에서 전해 받은 것이다.

신축년(1601, 선조 34) 봄, 산음 현감山陰縣監에 임명되었다. 부임하자마자 학교를 일으키는 것을 급선무로 여겼고, 다치고 쇠잔해진 백성을 어루만지고 구휼하며 상처를 돌보듯이 가엾게 여겼으니, 민폐를 제거하고 백성의 노고를 풀 수 있는 것은 최선을 다해보지 않은 것이 없었다.

성격이 본래 산수를 좋아하여, 공무의 여가에 한가로운 시간이 나면 완상하며 회포를 풀었다. 때로 읍에 살고 있는 품행이 단정한 선비들을 초대하여 주연을 베풀고 놀며, 소요하고 술잔을 나누며 시를 읊으니, 초연히 세상을 벗어난 듯하였다.

임인년(1602, 선조 35) 3월 11일 관아에서 세상을 떠나니, 춘추가 50이었다. 숭정 기사년(1629, 인조 7)에, 다섯 아들이 과거에 급제하였다고 조정에서 은혜를 미루어 가선대부嘉善大夫 이조 참판 겸 동지의금부사吏曹參判兼同知義禁府事에 추증하였다.

숭정崇禎 을해년(1635, 인조 13) 안동 김상헌金尙憲이 짓다.

묘갈명墓碣銘 서문 병기

공의 휘는 대현大賢이고 자는 희지希之이며, 성은 김씨이고 본관은 풍산豐山이다. 고려 봉익대부奉翊大夫 삼사좌윤三司左尹 휘 안정安鼎의 7대손이다. 증조할아버지 휘 양진楊震은 공조 참판工曹參判을 지냈고, 재덕才德으로 한 시대를 열복悅服시켰다. 대사간이 되었을 때에는 부마駙馬 김희金禧의 저택이 제도를 벗어난 것을 탄핵하였는데, 김희는 김안로金安老의 아들이었기 때문에 김안로에게 배척당하였다. 할아버지 휘 의정義貞은 일찍이 문장과 행실로 유명하였고, 과거에 급제한 지 얼마 안 되어 홍문관 정자弘文館正字에 임명되었는데 김안로가 이미 질시하였다. 정언正言이 되자 간당奸黨이 그 강직함을 꺼려서 함께 거짓말을 날조하여 마침내 떨치지 못하였다. 아버지 휘 농農은 중훈대부中訓大夫 장례원 사의掌隷院司議이고, 어머니 숙인 권씨淑人權氏는 본관이 안동이고 고려 태사太師 행幸의 후손이며, 군자감 첨정軍資監僉正 일鎰의 따님이다.

공은 가정嘉靖 계축년(1553, 명종 8) 2월 7일에 태어났다. 어려서부터 준수했고 성장해서는 혼후하였으며, 또 재주가 있어서 동년배에게 인정과 존경을 받았다. 임오년(1582, 선조 15)에 사마시에 합격하고, 그 뒤에 유사에게 여러 번 천거되어서 사람들이 모두 조만간 벼슬에 오를 것이라고 말하였다. 신묘년(1591, 선조 24)에 사의공이 세상을 뜨셨는데, 숙인은 이미 19년 앞서 돌아가셨다. 이때부터 벼슬에 나아가려는 뜻이 없어져 담박한 마음으로 살았다. 상국相國 이덕형李德馨, 참판參判 김륵金玏이 이조에 있으면서 번갈아 공을 천거하였다. 을미년(1595, 선조 28)에 성현도 찰방省峴道察訪에 임명되고, 관례에 따라 상의원 직장尙衣院直長, 예빈시 주부禮賓寺主簿로 옮겨갔다. 신축년(1601, 선조 34)에 산음 현감山陰縣監에 임명되어 다음해 3월 11일에 병으로 관아에서 세상을 떠나니, 춘추가 50이었다. 그 해 8월에 예천醴泉의 치소 동쪽 광석산廣石山 자좌오향의 터에 장사지내니, 참판공의 묘역이다.

공은 타고난 자질이 아름다운만큼 의당 현달하고 장수해야 하나 하늘이 공에게 준 복이 여기에서 그쳤다. 어찌 이른바 하늘의 뜻이 정해 있지 않다는 것이 아니겠는가? 공은 너그럽고 도량이 커서 기쁨과 노여움을 얼굴에 드러내지 않고, 남과 말할 때는 온화한 기운이 넘쳤으며 눈썹을 치켜올리고 사나운 목소리로 대한 적이 없었다. 그러나 엄격해야 할 곳에 이르러서 일도양단 하듯이 단호하였다. 한번은 많은 사람이 앉아 있는 자리에서 함부로 어진 재상을 모욕하는 자가 있자 공이 정색을 하고 그를 꾸짖었다. 그 사람은 원래 미치광이로 누구에게도 굽히지 않는 것으로 자부하였으나, 공이 말하자 즉시 승복하며, 고개를 숙이고 엎드려 부끄러워하며 사죄하였다.

어렸을 적에 성우계成牛溪에게 배운 적이 있었는데, 성장해서는 영남으로 돌아왔다. 경인년(1590, 선조 23)에 한양에 갔으나 찾아가 뵙지 않아서 어떤 이가 그 까닭을 물었는데 공이 대답하기를 "우계 어른은 한 시대의 중망을 받고 있고 지위가 재상의 반열에 이르렀다. 벼슬이 없는 가난한 선비가 어찌 감히 갑자기 그 댁에 찾아갈 수 있겠는가."라고 하였다.

공이 벗에게 시를 지어준 적이 있는데, 그 시에 "타고난 기질이 원래 너무 유약한 것이 아쉬워 매번 굳세질 방법에 공부하였네."라고 하였다. 공이 한평생 온화하면서도 절제가 있었던 것은 자신의 단점을 점검하여 바로잡으려는 공부가 있었기 때문이다.

역임한 관직은 비록 적으나 낮은 관직이라고 하여 마음을 다하지 않은 적이 없었다. 성현도 찰방에 있을 때에는 흩어진 백성을 불러 모으고 지친 사람들을 어루만져 주어 전란을 겪고 피폐해진 곳이 조금씩 회복될 수 있게 하였다. 임기를 마치고 돌아오자, 아전들이 송덕비를 세워 추모하였다. 산음에 있을 때에는 여러 고을의 문묘文廟가 대부분 폐허가 되고 재력과 인력이 있는 큰 고을일지라도 대부분 중건을 못하고 있었다. 부임한 초기에 즉시 고을의 부로父老와 선비들을 불러 깨우쳐 주고 온 뜻을 기울여 중수하여, 관속 몇 명을 뽑아 보내어 선비를 양성하는 기구를 삼았다. 가는 곳마다 모두 직무를 잘 수행한다고 칭찬하였다.

공에게는 외숙이 있는데 실성하여 화를 많이 내었다. 조금이라도 자신의 뜻을 거스르면 자기보다 높은 항렬에 있더라도 번번이 업신여기고 욕을 하였다. 공은 30년을 이웃하여 살면서 외숙을 대할 때마다 자신의 도리를 다하니, 외숙 또한 한 번도 나쁜 말을 공에게 하지 않았다. 재산에 있어서는 어려운 일이 더욱 많이 있었으나 공이 여러 방면으로 조치를 잘하여 끝내 외숙의 환심을 잃지 않았다.

늦을 같이 하던 벗이 문둥병에 걸려서 친구들이 모두 피하고 보지 않았는데, 공은 홀로 예전처럼 왕래하며 같이 노닐었으며 심지어 서로 마주하여 먹고 마시기까지 하였다. 어떤이가 의문을 갖고 그 까닭을 묻자, 공이 대답하기를 "이 사람이 이 병에 걸린 것은 그의 죄가 아니다. 어찌 차마 평소에 서로 허여하던 의리를 등지고 질병으로 죽느냐 사느냐하는 즈음에 관계를 끊겠는가."라고 하니, 그 사람이 감격하여 운 적이 있었으며, 그의 자제들은 공을 아버지처럼 여겼다.

공이 사람을 사랑하고 만물을 이롭게 한 것은 타고난 본성에서 나왔다. 임진 계사년에 전란과 흉년으로 굶어죽은 시체가 나라 안에 가득하고 전염병이 또한 크게 유행하자, 조정에서 여러 읍에 명하여 진제장賑濟場을 열게 하였으나 일이 아전들에게 맡겨져서 백성은 실제 혜택을 받지 못하여, 서로 시체를 베고 또 죽어갔다. 공이 불쌍하게 여겨 고을원에게 말하고 스스로 그 일을 담당하겠다고 청하였는데, 일을 처리하는 데에 조리가 있었다. 아침저녁으로 몸소 그 곳에 나아가 죽을 점검하며, 완급에 맞게 선후를 조절하였다. 쑥대머리에 귀신 같은 얼굴을 한 백성의 신음 소리가 사방에서 일어났으나 조금도 싫어하는 기색이 없었고, 오직 진휼이 미치지 못할 것만을 걱정하였다.

한평생 도연명의 사람됨을 사모하여 집을 짓고 살며 '유연悠然'이란 편액을 걸고, 그 흥취를 스스로 지어서 기록하였는데, 이런 말이 있다. "산에는 무심히 나오는 구름이 있고, 집에는 튕겨도 소리 나지 않는 거문고가 있네." 그 고아한 회포와 생각은 초연히 속진을 벗어난 정취가 있었다. 평소에 산수를 좋아하여 산음 현감으로 있을 적에 경호鏡湖와 환아정換鵝亭의 승경을 사랑하여 공무의 여가에 찾아가 읊조리며 완상하였으며, 때로는 고을읍에 살고 있는 품행이 단정한 선비들을 불러 주연을 베풀고 노니니, 마치 초연히 세상을 잊은 사람과 같았다.

집안 생활에는 소탈하여 살림을 생각하지 않았으며, 관직에서는 공무를 치밀하게 처리하며 일에 따라 힘을 다하였다. 이시발李時發 공이 경상도 관찰사로 있을 적에 공의 치적을 조정에 아뢰어 승진시키라는 왕명이 내려졌으나 시행되기도 전에 공은 이미 병들었다. 병세가 깊어 다시 일어나지 못할 것임을 스스로 알고 친구들에게 영원히 작별한다는 편지를 보내면서도 정신과 낯빛은 평소처럼 밝았다. 하루는 기절하였다가 다시 깨어나자 자제들이 부르짖으며 어떠냐고 물으니, 공은 천천히 "내가 막 큰 꿈을 꾸었다."라고 하였다. 세상을 떠났을 때 옷상자에 남은 옷이 없어서, 본 현의 선비 오장吳長·권집權潗·박문영朴文榠 등이 옷을 벗어 염습하였다.

공은 섭렵하지 않은 책이 없었으나 반고班固의 『한서漢書』를 아주 좋아하여 손에서 놓지 않았다. 시문을 지을 때는 어렵고 기괴하거나 지나치게 아름다운 말을 만들지 않았으니, 성정性情의 바름에서 자연스레 우러나온 것이었다. 음주를 좋아하였으나 또한 과감하게 절제할 수 있었다. 일찍이 춘첩春帖에 "정靜할 때는 많고 동動할 때는 적으며, 깨어 있는 날은 많고 취한 날은 적어야 또한 허물이 적으리라."고 썼다. 아! 고장에서 30년을 사는 동안 고장 사람들이 모두 존경하고 사모하였으니, '대인군자'라고 칭송한 것도 까닭이 있도다.

배위配位는 영인令人 이씨이니, 수의부위修義副尉 찬금纘金의 따님이고, 전주 부윤全州府尹 즙楫의 손녀이며, 태종 공정대왕太宗恭定大王의 8세손이다. 공이 17세에 그 가문에 장가들었는데, 부윤공이 당시 일흔이 넘은 나이로 공을 볼 때마다 반드시 예우하며 말하기를 "노부老夫가 평생 사람을 많이 봤지만, 김서방 같은 사람은 못 보았다. 훗날 분명 대인이 될 것이다."라고 하였다. 영인은 어질고 자애로우며 현명하고 정숙하였는데, 공보다 25년 뒤에 세상을 떠났으니, 향년 72세였다. 사의공司議公의 묘소 뒤쪽에 장사하였는데, 공의 묘역과는 200여 보 떨어진 곳이다.

아들은 아홉이다. 장남 봉조奉祖는 사헌부 지평司憲府持平, 둘째 영조榮祖는 길주 목사吉州牧使, 셋째 창조昌祖는 의금부 도사義禁府都事, 넷째 경조慶祖는 내시부 교관內侍府敎官, 다섯째 연조延祖는 승문원 부정자承文院副正字, 여섯째 응조應祖는 흥덕 현감興德縣監, 일곱째 염조念祖는 종사랑從仕郞이고, 여덟째 술조述祖는 관례를 올리고나서 요절하였으며, 아홉째 숭조崇祖는 권지승문원 부정자權知承文院副正字이다. 딸 셋은 참봉參奉 이의준李義遵·사인士人 장우정張友程·김기추金起秋가 그 남편이다. 측실側室의 딸 하나는 정대붕鄭大鵬에게 시집갔다.

봉조奉祖는 1남 3녀를 두었는데, 아들은 시종時宗이고, 딸 둘은 김시온金是榲·김희金熙에게 시집갔으며, 하나는 아직 시집가지 않았다. 영조는 4남 3녀를 두었는데, 아들은 시익時翼·시민時敏·시침時忱·시제時悌이고, 딸 둘은 서준리徐準履·노세겸盧世謙에게 시집갔으며, 하나는 아직 시집가지 않았다. 창조는 6남 4녀를 두었는데, 아들은 시준時準·시헌時獻·시형時衡·시성時聖이고 둘은 어리며, 딸 둘은 류원경柳元慶·최이후崔爾厚에게 시집갔고 둘은 어리다. 경조는 3남 1녀를 두었는데, 아들은 시설時卨·시윤時尹·시중時重이고, 딸은 손회종孫會宗에게 시집갔다. 연조는 1남 1녀를 두었는데, 아들은 시임時任이고, 딸은 권석충權碩忠에게 시집갔다. 응조는 2남 4녀를 두었는데, 아들은 시행時行이고 하나는 어리며, 딸 둘은 김찬金鑽·권식權軾에게 시집갔고 둘은 어리다. 염조는 2남 2녀를 두었는데, 모두 어리다. 의준은 1남 2녀를 두었는데, 아들은 이송爾松이고 딸들은 김시구金是榘·김암金黯에게 시집갔다. 우정은 1녀를 두었는데, 이이장李爾樟에게 시집갔다. 기추起秋는 2남 1녀를 두었는데, 아들은 요필堯弼·요익堯翊이고, 딸은 류종지柳宗之에게 시집갔다. 증손자와 증손녀가 약간 명이다.

기사년(1629, 인조 7)에 조정에서 공을 가선대부 이조 참판 겸 동지의금부사에 추증하고, 영인을 정부인貞夫人에 추증하며, 예관禮官을 보내어 치제하였는데, 이는 공의 아들 중 다섯 사람이 대과에 급제하였기 때문이다. 일찍이 듣건대, 덕을 베풀고 그 보답을 받지 못한 자는 그 후손이 반드시 번창한다고 하였으니, 어찌 믿지 않겠는가. 하늘의 뜻이 여기에서 정해진 것이다.

나와 공은 임오년(1582, 선조 15)에 과거에 함께 급제한 사람으로, 평소에 서로 공경하는 사이였다. 공이 세상을 뜨고 나서 지평 봉조 군이 가장家狀을 가지고 찾아와 비명碑銘을 청하는 것을 승낙은 하고 묵혀 두어서 공의 묘소에 비석이 없게 한 지가 십년이나 되었다. 이는 민첩하지 못한 나의 죄인데, 봉조 군 또한 지금은 세상에 없으니, 슬프다. 명銘은 다음과 같다.

어짊은 은혜를 베풀기에 족하였으나	仁足以澤物
작은 고을을 다스리는 데 그쳤고	而局於十室
덕은 장수하기에 족하였으나	德足以遐壽
한창 나이에 세상을 떠났네	而限於蒼髮
이치에 마땅하지 않으니	理不當然

하늘의 뜻 과연 기필하기 어렵네　天果難必
여러 자제들이 벼슬에 올라서　韡笏滿床
은택이 돌아가신 분에게도 베풀어졌네　恩及窀穸
선을 쌓은 사람의 복이　善人之慶
어찌 꼭 당일에만 있으랴　豈必在卽
광석산은　廣石之山
그 정기가 왕성하니　其氣欝茀
더욱더 번창하여　益熾而昌
자손이 천억이 되리라　子孫千億

숭정崇禎 3년(1630) 8월 어느 날, 정헌대부 이조 판서 겸 경연춘추관 성균관 홍문관 대제학 예문관 대제학 세자우빈객 정경세鄭經世가 짓다.

가상家狀

아버지는 휘가 대현大賢이고 자가 희지希之이며, 성은 김씨이고, 본관은 풍산이다. 7세조 휘 안정安鼎은 고려 말에 벼슬하여 관직이 봉익대부 삼사좌윤에 올랐다. 이분의 아들 휘 자순子純은 계공랑 군기시 직장을 지냈고, 통훈대부 통례원 좌통례에 추증되었다. 이분의 아들 휘 종석從石은 일찍 세상을 떠났고, 통정대부 이조 참의에 추증되었다. 이분의 아들 휘 휘손徽孫은 통훈대부 진산 군수를 지냈으며, 가선대부 이조 참판에 추증되었다. 이분이 아버지의 고조할아버지이다. 증조할아버지 휘 양진楊震은 가선대부 공조 참판을 지냈는데, 큰 재능과 덕으로 당시에 존경받았다. 사람들은 모두 정승이 되리라 생각했지만, 일찍이 권간權奸 김안로金安老를 거슬렀으며, 사간원의 장이 되자 부마駙馬 김희金禧가 정해진 제도보다 집을 지나치게 크게 지은 것을 힘을 다해 논하였는데, 김희는 안로의 아들이었다. 안로가 이 때문에 더욱 유감을 갖고 힘을 다해 배척하니, 끝내 당시에 쓰이지 못하였다. 할아버지 휘 의정義貞은 문장과 절행節行으로 세상에 이름이 났으며, 과거에 급제한 지 한 달이 되지 않아 홍문관 정자에 선발되었다. 또 얼마 지나지 않아 수찬겸사서修撰兼司書에 진급되었다. 서연書筵[2])을 겸임하는 경연관은 명예로운 선발이었다. 인종이 동궁에 있을 때에 학문에 도움을 많이 주었다고 하여 서연의 관리 중 제일로 삼아서 늘 국사國士[3])로 대우하였다. 을사년(1545, 인종 원년)에 왕이 돌아가시자 통곡하고 고향으로 돌아와 약을 먹지 않고 스스로 생을 마치셨다. 아버지 휘 농農은 큰 재주와 헌걸찬 기량이 있었으나 시대에 쓰이지 못하였고, 집이 가난하여 녹봉을 받기 위해 벼슬에 나아가, 관직이 중훈대부中訓大夫 장례원 사의掌隷院司議에 올랐다. 비妣는 숙인淑人 안동 권씨로, 봉렬대부奉列大夫 군자감 첨정軍資監僉正 휘 일鎰의 따님이다.

아버지는 가정 계축년(1553, 명종 8) 2월 7일에 태어났는데, 태어나면서부터 총명하고 기백과 풍도가 질박하고 중후하였다. 어린 시절에 사람들이 모두 대인군자가 될 것으로 기대하였다. 열다섯 살이 되고 나서는 서당에 다녔다. 서당 훈장이 여러 소년의 기량을 시험해 보고자, 식사 중에 약속하기를 "오늘 밥을 다 먹는 사람에게는 벌을 주겠다."고 하였다. 여러 소년이 모두 감히 다 먹지 못했는데, 밥상 끝자리에 있던 아버지께서는 홀로 마치 훈장의 말씀을 못들은 것처럼 다 먹었고, 식사를 마치자 곧 집에 알려서 술과 안주를 차려오게 하셨다. 여러 소년은 훈장의 말씀에 복종했던 것을 부끄러워하였고, 식견이 있는 자들은 아버지의 기량이 비상한 줄을 이미 알았다.

계유년(1573)에 모친의 상을 당하였다. 약관의 나이에 형제마저 적었지만 상례와 장례를 홀로 치르면서 정성과 예절이 모두 지극하여 조금도 부족한 점이 없었다. 을해년(1575)에 상복을 벗었다. 살림이 가난하고 부친이 연로하여 과거 공부에 힘썼다. 임오년(1582)에 생원시에 3등 제2인에 합격하였다. 이때부터 향시와 한성시[4])에 자주 합격하였

---

2) 서연(書筵) : 왕이나 왕자가 경서의 강의를 받는 자리이다.
3) 국사(國士) : 나라의 뛰어난 선비이다.
4) 향시(鄕試)와 한성시(漢城試) : 과거 초시의 하나이다. 특별한 경우를 제외하고는 과거는 초시·복시

으나 번번이 복시覆試에서 떨어지니, 사림은 아버지의 낙방을 아까워하였으나 아버지는 개의치 않으셨다. 신묘년(1591) 겨울에 사의공司議公이 서울 집에서 생애를 마치시니, 아버지께서 영구를 받들어 풍산의 옛 집으로 돌아오셨다. 임진년(1592) 봄에 집에서 반곡反哭하고 묘 아래에 여묘를 지어 조석으로 곡하고 묘를 돌보면서 비바람이 쳐도 그만두지 않으셨다. 그해 여름 왜구가 갑자기 쳐들어와 전쟁이 일어나자 온 나라가 짓밟혔다. 아버지께서는 궤연을 받들고 태백산 아래로 피난하여 삭망에 필요한 제수를 정성을 다해 마련하였고, 곤경에 처했을 때에도 그만둔 적이 없었다.

갑오년(1594)에 상복을 벗었다. 이때부터 세상일에 뜻이 없어 한가롭게 살면서 본성을 길렀는데, 마치 그렇게 삶을 마칠 것 같았다. 한음漢陰 이덕형李德馨·백암栢巖 김륵金玏이 이조에 있으면서 교대로 천거하여, 을미년에 성현도 찰방에 임명되었다. 성현도는 왜적이 쳐들어오는 초입이었고, 당시에 왜적은 아직도 바닷가에 주둔하고 있었다. 아버지께서 처음 임소에 도착하셨을 때는 눈앞에 쑥과 억새만 가득하고, 백성도 얼마 남지 않아 양식과 역마가 전부 텅 비었다. 아버지께서는 흩어진 백성을 불러 모으고 어진 행정으로 어루만지며, 조금이라도 자신에게 이로운 것은 반드시 제거하고, 한 가지라도 아전과 역졸에게 불편한 것은 반드시 고치셨다. 피폐한 고을을 다시 살릴 계책이라면 다 쓰지 않은 적이 없으셨다. 피눈물을 흘리며 상소를 하여 폐해를 낱낱이 진술하자 조정에서 자못 채택하여 시행하니, 아전과 역졸이 더욱 은택을 입어 마침내 피폐한 역이 조금 완비될 수 있었다. 임기가 차서 교체되어 돌아오시자, 아전과 역졸이 마치 부모를 잃은 듯이 슬퍼하며 서로 의논하여 길 가에 비석을 세워 맑은 덕을 칭송하고 남기신 자애를 글로 새겨 시간이 지날수록 더욱 잊지 않았으니, 지금도 옛일을 아는 노인 중에는 비석

(覆試)·전시(殿試)의 세 단계를 거쳐서 합격자를 정한다. 초시는 한성부 및 팔도에서 각각 보이는데, 한성부에서 보이는 것을 한성시라 하고, 각도에서 보이는 것을 향시라고 한다. 이 밖에 문과 초시에는 생원·진사로서 성균관에서 수업한 일수가 규정 일수에 찬 자에게 성균관에서 보이는 관시(館試)가 있다.(『經國大典』「禮典·諸科」)

아래를 지날 적에 혹 존경하는 마음으로 절을 하며 눈물을 흘리는 자가 있다고 한다.

무술년(1598)에 사도시 직장司導寺直長에 임명되었으나 부임하지 않으셨다. 그해 여름에 상의원 직장尙衣院直長에 임명되었는데, 친구들이 모두 가기를 권해 마침내 한양으로 가서 사은숙배하셨다. 당시에 군문軍門 형개邢玠가 성 안에 주둔하여, 조정에서는 접대소를 마련하였다. 아버지께서는 낭청郎廳의 일을 함께 살피고 마음을 다해 직무를 수행하며, 새벽부터 밤까지 지극정성으로 이바지하셨다. 기해년(1599)에 군문이 회군하였다. 아버지께서는 수고했다는 이유로 승진되어, 예빈시 주부禮賓寺主簿에 임명되셨다. 가을에 영주로 돌아와 이산서원의 원장이 되어, 유학자가 문장을 외우는 말단에만 힘쓰는 것은 마땅하지 않다고 생각하시고, 마침내 유생을 많이 모아 『소학』을 강독하셨다. 여러 유생 중에 혹 일 때문에 드나들며 학업을 마치지 못한 이도 있었지만 아버지께서는 시종일관 부지런히 하며 강독을 마칠 때까지 게을리 하지 않으셨다.

신축년(1601, 선조 34)에 산음 현감에 임명되었는데, 산음현은 전란 속에 폐허가 된 문묘文廟[5]를 중건하지 못하고 있었다. 아버지께서는 부임하던 초기에 학교가 무너진 것을 개탄하며 먼저 경내의 선비와 부로父老들을 불러 모으고 타일러, 대성전大聖殿과 명륜당明倫堂, 재방齋房,[6] 부엌을 건립하여 갖추지 않은 것이 없었다. 건물을 지킬 사람이 없어 관속 몇 명을 뽑아 내보내 선비를 봉양하게 하였다. 여러 유생을 권면하자 문풍이 떨쳐 일어났다.

청렴하고 근면하게 관직생활을 하고 공평하고 너그럽게 행정을 보며, 공무에는 정성을 다하고, 스스로 검약하게 생활하셨다. 관속들이 추위와 굶주림을 면하지 못하게 되어 혹 견디기 어렵다고 말하면 그때마다 "너희가 집에 있을 때에 지금만큼이라도 지낼 수 있었느냐."라고 하셨다. 재종형 정현挺賢이 마침 현을 지나다가 관아에 들어왔다가

---

5) 문묘(文廟) : 공자의 위패를 모신 사당이니, 사성십철(四聖十哲) 및 중국의 역대 명현과 우리나라 신라 이래의 명현 18위를 배향하였다.

6) 재방(齋房) : 재계하는 조용하고 정결한 거실(居室)이다.

방에 가재도구가 하나도 없고 여러 아이들이 배고파 우는 것을 보고, 탄식하며 "왜 이렇게 자신을 고생시키는가?"라고 하자, 아버지께서는 다만 한 번 웃으셨을 뿐이다.

재판은 실정과 법을 참고하여 공명정대하게 판결하니, 송사에서 진 사람도 복종하였다. 산음현을 다스린 지 일 년도 되지 않아 치적이 크게 드러났다. 관찰사 이시발李時發이 행정의 업적을 포창하며 조정에 계문啓聞하니, 주상께서 특별히 승진시키라는 명을 내리셨다. 일이 미처 시행되기 전에 치소에서 병에 걸려 계속 앓으셨다. 일어나지 못할 것을 스스로 알고 마침내 객사로 나가 거처하시며 친구들에게 편지를 쓰셨는데, 그때마다 작별의 말을 하였으나 정신과 얼굴빛은 평소처럼 평온하셨다. 돌아가셨을 때에 상자에 여벌의 옷이나 염습할 도구가 없어, 현의 선비인 오장吳長·권집權潗·박문영朴文楧 등이 옷을 벗어 수의를 만들고 예를 갖추어 염습하였다. 아, 슬프도다. 이때는 임인년(1602) 3월 11일이었고, 춘추는 50이셨다. 그해 8월 16일에 참판공의 묘소 왼쪽의 북쪽을 등지고 남쪽을 바라보는 언덕에 안장하였다. 아! 덕은 높은 자리에 올라야 했는데 쓸쓸하게 한 고을만을 다스렸고, 어진 성품은 장수해야 했는데 결국 오래 살지 못하셨다. 하늘의 도를 믿기 어려운 것이 과연 이와 같은가?

아버지께서는 타고난 용모가 화락하고 덕성이 너그러워서 영예와 오욕을 마음에 두지 않았고 기쁨과 노여움을 낯빛에 드러내지 않으셨으며, 사람을 대하고 사물을 접할 때에 온화한 기운이 가득하였다. 사물의 이치를 살펴 시비를 판단할 때에는 해와 별처럼 공과 사의 의리를 분명하게 분별하셨다. 성품이 또 선비를 좋아하여, 남의 선행을 들으면 마음으로 정말 좋아하여 반드시 도의로 사귀셨다. 남의 악행을 보면 반드시 먼저 꾸짖고 깨우쳐 주셨고, 만약 스스로 새로운 사람이 되면 예전의 잘못을 생각하지 않고 함께하셨다. 빈객이 올 때마다 반갑게 맞이하셨고, 만약 함께 말할 만한 사람이면 연배가 같지 않더라도 곧 나이를 잊고 친근하게 사귀셨다. 이 때문에 향인 중에 선한 사람은 마음으로 기뻐하며 진심으로 복종하였고, 못난 사람도 공경하고 사모하며 감히 원망하지 않았으며, 선비는 현명하거나 어리석거나 어리거나 어른이거나 간에 모두 감화되어 그 문하에서 배우기를 원하였다. 참판參判 신경진辛慶晉[7]이 가장 서로 잘 아는 사이였는데, 만년에 탄식하며 "나는 일찍이 김 아무개가 두터운 덕을 갖고서도 복을 누리지 못한 것을 이상하게 생각하였다. 듣건대, 그의 자손이 매우 많다고 하니, 하늘이 보답으로 베푼 것이 아마도 여기에 있으리라."고 하였다.

일찍이 동년배와 모여서 이야기를 나누는데, 좌중에 멋대로 행동하는 어떤 사람이 현명한 재상에 대해 무례하게 언급하며 자못 업신여기며 모욕하자, 아버지께서 정색하고 꾸짖으셨다. 그 사람은 평소에 흉포하고 경박하며 남에게 굽히지 않았지만 이날에는 타이르고 꾸짖는 아버지의 말씀을 듣더니 곧 매를 등에 지고 땅에 엎드려 부끄러워하며 사례하였다. 벗들이 아버지에게 공경히 복종한 것이 이와 같았다.

아버지와 평소에 절친하게 지내던 사람이 중년에 불행히 문둥병에 걸려 친척과 친구들이 모두 그를 피하며 보지 않았다. 아버지께서는 예전처럼 왕래하며 돌아보고 문안하였다. 서로 마주 보고 음식을 먹을 때에도 평소와 다름없이 하시니, 어떤 이가 궁금해서 물었다. 아버지께서는 "이 사람이 이 병에 걸린 것은 그의 죄가 아닌데, 내가 어찌 차마 평소에 서로 허여하던 의리를 저버리고 질병이나 생사 때문에 절교할 수 있겠는가."라고 하셨다. 그 사람이 늘 감격하고 울며 집안사람에게 말하기를, "너희는 나를 섬기는 마음으로 김공을 섬겨야 한다."라고 하였다. 지금도 그 집 자제들은 아버지를 자신의 아버지처럼 여기고 있다.

아버지께서는 일찍이 "사람의 궁달과 화복은 모두 천명에 달렸다. 모든 일은 천명을 따라야지 인위적으로 해서는 안 된다. 마음에는 조금의 계산도 없어야 한다."라고 하셨다. 여러 아이의 학업도 과정을 정해서 감독하지 않고 알아서 노력하게 하시며, "저 아이들이 재능이 있느냐 없느냐에 달렸을 뿐이다."라고 하셨다. 어머니께서 일찍이 여러 아이에게 경계하며 "생각건대 너희 부친께서는 충후하고 신중하셔서 조정의 득실에 대해서는 들어도 듣지 못한 듯이 하셨고, 남의 장점과 단점을 절대로 말하지 않으셨다. 어떤 사람이

---

7) 신경진(辛慶晋, 1554~1619) : 자는 용석(用錫), 호는 아호(丫湖), 본관은 영월(寧越)이다. 이이의 문인이다. 임진왜란 때 류성룡의 휘하에서 종사관으로 활약하였다. 저서로는 『백록유고(白麓遺稿)』가 있다.

다른 사람의 개인적인 일을 들추어 말하면 곧 이마를 찡그리며 불쾌해 하셨다. 자손들이 남을 평론하기를 좋아하고 망령되이 시비를 따져서, 비방을 듣고 시끄러운 문제를 초래한다는 말을 듣고 싶지 않다고 하셨으니, 너희는 명심해야 한다."라고 말씀하셨다.

아버지에게는 외삼촌이 있었는데, 외삼촌은 일찍이 병 때문에 실성하여 희노애락이 절도에 맞지 않아 조금이라도 마음을 흔드는 일이 생기면 번번이 멋대로 업신여기고 욕하였으며, 자기보다 높은 사람에게도 함부로 하였다. 아버지께서 도리를 다해 대하자 외삼촌도 난폭하게 성내며 사리에 맞지 않는 말을 한 적이 없었다. 재물과 이익에 관련하여 난처한 일이 더욱 많았으나 아버지께서는 기쁜 얼굴로 공경히 처리하여 끝내 외삼촌의 환심을 잃지 않으셨다. 집을 나란히 하고 30여 년을 살았으나 이의를 다는 사람이 없었다.

아버지께는 서제庶弟가 몇 사람 있었는데 그들은 가업을 잃고 아버지께 의지하였다. 난리를 당해 굶주릴 때 아버지와 자식이 서로를 보살피지 못하였는데, 아버지께서 여러 아우를 어루만지고 길러 끝내 모두를 성장시켰다. 서제에게는 계집종이 몇 명 있었는데 또 스스로 보존할 수 없어 죽게 생겼다. 아버지께서 집 식구의 음식을 덜어 모두 길러주셨으며, 서제가 가정을 이루기를 기다린 뒤에 계집종을 주셨으니, 서제는 이에 힘입어 가업을 이룰 수 있었다.

임진년(1592, 선조 25)과 계사년(1593, 선조 26)에 온 나라가 전란에 휩싸여 굶어죽은 시체가 즐비하였다. 당시에 아버지께서는 영주 집에 계셨는데, 영주는 경상도 안에서 조금 온전한 지역이어서 사방에서 유리걸식하는 사람들이 많이 모여들었다. 아버지께서는 문 앞에 온 걸인을 볼 때마다 번번이 측은한 마음으로 불쌍히 여기셨으며, 집은 끼니를 잇지 못할 정도였지만 만약 곡식이 약간이라도 있으면 반드시 나누어 주셨다. 당시 여러 읍은 진제막賑濟幕[8]을 설치하고 관례대로 감관監官[9]의 서리에게 맡겨서, 단지 빈이름만 있고

8) 진제막(賑濟幕) : 굶주리는 백성을 구제하기 위한 임시 장소이다.

유민은 실제 은혜를 입지 못하였다. 아버지께서 군수에게 청하고 스스로 그 일을 주간하여, 마침내 문 앞 수십 보 되는 곳에 진제막을 설치하고 아침과 저녁으로 몸소 그 곳에 나아가 죽 쑤는 도구를 반드시 모두 직접 점검하셨다. 이 해에 전염병이 크게 일어나 굶주린 백성이 대부분 병을 앓아 신음 소리가 사방에서 일어나 사람들이 모두 두려워하고 피하였으나 아버지께서는 또한 그다지 마음에 두지 않고 오직 미처 진휼하지 못할까만을 염려하셨다. 뿐만 아니라, 자애로운 어머니가 갓난아이를 돌보듯 하시니 아버지의 보살핌에 힘입어 온전히 살아난 자가 자못 많았다. 이처럼 백성을 아끼는 어진 마음은 타고난 본성에서 나온 것이다.

어릴 적 장의동壯義洞 집에 계실 때 우계牛溪 문간공文簡公에게 배우셨는데, 성장하고 나서는 영남으로 돌아오셨다. 경인년(1590, 선조 23)에 향공鄕貢[10]을 통해 한양에 가셨는데, 당시 우계가 한창 이조 판서를 맡고 있어 당시에 선비들이 그에게 다투어 달려 나아갔다. 어떤 이가 아버지께 말하기를, "공의 가문은 우계의 가문과 대대로 친분이 가장 깊다. 게다가 일찍이 글을 배운 은혜도 있는데, 어찌하여 가서 뵙지 않는가?"라고 하자, 아버지께서 "우계 어른은 한 시대의 높은 명망을 받고 있고, 지위는 재상의 반열에 이르렀다. 벼슬하지 못한 가난한 선비가 어찌 감히 갑자기 그 분의 집에 찾아갈 수 있겠는가?"라고 하셨으니, 명성을 피하고 자중하신 것이 이와 같았다.

일찍이 구성龜城에 있는 집에 당을 짓고 이름을 '유연당悠然堂'이라 하셨다. 도정절陶靖節의 "유연히 남산이 눈에 보이네."[11]라고 한 뜻을 취한 것이니, 아버지의 고상한 운치가 어디에 있는지 상상할 수 있다. 자신의 뜻을 자술하여 당의 기문記文으로 삼으셨으니 그 글은 대략 운운 하였다.[12] 또 짧은 시로 감회를 읊었는데, 명망 있는 공들과 문객이 모두

---

9) 감관(監官) : 궁가(宮家)와 관청에서 돈이나 곡식을 보관하여 지키며, 출납을 보살피는 벼슬아치를 말한다.

10) 향공(鄕貢) : 지방 향교나 서원에 다니던 유생이 성적이 우수하여 생원 초시(生員初試)나 생원 복시(生員覆試)에 응시할 자격을 얻는 것을 말한다.

11) 유연히 …… 바라보노라 : 도연명의 「음주」 시에 나오는 말이다.

화답시를 지었다. 만년에 이 당에 거처하셨는데, 한가롭게 지내며 시를 읊었고 즐거워서 근심을 잊으셨다. 고을 사람들이 자주 술을 들고 오면 곧 기쁜 마음으로 마주하고 깊은 정회를 펴며 한껏 즐긴 뒤에야 자리를 파하셨다. 평소에 산과 강을 좋아하여, 산음현에 계실 적에 경호와 환아정의 뛰어난 아름다움을 아끼셔서, 공무의 여가에 한가로운 시간이 나면 완상하며 회포를 푸셨다. 때로 읍에 살며 품행이 단정한 선비들을 초대하여 주연을 베풀고 놀며 소요하고 술잔을 나누며 시를 읊어 초연히 세상을 벗어난 듯이 하셨다.

아버지께서는 섭렵하지 않은 책이 없었지만 반고班固의 『한서漢書』를 몹시 좋아하여 손에서 놓지 않으셨다. 문장을 지을 때는 험하고 기괴하거나 지나치게 아름다운 문체를 힘써 제거하여, 말은 간략하면서 굳세고 이치는 뛰어나면서 통달하였으며, 그 체제는 왕왕 고인을 능가하였고, 또한 서간書簡·소疏·논論·기記 등의 잡저에 뛰어났다. 시를 지을 때 성률과 대우를 맞추는 데에 마음을 두지 않더라도 읊조리는 사이에 성정의 바름을 절로 얻어 개연히 옛일을 회상하는 뜻이 일거나 한가로이 거처하는 흥취가 깊게 일어났으니, 구차하게 문장이나 매끄럽게 꾸미려 하는 자들이 엿볼 수 있는 경지가 아니었다. 과거시험의 문체에는 뜻을 두지 않았지만 시험장에서 높은 점수를 받은 적이 또한 많았다. 그래서 당시에 문예를 다투던 선비가 모두 추대하여 으뜸으로 삼았으나 끝내 담당자 때문에 낙방한 것은 천명이리라.

집안 살림에는 소탈하여 생업을 염려하지 않으셨으며, 땔나무와 음식이 자주 떨어져도 마음을 편안하게 가지셨다. 관직에서는 공무를 치밀하게 처리하며 낮은 관직이라고 하찮게 여기지 않고 처한 곳에 따라 직분을 다하셨다. 마을에서 30년을 사셨는데 마을 사람들이 모두 매우 존경하고 사모하였으며, 아버지께서 세상을 버리시자 서로 탄식하고 슬퍼하며 말하였다. "선한 분이 돌아가셨으니, 선한 자는 앞으로 어디에서 권면 받고, 악한 자는 앞으로 어디에서 징계 받으랴!"

---

12) 그 글은…… 하였다. : 본서 권3에 있는 「유연당기」를 말한다.

어머니는 영인令人 이씨이니, 본관이 전주이고, 효령대군의 7세손이시며, 증조할아버지 휘 대葑는 통훈대부로 용강 현령을 지냈고, 할아버지 휘 즙楫은 가선대부로 전주 부윤을 지냈으며, 아버지 휘 찬금纘金은 충의위로 수의부위를 지내셨다. 아버지께서는 17세에 이씨 가문에 장가드셨는데, 당시에 부윤공은 연세가 칠십이 넘으셨지만 아버지를 만나실 때마다 반드시 관대로 예모를 갖추며 말씀하셨다. "내가 평생 사람을 많이 보았지만 아직 김서방과 같은 사람은 보지 못하였다. 훗날 분명히 대인군자가 될 것이다."

어머니는 품성이 어질고 자애로우며, 기질이 총명하고 정숙하셨으며, 34년 간 아버지를 섬기는 동안 가정에 계실 때나 관직에 계실 때나 모두 내조를 많이 하셨다. 아버지보다 25년 뒤에 아들 봉조奉祖가 다스리는 익산군益山郡의 관아에서 돌아가시니, 향년 72세였다. 그 해 4월 24일에 운구해 와서 사의공司議公의 묘墓의 뒤, 유좌묘향酉坐卯向의 터에 안장하였으니, 아버지의 묘역과는 200여 보 떨어졌다. 아버지의 묘는 지세가 너무 좁아 한 묘에 같이 모실 수가 없었던 것이다. 아, 슬프도다!

9남 4녀를 낳으셨는데, 장남 봉조는 문과에 급제하여 익산 군수가 되었고, 차남 영조榮祖는 문과에 급제하여 사헌부 장령司憲府掌令이 되었으며, 셋째 창조昌祖는 진사이고 음보蔭補로 창릉 참봉昌陵參奉이 되었으며, 넷째 경조慶祖는 생원이고, 다섯째 연조延祖는 문과에 급제하여 승문원 정자承文院正字가 되었으며, 여섯째 응조應祖는 문과에 급제하여 병조 좌랑이 되었으며, 일곱째는 염조念祖이고, 여덟째 술조述祖는 관례를 치렀으나 요절하였다. 아홉째 숭조崇祖는 진사이다. 장녀는 요절하였고, 차녀는 생원 이의준李義遵에게 시집갔고, 셋째 딸은 충의위忠義尉 장우정張友程에게 시집갔고, 넷째 딸은 사인士人 김기추金起秋에게 시집갔다.

봉조는 1남 3녀를 낳았는데, 아들은 시종時宗이고, 장녀는 김시온金是榲에게 시집갔고, 차녀는 김희金熙에게 시집갔으며, 한 명은 어리다. 영조는 4남 4녀를 낳았으니, 아들은 시익時翼·시민時敏·시침時忱이고 한 명은 어리며, 장녀는 서준리徐準履에게 시집갔고, 나머지는 어리다. 창조昌祖는 6남 4를 낳았으니, 아들은 시준時準·시헌時獻·시형時衡·시성時聖이고 두 명은 어리며, 장녀는 류원경柳元慶에게 시집갔고, 차녀는 최이후崔爾厚에게 시집갔으며, 나머지는 어리다. 경조는 3남 1녀를 낳았으니, 아들은 시설時卨·시윤時尹·시열時說

이고, 딸은 손회종孫會宗에게 시집갔다. 연조는 1남 1녀를 낳았으니, 아들은 시임時任이고, 딸은 권석충權碩忠에게 시집갔다. 응조應祖는 2남 4녀를 낳았으니, 아들은 시행時行이고 한 명은 어리며, 장녀는 김찬金鑽에게 시집갔고 나머지는 어리다. 염조는 1남 2녀를 낳았으니 모두 어리다. 이의준은 1남 2녀를 낳았으니, 아들은 이송爾松이고, 장녀는 김시구金是榘에게 시집갔고, 차녀는 김암金黯에게 시집갔다. 장우정은 1녀를 낳았으니, 진사 이이장李爾樟에게 시집갔다. 김기추는 2남 1녀를 낳았으니, 아들은 요필堯弼·요익堯翊이고, 딸은 류원발柳元發에게 시집갔다.

시종時宗은 1남 1녀를 낳았고, 김시온金是榲은 4남 3녀를 낳았으며, 김희金熙는 1남을 낳았다. 시민時敏은 1남 2녀를 낳았고, 시침時忱은 3녀를 낳았고, 서준리徐準履는 2남 1녀를 낳았고, 시준時準은 4녀를 낳았다. 류원경柳元慶은 2남 2녀를 낳았고, 최이후는 1남을 낳았다. 시설時卨은 1남 3녀를 낳았고, 시윤時尹은 1남을 낳았다. 손회종孫會宗은 1남 1녀를 낳았고, 권석충은 2녀를 낳았고, 김찬은 2녀를 낳았고, 이이송은 1남 2녀를 낳았고, 김암金黯은 2남을 낳았고, 이이장李爾樟은 2남 3녀를 낳았고, 김요필金堯弼은 1녀를 낳았고, 류원발柳元發은 2남 2녀를 낳았다.

아버지는 측실에게 딸 하나가 있는데, 정대붕鄭大鵬에게 시집갔다. 경조慶祖에게는 첩남妾男 하나와 첩녀妾女 둘이 있는데 모두 어리다. 아버지의 손주와 증손자는 모두 113명이다.

아, 아버지께서 돌아가신 지가 올해로 27년이 되었건만 묘로 가는 길에 아직도 비석을 세우지 못했으니, 이것은 실로 불초자의 죄다. 게다가 이미 선생(정경세鄭經世를 말함)께 승낙은 받았지만 아직도 지극한 은혜를 마저 받아서 지하에 계신 분을 아름답게 하지 못하고 있으니, 이것도 불초자의 죄다. 지금은 어머니께서도 세상을 떠나셨고, 자손도 전에 비해 조금 늘어났으며, 이전 가장家狀에 기록된 것에는 또한 너무 소략하거나 누락된 것이 있으므로, 언행과 이력과 세계와 자손을 삼가 고쳐 기록하여 공경히 아뢰며 경건히 청하니, 살펴주시기를 바란다.

천계天啓 8년 무진년(1628, 인조 6) 정월 17일
고애자孤哀子 봉조奉祖가 피눈물을 흘리며 삼가 쓰다.

행년기行年記

가정嘉靖 32년 – 명종明宗 8년 – **계축년**(1553) **2월 7일**

선군先君이 태어나셨다.

기미년(1559, 명종 14) 선군 7세

글을 배우기 시작하셨다.

기사년(1569, 선조 2) 선군 17세

경성京城 남수문동南水門洞에서 어머니 이부인李夫人에게 장가들었다. 당시에 외할머니 정씨鄭氏가 돌아가신 지 이미 오래되어, 외외증조할머니 신부인申夫人이 어머니를 데려다 길러주셨다. 외할아버지께서 이때에 초례醮禮를 행하셨는데, 외증조할아버지 전주 부윤공께서 선군을 보면 반드시 예우하시며 "내가 사람을 많이 보았지만, 김서방 같은 사람은 보지 못했다. 훗날 분명히 대인군자가 될 것이다."라고 말씀하셨다.

경오년(1570, 선조 3) 선군 18세

처음으로 별시別試 초시初試에 입격하였다.

계유년(1573, 선조 6) **10월 4일**

할머니 권부인權夫人께서 영주 봉향리奉香里 집에서 돌아가셨다. 선군께서 영구를 받들어 예천醴泉 광석산廣石山 동향의 언덕에 안장하였다.

만력萬曆 9년 신사년(1581, 선조 14) **가을**

생원시와 진사시 초시에 모두 입격하였다.

임오년(1582, 선조 15) **봄**

생원시에 합격하였다.

기축년(1589, 선조 22)

영주 봉향리 집의 서편에 유연당悠然堂을 지었다. 집은 남계南溪 금축琴軸의 고택이다. 당이 학가산을 마주하였으므로 이름을 '유연히 남산이 눈에 보이네.[悠然見南山]'라는 뜻에서 취하였다. 스스로 시를 지어 기록하였다. 상국相國인 한음漢陰 이덕형李德馨이 시에 다음과 같이 말하였다.

역마가 솔 사란 거리를 뚫고 기니	馹騎穿松巷
사립문이 눈 덮인 물굽이 옆에 있네	柴門傍雪灣
자리를 여니 봄기운 가득하고	開筵春滿座
방문 나서니 달이 산을 비추네	出戶月含山
이별한 후 자주 서로 편지했는데	別後頻相問
답장 올 때마다 유독 한가함을 부러워했네	書來羨獨閒
봄바람에 습기 많은 남방에서	東風蠻瘴裏
만나고 보니 귀밑머리 반백이나 되었네	一望鬢成斑

○ 관례에 이산서원의 원장은 반드시 노성하고 덕이 있는 사람이 맡았는데, 선군께서는 겨우 서른일곱에 추대되어 원장이 되셨다. 선군께서 사림에 존중받은 것이 대부분 이와 같았다. 지극한 정성으로 선비를 사랑하고 학문을 권면하니, 많은 선비들이 기뻐하고 따랐다.

신묘년(1591, 선조 24) **겨울**

할아버지께서 한양에서 벼슬살이 하시다가 병에 걸리셨다. 처음에는 병세가 대단하지 않으셨는데, 11월 15일에 갑자기 돌아가셨다. 선군께서는 당시에 영주에 계시다가 부음을 듣고 길을 떠나셨다. 부안 현감이던 고한운高翰雲[13]이 뒤좇았지만 따라잡지 못하자, 여러 아이를 어루만지고 울면서 "너희 아버지는 기운이 허약한데 추위를 무릅쓰고 상에 달려갔으니, 어찌 살아 돌아오기를 바라겠느냐."라고 말했다. 선군께서는 한양에 이르러 영구를 받들고 돌아와 광석산 할머니 묘소의 남쪽에 가매장하셨다.

임진년(1592, 선조 25) 2월 11일

할머니의 묘소 뒤쪽 언덕에 할아버지를 안장하셨다. 당시에 풍수가들이 가끔 선조비의 장지가 좋지 않다고 말하니, 선군께서 옮겨서 합장하려고 할아버지의 묘광 왼쪽에 빈 관곽을 안치하셨다. 그해 4월, 왜적이 갑자기 쳐들어와 국내가 크게 어지러워져 8년이 지나도록 평정되지 않았다. 그래서 처음에 세운 계획을 이루지 못하여 평생 한스럽게 여기셨다. 지금은 모두 할머니의 묘소가 산 안에서 제일 좋은 길지라고 말한다.

계사년(1593, 선조 26)

당시에 전란이 그치지 않고 가뭄과 해충의 피해가 연이어 일어나 온 나라 사람이 떠돌아 다녀서 죽은 사람이 길에 즐비하였다. 영주에는 왜적이 들어오지 않았으므로 떠돌아다니는 사람들이 많이 찾아왔다. 바가지를 들고 문 앞에 와서 음식을 구걸하는 자가 하루에도 십여 명이었다. 선군께서는 마음 아파하시며 식량이 있고 없고를 헤아리지 않고 번번이 집안사람을 불러 먹을 것을 주게 하셨다. 굶주린 백성들은 "어느 마을의 어느 집에 가면 음식을 얻어먹을 수 있으니 너도 가서 구걸해 봐라."고 서로 말하였다. 조상 때부터 노비가 조금 많아 양식을 도와줄 수가 없었다. 문중에도 굶어죽는 사람과

---

13) 고한운(高翰雲, 1552~1592) : 자는 자룡(子龍), 본관은 안동이며, 구미 출신이다. 1585년 문과에 장원으로 급제하여 부안 현감이 되었다. 부안 현감으로 있을 당시, 왜병이 침략했다는 소식을 듣고 금오산에 진을 치고 선산·금릉·인동 등지의 선비와 흩어진 병사들을 모아 항전하였다.

떠돌다가 죽는 자가 많았으나, 아직 장가들지 않은 서제庶弟의 여종과 그 여종의 아들 몇 사람을 데려다 돌봐주시니, 모두 온전히 살았다.

○ 생원生員 김명성金鳴盛이 전염병에 걸려 병상에 누웠을 때에 선군께서 직접 그의 방에 들어가 병자 곁에 앉아서 병문안하시고, 마른 개똥 다린 물을 마시도록 권하셨다. 김공이 더럽다고 마시려 하지 않자, 선군께서 먼저 스스로 마셔 보이시니 김공이 우러러 보며 눈물을 흘리며 마셨다.

을미년(1595, 선조 28)

한음漢陰 이덕형李德馨과 백암栢巖 김륵金玏이 이조에 있으면서 선군을 천거하여 성현도 찰방이 되셨다. 당시는 난리 중이어서 역로驛路가 피폐하였는데, 선군께서 마음을 다해 어루만지니, 아전과 역졸이 두려워하고 존경하였다. 자신을 위해 쓰는 물품을 매우 간소하게 하였고, 털끝 하나라도 본가에 보내 굶주림을 해결할 바탕으로 삼게 하지 않으셨다. 임기가 다 차 교체될 때에 백성들이 비석을 세우고 그 옆에 새기기를, "청렴하고 청렴하시니, 백옥처럼 흠이 없으셨네."라고 하였다. 선군께서 듣고 웃으면서 "우리 집이 몹시 가난하여 읍재邑宰가 되어 자급했는데, 역졸들이 저렇게 덕을 칭송한다. 나는 전에는 지조가 곧았다가 나중에는 더러워져서는 안 된다.[14] 이런 칭송은 역졸이 지금부터 청빈하게 살라고 나를 신칙하는 것이다."라고 하셨다. 여러 장로가 함께 장난으로 "그대는 여러 아들에게 몰래 가서 '흐리구나 흐리구나. 백옥에 흠이 있네.'라고 고치게 해야 한다."고 말하였다.

14) 전에는 …… 안 된다 : 남조 송나라의 주옹(周顒)이 종산(鍾山)에 은거하고 있다가 세상에 나가 벼슬한 것을 풍자한 공치규(孔稚珪)의 「북산이문(北山移文)」에 "전에는 지조가 곧았다가 나중에는 더러워지고 말았으니, 어쩌면 그렇게도 잘못되었단 말인가?[先貞而後黷 何其謬哉]"라고 한 데서 가져온 말이다.

정유년(1597, 선조 30)

관찰사 이용순李用淳이 공산산성公山山城을 쌓으며, 스스로 지형의 편리한 형세를 얻었다고 생각하고 의견을 물어보았다. 선군께서는 "이 산성은 비록 험하지만 사방 주변이 드넓어 고립된 군대가 지킬 수 있는 곳이 아닙니다. 지대가 너무 높아 군사들이 늘 안개와 이슬의 독기에 노출되어 오래 지키기가 어렵습니다. 또 국가의 요새로 삼고자 해도 여기는 요충지가 아니며, 피난처로 삼고자 해도 무슨 수로 군사를 모아 수많은 성가퀴를 나누어 지키겠습니까?"라고 대답하셨다. 이용순이 불쾌한 낯빛을 하고 선군을 차사원差使員으로 삼아, 군량과 기계를 감독하며 운송하게 하였다. 얼마 지나지 않아 왜적이 쳐들어오자, 적들이 노략질하여 쓸까봐 불태워버렸다. 이용순이 부끄러워하며 감복하였다. 이 해에 서애西厓 류선생柳先生이 남쪽으로 토벌하러 온 양 경리楊經理를 따라 왔는데, 경리가 서애 선생에게 안동에 머물며 군량을 조달하도록 하였다. 선군께서 "경리의 말은 진심을 알 수 없습니다. 안동부는 대감의 고향이니 편리한 대로 거취를 정해서는 안 됩니다."라고 하셨다. 서애 선생이 깨닫고 떠났는데, 얼마 지나지 않아 경리가 과연 류재상柳宰相이 어디 있느냐고 묻자, 어떤 사람이 "재상께서 따라와 계시다."고 대답하니 경리가 불러 함께 일을 계획하고는 기뻐하였다. 대개 당시에 모함하는 말이 실제로 행해지지 못했던 것은 선군께서 멀리 내다보는 식견이 이러하였기 때문이다.

무술년(1598, 선조 31)

관례대로 상의원 직장尙衣院直長으로 옮겨가셨다. 당시에 군문軍門 형개邢玠가 한양에 머물러 있었는데, 선군께서 접대낭청接待郎廳이 되셨다. 난처한 일이 생기면 동료들이 번번이 선군에게 미루어 일을 맡게 하였다. 제조提調 강섬姜纖이 경박하고 조급하며 자주 격노하니, 당시 아뢸 일이 있으면 동료들이 모두 말을 하지 못하고 또 선군에게 미루었다. 강섬은 말씨와 얼굴이 과연 좋지 않았으나 선군의 인품을 알아 본 뒤에는 뉘우치고 사례하며 요청을 따랐다. 대개 선군이 하급 관료였지만 조정의 대신에게 존경받았기 때문이다.

기해년(1599, 선조 32)

군문軍門을 접대한 공로로 예빈시 주부禮賓寺主簿에 올랐다. 이 해에 별시別試의 초시初試에 응시하여, 「궁녀를 찔러 죽였다는 것에 대한 논[刺殺宮鬟論]」으로 장원이 되었다. 대사헌 황섬黃暹은 문사文詞에 노련하였는데, 선군의 글을 보고는 탄식하며 "한 글자도 더할 수 없고, 한 글자도 뺄 수 없다."고 하였다.

○ 가을에 여러 소인들이 류서애柳西厓를 공격하였다. 선군께서는 분노와 강개함을 이기지 못하여 소疏를 지었지만 끝내 올리지는 못했다. 서애 선생이 동교東郊에서 왕명을 기다리며 부친 시에 "서풍에 나뭇잎 떨어지는 동교 밖에서, 그대를 생각할 적마다 슬퍼하네.[西風落木東郊外 一度思君一愴顏]'[15] 라는 구절이 있었다. 가을에 남쪽으로 돌아왔다.

경자년(1600, 선조 33)

물러나 영주에 계셨는데, 향인이 다시 추대하여 이산서원의 원장이 되셨다. 당시에는 전란의 여파로 선비들이 학문을 알지 못했다. 선군께서 서원에 사문斯文의 장로長老를 맞이하고 여러 생도를 많이 모아 『가례』와 『소학』 등의 서적을 강독했는데, 난리 뒤로는 드문 일이었다.

신축년(1601, 선조 34) 봄

산음 현감에 임명되어 부임하려 하였다. 황섬이 시를 지어 주었다.

산음 태수를 인사하고 보내는데	揖送山陰宰
갈림길 머리에 버들 빛이 푸르네	歧頭柳色靑

15) 서풍에 …… 슬퍼하네 : 『서애집』 권1 시 「서김희지선인시권(書金希之先人詩卷)」에 나오는 구절이다.

그대가 돌아가 도사를 만나면　　君歸逢道士
거위와 바꾼 경을 청하시라[16]　　爲請換鵝經

창석蒼石 이준李埈의 시에는 "신선 같은 김 찰방이, 필마 타고 멀리 산음현으로 가네.[神仙人中金察訪 匹馬遠作山陰縣]"라는 구절이 있었다. 청음淸陰 김상헌金尙憲의 시는 더욱 인구에 회자되었다. 부임하시자 먼저 학교 세우는 것을 급한 일로 여기고, 관사官舍와 아사衙舍는 모두 초가집으로 짓거나 황급히 하지 않았으며, 난리에 다친 사람들을 어루만지며 자식처럼 보살폈다. 민폐를 제거하고 백성의 노동력을 덜어줄 수 있는 것이라면 최선을 다하지 않은 것이 없었다. 그래서 온 경내 사람들이 모두 기뻐하고 복종하였다. 한 백성이 일 때문에 관아에 왔다가 돌아가서 그 집사람에게 말하였다. "내가 듣건대 태수가 백성을 사랑한다고 하였으니, 아마 나를 보고 연민을 느끼지 않겠는가?"라고 하였다. 읍에 나이가 70 이상인 자를 모두 다 모아 환아정換鵝亭에서 양로연을 열고, 직접 함께 손님과 주인의 예절을 행하며 노래 부르고 즐겼다.

또 구장鳩杖[17] 등의 물건을 두루 나누어 주었다. 여러 노인은 배불리 먹고 술에 취하여 기뻐하며, 차례로 일어나 춤을 추며 감격하고 기뻐하지 않는 이가 없었다. 심지어 눈물을 흘리는 자도 있었다. 너무 늙어 양로연에 오지 못한 노인들에게는 구장과 쌀과 고기를 나누어 주었다. 덕계德溪 오선생(오건吳健, 1521~1574)의 내부인內夫人이 아직 살아계셔서 또한 구장 등의 물건을 보내드리니, 그 맏아들 정언正言 오장吳長이 시로 사례하여 "몸을 부축하는 구장은 허약한 자손보다 낫네.[鳩杖扶身勝弱孫]"라고 하였다.

---

16) 도사를 …… 청하시라 : 진(晉)나라 때 명필 왕희지(王羲之)가 거위를 매우 좋아하여, 산음(山陰)에 사는 도사(道士)의 집에 있는 거위를 보고는 그것을 갖고 싶어 했는데, 그 도사가 "『도덕경(道德經)』을 써 주면 거위를 주겠노라."고 하자, 왕희지가 마침내 『도덕경』을 써 주고 그 거위를 가져갔다는 고사가 있다. 이 고사에 나오는 산음이 유연당이 다스리러 가는 고을과 이름이 같기 때문에 이 시에서 이 고사를 끌어온 것이다.

17) 구장(鳩杖) : 비둘기 장식이 붙은 노인의 지팡이다. 옛날 팔 구십의 노인들에게 나라에서 구장을 하사했다고 한다.(『類苑』「鳥獸門」)

송사를 판결할 때에는 한결같이 공정하고 너그럽게 하였다. 사리에 맞지 않게 행동한 자에게도 법에 근거하여 밝게 깨우쳐 주거나 의리를 자세히 설명하여 감동시키니, 감격하고 기뻐하며 물러가지 않는 이가 없어, 원근의 사람들이 다투어 와서 판결을 받았다.

스스로 검약하게 생활하여 아전에게 명령하기를 "하찮은 채소라도 만약 분부를 기다리지 않고 관아에 들이는 자는 죄를 주겠다."라고 하시니, 아문衙門의 안은 담박하기가 물과 같았다. 재종형 정현挺賢이 일 때문에 산음현에 왔다가 아문 안에 가재도구가 아무것도 없는 것을 보고, 선군께 "무엇 때문에 스스로 이같이 고생하는가?"라고 말씀하니, 선군께서는 웃으면서 대답하지 않으셨다.

경호鏡湖의 승경을 사랑하여 때때로 읍의 시인들과 함께 감상하셨다. 어느 날 달빛이 낮과 같이 비치고 강물이 하얗게 빛났다. 선군께서 강가로 걸어 나가셨는데, 한 취객이 큰 소리로 "태수는 왔는가?"라고 하였다. 이때 백씨伯氏와 중씨仲氏인 지평持平과 참판參判 두 공이 옆에 있다가 아전에게 영을 내려 그를 심문하고 그 죄를 다스리게 하였다. 선군께서는 웃으면서 "이것은 태평시대의 기상이니 죄를 묻지 않는 것이 옳다."라고 하셨다. 관찰사 이시발李時發 공이 관리의 성적을 조정에 아뢰자, 주상께서 특별히 승진시키라는 명을 내리셨다.

임인년(1602, 선조 35)

봄에 휴가를 얻어 선영을 성묘하고, 여러 묘소에 가토加土하고 돌아오셨다. 도중에 기운이 고르지 못하다는 것을 느꼈는데, 관아에 돌아와서는 더욱 편안하지 못하셨다. 친구에게 편지를 보낼 때마다 번번이 작별하는 말을 하셨다. 이윽고 증세가 더욱 위중해지자 도사관道士觀[18]에서 조섭하셨다. 병환이 위독해져 기절했다가 다시 깨어나자,

---

18) 도사관(道士觀) : 객사로서, 『신증동국여지승람』에서 '도사관은 환아정 앞에 있다.'고 하였다.

자제들이 부르짖으며 문안하니 천천히 "내가 막 큰 꿈을 꾸었다."라고 말씀하시는데, 신색이 흩어짐이 없었다. 초연히 돌아가시니, 3월 11일이었다. 이보다 앞서 관아의 진산鎭山에서 큰 바위가 강으로 떨어져 모두 불길한 조짐이라고 여겼는데, 끝내 이렇게 되었으니 또한 이상한 일이다. 함양 군수咸陽郡守 고상안高尙顔이 여러 읍에 통문을 보내고 부의를 전해왔다.

정언正言 오장吳長·필선弼善 권집權潗·생원 박문영朴文楧이 옷을 벗어 염습하고 정성을 다해 상례를 치렀다. 벽오碧梧 김태金兌[19]가 천 리를 달려와 조문하여 호상護喪하고 돌아갔다. 발인하는 날에 읍의 모든 사람이 경계에 모여 전奠을 올렸는데, 울부짖으며 목이 쉬지 않은 이가 없었다. 광석산 고조의 묘소 동쪽 기슭 아래에 가매장하였다. 8월 15일에 기슭 위에 안장했다. 성주 목사 신경진辛慶晉 공이 시로 곡하였다. -시는 아래에 보인다.-

천계天啓 병인년(1626, 인조 4)

2월 3일에 어머니께서 백씨伯氏의 익산益山 임소에서 돌아가시니, 향년 72세였다. 4월에 할아버지 묘소의 뒤에 안장했다. 어머니의 덕성과 행실은 모두 청음 김상헌이 지은 지문誌文에 실려 있다. -61년 뒤 병인년(1686, 숙종 12) 2월에 이장하여 부군의 묘광墓壙 오른편에 합장하였다.-

숭정 기사년(1629, 인조 7)

다섯 아들이 과거에 급제하여 가선대부 이조 참판 겸 동지의금부사에 추증되었고, 어머니는 정부인貞夫人에 추증되었다. 경오년(1630, 인조 8)에는 예조 좌랑 이척연李惕然을 보내 제사지내게 하셨다. -제문은 아래에 보인다.-

---

19) 김태(金兌, 1561~?) : 호는 벽오(碧梧), 본관은 안동이다. 우계(牛溪) 성혼(成渾)을 따라 행촌(杏村) 민순(閔純)의 문하에서 공부하였다. 임진왜란 때 최황(崔滉)을 따랐고, 정유재란 때 의병장 곽재우가 경상도 창녕의 화왕산성을 지킬 때 화왕산 창의격문을 쓰고 같이 참전하였다. 사후에 후손들이 그의 글을 모아 『수월당산고(水月堂散稿)』를 간행하였다.

병술년(1646, 인조 24)

묘소 동쪽 섬돌 오른편에 갈석碣石을 세우고, 비갈 뒷면에 글을 새겼다.

여섯 째 아들 응조應祖는 눈물을 흘리며 삼가 기록한다.

사제문賜祭文

숭정 3년 경오년(1630, 인조 8) 모월 모일에 국왕은 예조 좌랑禮曹佐郎 이척연李惕然을 보내 이조 참판에 추증된 고 산음 현감 김대현의 영령에 제사를 지내노라.

몸을 깨끗이 하여 정사를 처리하니	澡身從政
어진 목민관이라 칭송받았네	牧民稱良
청렴을 후손에게 물려주니	斂以裕後
모두 바른길에 심복했네	俱服義方
저 두오룡[20] 처럼	若竇五龍
과거에 연이어 급제했으니	丹桂聯芳
훌륭한 자제일 뿐만 아니라	非直令子
나라의 영광이 되었네	爲國之光
부모에게까지 은택을 미루어준 것은	推恩所生

20) 두오룡(竇五龍) : 후주(後周)의 어양(漁陽) 사람이다. 두우균(竇禹鈞)의 다섯 아들이 서로 잇따라 등과하여 연산두씨오룡(燕山竇氏五龍)이라 칭해지기도 하였다. 두우균은 사학(詞學)으로 이름을 떨쳤으며, 후주에서 우간의대부를 지냈다. 의기가 높고 행실이 독실하였으며, 가법(家法)이 한 시대의 모범이 되었다. 일찍이 의숙(義塾)을 세우고는 1만 권의 장서를 모은 다음 유현(儒賢)을 초빙해서 원구의 선비들을 가르치게 하였으며, 가난한 선비들의 살림을 돌보아 주었다.(『宋史』「竇儀列傳」)

나라의 법을 따른 것이라네 式遵典章
이조에서 증직을 내리고 秩貤天官
태상관[21]이 제사를 지내네 饗出太常
관리에게 명해 제수를 전하니 命官致儀
길한 사람을 사랑하고 위무하심이라 寵綏善祥

만사輓詞

참판 신경진辛慶晉

어려서는 형제처럼 어깨동무했지 齠齔聯肩若弟兄
그대는 계축년에 나는 갑인년에 태어났네 君生於丑我寅生
잠자리 좇아 현무문 앞을 지나가고 逐蜻玄武門前過
죽마 타고 화양동 속을 다녔네 騎竹華陽洞裏行
오래 이별했어도 옛 얼굴 남아있어 久別猶存舊日面
만나자마자 서로 어릴 적 이름 불렀네 相逢錯喚少時名
허연 머리로 오늘 저녁 그대 부음 받으니 白頭今夕承君訃
누구에게 내 심정을 말해야 하나 知向何人說此情

큰 재주는 애초에 고을 다스릴 방통[22] 아니라 才大初非百里龐

---

21) 태상관(太常官) : 종묘의 예의를 맡은 벼슬아치이다.
22) 방통(龐統) : 삼국시대 촉한 사람이다. 제갈량과 함께 복룡 봉추(伏龍鳳雛)라고 일컬어졌다. 유비에게 출사하였을 때 작은 고을을 받아 다스리기도 하였다. '비백리(非百里)'은 한 고을의 수령으로 끝나기에는 너무나 아까운 큰 기량이 있다는 뜻이다. 『삼국지』「방통전(龐統傳)」에 "방사원(龐士元)은 백리재가 아니다. 그에게 치중별가의 소임을 맡겨야만 천리마처럼 치달릴 수 있게 될 것이다.[龐士元非百里才也 使處治中別駕之任 始當展其驥足耳]"라고 하였다.

그대라면 조정의 대신 되어야 마땅했네　似君宜着廟廊中
가엾게도 경륜의 솜씨 던져버렸으나　可憐抛却經綸手
여사로 한 훌륭한 치적이 임금 귀에 들어갔네　餘事治名徹聖聰

그대 만날 때마다 막히고 잊혀짐을 상심했더니　逢君每痛止而亡
뜻밖에 지금 도리어 그대의 상에 곡하네　不道今還哭爾喪
정다운 어릴 적 벗이 누가 또 남았나　童穉情親誰復在
허연 머리로 나 홀로 눈물 줄줄 흘리네　白頭吾獨淚成漿

성주에 도착하기 전에 웃음이 먼저 나온 건　未到星州一笑先
그대와 가야산 신선 자취 찾아보려 했기 때문인데　同君擬訪舊倻仙
이제부터는 등산화를 손질하지 않으리라　從今不理尋山屐
꽃 떨어지는 홍류동[23]이 슬퍼 보이기만 할 테니까　花落紅流只愴然

구호서원 봉안문鷗湖書院奉安文

참판 김굉金彍[24]

공손히 생각건대 선생은　恭惟先生
큰 덕으로 중망을 받으셨고　碩德重望

---

23) 홍류동(紅流洞) : 가야산 입구에서 해인사까지 이르는 10리의 계곡을 말한다. 가을이 되면 붉게 물든 단풍이 맑은 계곡물에 비춰 흐른다 하여 붙여진 이름이다. 고운(孤雲) 최치원(崔致遠)이 이곳에 머문 적이 있다.

24) 김굉(金彍, 1739~1816) : 자는 자야(子野), 호는 귀와(龜窩), 본관은 의성이다. 대산 이상정(李象靖)의 문인이며, 전적·지평·예조 참판 등을 역임하였다.

인품이 크고 깊었으며　風猷弘遠
기량이 드넓고도 뛰어났습니다　器量恢曠
사람을 대하면 진국술 마신듯이[25] 감화되었고　接人飲醇
일 처리는 쇠못을 자르듯이 하였으며　處事截釘
미친 사람도 의리에 감복하고　狂夫服義
병든 친구가 정성에 울었습니다　病交泣誠
만년에 사마시에 합격하고　晩占國子
누차 추천서에 올라서　累登薦剡
애써 한 번 나오니　黽勉一出
봉황이 가시 숲에 깃든 듯하였습니다　棲遲棘林
관직이 작다고 하지 않고　不以官小
내 마음을 다하니　惟盡吾心
역마의 사졸들이 살아났고　郵卒其蘇
읍의 학교가 거듭 새로워졌습니다　邑學重新
유연당에서　有堂悠然
자나 깨나 즐겁게 지내니　寤寐樂園
산의 구름은 무심하고　山雲無心
평상의 거문고는 소리가 없었습니다　床琴啞音
세상에 드높은 사표이고　高世之標
세속을 벗어난 가슴이었습니다　出塵之襟
그 가정을 돌아보니　歸視其庭
여덟 자제가 향기롭습니다　八蘭芬芳

25) 사람을 …… 마신듯이 : 오나라 정보(程普)가 주유(周瑜)와의 두터운 교분을 비유하면서 "주공근과 사귀다 보면 마치 전국술을 마신 것처럼 나도 모르게 절로 훈훈하게 취해 온다.[與周公瑾交 若飮醇醪不覺自醉]"라고 한 말이 「주유전(周瑜傳)」의 배송지(裴松之) 주(注)에 나온다. 공근(公瑾)은 주유의 자이다.

아비가 현명하다고 왕이 말씀하시니 王曰父賢
은혜로운 교지가 찬란합니다 恩誥煌煌
남긴 향기가 아직 사라지지 않아 遺芬未沫
선비의 존경이 더욱 높으니 士慕彌崇
그로써 제향할 것을 꾀하여 載謀尸祝
구호서원에 하기로 정하였습니다 鷗湖之宮
그리고 세 현인도 爰曁三賢
같은 당에 함께 배향하니 同堂並服
지금부터 시작하지만 其始自今
보답하는 제사 다함이 없으리이다 報祀無斁

상향축문常享祝文

덕은 부드러움과 굳셈을 겸비하였고 德濟柔剛
계획은 후손 편안케 하기에 넉넉했습니다 謨裕燕翼
근원이 깊고 흐름이 길고 기니 源遠流長
보답하는 제사가 변함없기를 報祀無斁

쌍암사 상량문雙巖祠上樑文

5대손 한림翰林 서구敍九

명산이 동량의 재목을 내니 名山産棟樑之具
나라의 기둥이 되었고 邦國之楨
고향에서 향화 올릴 묘우 세우니 故里建香火之祠
사손의 경사라네 子孫攸慶

이에 세덕[26]이란 명칭을 걸어	玆揭世德之號
선을 쌓은 집안을[27] 드러내네	庸表積善之家
공손히 생각건대 참판에 추증된	恭惟贈參判
유연당부군은	悠然堂府君
덕을 이룬 대인이며	成德大人
도가 있는 군자라네	有道君子
학문은 순정하고 진실되니	學問純實
성리학의 근원을 침잠했고	沉潛性理之源
문장은 전아하고 깊으니	文章典深
경륜의 계책을 포괄했네	包括經綸之策
생각건대 당대에 펴지 못한 것은	惟其未施於當世
후손에게 복을 드리우기 위해서였네	所以垂裕於後昆
지평을 지낸 학호부군은	持平鶴湖府君
서애 문하를 사숙하고	私淑厓門
가정의 가르침을 공경히 따랐네	祗服庭訓
사특함을 배척한 소 다섯 편[28]은	斥邪五疏
철석같은 심장처럼 늠연하였고	凜乎鐵石之腸
학문에 힘쓴 한결같은 마음은	懋學一心
태산북두를 바라보듯 성대하였네	蔚然山斗之望
참판을 지낸 망와부군은	參判忘窩府君
순수하고 바른 학문과	純正之學

26) 세덕(世德) : 대대로 이어져온 덕망을 말한다.

27) 선을 쌓은 집안을 : 『주역』「곤괘(坤卦)·문언(文言)」에 "선을 쌓은 집안에는 반드시 남은 경사가 있다.[積善之家 必有餘慶]"라고 하였다.

28) 사특함을 …… 편 : 『학호집(鶴湖集)』 권2에는 「회재와 퇴계 두 선생에 대한 무고를 변론하는 소」가 다섯 편 있다.

영특하고 슬기로운 자품을 지녔네 英睿之姿
작은 지주[29]가 거센 물결 속에 버티듯이 尺柱撑流
큰 공을 맡아 우임금[30]에 짝하였네 任弘功於配禹
외로운 별이 북극성을 받들 듯이 孤宿拱極
대의를 들어 올려 주나라를 높였네 抗大義於尊周
도사를 지낸 장암부군은 都事藏庵府君
널리 배우고 집약한 문장과 博約文辭
의열의 가슴을 지녔네 義烈心膽
이름은 영남에 알려졌고 名懸南斗
문장은 성당의 대가[31]에 가까웠네 製作逼盛唐大家
동해를 밟을 뜻 있어 志蹈東溟
신나라를 배척한 고사보다 풍도 높았네[32] 風節邁斥秦高士
현감을 지낸 심곡부군은 縣監深谷府君
침중하고 엄의하며 沉重嚴毅
정대하고 공평하셨네 正大公平
약관에 시묘살이 하니 弱歲居廬
향인은 피눈물 흘리는 행실에 감복했고 鄕人服泣血之行
위급한 국난에 달려가니 危時赴難

---

29) 지주(砥柱) : 하남(河南) 삼문협(三門峽) 동북쪽 황하 중심에 있는 산 이름이다. 황하의 물결이 아무리 거세게 흘러도 이 산을 무너뜨리지 못하고, 이 지점에 와서 갈라져 두 갈래로 산을 싸고 흐른다. 흔히 난세에 지조를 지키는 선비의 비유로 쓰인다.

30) 우(禹)임금 : 홍수를 다스려 백성을 구제한 큰 공이 있었다.

31) 성당(盛唐)의 대가(大家) : 이백이나 두보와 같은 시인을 말한다.

32) 동해를 …… 높았네 : 노중련의 고사를 가져왔다. 노중련이 일찍이 조(趙)나라에 머물러 있을 적에 진(秦)나라가 조나라를 공격해 정세가 위급하였다. 그때 위(衛)나라에서 조나라에 사신을 보내어 진나라 왕을 황제(皇帝)로 추대하여 군대를 철수시키게 하려고 하였다. 그러자 노중련이 진나라는 예의를 버리고 살인만을 일삼는 무도한 나라임을 역설하면서, 만약 진나라가 칭제(稱帝)한다면 자신은 동해(東海)에 빠져 죽을 것이라고 하여 그 일을 중지시켰다.(『史記』「魯仲連列傳」)

방백은 칼 잡은 위엄을 두려워했네	方伯慴按釼之威
정자를 지낸 광록부군은	正字廣麓府君
기질이 순수하고 맑으며	氣粹而清
재주가 빼어나고 영민했네	才穎而敏
타고난 자품은 도에 가까워	天姿近道
심학心學에서 묘법을 이어 받았고	承玅訣於操存
행실이 법도에 맞아	地步中規
스승께 깊은 장려를 받았네	荷深奬於繩墨
우윤을 지낸 학사부군은	右尹鶴沙府君
굳은 절개를 깨끗하게 닦고	清修苦節
참된 공부를 엄밀하고 굳세게 하였네	瑟僩眞工
스승을 모시고서	丈席摳衣
전수받는 법을 일찍 들었고	蚤聞傳授之法
어두운 길에서 등촉을 잡은 듯이	昏衢秉燭
성과 명[33]의 관문을 깊이 꿰뚫었네	深透誠明之關
좌승지에 추증된	贈左承旨
학음부군은	鶴陰府君
행실이 신명에 부끄럽지 않고	行質神明
학업은 가정의 학문을 이었네	業纘詩禮
외로운 성에서 의병을 일으켜	孤城倡義
장순과 허원[34]의 충성을 사모하였고	慕巡遠殉國之忠

33) 성(誠)과 명(明) : 『중용장구』에 자사(子思)가 천도와 인도의 뜻을 설명하기 위해 "성(誠)함으로 말미암아 밝은 것을 '성(性)'이라 하고 밝아짐을 말미암아 성(誠)한 것을 '교(敎)'라 하니, 성(誠)하면 밝아지고 밝아지면 성(誠)하게 된다.[自誠明 謂之性 自明誠 謂之敎 誠則明矣 明則誠矣]"고 하였는데, 성(誠)은 성실히 하는 것으로 행(行)에 해당하고 밝음[明]은 이치를 밝히는 것으로 지(知)에 해당한다.

34) 장순(張巡)과 허원(許遠) : 당 현종(唐玄宗) 때 안녹산(安祿山)의 반란에, 장순은 군사를 일으켜서 토벌하였고, 허원은 수양태수(睢陽太守)를 제수받고 여러 번 방어사(防禦使)가 되었다. 둘이 군사를 합하여

부모님을 기쁘게 해드려	兩庭承懽
증삼과 민자건의 효성 있었네[35]	有曾閔事親之孝
주서를 지낸 설송부군은	注書雪松府君
옥수[36] 같은 높은 의표와	玉樹高標
가을물 같은 맑은 정신 지니셨네	秋水精神
푸른 바다에서 진주가 나와[37]	碧海珠生
나라 빛낼 패물을 엮을 줄 알았더니	將綴華國之佩
봉황은 높은 하늘로 숨어버려	丹霄鳳隱
상서로운 세상의 글만 부질없이 남겼네[38]	空留瑞世之文
이때 우공의 가문에서	于時于公之門
다섯 말이 나란히 멍에 메었고[39]	五馬齊駕

수양성을 지켰으나 포위된 지 수개월이 지나매 양식이 떨어져 참새·쥐를 먹고 견디다가 드디어 모두 적에게 잡혔는데, 끝내 굴하지 않고 피살되었다.

35) 증삼(曾參)과 …… 있었네 : 증삼은 공자의 제자로서, 효성이 지극하여 아버지 증석(曾晳)을 잘 섬겼다.(『孟子』「離婁上」) 민자건(閔子騫)은 공자 문인 십철(十哲) 중의 한 사람으로서, 계모를 모시는 데도 무척 효성스러웠고 이복 형제들에게도 우애가 극진하였다. 공자는 "효성스러워라 민자건이여! 남들이 그의 부모나 형제의 칭찬하는 말에 이의를 달지 못하는구나![孝哉閔子騫 人不間於其父母昆弟之言]"라고 하였다.(『論語』「先進」)

36) 옥수(玉樹) : 재주가 있는 사람을 땅에 묻는다는 뜻이다. 진(晉)나라 유량(庾亮)이 땅에 묻힐 즈음에 하충(何充)이 "옥수를 땅속에 묻으니, 사람의 슬픈 정을 어찌 억제할 수 있으리오?[埋玉樹箸土中 使人情何能已已]"라고 하였다.(『世說新語』「傷逝」)

37) 푸른 바다에서 …… 나와 : 진주가 푸른 바다에서 나왔다는 것은 대단히 얻기 어려운 인재가 나왔다는 말이다.

38) 봉황은 …… 남겼네 : 성인이 출현하는 상서로운 세상이다. 이러한 때에는 그 문명을 나타내기 위해 경성(景星)과 같은 별이나 봉황, 기린 등이 나타나 상서로운 조짐을 보인다고 한다.

39) 우공의 …… 메었고: 우공은 서한(西漢) 원제(元帝) 때 승상 우정국(于定國)의 아버지이다. 우공이 옥리(獄吏)로 있을 때, 마을로 들어가는 문이 무너져서 마을 사람들이 문을 보수하는데, 우공이 말하기를 "사마(駟馬)가 끄는 높은 수레가 드나들 수 있게 문을 더 높이고 키우라. 나는 억울한 사람이 없도록 옥사를 공정하게 처리하여 음덕을 많이 쌓았으니, 반드시 자손 중에 고관이 되는 자가 있을 것이다."라고 하였다. 뒤에 과연 아들 우정국이 승상이 되고 손자 우영(于永)이 어사대부(御使大夫)가 되었다.(『漢書』「于定國傳」) 다섯 말을 멍에 했다는 것은 높은 벼슬아치가 나왔다는 말이다.

순씨의 집에서	荀氏之宅
여덟 용이 다투어 달린 듯하였네[40]	八龍爭驅
문과에 나란히 급제하니	丹桂聯芳
누군들 영주에 오를 인재[41] 아니리오	孰非登瀛之儁
향시에 함께 입격하니	紅蓮並蔕
모두 궁궐 출입하는 영재라네	俱是通籍之英
조정에 섰을 때는 충직하고 청렴하여	立朝則忠直廉貞
열 명 난신[42]의 업적에 가까웠고	庶幾十亂臣功業
마을에 살 때는 효제하고 신중하여	居鄕則孝悌淳謹
만석군[43]의 가풍에 비할 바 아니었네	不翅萬石君家風
훌륭하도다 아홉 부자 명현은	猗歟九父子名賢
실로 오백년의 휴운[44]과 연관되었네	實關五百年休運
아름다운 말과 지극한 행실이 실추되지 않으니	嘉言至行之不墜
어찌 가범을 바르게 하여 후손에게 물려줄 뿐이랴	奚但正家範而垂雲仍

40) 순씨(荀氏)의 …… 듯하였네 : 한(漢)나라 순숙(荀淑)의 아들 여덟 형제가 모두 훌륭하여 사람들이 '순씨팔룡(荀氏八龍)'이라 하였다.

41) 영주(瀛洲)에 오를 인재 : 선비가 영예를 얻은 것을 신선이 산다는 전설상의 산인 영주에 오르는 것에다 비긴다. 당 태종(唐太宗)이 태자로 있을 때 방현령(房玄齡)과 두여회(杜如晦) 등 18명을 학사(學士)로 삼아 정사를 자문하자, 사람들이 그들을 부러워하여 "영주에 올랐다.[登瀛洲]"고 말했다 한다.(『新唐書』「褚亮列傳」)

42) 열 명 난신(十亂臣) : 열 사람의 어진 신하를 가리킨다. 주 무왕(周武王)의 어진 신하 열 사람을 말한 것으로, 즉 주공단(周公旦)·소공석(召公奭)·태공망(太公望)·필공(畢公)·영공(榮公)·태전(太顚)·굉요(閎夭)·산의생(散宜生)·남궁괄(南宮括)·문모(文母)이다.

43) 만석군(萬石君) : 한(漢)나라 석분(石奮)과 그의 네 아들이 모두 2천 석(石)의 관직에 이르렀으므로 경제(景帝)가 석분에게 석가(石家)라는 호(號)를 내렸는데, 네 사람의 녹봉을 합치면 만석이므로 만석군이라 불렀다.(『史記』「萬石張叔列傳」)

44) 오백년의 휴운(休運) : 천하에 도가 흥기하는 아름다운 운이다. 『맹자』「공손추하(公孫丑下)」에 "오백년마다 왕자가 반드시 나오게 되어 있다.[百年必有王者興]"라는 말이 나오고, 「진심하(盡心下)」에 요순(堯舜)과 탕(湯)과 문왕(文王)과 공자(孔子) 사이의 세월이 각각 오백여 년이라는 말이 나온다.

남기신 좋은 풍속이 아직도 남아 있어	善俗遺風之尚存
인륜을 밝히고 교화를 부지할 수 있었네	可以明人倫而植世敎
아, 연대가 점점 멀어져	嗟呼年代寢遠
묘우를 옮기려하네	廟宇將遷
관경중[45]이 공로가 있어	管敬仲勳勞
영원토록 제사 지낸 것과는 다르지만	縱異永世之祀
주문공의 전례에	朱文公典禮
또한 별묘의 의례가 있네	亦有別廟之儀
이에 선영 곁에	爰於松楸之傍
비로소 제수 올릴 곳을 지었네	載營苾芬之所
봉우리 이름이 죽자[46]이니	峰名竹子
대나무가 처음 자랄 때를 상상해 보고	像想琅玕之始生
골짜기 이름이 대지이니	洞號大枝
아가위꽃[47]이 활짝 핀 것과 비슷하네	彷彿棣萼之交映
집안사람들이 힘을 합쳐	宗人倂力
비로소 나래를 편 듯한 건물을 지었고	載築版於翬飛
문중의 원로도 정성을 다하여	門老殫誠
처음에 터 잡았던 계획대로 이루었네	契始兆於龜食
『주역』에서 상을 취하니	羲經取象
상동하우라는 글[48]이고	則上棟下宇之文

45) 관경중(管敬仲) : 경중(敬仲)은 중국 제나라 관중(管仲)의 자이다.

46) 죽자(竹子) : 안동 오미동의 뒷산 이름이 죽자봉이다.

47) 아가위꽃 : 『시경』「상체(常棣)」에 "활짝 핀 아가위꽃, 얼마나 곱고 아름다운가? 이 세상에 누구라 해도, 형제만 한 이가 없나니.[常棣之華 鄂不韡韡 凡今之人 莫如兄弟]"라고 한 데에서 나온 것으로, 형제를 뜻하는 말로 쓰이게 되었다.

48) 상동하우(上棟下宇)라는 글 : 『주역』「계사전하(繫辭傳下)」에 "위에는 대들보를 얹고 아래에는 서까래를 얹어 풍우를 대비하였다. 이것은 대장괘에서 취하였다.[上棟下宇 以待風雨 蓋取諸大壯]"라는

『주례』에서 의전을 참고하니	周禮考儀
좌소우목의 제도[49]를 정했네	定左昭右穆之制
변두가 질서정연하게 놓였으니[50]	籩豆有踐
영원의 구절[51] 읊는 듯하고	似咏鴒原之章
벼슬하는 자손 줄을 이루어 서니	簪笏成行
마치 이정의 가르침[52] 받는 듯하네	若奉鯉庭之對
앞으로 자손들에게는 전하고 지킬 줄 알고	將使子姓知所傳守
향리에서는 이것을 인하여 우러러 보고	鄕閭以之矜瞻
시례를 두터이 이야기하여	說禮敦詩
가전의 학문을 중단 없이 하며	無替故家之學
충효를 권장하고 가르쳐	課忠勸孝
전현의 풍도를 따르게 하리라	克追前贒之風
들보 올리는 일을 도와	助擧修樑
공경히 짧은 시를 짓네	恭疏短引
어여차 제물을 들보 동쪽으로 던지니	兒郎偉抛樑東

글이 있다.

49) 좌소우목(左昭右穆)의 제도: 묘우에 신주(神主)를 모시는 차례이다. 왼쪽 줄을 소(昭), 오른쪽 줄을 목(穆)이라 하여, 시조(始祖)의 1세(一世)를 가운데 모시고, 2·4·6세를 소(昭)에, 3·5·7세를 목(穆)에 모신다.

50) 변두(籩豆)가 …… 놓였으니: 『시경』 「소아(小雅)·벌목(伐木)」에 "변두가 질서정연하게 놓여 있으니, 형제들은 멀다해도 모두 왔도다.[籩豆有踐 兄弟無遠]"라는 구절이 있는데, 이 시는 친구들을 초청하여 주연을 베푸는 것을 읊었다.

51) 영원(鴒原)의 구절: "할미새가 언덕에서 호들갑 떨듯, 어려움이 있을 때는 형제가 돕는 법이라오.[鶺鴒在原 兄弟急難]"라는 구절이 있는 『시경』 「소아(小雅)·상체(常棣)」를 말하고, 이 시는 형제의 우애를 읊은 시로, "네가 성찬을 차려놓고, 술을 실컷 마시더라도, 형제들이 함께 있어야, 화락하고 또 즐거우니라.[儐爾籩豆 飮酒之飫 兄弟旣具 和樂且孺]"라는 구절이 있다.

52) 이정(鯉庭)의 가르침: 가정에서 학문을 익히는 것을 가리키는 말. 공자가 일찍이 뜰에 지나가는 그의 아들 리(鯉)를 불러 세우고 시와 예를 배워야 한다고 훈계한 고사에서 나온 것이다.(『論語』 「季氏」)

영지산의 아침 햇살 난간을 붉게 비추네　　芝峀朝陽照檻紅
산 아래 푸른 오동에 봉황은 이미 늙었는데　　山下碧梧棲已老
신령하고 어린 아홉 봉황 봄바람에 춤추네　　九雛靈鳳舞春風

어여차 제물을 들보 서쪽으로 던지니　　兒郎偉抛樑西
한 줄기 오천이 건계에 닿았네　　一帶浯川接建溪
채씨가 모두 원정의 학문을 전하였으니[53]　　蔡氏皆傳元定學
아홉 현인이 남긴 묘우에서 높낮이를 묻노라　　九贒遺廟問高低

어여차 제물을 들보 남쪽으로 던지니　　兒郎偉抛樑南
청성산 이곳저곳이 흰 구름에 잠겼네　　青峯點點白雲涵
아미처사는 진실로 우습구려　　峩嵋處士眞堪笑
목가산 앞에 아들이 몇 명 있었나[54]　　木假山前幾箇男

어여차 제물을 들보 북쪽으로 던지니　　兒郎偉抛樑北
학가산 봉우리 아스라이 푸른 하늘에 닿았네　　鶴峰縹緲連空碧
봄 난초와 가을 국화가 절로 해마다 피어　　春蘭秋菊自年年
늘 남산의 푸른빛을 마주하였네　　長對南山蒼翠色

---

53) 채씨(蔡氏)가 …… 전하였으니 : 채원정(蔡元定, 1135~1198)은 자는 계통(季通), 호는 서산(西山)으로 복건성(福建省) 건양(建陽) 사람이다. 어려서 부친 채발(蔡發)에게 정자의 학문을 배웠으며, 뒤에 주희에게 찾아가 수학하여 그의 이학(理學) 사상을 계승 발전시킨 주요 인물로 평가된다. 그의 학문은 아들 채연(蔡淵)·채항(蔡沆)·채침(蔡沈)에게 가학으로 계승되었다. 시호는 문절(文節)이며, 저서로는 『홍범해(洪範解)』·『팔진도설(八陳圖說)』 등이 있다.

54) 아미처사는 …… 있었나 : 아미처사는 자신과 두 아들을 비유하여 「목가산기(木假山記)」를 지은 소순(蘇洵)을 말하는데, 그는 송(宋)나라 때 문장가로 아미산 근처에 살았으며, 아들인 식(軾)·철(轍)과 함께 당송팔대가의 한 사람이다. 목가산은 모양이 산처럼 생긴 나무뿌리로, 뜰에 놓고 관상용으로 사용한다.

어여차 제물을 들보 위로 던지니	兒郞偉抛樑上
벽수와 규수[55]의 빛이 만 길이나 되네	壁宿奎躔光萬丈
태사가 운대[56]에서 밤에 하늘을 점쳐	太史雲臺夜占天
덕성[57]이 문명해질 상을 응당 아뢰리라[58]	德星應奏文明象

어여차 제물을 들보 아래로 던지니	兒郞偉抛樑下
봄비 부슬부슬 내리고 뽕나무 들에 가득하네	春雨濛濛桑滿野
어린 뻐꾸기 일곱이 마음씀이 한결같아	七子鳲鳩一用心
훌륭한 분의 고상한 덕을 생각하게 하네[59]	淑人之德思風雅

삼가 바라건대 상량한 뒤에는	伏願上樑之後
산천이 변함이 없고	山川不老
사당이 영원히 편안하게 하소서	棟宇長寧
가업과 가문의 명성을 잇도록	繼家聲於箕裘
권면을 하고	所以勸者
정성으로 제사를 받들어	薦祀事於蘋藻
중단없게 하소서	勿替引之

---

55) 벽수(壁宿)와 규수(奎宿) : 28수(宿)에 속하는 별자리로, 옛날에 문운(文運)을 주관한다고 여겼다.

56) 운대(雲臺) : 공신(功臣)을 추모하기 위하여 그들의 초상을 걸어 놓는 공신각(功臣閣)이다.

57) 덕성(德星) : 봉황과 마찬가지로 태평한 시대에 나타난다는 상서이다. 도가 있는 나라에 나타난다는 별이다.

58) 태사(太史)가 …… 아뢰리라 : 후한(後漢) 때 진식(陳寔)이 자식과 조카와 함께 순숙(荀淑)의 집을 방문한 적이 있었는데, 그때 덕성(德星)이 마침 그 분야에 닿았으므로 태사(太史)가 "5백 리 이내에 현인(賢人)이 한데 모였다."고 아뢴 고사에서 유래한다.(『續晉陽秋』)

59) 어린 뻐꾸기 …… 하네 : 『시경』「조풍(曹風)·시구(鳲鳩)」에 "뻐꾸기가 뽕나무에 둥지를 틀었나니, 새끼가 일곱 마리로다. 우리 훌륭한 군자님이여, 그 말과 행동이 한결같도다.[鳲鳩在桑 其子七兮 淑人君子 其儀一兮]"라는 말이 나온다.

쌍암사 봉안문雙巖祠奉安文

6대손 주서注書 필원必源[60]

높은 산이 하늘 높이 솟고	喬嶽峻天
덕성[61]이 들을 비추며	德星照野
정기 모아 신령함을 내려	毓精降神
세상에 크게 드러내었습니다	有顯厥世
공경히 선조를 생각하니	恭惟先祖
가문의 중엽에 드러났습니다	載闡中葉
선조의 아름다움을 잘 이어	克紹前徽
가문의 미덕을 크게 드날렸으며	丕揚世德
기량이 질박하고 두터워	器量渾厚
경학을 깊게 연구하였습니다	經學淵深
유연이라 당호를 걸고	悠然揭號
옛사람 도잠과 벗하였으며	尙友陶潛
재능을 거두고 펼지지 않아	斂而不施
복 받을 터를 이루었습니다.	歸成受祉
우리 후손을 열어 주어	啓我後人
좋은 방향으로 닮도록 하였습니다[62]	式穀是似
학호부군이 아름다운 자취를 이어	鶴湖趾美

60) 필원(必源) : 김필원(金必源, 1722~1770)이다. 자는 유달(幼達), 호는 삼구당(三懼堂), 본관은 풍산(豊山)이다. 승정원 주서·사헌부 지평을 역임하였다.

61) 덕성(德星) : 나라를 평화롭게 할 현인이 출현할 때 보인다는 별 이름이다.

62) 좋은 …… 하였습니다 : 『시경』「소아(小雅)·소완(小宛)」의 "언덕 가운데의 콩을 서민들이 거두어 가는 것처럼, 명령이 새끼를 과라가 업어 데리고 가서 키우니, 그대도 아들을 잘 가르쳐서, 좋은 방향으로 닮도록 하라.[中原有菽 庶民采之 螟蛉有子 蜾蠃負之 教誨爾子 式穀似之]"라고 한 데서 온 말이다.

학문은 스승인 아버지께 도움받았습니다　學資父師
도를 지킨 공로가 있었으니　功存衛道
사특함을 배척하는 말이 엄정하였습니다　辭嚴斥邪
망와부군은 엄정하시어　忘窩峻整
혼탁한 세상에 지주가 되어　砥柱溷濁
간사함을 비춰보는 선견지명과　燭奸先見
주나라를 높이는 큰 절개[63] 있었습니다　尊周大節
장암부군은 정직하시어　藏庵正直
충의로 분노가 격렬하였습니다　忠憤激烈
시대가 위태하여 눈물 흘렸고　時危抆淚
주상이 모욕당하자 피를 토했습니다　主辱嘔血
심곡부군은 엄숙하고 의연하여　深谷嚴毅
풍도와 절조가 늠름하였습니다　風節凜凜
여묘살이하며 슬피 울었고　居廬泣栢
군영에서 칼자루를 잡았습니다　行營按釰
광록부군은 순수하고 아름다워　廣麓粹美
타고난 바탕이 영민하고 총명하였습니다　天姿敏穎
가르침을 받들어 존심양성[64] 하였고　存養承訓
법도에 맞아 칭송을 받았습니다　繩墨有奬
학사부군은 정밀하고 깊어　鶴沙精深
빗장을 뽑고 자물쇠를 열었습니다　抽關啓鑰
학업은 전현을 이었고　業繼前脩

---

63) 주(周)나라를 …… 절개 : 공자의 춘추대의(春秋大義)에서 나온 말인데, 여기서는 명나라를 높인다는 뜻이다.

64) 존심양성(存心養性) : 마음을 보존하고 본성을 기른다는 뜻이다. 『맹자』「진심상」에 "마음을 보존하고 본성을 기른다는 것은 하늘을 섬긴 것이다."라고 하였다.

도를 후학에게 전하였습니다	道傳後學
학음부군은 행실을 신중히 하여	鶴陰飭行
효를 옮겨 충성하였습니다	移孝爲忠
외로운 성에서 의병을 일으켰고	孤城倡義
생가와 양가에 정성을 다하였습니다	兩庭殫誠
설송부군은 성품이 개결하며	雪松耿介
옥수와 난초싹[65] 같았습니다	玉樹蘭芽
안회의 나아감[66]을 마치지 못했는데	回進未已
가의의 재주[67]가 아쉽습니다	賈才堪嗟
세상에 이름난 이 태어나	名世有作
한 집안에 모였습니다	萃于一家
여덟 분이 연이어 생원시에 입격하고	八蓮繼芳
다섯 분이 교대로 대과에 급제했습니다	五桂交萼
청렴결백은 가문의 전통이고	淸白家傳
문장은 대대로 전한 사업이었습니다	文章世業
진실로 인간 세상에 드문 일로서	實罕人世
나라를 빛내게 되었습니다	有光王國
세대가 점점 멀어져	世代寢遠
향화가 그치게 되니	香火將徹
봄비 내리거나 가을 서리 내리면	春雨秋霜
슬픈 감회가 더욱 간절합니다	愴感彌切

65) 옥수(玉樹)와 난초싹: 준수한 자제를 비유하는 말들이다.

66) 안회(顔回)의 나아감: 『논어』「자한(子罕)」에서 공자가 안회를 평가하며 "슬프구나! 나는 그가 나아가는 것은 봤어도, 그대로가 멈추는 것은 보지 못하였다.[惜乎 吾見其進也 未見其止也]"라고 한 데서 온 말이다.

67) 가의(賈誼)의 재주를: 한(漢)나라의 가의는 뛰어난 재주가 있었지만 쓰이지 못하고 장사왕(長沙王)의 태부(太傅)로 좌천되었다.

대지라는 동네가	大枝之洞
선영 근처에 있으니	松梓之傍
이에 비로소 여럿이 의논하여	爰始叶議
별묘에서 함께 제향하기로 하였습니다	別廟合享
서산에 사당이 있는 것은	西山有祠
옛일이 법도가 될 만합니다	古事則經
한 사당에서 자리를 달리하니	同堂異置
아버지와 아들이며 형과 아우입니다	父子弟兄
생시처럼 늘어서서 모시니	依然列侍
화락한 모습 완연히 보입니다	宛覩和湛
변변치 않은 제사 음식을 올리고	薦以藻蘋
단술을 따르며	酌以醴甘
길일인 정일丁日에	吉日維丁
처음 제사 지내며 아뢰니다	敢告肇祀
자자손손이여	子子孫孫
길이 대대로 빠뜨리지 말지어다	永世勿替

상향축문常享祝文

덕을 쌓아 후손에게 물려주시고	積德裕後
세상을 도와 백성을 길러주셨네	輔世長民
아홉 신위를 한 당우에 모시니	九位同堂
감동과 사모가 더욱 새롭네	感慕彌新

도림당에 추원사를 이건한 기록[道林追遠祠移建記]

8대손 종탁宗鐸

영가부永嘉府[68] 서쪽 사십 리, 부의 경계가 끝나는 지점의 주천酒泉과 서로 만나는 곳에 오미동五美洞이 있다. 오미동에서 서쪽으로 약 한두 번 방향을 바꾸어 보림산甫林山 앞에 이르러 북쪽을 돌아보니, 단청한 집의 지붕 모서리가 깊은 골짜기와 울창한 숲 사이에서 살짝 드러났는데, 이것이 바로 추원사追遠祠이다. 추원사는 본래 주천 광석산廣石山 쌍암雙巖 아래에 있었다.

영조英祖 신사년(1761, 영조 37)에 온 문중의 노소가 모두 선조 유연당부군, 그리고 학호鶴湖 팔형제 부군의 덕업과 문장이 백대에 빛나며 은혜가 후손에게 미쳐서 실로 중엽의 이름난 조상이 되었다고 생각하고, 마침내 묘우를 세워서 제사지낼 곳을 만들어 그리워하고 존경하는 마음을 부쳤다. 그런데 자리 잡은 터가 바위에 가깝고 바위 아래에서 샘물이 솟아올라 기단에 습기가 차고 담장과 벽이 쉽게 무너졌다.

또 허백당부군의 별묘別廟가 추원사 뒤 몇 걸음 되는 곳에 있어 실로 두 묘우를 나란히 세운 혐의가 있었다. 다른 곳에 터를 잡아 옮겨 세우려고, 이에 세사 비용을 쪼개어 조금씩 몇 년을 모았다. 대략 일을 처리할 만한 힘이 생겨 마침내 보림산甫林山 동편에 터를 잡으니, 옛터인 쌍암과는 불과 작은 고개 하나만 넘으면 되는 거리였다. 비록 기이하고 빼어난 경치는 없지만 산봉우리들이 빙 둘러있고 언덕과 골짜기가 그윽하며, 북쪽은 선영先塋이 있는 선산先山과 이어졌고, 동쪽은 고향과 가까워 선조의 영령이 오르내리시기에 딱 맞은 곳이었다. 이에 성상聖上(순조) 4년 갑자년(1804)에 먼저 부엌 십여 칸을 지어, 희생을 요리하며 곡식을 저장하는 곳을 갖추었다.

다음해 을축년(1805, 순조 5)에 강당 열 칸을 세워 양쪽을 실室로 삼고, 가운데 빈 곳을 당堂으로 삼아 재계하고 나이의 차례대로 서는 자리를 갖추었다. 또 다음해 병인년(1806,

---

68) 영가부(永嘉府) : 영가는 안동의 옛 이름이다.

순조 6)에 묘우 아홉 칸을 세우니, 내부는 엄숙하고 처마는 가지런하였다. 당은 새로운 제도로 짓고, 묘우는 옛것을 그대로 사용하였다. 당의 왼쪽은 저존著存이라 하고, 오른쪽은 진수進修라 하며, 묘우는 추원追遠이라 하였고, 모두 묶어서 도림道林이라 불렀으니, 보림산 도봉道峰의 아래에 있기 때문에 그 지명을 따다가 이름 붙인 것이다. 시작부터 끝까지 모두 3년 걸려 공사를 마치고 드디어 길일을 택하여 신주를 옮겨 봉안하였다. 회원 및 자손 오백여 사람이 모임을 마치자, 종탁이 술을 따라 여러 집사의 노고를 치하하며 말하였다.

> 나의 친족이 얼마 되지 않고 물자도 충분하지 못한데 5~6년 만에 강주剛州(경북 영주)에 있던 선조의 정자를 수리하였고, 또 이렇게 선조의 묘우를 옮겨 세웠는데, 오늘 옮겨 봉안하면서 절차에 흠이 거의 없었으니, 우리 문중의 큰일이 원만하게 처리되었습니다. 우리 선조의 자손들이 기뻐하고 다행으로 여기는 것이 과연 어떠하겠습니까. 그래서 생각해보니, 선조께서는 효성을 근본으로 삼고, 친족을 대할 때에는 화목을 으뜸으로 삼았습니다. 선조의 입장에서 보면 우리 친족은 모두 자손입니다. 자손으로서 이곳에 와서 모인 자는 반드시 선조의 마음으로 자신의 마음을 삼아, 세대가 멀다고 효성의 도를 소홀히 하지 말며, 촌수가 멀어졌다고 그 화목의 정의를 소홀히 하지 말아야 합니다. 이것이 무첨無忝의 도리입니다.
>
> 대저 예禮는 자신을 낳아준 분을 잊지 않는 것이고, 악樂은 내가 나온 집안의 뿌리를 즐거워하는 것입니다. 우리 문중의 모든 사람은 모두 예악의 마음이 있을 것입니다. 먼 조상을 추모하면 덕성이 반드시 두터워지고, 화목하면 어진 성품이 반드시 일어나니, 또 우리 문중이 이로부터 다시 흥기하지 않을 줄 어찌 알겠습니까. 『시경』에 "길이 효도를 하시니 효도가 본보기가 되기 때문이다."[69] 라고 하였고, 또 "자자손손이 중단하지 않고 길이 이어가리라."[70] 고 한 것은 이것을 말한 것입니다. 어찌 각자 힘쓰지 않겠습니까?

여러 집사는 "예."라고 대답하였다. 마침내 이 일을 기록한다.

도림당 편액을 걸 때 올린 고유문[道林扁額時告由文]

8대손 종규宗奎[71]

묘우를 옮겨 세운 지	廟宇移建
이미 여러 해가 지났지만	已多年紀
문중의 일로 오래 지체하여	門故久掣
편액을 걸지 못하였습니다.	扁額未揭
손익에 관계되는 것이 아니라	非關損益
진실로 우러러보는 것이기에	實係瞻視
후손들이 함께 계획하여	雲仍協規
지금 비로소 판에 새겼습니다	今始鏤板
당은 도림이라 하고	堂曰道林
묘우는 추원이라 하였으며	祠曰追遠
장엄한 두 서재는	翼翼兩齋
취한 뜻 크게 드러났으니	取義孔顯
오른쪽은 저존재라 하여 걸고	右揭著存
왼쪽은 진수재라 하여 걸었습니다	左揭進修
문의 편액은 봉황문이라 하였으니	門扁鳳凰
그 이름이 더욱 아름답습니다	其號尤嘉
예전에 문려를 크게 하고	昔侈門閭
지금은 남긴 묘우를 표명하니	今標遺祠
산천의 경관이 달라지고	山川改觀

69) 길이 효도를 …… 때문이다 : 『시경』「하무(下武)」에 나오는 말이다.

70) 자자손손이 …… 이어가리라 : 『시경』「초자(楚茨)」에 나오는 말이다.

71) 종규(宗奎) : 김종규(金宗奎, 1765~1830)이다. 자는 성문(聖乂), 호는 독산(獨山), 본관은 풍산(豊山)이다. 전적·사헌부 감찰·사간원 정언 등을 역임하였으며, 저서로는 『독산집』이 있다.

당우는 빛을 더하였습니다	堂宇增光
위의가 떳떳하며[72]	威儀秩秩
오르내리심이 성대하실 것입니다	陟降洋洋
실일을 택하여 경건하게 아뢰니	涓吉虔告
우리에게 광명을 내려주소서	惠我光明

제현이 준 글을 붙임[附諸賢贈遺]

관리가 되어 가는 김희지를 송별하며[送金希之之官]

창석蒼石 이준李埈[73]

신선 같은 김 찰방이	神仙中人金察訪
부절 차고 가서 산음 태수 되었네	佩符去作山陰長
산음의 산수는 해동에서도 기이하니	山陰山水海東奇
고금에 영웅들 몇이나 왔다갔을까	今古英雄幾來往

내가 예전 가을바람에 채색 배를 띄우니	我昔秋風泛綵船
아름다운 사람이 임강선[74]을 불렀다네	佳人解唱臨江仙
밤 깊도록 강 한복판에서 실컷 마시니	中流轟飮夜欲央

72) 위의(威儀)가 떳떳하며 : 『시경』「대아(大雅)·가락(假樂)」에 군자의 풍모를 형용하여 "위의는 억억하고 덕음은 떳떳하다.[威儀抑抑 德音秩秩]"라고 한 데서 온 말이다.

73) 이준(李埈, 1560~1635) : 자는 숙평(叔平), 호는 창석(蒼石), 본관은 흥양(興陽)이다.

74) 임강선(臨江仙) : 사(詞)의 한 종류이다.

은빛 등불은 교룡 사는 연못을 맑게 비췄네 銀燈照澈蛟龍淵

옛일은 지금 한 바탕 꿈으로만 남았고 舊事如今一夢耳
아득한 묵은 자취 모래밭에 밀려드는 물이라네 陳迹悠悠漾沙水
누대의 시는 조태허[75]가 지었으니 樓題曾出曺太虛
희문의 악양루기[76]와 흡사하구나 彷彿希文岳陽記

옥구슬이 갑자기 전란의 곤액을 만나 瓊瑤忽罹兵火厄
경호강과 회계산[77]이 다 슬퍼하였네 鏡水稽山共悽惻
그대가 돌아가 다시 문미 사이에 걸면 君歸倘復揭楣間
산과 강이 얼굴과 마음에 희색을 띠리라 岳面波心浮喜色

노쇠한 내가 어찌 소년처럼 유람하랴 吾衰那得少年遊
말단 관직으로 멀리 단구[78]에 머물고 있네 一官迢遞淹丹邱
오주에도 막힘없이 조각달 비춘다고 吳洲不隔一片月
천리 밖에서 바라보다 부질없이 머리만 세겠네[79] 千里相望空白頭

---

75) 조태허(曺太虛): 조위(曺偉, 1454~1503)이다. 그의 자는 태허, 호는 매계(梅溪), 본관은 창녕이다. 김종직과 친교가 두터웠고 초기 사림파의 대표적 인물이었다. 시호는 문장(文莊)이고, 김산의 경렴사(景濂祠)에 제향되었다. 작품으로는 「조계문묘비(曺繼門墓碑)」가 있고, 저서로는 『매계집』이 있으며, 「만분가(萬憤歌)」라는 유배가사를 남겼다.

76) 희문(希文)의 악양루기(岳陽樓記): 희문은 송나라 명재상 범중엄(范仲淹)의 자이다. 그는 "반드시 천하가 근심하기에 앞서서 근심하고, 천하가 즐거워한 뒤에 즐거워할 것이다."라고 할 정도로, 국가와 백성을 사랑하는 마음이 깊었던 것으로 유명하다.(『古文眞寶』「岳陽樓記」)

77) 경호강(鏡湖江)과 회계산(會稽山): 경상도 산청에 있는 지명이다.

78) 단구(丹邱): 충청북도 단양(丹陽)이다. 이준은 1602년 경에 단양 군수를 지냈다.

79) 오주에도 …… 세겠네: 이백(李白)의 「송장사인지강동(送張舍人之江東)」 시의 "오주에서 만약 달을 보거든, 천리 밖에서 나를 생각하기 바린다.[吳洲如見月 千里幸相思]"라는 구절을 인용한 것이다.(『古文眞寶』)

산음 임지로 부임해 가는 형님을 병중에 작별하며[病中奉別山陰兄主之任]

청음清陰 김상헌金尙憲

산음의 경치는 남방에서 제일이고	山陰物色擅南堧
예로부터 수령은 지상 선인[80]에 속했네	從古遨頭屬地仙
십 년 전쟁에도 다 불타버리지 않았을 터	兵火十年燒不盡
응당 풍경은 변함없이 그대로이리라	只應風景故依然
수령의 행차가 동구[81]를 순행하니	朱幡皁盖遍東區
허리에 찬 왼쪽 부절[82] 어지러이 울리네	腰下紛紛佩左符
가까이 있는 서강을 터주지 못하겠지만	咫尺西江不能決
마른 물고기는 응당 노형이 살려주기를 기다리리[83]	枯魚應待老兄蘇
소반에 오른 산음의 죽순은 오나라 것보다 낫고	登盤縣竹勝吳筍
밥상에 오른 강 물고기는 은빛이겠지	入饌江魚色奪銀
서생이 부질없이 음식을 말해 절로 우습지만	自笑書生空說食
누가 맛난 음식을 내 입에 넣어줄까	誰令美味入吾脣

- 죽순과 은어가 산음현의 특산물이라고 들은 적이 있으므로 마지막 편에서 농담으로 언급하였다. -

80) 지상 선인 : 인간 세계에 그대로 머물며 사는 선인(仙人)이다.

81) 동구(東區) : 남쪽 바닷가 지역을 말한다.

82) 왼쪽 부절 : 고대(古代)에 동(銅)으로 만든 부(符)를 두 쪽으로 쪼개어 오른 쪽은 임금이 지니고, 왼쪽 것은 군수에게 주었다.

83) 가까이 …… 기다리리 : 이전의 수령들은 목마른 물고기처럼 도움을 바라는 백성들을 구제하지 못하였지만, 물이 없어 말라죽은 건어물처럼 된 백성들은 유연당이 와서 살려주기를 기다리고 있을 것이라는 말이다. 『장자』「외물(外物)」에, 동해의 파신(波臣)을 자처하는 물고기 한 마리가, 수레바퀴에 파인 얕은 물속에서 허우적대면서 한 말이나 한 되의 물이면 살아날 수 있겠다고 하소연을 했는데도, 서강(西江)의 물을 길어다가 구원해 줄 테니 조금만 참으라는 말을 듣고는 "차라리 나를 건어물 가게에서 빨리 찾아보는 것이 나을 것이다.[曾不如早索我于枯魚之肆]"라고 말했다는 이야기가 실려 있다.

임소로 가는 산음 태수와 작별하며[別山陰太守之任]

식암息庵 황섬黃暹[84]

산음 태수를 인사하고 보내는데	揖送山陰宰
갈림길 앞에 버들빛이 푸르네	歧頭柳色青
그대가 돌아가 도사를 만나면	君歸逢道士
거위와 바꾼 경을 청하시리[85]	爲請換鵝經

유연당의 시에 차운하다[次悠然堂韻]

한음漢陰 이덕형李德馨[86]

역마가 솔 자란 거리를 뚫고 가니	馹騎穿松巷
사립문이 눈 덮인 물굽이 옆에 있네	柴門傍雪灣
자리를 여니 봄기운 가득하고	開筵春滿座
방문 나서니 달이 산을 비추네	出戶月銜山
이별한 후 자주 서로 편지했으니	別後頻相問

84) 황섬(黃暹, 1544~1616) : 자는 경명(景明), 호는 식암(息庵)·돈암(遯庵), 본관은 창원이다. 이조 판서에 추증되고, 풍기 우곡서원(愚谷書院)에 제향되었다. 시호는 정익(貞翼)이고, 저서로는 『식암집』이 있다.

85) 도사를 …… 청하시라 : 진(晉)나라 때 명필 왕희지(王羲之)가 거위를 매우 좋아하여, 산음(山陰)에 사는 도사(道士)의 집에 있는 거위를 보고는 그것을 갖고 싶어 했는데, 그 도사가 "『도덕경』을 써 주면 거위를 주겠노라."고 하니, 왕희지가 마침내 『도덕경』을 써 주고 그 거위를 가져갔다는 고사가 있다. 이 고사에 나오는 산음은 유연당이 다스리러 가는 고을과 이름이 같기 때문에 이 시에서 이 고사를 끌어온 것이다.

86) 이덕형(李德馨, 1561~1613) : 자는 명보(明甫), 호는 한음(漢陰), 본관은 광주(廣州)이다.

답장 올 때 유독 한가함을 부러워했네　書來獨羨閒
동풍 불고 습기 많은 남쪽에서　東風蠻瘴裡
바라보니 귀밑머리 반백이 되었네　一望鬢成斑

또[又]

백암栢巖 김륵金玏87)

골목은 성 남쪽 길에 닿았고　巷接城南路
시냇물은 성곽 밖의 물굽이와 통하네　溪通郭外灣
그윽한 근심은 세상을 피하려는 것이 아니고　幽憂非遁世
아름다운 흥은 산을 보는 데 있네　佳興在看山
달빛은 하늘이 개여 좋고　月色天晴好
구름은 해가 저물어 한가롭네　雲情日暮閒
이제부터 시 짓는 안목이 늘어　從今詩眼大
취한 묵객은 시반88)을 꺼리지 않으리　醉墨不嫌斑

또[又]

안촌安村 배응경裵應褧89)

한 줄기 구천의 물가에　一帶龜川畔

---

87) 김륵(金玏, 1540~1616) : 자는 희옥(希玉), 호는 백암(柏巖), 본관은 예안이다.
88) 시반(詩斑) : 시를 짓느라 노심초사하여 머리카락이 희끗희끗해진 것을 말한다. 당승(唐僧)의 시에 "머리털은 시를 짓다가 반백이 되었네.[髮爲作詩斑]"라고 한 데서 온 말이다.
89) 배응경(裵應褧, 1544~1602) : 자는 회보(晦甫), 호는 안촌(安村), 본관은 성산(星山)이다.

높은 당은 작은 물굽이 굽어보네	高堂枕小灣
청삼[90]으로 북궐[91]을 사양하고	青衫辭北闕
백수로 남산을 마주했네	白首對南山
공부는 겨울 세 달이면 충분하고	事業三冬足
살림은 십 묘 밭으로 한가하네	生涯十畝閒
문 앞에 세속의 발자취 드물어	門前稀俗迹
돌이끼가 절로 무늬 이루었네	石髮自成斑

또[又]

죽유竹牖 오운吳澐[92]

가을비가 어젯밤 급하게 내려	秋雨前宵急
먼 물굽이에 새로 물이 늘었네	新流漲遠灣
맑은 술자리 지는 해에 펼치니	淸尊開落日
검푸른 기운이 갑자기 먼 산에 걸리네	翠黛忽遙山
바로 창칼이 가득한 때를 만나	政値干戈滿
서검[93]의 한가로움 부질없이 탄식하네	空嗟書釼閑
난리 중에 취하는 것을 사양 마시게	休辭亂離醉
술 깨고 나면 흰 머리카락 늘어날 터이니	醒後鬢催斑

---

90) 청삼(靑衫) : 푸른 적삼이라는 뜻으로, 품계가 낮은 관원의 복장을 가리킨다.
91) 북궐(北闕) : 임금의 대궐은 남향이므로 북궐(北闕)이 된다.
92) 오운(吳澐, 1540~1617) : 자는 태원(太源), 호는 죽유(竹牖)·죽계(竹溪), 본관은 고창이다. 함안에서 출생하였으며, 퇴계의 문인이다.
93) 서검(書釼) : 옛날에 학자나 문인이 항상 휴대하고 다니던 서책과 칼을 말한다.

또[又]

체소자體素子 이춘영李春英[94)]

작은 집이 청산을 이웃하여	小築隣靑嶂
층대가 푸른 물굽이를 굽어보네	層臺俯碧灣
연기와 먼지가 해변에 자욱하나[95)]	烟塵昏海曲
바람과 달은 계산에서 예전 같네	風月自溪山
여관에서 삼경까지 술을 마시니	旅舘三更酌
덧없는 인생이 하루는 한가하네	浮生一日閒
세상을 근심하는 뜻만 품어	徒懷憂世志
쓸쓸한 귀밑머리 반백되었네	蕭颯鬢毛斑

일없이 한가로이 낮에도 사립문 닫으니	閒居無事晝扃扉
적막한 오솔길에 찾아오는 손님 드무네	逕寥寥客到稀
학가산에는 상서로운 구름이 아침마다 뭉게뭉게	鶴峀瑞雲朝冉冉
구대[96)]에는 신령한 비가 저녁마다 부슬부슬	龜臺靈雨晩霏霏
흐림과 맑음이 모습 바꾸며 시상을 돕는데	陰晴變態供詩料
근심과 즐거움을 잊고 낚시터에 앉았네	憂樂忘情坐釣磯
세간의 명예와 이익을 다 가진 자들은	全勝世間名利子
하얀 옷이 다 검게 되도 돌아갈 줄 모르네[97)]	素衣緇盡不知歸

---

94) 이춘영(李春英, 1563~1606) : 자는 실지(實之), 호는 체소재(體素齋), 본관은 전주이다.

95) 연기와 …… 자욱하나 : 왜적 때문에 봉화(烽火)의 연기와 말발굽의 먼지가 해변으로부터 검게 밀려왔다는 말이다.

96) 구대(龜臺) : 영주의 구성에 있는 누대이다.

97) 하얀 옷이 …… 모르네 : 진(晉)나라 육기(陸機)가 "서울엔 어찌 그리 풍진도 많은지, 흰 옷이 온통 새카맣게 변하였네.[京洛多風塵 素衣化爲緇]"라고 읊은 데서 유래한 것이다.(『文選』「爲顧彦先贈歸」)

유연당 제영悠然堂題詠 짧은 서문 병기

명나라 장수 황경흠黃敬欽

나는 사마司馬로서 섬 오랑캐를 정벌하는 일을 맡아 조선의 어려움을 구제하며 서울에서 오래 머물렀다. 조선의 낭관 김대현 군이 자신이 사는 당堂과 헌軒, 향리 안에 있는 임천林泉과 암석巖石의 아름다움을 가지고 내게 시를 지어 달라고 청하였다. 당시는 막 극악무도한 원수들을 깨끗이 쓸어내어 전쟁 중에 조금 겨를이 났으므로 붓을 당겨 요청에 응하였다. 흥이 넘쳐 지은 시가 다섯 수이고, 근체시[98]가 두 수이며, 칠언절구가 열 수이다.

홀로 유연한 흥취를 품고 있어	獨抱悠然趣
남산이 날마다 문 앞에 있네	南山日在門
마음에 맞아 세상을 가볍게 보고	會心成玩世
뜻을 얻어 이미 말을 잊었네	得意已忘言
그윽한 오솔길 솔 사립문 고요하고	幽逕松關靜
국화는 꽃밭에 무성하네	寒花菊圃蕃
때 묻은 흉금을 털어낼 수 있으니	塵襟能拂拭
율리[99]가 바로 여기인 듯하네	栗里倘斯存

98) 근체시 : 고체시와 상대되는 시체(詩體)로, 당대(唐代)에 성행한 절구(絕句)와 율시(律詩) 등을 말하는데, 자구의 수, 대우(對偶), 평측(平仄), 용운(用韻) 등을 엄격히 규정하고 있다. 금체시(今體詩)라고도 한다.

99) 율리(栗里) : 진(晉)의 도잠(陶潛)이 살던 곳이다.

소오헌嘯傲軒

동헌 아래에서 휘파람 부니 舒嘯東軒下
한껏 세태를 얕보는 회포가 생기네 殊爲傲世情
뜬 구름은 변화무쌍한 것 같지만 浮雲看變態
추구[100]처럼 본래 생명이 없다네 芻狗本無生
차조를 심음은 막걸리 빚으려는 것이고[101] 種秫供村釀
시를 지음은 본래 꾀한 바 아니네 裁詩匪宿營
소문[102]이 떠난 지 천 년이 되었건만 蘇門千載後
해동에서 오히려 은둔의 맹세 지키네 海國尙尋盟

유연당 십경悠然堂十景

신령스런 비 시원하게 내려 농사에 충분하고 霈然靈雨足菑畬
신록이 들에 두루 펼쳐져 경치가 열리네 綠遍郊原物色舒
본래 조화옹이 화육의 솜씨 갖고 있으니 自是化工端化育

---

100) 추구(芻狗) : 풀을 묶어서 개 모양으로 만든 것을 말한다. 옛날에 제사를 지낼 때 쓰던 것인데, 제사가 끝나고 나면 바로 내버리기 때문에, 소용이 있을 때만 이용하고 소용이 없을 때는 버리는 천한 물건의 비유로 쓰인다. 뜬 구름 같은 부귀공명은 많은 재주를 부리기도 하지만 추구처럼 하찮은 것이라는 말이다.

101) 차조를 …… 것이고 : 진(晉)나라 도연명이 교관(敎官)에 취임하여 술을 담기 위하여 차조를 심었던 고사를 따라한다는 뜻이다.

102) 소문(蘇門) : 삼국시대 위(魏)나라 때 소문산(蘇門山)에 살던 신선인 손등(孫登)을 가리킨다. 완적(阮籍)이 일찍이 소문산에 올라가 놀다가 그곳에 숨어 사는 손등을 만나 상고시대의 무위지도(無爲之道)와 삼황오제(三皇五帝)에 대해서 담론을 나누었는데, 손등은 잘 들으려고 하지 않았다. 이에 완적이 손등을 향해 길게 휘파람을 한 번 불자, 손등은 그저 미소만 지을 뿐이었다. 그런데 완적이 산을 내려오던 도중에 산 위에서 마치 봉황이 우는 듯한 휘파람 소리가 들렸는데, 그 소리는 바로 손등이 휘파람을 부는 소리로 진짜 은자만이 불 수 있는 소리였다.(『晉書』「阮籍傳」)

혜택이 다시 수레 따름을[103] 누가 논하랴　　疇論惠澤更隨車

- 남교에 때 맞춰 내리는 비[南郊時雨] -

성 서쪽 관목 울창한 곳으로　　城西灌木欝蒼蒼
피곤한 새는 날 저물어 바삐 돌아가네　　倦翼歸飛晩更忙
응당 아늑한 둥지 속에 깃들어　　應有鵷雛中托蹟
오래된 가지 위에서 서로 보살펴주겠지　　萬年枝上自相將

- 성서로 돌아가는 새[城西歸鳥] -

너울너울 신선의 행차가 하늘로 오르려하니　　翩翩仙馭欲凌霄
종일토록 이내가 멀리 푸른 숲에 끼었네　　盡日嵐光積翠遙
아름다운 기운 뒤엉켜 수려한 빛 어지러운데　　佳氣渾侖紛秀色
왕자진의 퉁소 소리[104] 때때로 밤에 들리네　　時聞子晉夜吹簫

- 학가산의 맑은 이내[鶴駕晴嵐] -

줄지어 선 기이한 봉우리 푸른 공중에 솟아 있어　　鵠立奇峰聳翠微
통명전에 늘어선 시종신과도 비슷하네[105]　　通明侍直亦依俙
바위에 부딪쳐 조금씩 모이는 더운 구름은[106]　　火雲觸石看膚合

103) 혜택이 …… 따름을 : 때 맞춰 내리는 비의 은택이 관리가 선정(善政)을 베푸는 것보다 크다는 말이다. 후한(後漢)의 정홍(鄭弘)이 회음 태수(淮陰太守)로 나갔을 때 그의 수레가 이르는 곳마다 단비가 내려 가뭄을 해소해 주었다는 '수거영우(隨車靈雨)'의 고사가 있다.(『後漢書』「鄭弘列傳」)

104) 왕자진(王子晉)의 퉁소 소리 : 왕자진은 주 영왕(周靈王)의 태자 진(晉)이다. 왕자교(王子喬)라고도 한다. 생황을 불어 봉황의 울음소리를 잘 내었는데, 신선 부구공(浮丘公)을 만나 숭산(嵩山)으로 들어가 도술을 배운 지 30여 년 후, 백학(白鶴)을 타고 구씨산(緱氏山) 산마루에 올라가 며칠을 있다가 떠나 버렸다고 한다.(『列仙傳』「王子喬」)

105) 줄지어 선 …… 비슷하네 : 통명전은 옥황상제의 궁전을 이른다. 소식(蘇軾)의 시에 "시종신이 따오기처럼 줄지어 선 통명전, 한 떨기 붉은 구름이 옥황상제를 모셨어라.[侍臣鵠立通明殿 一朶紅雲捧玉皇]"라는 표현이 보인다.(『蘇東坡詩集』「上元侍飮樓上」)

106) 바위에 …… 구름은 : 『춘추공양전(春秋公羊傳)』「희공(僖公) 31년」조에 "바위에 부딪쳐 구름이 나와

하늘로 치솟아 한번 옷을 떨치는 것[107] 같네　　曾似排空一振衣

- 곡봉의 여름 구름[鵠峯夏雲] -

낚시터 너럭바위는 맑은 물길 속에 있는데　　漁磯中砥介清流
누가 낚싯줄을 이곳에서 던졌나　　誰把絲綸向此投
들으니 객성을 태사가 점쳤다지만　　聞道客星占太史
맑은 풍도는 옛날부터 양구에 있었네[108]　　清風千古在羊裘

- 계심에서 낚시를 드리우고[溪心垂釣] -

하늘이 꽃비를 빈 대에 흩뿌려　　諸天花雨散空臺
봄바람에 차례대로 피지 못하네　　不爲春風故次開
현포[109]에 예쁜 꽃들 비단무늬처럼 보이고　　玄圃芳菲看纈錦

조금씩 모여들어, 아침이 끝나기도 전에 천하에 두루 비를 내리는 것은 오직 태산뿐이다.[觸石而出膚寸而合 不崇朝而徧雨乎天下者 惟泰山爾]"라고 한 데에서 나온 말이다.

107) 하늘로 …… 것 : 속세를 초탈한 듯 장쾌한 기분이 드는 것을 뜻한다. 진(晉)나라 좌사(左思)의 「영사(詠史)」 8수 가운데 "천 길 산 위에서 옷 먼지 털어 내고, 만 리 장강 흐름에 발을 씻노라.[振衣千仞岡 濯足萬里流]"라는 유명한 구절이 나오는데, 주자(朱子) 역시 이 표현을 애용하여 "명일진의천인강(明日振衣千仞岡)"이나 "천인강두일진의(千仞岡頭一振衣)"와 같은 구절을 남겼다.

108) 객성을 …… 있었네 : 양구는 후한 광무제(後漢光武帝) 때의 은사 엄광(嚴光)을 뜻한다. 엄광은 본디 광무제와 어릴 때의 친구로서 함께 공부하였다. 광무제가 제위에 오른 뒤에 엄광은 이름을 바꾸고 숨어 살았는데, 광무제가 그를 찾기 위하여 온 천하에 명을 내렸다. 그러자 제국(齊國)에서 글을 올리기를 "어떤 사람이 양 가죽으로 만든 옷을 입고 못에서 낚시질합니다."고 하니, 광무제가 그인 줄 알고 곧 좋은 수레와 폐백을 갖추어 사람을 시켜 세 번을 부른 뒤에야 왔다. 광무제가 그의 숙소에 갔으나 엄광은 누운 채로 일어나지 않았으며, 함께 세상을 다스리자고 하였으나 이에 응하지 않았다. 다시 엄광을 궁중으로 불러들여 며칠 동안 그리던 회포를 풀던 어느 날 같이 자는데, 엄광이 발을 들어 광무제의 배 위에 얹었다. 이튿날 태사(太史)가 객성(客星)이 어좌(御座)를 범하였다고 아뢰니, 광무제가 웃으면서 "짐(朕)의 옛 친구 엄광이다."라고 하였다. 엄광은 벼슬을 주었으나 끝내 사양하고 부춘산(富春山)에 은거하였고, 후인들은 그가 낚시질하던 곳을 엄릉탄(嚴陵灘)이라 하였다.

109) 현표(玄圃) : 위로 천계(天界)와 통한다고 일컬어지는 곤륜산의 정상에 있다는 신선의 거처를 말한다. 그 위에는 금대(金臺)·옥루(玉樓)와 기화요초(琪花瑤草)가 만발해 있다고 하는데, 보통 선경(仙境)의

어여쁜 꽃과 풀이 모두 진귀한 보석이라네 靈葩異卉總瓊瑰

- 지천에서 꽃구경하며[至天看花] -

저물녘 하늘에서 펄펄 눈발 날려 海天飛雪晩翛翛
저 멀리 푸른 죽령에 하얗게 쌓이네 竹嶺葱籠積素遙
어떠한가 파교에서 당나귀 등에 앉아 爲問灞橋驢背穩
시 읊고[110] 돌아가며 옥구슬[111] 밟는 것과 敲詩歸去踏瓊瑤

- 죽령의 저녁 눈[竹嶺暮雪] -

마주한 고개와 산이 울타리처럼 둘러있고 峴山相望倚屛藩
밤하늘엔 달빛이 환하게 빛나네 夜色涵虛帶月魂
마침 그림자 흘러 거꾸러진 풍경 보이고 可是影流看倒景
연못에 잠겨 천연의 모습 맑게 하네 一池淸浸澈天根

- 번현에서 달구경하며[藩峴見月] -

서리 내려 나뭇잎마다 가을이 물드니 霜林葉葉見秋容
울긋불긋한 단풍 저물녘에 더 짙어지네 錯綜丹黃晩更濃
이것은 덕산에 보장을 펼친 것이니 應是德山施步障

뜻으로 쓰인다. 현포(懸圃) 혹은 현포(縣圃)라고도 한다.

110) 파교에서……읊고: 눈 오는 날 밖에 나가 한껏 흥취를 누리며 시를 짓는 것을 말한다. 당나라 맹호연(孟浩然)이 경사(京師)에 가던 도중에 눈을 만나 시를 지었는데, 이를 두고 송(宋)나라 소식(蘇軾)이 "또 보지 못하는가? 눈 오는 날 당나귀 탄 맹호연의 그 모습을. 시 읊느라 찌푸린 눈썹 산처럼 옹그린 그의 어깨.[又不見雪中騎驢孟浩然 皺眉吟詩肩聳山]"라고 읊은 시구가 전한다.(『蘇東坡詩集』「贈寫眞何充秀才」)

111) 옥구슬: 고인의 시에서 흔히 설경(雪景)을 옥구슬에 비유하였다. 예를 들면, 백거이의 「서루희설명연(西樓喜雪命宴)」 시에는 "사방 들판엔 흰 명주를 펼쳐 놓은 듯, 일만 가호는 옥구슬로 꾸며 놓은 듯하네.[四郊鋪縞素 萬室甃瓊瑤]"라고 하였고, 송나라 신기질(辛棄疾)의 「설사(雪詞)」에는 "땅에 가득한 옥구슬을 바주하여, 그대와 더불어 수작을 하네.[對瓊瑤滿地 與君酬酌]"라고 한 것 등이 있다.

비단 겹겹이 쳤던 금곡을112) 말해 무엇하리 何論金谷錦重重

- 덕산의 가을 풍경[德山秋色] -

낙락장송이 길가에 규룡113)처럼 서 있어 長松夾道立虬龍
풍상 겪은 줄기와 잎이 늙을수록 씩씩하네 霜骨風髯老更雄
홀로 한겨울 견디며 말년의 절조를 굳게 하니 獨守歲寒堅晩操
복사꽃 따라 봄 자태를 다투지 않네 不隨桃花競春容

- 송정의 늦도록 푸른 소나무[松程晩翠] -

내가 전쟁에서 개선하려 할 때, 김군이 다른 종이에 다시 써서 후대에 전할 수 있게 해 주기를 청하였다. 우연히 상자 속에서 오저吳楮 몇 폭을 얻어 써서 보내주었다.

만력 기해년(1599, 선조 32) 중춘中春 상사일上巳日에
동정東征 상기독위上騎督尉 서오의西吳宜 양허도인養虛道人 황경흠黃敬欽이 쓰다.

단곡 곽진114)의 사우록[丹谷郭 𡽫 師友錄]

영천榮川에 살았던 김 산음金山陰은 휘가 대현大賢이고 자가 희지希之이다. 선조들은 박학다식한 대 유학자로서 청반淸班115)을 출입하며 7·8대를 이어왔다. 공에 이르러 훌륭한

---

112) 보장(步障)을 …… 금곡을 : 보장은 옛날에 귀인이 출행(出行)할 때 바람과 먼지를 가리기 위하여 길 좌우에 친 휘장을 말하는데, 진(晉)나라 때 부호(富豪)인 석숭(石崇)이 금곡(金谷)이란 곳에 동산을 만들고 50리 길이의 비단 보장을 만들어 너무나도 사치스럽게 살았던 고사가 전한다.(『世說新語』「汰侈」)
113) 규룡(虬龍) : 꼬불꼬불한 모양의 나뭇가지를 비유한 말이다.
114) 곽진(郭𡽫, 1568~1633) : 자는 정보(靜甫), 호는 단곡(丹谷), 본관은 현풍이다. 저서로는 『단곡집』(3책)이 있다.

자손이 집에 가득하고 문성文星[116]이 빛을 발하였다. 집에서는 반드시 효성과 우애를 실천하였고, 몸가짐은 반드시 염치와 의리를 근본으로 삼았으니, 일반적으로 부귀를 구하고 문호를 세운 자와는 견줄 바가 아니었다. 나는 이 어른과 친분이 가장 두터웠고, 큰 아들과 둘째 아들은 나와 같은 해에 사마시에 합격하였으며, 그 나머지 여러 자제 모두 나와 정리 또한 좋고 깊다. 고상한 가문의 혁혁한 가업은 역사가가 그 향기를 전할 것이므로, 나는 다시 군말을 하지 않는다.

취사 이여빈[117]의 사우록[炊沙李 汝馪 師友錄]

산음 현감을 지낸 김대현金大賢은 자가 희지希之이고, 기량이 크고 재주가 비범하였다. 글을 잘 지어 임오년에 사마시에 합격하였다. 그 뒤에 여러 번 별거別擧[118]에 응시하여 재차 장원을 하였으나 전시殿試에서는 번번이 떨어졌다. 을미년에 음직으로 성현도 찰방이 되었는데, 청렴결백하여 역졸들에게 존경을 받았으며, 사림들이 비석을 세워 덕을 칭송하였다. 신축년에 산음 현감에 제수되었는데, 잘 다스린다는 명성이 있어 주상께서 옷감을 내려 그를 권면하였다. 임인년 봄에 관직에 있으면서 병이 나서 세상을 떠나니, 겨우 50세였다. 자식은 아홉을 두었는데, 글을 잘하고 영특하여 사람들이 '김씨 집안의 아홉 용'이라고 하였다. 한 명은 일찍 요절했으니 애석하도다.

---

115) 청반(淸班) : 학식과 문벌이 높은 사람에게 내리던 규장각·홍문관·예문관 따위의 벼슬을 이르는데, 지위와 봉록은 높지 않으나 뒷날에 높이 될 인물을 발탁하는 자리였다.

116) 문성(文星) : 문창성(文昌星) 또는 문곡성(文曲星)이라 하는데, 문운(文運)을 맡은 별이라고 한다.

117) 이여빈(李汝馪, 1556~1631) : 자는 덕훈(德薰), 호는 취사(炊沙) 또는 감곡(鑑谷), 본관은 우계(羽溪)이 나. 서서도는 『취사십』(6권)이 있나.

118) 별거(別擧) : 식년시 이외에 특별히 치르는 과거이다.

유연당선생문집
悠然堂先生文集

색인

색 인

가나다 순

(ㄱ)

(ㄴ)

(ㄷ)

(ㄹ)

(ㅁ)

(ㅂ)

(ㅅ)

(ㅇ)

(ㅈ)

(ㅊ)

(ㅌ)

(ㅍ)

(ㅎ)

유연당선생문집

悠然堂先生文集

영인

目次

悠然堂先生文集 卷一

詩

書

悠然堂先生文集 卷二

悠然堂先生文集 卷三

祭文

上樑文

悠然堂先生文集 卷四

附錄

悠然堂先生文集目錄

卷之一

詩

悠然堂自題寄李漢陰德馨二首
大枝齋舍壁上題
仙遊庵
畱衣庵
附次韻
悠然堂次栗川倅李澣詠梅
寄金勿巖道感隆

惠山城
昂津用前韻
寄洛中諸友
別審仲
癸巳賊退後
送金栢巖功赴召亞銓 甲午
在長命次贈張山甫
聞慶道中次贈張山甫
次別韓方伯益之浚謙
菊潭贈鄭愚伏經世

附次韻
題金栢巖東浦書堂十六景 庚子
題僧軸
秋山聞杜鵑
雨後睡覺
次權達夫濬韻
送仲憲
贈仲憲
送安典籍彦優
暮春

悠然堂
甲午夏聞孽弟祥賢訃四首
次御使韻送別安東伯三首
過文節公金淡古宅有感
次金守愚允明長歌韻

書

上西厓先生
答西厓先生
上韓巡察使
上都體察使李元翼

悠然堂先生文集目錄終

悠然堂先生文集卷之一

詩

悠然堂自題寄李漢陰德馨二首

揣夫新卜築白喜近溪灣軒豁要迎月離疎為見山
青雲邪夢到白鷗共身閒門外留車轍蒼苔砌舊斑
老鶴冲天畔雙鳧飲碧灣引渠皆美水貟郭亦佳山
自適方爲樂無營却是閒一堂成千睡不怕鬢絲斑

大枝齋舍壁上題

落日深山獨倚樓天涯心事正悠悠臨行不覺重回
首霜露邱原又一秋

仙遊庵

仙鳥何年住此山至今遺蹋想雲壇春歸花落渾無
賴千丈巖高井水寒

留衣庵

洛水花山眼底明昔人衣鉢此留名秪今巖上蒼髯
老月掛疎枝丈室清

附次韻 西厓先生

依舊山前夕照明留衣人去只留名想應宴坐觀
空日贏得鴉花滿太清

悠然堂次榮川倅李澣詠梅

物外清標庭上壇不隨炎冷盛還殘詩人莫浪分高
下骨格須從雪裏看

寄金勿巖道盛隆

受氣從來病太柔每於剛上着工夫變化可能容易
做如今十載尚依初

惠山城在昌原孤雲所生之地

石堞層層枕海頭荻花楓葉滿長洲孤雲無迹秋天
遠片月滄溟萬古愁

昂津用前韻在宜寧鄭湖陰別莊在近地

洛水溶溶大野頭翠巖高起白沙洲風流第宅今安

在多少行人不盡愁

寄洛中諸友

歲暮終南雪意寒幾回相憶路漫漫龜巖溪水魚無
數歸及春風好把竿

別審仲

秋月西湖醉扣舷滿襟清興夢依然今宵轉覺離懷
惡照壁青燈冷不眠

癸巳賊退後

宵寐飫驚難着夢晝眠方極不成吟喜聞京闕妖氛
息日月分明漢水陰

八

送金栢巖玏赴 召亞銓 甲午

海天經夏陣雲高一路遺墟已沒蒿厥復必須求善策爲言修德勝干旄

在長命次贈張山甫

客牕寒夜悄無歡片夢時時到故山風雨滿天身又病不堪分手向西關

聞慶道中次贈張山甫

湖嶺東西路欲分短鞭遥指亂山雲荒城落日行人絶雪壑溪聲處處聞

次別韓方伯謚之浚謙

芙蓉臺下綠楊涂送子因傾白玉壷可惜梅花飄落盡夜來風雨滿江湖

菊潭贈鄭愚伏經世

天濶沙明霽色新一江風月瑩無塵相逢不識休官去爭道橋頭覓句人

附次韻 愚伏

世事無窮與日新吾身元是一微塵憑君莫道休官勇十載浮名誤了人

題金栢巖東浦書堂十六景 庚子

一派溶溶水源從太白來橫分平野去長繞亂峰迴

却愛新粧澹誰教淨練開芙蓉樵叢客便欲取衣裁

平江鋪練

月映溪亭澹風含水面清動聽環佩合平看玖瑤明不教工雕琢誰論價重輕時從鷗鷺至容與濯吾纓

小澗涵玉

梅落孤山後胎仙伴主翁高飛非報客清格似馴籠唳月澄湖夜盤雲碧峀風豈云忘飮啄不與野禽同

孤山別鶴

初因虜弦散何處暫棲遅渚雨猶堪駭蘆風㧾入疑影清霜落後聲急月明時到底秋菰足高飛孰網施

寒沙驚鴈

峰接陶山聳月從東海生光因暝色至影入遠郊明村樹紛烟散溪流徹底清夜吟誰與和天外鶴孤鳴

文峯湧月

無心雲一片山色共崢嶸入夏奇峰秀當晴素練橫依俙妙畫格怡悅開人情時至成霖雨不徒洗甲兵

烽峀飛雲

斷崖高千丈蒼髯老百年清風自凛若暮雪更騷然易起昏昏醉難成夜夜眠浪吟窮勝賞不必灞橋邊

松崖宿雪

嫩葉因風捲長枝得雨揺霏微春暮月蕭灑夜初朝
落絮飄徜遠流鶯語更驕過川人不識携杖獨逍遥

柳堤踈雨

昨夜芳洲雨和烟嫩草長任牛忘遠近恙笛欠宫商
野晩聲聲纔風吹曲曲肸憐塞存至樂不入是非場

渡頭牧笛

川渠長混混禾稼自芊芊汗土忘勞只欲鉏且勉旃
秪緣傷督賦多是祝豐年誰採民謡者須將奏 御
前

浦口耘歌

山外行程遠郊頭照夕陽人從斷橋過影落碧波長

贏得江湖興寧知道路忙何如紫陌上終日走遑遑

斷橋人影

雲鎖千尋寺風傳十里鍾月隳江曉色木落岳秋容
過夜驚魂夢令人起懶慵遥知禪入定趺坐對蒼松

古寺鍾聲

我愛濂溪說嘗稱君子花淤泥處不染通直淨無瑕
雨歇初香動風吹老葉斜澹然池上坐待看月光加

臨池賞蓮

千載濠梁趣誰能更得之人忘垂釣餌魚樂戲漣漪
雲影徘徊處柳陰溶漾時石頭清坐久鷗鷺慣相隨

坐石觀魚

何處幽懷暢南臺遠眺時山鬟横繚緲江帶去逶遲
廣野長烟盡踈林倦鳥飛北辰遥入望中夜却忘歸

南臺遠眺

何處成佳趣晩登西崑時湖光清更好沙色白尤奇
除鸛無嘉客非梅孰舊知須臾明月上莫是玉京移

西崑晩步

題僧軸

退翁詩在古庵中埋沒年來字半空歸語山中諸社
老亟收塵翳護紗籠

秋山聞杜鵑

春山聞汝巴沾衣何事秋林又亂飛莫近愁人牕外
哭徃須啼勸海東歸

雨後睡覺

雨餘残霧捲前峰澗樹丹楓澹澹容山客不知人世
事覺來兒報粥新濃

次權達夫濟韻

脩竹千竿擁一家過秋庭菊亦芳華歸来來夜山齋
靜入耳依然數曲歌

送仲憲

未見皇靈暢徒聞海賊驕陣雲高八夏簷雨苦連宵
憂繞花山遠愁纏漢水遙此時君又去書榻更寥寥

贈仲憲

久別纔相見依依夢裏如吾衰歡意減君病淚痕餘
天地來秋色關河走羽書皇威應服遠從此可安居

送安典籍彥優

淥流常蒠賈長沙時事關心感慨多歸去海山須著
力帝軒當動指南車

春暮

天邊夕照映紅霞鳥自飛迴柳自斜春去何山愁不

盡任教風雨落殘花

悠然堂

倦鳥閒雲暮暮情知音千載有淵明一從會得悠然
趣藐視人間五馬榮

甲午夏聞孽弟祥賢訃四首 壬癸間亂廑方極祥賢就食於外舅 尼山任所因病死

夭死眞堪惜他鄉更可哀那知糊口計反作喪身媒
風雨迷乘倅儀刑棄草萊何時通道路收得旅旋迴
旅櫬今何許人言可信疑還眞知幾日收骨更伊誰
欲問雲天暗思歸月色悲孤魂招不得獨立淚雙垂

隴宿三年草庭枯二載荊棄指年少弟傷痛病餘兄
汝死應無救吾衰執書情獨垂雙鬢淚和雨到天明
別離千里外思想半年餘日望帳前葉猶來返舊居
汝亡長已矣兒在復何如池草年年綠悲懷不可除

次御使韻送別安東伯三首

生平只許寸心知君子之交淡若水秋風正値別離
時何處更得平安字豈緣身遠有避心士固當爲知
己死

惜別

有鐵可刻對馬峰有石可塡渤海水目中不見用力
人耳邊豈堪聞和字爲義爲利世不分死國死和爲

等死

傷時

雨餘輕風捲青山薄暮孤舟橫浴水不以漁樵晦踪
跡悔向塵埃累名字何夕何日洗妖氛此友此樓同
生死

寫當日映湖之景且自道

過文節公金淡古宅有感

老木頹垣古苑空病蟬衰草夕陽中塵生東閣風流
遠誰識高名滿大東

次金守愚允明長歌韻

不盡寒宵不盡歌君歌歌罷我歌歌賈生慟哭徒爲
爾只爲樽前歌此歌

二

書

上西厓先生

冬陰日益嚴凝伏惟侍履動靜萬福陶山文集纂集已久月川諸丈以序文屬先生意謂已成而近因士友似聞先生退托而未就鄙生無知竊有所惑焉孔門諸弟各記言行聖人盛德足以昭示後世微曾思二子有以繼述則其傳授心法未必不爲子夏諸門人所誤而道學宗旨或幾於不傳矣紫陽先生繼往開來之功不待人言可傳然必須勉齋諸公爲之記行發揮然後先生平生用功次第造詣精微燦然可

見而江西之說不得以亂之然則孔門之不可無曾思宗門之不可無勉齋猶天地之不可無日月也東方著述始於新羅盛於高麗而未嘗知有理學麗末諸君子亦有一二有志於斯學者而其所造則不可知本朝儒先諸公勇進可畏而皆不幸不至大成也惟我退陶李先生一生事業可質諸考亭而其東吾道而成始終條理之功雖謂之海東孔子可也文集之成適會先生閒居之日或者大其欲扶護斯道而闡明之也若曰負罪於時何敢復爲吾道謀云則鄙生之惑滋甚禍福在天不容規爲任重道遠不可少懈既以道學爲己任則死生當不入於心宋人之攻晦庵甚酷旣以僞學爲題目又以聚徒講學爲罪案然晦庵憂道愛學之誠未嘗暫弛門人以微服過宋爲勉則答曰雖懸鶉百結不可免猶且講論不撤今世之爲先生羅織者不一其辭然未嘗以道學爲禁則尤不可以此爲說也先生當以扶持道義於一國搶攘之際培植綱常於萬事瓦裂之後爲心而以紹遺緒明斯道爲任不當復有所云云也如別有一端道理必不可爲而必欲讓與他人則非鄙生之所敢知願垂教焉

答西厓先生

賤弟之還伏承下諭就審停廢西行又有孩兒之慟不勝驚慮曾有一鄉人語先生去就於鄙生者曰上有恩命因山卜日而一二知舊以書勉起先生安得無行鄙生答之曰出處自是大節目先生當自有權度豈容他人勸勉昔漢王欲立六國後張良數王所不能而止之如放牛歸馬等事若勉強行之亦豈大度所不能良意以爲漢王之時非成周之際故有所云云矣先生如欲行道於此世吾當數先生所不能雖僕更不可終其說也司馬溫公居洛十五年後

方起赴朝其所讎怨敢退殆盡公下手設施能介甫
新法如救焚拯溺故能大慰四海陶冶之望而克終
令名今時則不然舉足一步增一罪名先生豈肯縱
一葦於千層風浪之上乎遂與鄉人辭吳溫公一說
非偶發於一時愚蒙所見實如此欲因以質之左右
而山中無書籍不能深考溫公事蹟顚末措語之間
恐先後失序故未敢發也而眷眷之思未嘗少弛然
鄙生微誠豈足以動至人無夢之夢乎豈先生出處
大關時運有所必現於寤寐之間冀有以省察之耶
適以事還榮川姑以此先稟焉

上韓巡察使

伏以相公當國家危急之秋典一方節制之任務集
羣策期辦大功漢宮威儀父老泣下軍中一韓西賊
寒心恢復之期豈不在茲乎第以其任專者其責重
愚生過計不能無憾於大度也相公夙夜揆度三五
申令者鍊軍卒也擇將帥也營屯相望於境上防守
不撤於要害將帥不可謂無人軍卒不可謂不多相
公何憚而不一舉乎杒寒深縮賊勢日孤暴露途中
軍情已老過此一朔粮益盡師益疲凝沍漸離逢當
肆毒則雖有智者恐無以善其策也夫兵凶戰危人

所惡就自古議征伐者不能無異議斷之不斷成敗
分焉是以晉帝取吳獨決於推枰之手唐宗伐蔡同
謀於一二之臣未聞取道謀而能攻賊者也閤下咨
詢不恥尚欠夬決愚恐閤下剛果之氣或不如優容
之量也方今攻伐之策莫善於夜擊而惟知道里曲
折者可以有爲傳檄咸昌山陽之兵以爲先導部署
將士刻日舉事某將某地率若干攻某門若某柵許
其巢穴定將分付炮者射者各有其列稜鐵棘木亦
有其具束薪抱火無不整備鼓角吹震萬弩齊發閤
下擁衆在後截斷潰散之路則李愬雪夜之功不足

辦也說者以爲上下之賊不衰不如審勢而動惟此
一言終始誤事留賊不討以至于今龍灣歲暮取日
無策屬中俘困連臂何人此非臣子愛一死却步之
時也況殲此小丑乘勢長驅則又安知狄人不下於
田單之一枹乎伏願閤下早自決也且士子倡義相
應而起足見國家培養之盛雖不能斬賊收馘日有
所獻抑亦爲主張公論誠以公論不行則正氣不張
正氣不張則邪議自恣江原一路舉爲倭賊之藪咸
鏡之人至賣吾君之子豈非正氣不張之一驗乎惟
彼狂簡年少之輩率多過激之論聚軍繕具之際或

有侵公之弊惟願大度包容不宜分公私懷物我也況討賊公也旣以公心為公事則主公道而伸士氣者但當與之指揮而奬成之不須取此而與彼也伏惟閤下於義兵無榮不納有言皆從其於勸勉之道至矣葛闇曺生陳榮之書未見優納奬鄉烏合之卒傳令還公此等擧措似不出於相公之手愚生之惑滋甚焉況安集旣是王人則但當與之協力不可有所相撓也愚生無所知識何有於成敗之數嘗聞韓愈贊中興之德必曰惟斷乃成諸葛論討賊之道亦曰慨弘志士之氣敢以二說終始反復而不憚煩也

惟閤下裁度之

上都體察使李元翼乙未在省峴時

伏以本驛居慶山淸道之境終始爲賊路其蕩覆之狀可知而其於蘇復之策猶有容力之地則安可束手坐視任其凋殘而莫之恤乎散亡之卒稍稍還集者凡十驛無種無牛春不得耕耨四顧豈稔而自無巖石之收則安得無逝去適樂之心哉且以峻嶺長谷之間素無水田咸願移就便好苟延餘命生喻以設郵本意不可輕改時僅因存而百役所聚一無可堪苟無慰悅資生之策則恐難久繫其手足也頃者以馬位免稅一事冒陳疏章而地賤言微不足以動維纊之聽居常憫默竊有反牛羊之意相公不待辭請而亶許蠲免孰不感戴相公之盛德也相與苟保朝夕冀蒙畢惠則生之所謂蘇復容力之地顧不在此耶玆具數條兼垂一察一蘇復之策莫急於作田而十驛無一牛藉耒起土何以為卒歲之資願特許免賤許通告身十許丈俾募牛良用食其力則亦蘇殘之一策也一編裨之輩侵暴愈痼其到驛也先責供饋次求卯史一有違忤刑杖隨之弊驛自釜山擺撥之路也立而傳命者猶且驅使從彼而闕於傳命

則又有闕傳之罪其何以堪之哉　聖明有教朝廷有令監司有禁而恬莫之懲誠可寒心也伏願更加嚴勑而絶其弊焉

上唐將劉綎

將軍提師遠臨涉暑而寒良苦良苦夫東方孑遺之民獲保今日以偃仰食息於覆載間者秋毫皆　聖天子及將帥諸公之德也凡有血氣者孰不願以簞壺迎于路左以效其微誠哉然其欽艶之無已歎服之不止信之如父母仰之如泰山咸欲感戴而不能自裁其情者獨於將軍為至焉其意豈無以也蓋天

子命將出師之時小邦之人莫不懽欣踴躍咸曰傒我王師王師渡江之日即我再生之秋相與喜賀之餘又不能無憂懼焉於是君子小人各有議矣小人者曰天子明見賊情不在小邦而小邦之民先為魚肉以為待賊於門庭之內孰若捍禦於藩籬之外且彼民亦朕赤子是以遠勞王師而不憚然將帥之仗鉞而東也亦復有知天下之大計而能體 聖意者乎古之為將者或以小成沮大謀或以講和誤大計能無此二患者周有吉甫漢有衛霍唐之李郭宋之寇準李綱數人焉而止耳今之專閫外者出於上計

則天下幸矣小邦蘇矣如其不然中道而歸誇以為功誤於求成重貽後患則今日之王師不如毋來也君子者曰天下事不患無臣患無君既有聖君則豈可無良將哉方今中國治道無闕固非外夷侵侮之時而艱楚之將魚鱗雜襲其間必有奉天命致天討者矣既以平壤之賊幾見風掃而漢陽之幕已為鳥集波既涸之鮒肉已寒之骨薄伐之功迄亦可俟而天下之憂則猶在也蓋賊勢甚熾非一戰可却賊情甚譎非一和可平而諸將或有以為賊盡而返者矣或有從其請成而退者矣不幸中於小人之所料誠可痛也將軍以天下大計為己任而不以小成為幸深知講和之非不為邪說所撓屹然獨立狂瀾之中盡力式遏滔天之勢知進而不知退屢危而無所沮所謂奉天命致天討者非將軍而誰也至於勤卒以律不為侵暴平民奉己以約要與最下同苦者特其餘事耳此人心之所以不謀而同為仰戴者也雖然師難聚而易老機難值而易失及此寇徒凍縮之時糧餉乏匱之日克期殲滅以樹大功以毋負吉甫以下數公之為者豈非計乎嗚呼書生技癢雖未效於先登有筆如杠請大贊於勒石敢呈不腆之資用寓

無窮之祝

上劉綎

狂賊倔強海島之中睥睨天下之大不知天日不可射而乃敢彎弓擬之其凶悖之狀蚩尤以後所未有也天子明見萬里之外以為其志不在小國而其勢非小國所敢當於是發周王膺徵之怒恢唐宗獨斷之智選良將揀銳卒器械在前糧餉在後毋安於却退之小成不陷於講和之邪議其膺聖神武亦何愧於湯武哉將軍胸藏萬甲智出千人吉甫之文武為憲於蠻邦韓范之威名素慴於戎虜允合長子之稱

毋負帥師之責夫貫盈之罪上天所殛無名之師一戰可服以　聖天子臨一獨夫而二三賢將相與協力攻取於其間則汛掃廓清當不煩再舉矣然淹留至今者豈非養力蓄智待其機而發也天日已寒雨雪已霏旌節欲凍米菽或匱雖是孑遺之民氣疲力竭之致忍聞王師庚癸之呼而百里之間牛酒不至者其可不惕然憫薦於心乎生腐儒也技短拔螢弧雖有愧先登之勇誠深獻簞食竊願效迎師之禮敢以薄資用展深悰

上巡察使洪履祥

伏以當今之勢莫急於保民而閤下爲政常切於撫恤孑遺殘命孰不感戴盛德也第客陽一路罷撤之設不能無起怨之端豈閤下偶未之思也閤下慮侵擾平民則令以牙兵官屬爲差然此時郡邑安有所謂牙兵官屬者試縱有之亦莫非南畝力穡之民也慮弊及衆人則令以三名爲更代然一刻之間傳命疊至決非三人所可支也舍我穡事而奔走於道路之上屢聚街歧而蹉日於跂望之際此豈此時此民所可堪哉若曰軍國重事不可緩閤下當駐節於玄風昌寧等地也其所以重移鉞輕貽弊者豈閤下爲政之本意乎況竊觀其所傳者則可緩者常多而可急者常少願閤下試取傳報之草而閱焉今日而達有何所益明日而達有何所損乎欲快吾聞見之速乃奪民耕耘之時不耕不耘將至失業一夫不獲古人猶若推墜今之失業者豈止數十人哉宜君子之動心也至於豐角設站尤非所急自昌寧而傳者只天使一行而其行也尚遠爲此聚軍立待不亦勞乎此地人民之小大小所知以小民責苦役其冤可想也生以腐儒充末官爲儒已老爲官日淺聞命奔走之習不熟慷慨傷時之志未已且恃閤下之容量而

敢陳縷縷焉伏願閤下不以人廢言而特命除祛此弊幸甚幸甚

上安集都監

伏見屯田事目內驛路則察訪專掌措置團聚驛卒勸課耕種其於蘇復驛路意甚盛也察訪雖無狀敢不竭盡心力以期其萬一之效哉江左驛路自自如而上次黃山次省峴自如黃山與沒賊藪而省峴兒於陷入則其蘇殘起廢之策猶有容力之地而凋殘有百廢振起無一術若無別樣措置雖欲團聚誰復安居雖欲勸耕誰能樂業我兵戈飢疫之餘散亡之

卒亦有稍稍還集者並外驛將百餘人而馬則只有
羸老五匹不久顛斃則將何以備立哉春間報巡察
使分給並作之穀人種斗許朝廷有馬位收稅之令
無恒心產者皆有潰散之志將此曲折胃陳疏章願
蒙蠲免之惠而地賤言微安得以動黈纊之聽哉惟
願陳告快施之耳別具三條冀垂一察茲所謂得之
則生不得則死者若以不可以不從察訪雖欲承命
效力更何措手着脚哉一兵使防禦使助防將及諸
鎮將士各有管下人猶足使令而必欲驅使驛卒遠
處傳書必責於驛前人不返後令繼至小有不及則

係累妻子何暇安坐而作業哉伏願別爲科條當路
過行時外勿令橫侵供役亦安集之一策也一置郵
傳命莫急於立馬而責立馬於此卒無異求於唐肆
寧有可得之理耶伏念諸島之馬多致空老若抄許
數十羣則收無用爲有用而亦蘇復驛路之一策也
一團聚勸耕非穀不可而本道凋耗已甚不能遍救
飢氓繼給軍糧況能推其餘於驛卒乎願以湖南之
粟百餘石特許題給則用以救荒用以爲種不失本
數留爲元穀實蘇殘之一策也生伏念當今興復之
策在一州思蘇其一州在一府思蘇其一府至於一

縣一驛莫不皆然則何難於興復一國哉然言不取
信於人策不見用於世則雖欲有爲何能爲哉玆敢
縷縷不任悚仄之至

上義兵都大將兼右兵使金沔

少時得聞先生懷抱道德棲遲林下無聞達之意有
自得之樂竊願從遊於寂寞之濱而不可得則居常
以爲恨不幸 國運中否夷禍孔棘天理泯滅人類
殲盡綱常之道將並與國祚垂絕先生扶義起師挺
身赴難能以一旅橫當賊路於是果知先生平日所
自養所抱負爲不凡不特爲狂流中砥柱抑亦爲綱

常立赤幟也自後提兵鄉曲者非一而皆自先生倡
率中傚成其有補於匡濟何可量也近者似聞上道
之兵或多被人詆毀備邊司至以優遊自便目之在
義兵恐必有自取之端而兵以義爲名者可不知自
反而自勉哉竊念國家之有義兵國家之不幸亦國
家之大幸也國家紀綱無所墜風俗無所汚守土域
者固其鎖鑰任攻討者勇於公戰扶顛持危各得其
職則亦安用義兵爲哉興師起兵不出於朝家命令
出於草野之人則事在不獲已而實國家之不幸也
至其主張公議於一國搶攘之日培植綱常於萬事

尾裂之後使小民有所恃而不叛志士有所賴而奮力其所用功不但在於赴鬪攻略而已則雖謂國家之大幸亦可也頃者江原一路舉爲媚賊之藪咸鏡之人至賣吾 君之子向使二方曾有一介男子倡義糾率則必無此患矣然則義兵似不可忽而未聞在上之人誘掖奬勸以成其事而或反加以不善之辭者獨何也蓋狂簡之子不能危行而言遜慷慨之士類多奮說而激論語侵武弁則武士不自安論及閫鉞則閫帥不能容以至調兵繕具之際或有侵公之弊文移往復之間必多相較之事轉輾相仍遂成

猜疑國賊未除私狠乃作造訛興訕必欲相軋豈不寒心哉異時人心渝風俗汚大小乏忠厚之量中外熾攻訐之習惟徇物我之私不念國事之誤朝著多是非草野無公論亂離既瘼此弊猶痼噫人有娶孤女或招撾翁之謗一里同姓名難免殺人之誚念我一道素秉禮義儒賢洪作世稱鄒魯而今者又被先生裁節則想無如上道所云者先生既專閫職仍總義旅天眷所隆重士望所仰屬獻替則君心可回布令則俗習可袪周旋矯救使君民上下各盡其道然後一世人心風俗將與再造之乾坤咸就維新之域

矣先生誠能開陳委曲上以釋慈母之疑教諭丁寧下以革不中之弊使道內士子之舉俱不受人指點則幸甚幸甚且今賊勢之挫不如年前之橫賛城大捷之後我氣自倍而列陣相望惟待唐兵之至不爲盡力於討捕此愚生之所未曉也古人期無以賊遺君今也不惟遺君又以遺上國古與異矣過此一朔軍糧益耗兵力益疲唐兵雖至亦將奈何哉伏願合謀諸將乘機進取毋令此賊假息遊魂於方域之中豈非計乎諸將徒患天兵支待之難而不知以分內事讓與外人爲尤難不亦惑乎軍情到此方知討賊

而生不討而死有能以義驅策則必不如曩時之喜潰此正用兵之秋也一舉蕩掃妖氛則唐兵之供不足慮也惟先生圖之生方持服銜憂而不可以一已之慽忘國家之急其私憂過慮又有大於上所陳者而君門甚遠野迹甚微螻蟻之誠無路得達徒自痛哭之餘每遇大人秉兵權者未嘗不獻以狂策況吾先生素所欽仰者乎情迫辭濫不知所裁無任悚惶之至

與李實之

前書照否凡臨民之道當以慈詳惻怛爲心不須以

遇事勇決爲貴也兄嘗以爲君子不可違道干譽此言誠是也然招愆速謗而以爲道者吾未之聞也兄自少從遊師友間於勤謹和緩底道理亦既飽聞而力行矣何乃處事乖當而貽朋友之羞耶人言近來官吏藉威强取民女小民糜財濫作無益壇域之內愁歎不絶衙門之外若直感行願兄加察勿憚於有則改之也

答德川院長

嚮者僧傳尊書足慰戀慕而不持復書徑往恨山人没入意也即惟僉況益佳裕鄙人到此伏聞諸丈修

擧前謨舊蓑每念此時何以能辦大事願一進仰觀措布規模追想武夷高躅而尚不果甘受俗吏之嘲可愧可媿鄙縣爲校役之需暫開鐵鑛力微取少用之已盡巡道之令久未奉行惶愧益深若以薪鐵爲納僅當取足其數願商量報教何如鄙雖無伏粗知學宮之事不可令役此但當盡心爲之矣山坳雪消一洄清界

寄述祖

存心　養性　持敬　主靜

請於師長作中字附諸壁上日夕體究且問師長曰心是甚物如何而能存性是甚體如何而能養聖學多端何以必欲持敬入生日用多在動上何以必欲主靜誠之用功情之所發亦宜潛玩問辨六藝爲學必要於身心上有切要工夫不然雖究天人之際談性命之理何益汝以蒙學師長有教必不能聲入心通今日問之明日辨之不嫌其遲必期瑩然後已

悠然堂先生文集卷之二

疏

斥和疏

臣伏見今日之勢如決江河狂瀾既倒莫可堤防臣民偷活於潰胃衝突之間姑以已不及溺爲可安苟度朝夕爲可幸　宗社之顚覆人類之將盡聊且委之於數內臣不知憂外臣不效死可勝痛哉臣身賤而厠韋布之末含恤而居草土之中臣之一言亦堪休矣顧惟螻蟻之誠自激於中而轍波既涸鮒命將盡可無一呼而死乎嗚呼夷狄之患何代獨無而蹂

躪之慘殺戮之毒未有如今日之甚者歲律已暮凶勢愈熾士氣不振人情盖潰不知　殿下何所負於天而天不悔禍何所負於民而民不親上坐使二百年赫業遂爲之中絶也管子曰禮義廉恥是謂四維四維不張國乃滅亡臣嘗求之朝著氣像察之士民風俗禮義廉恥之喪久矣以之上下無忠孝之量中外滋奸巧之習義智未渡於海上夷俗已成於國內有以召致豈無所自臣謹以恢復之大本救亂之急務爲　殿下言之所謂大本者　殿下之心也急務則斥和是也人主一心萬化之原或操或捨之間一治一亂之所由分古聖王眞知出治在心正心在學故以存養持守爲本常加兢業於處獨之時以格物致知爲先恒務省察於事爲之際是以無偏僻之失而有中節之和矣　殿下以英明之資加戒懼之學即位十數年間政令無忒是非不差及其臨御既久經患亦屢精一之功未至而外撓之奪寢盛嘗事生疑不正其是非任人多貳乍惑於忠邪渙汗之號不過爲文具而已木鐸所宣不過爲姑息而已卒至風俗汚毁賞罰無章紀綱頹廢軍政怠弛災孽隨作國家敗亡察影而究形則不知　殿下之心能得其正否

乎伏願無以驚憂自沮以剛大爲志收歛精神振起頹靡以盡恢復之實焉臣不嫌越俎不憚獻芹區區情悃豈止此乎近聞唐將方議講和小民咸喜或保臣則以爲狡賊必無可成之理而和之一字既以誤宋國　殿下必不以誤朝鮮矣嗚呼墟七廟虜二子其讐如何血生靈汚衣冠其冤如何　祖宗在天之靈所以責於　殿下者何如一國孝子慈孫之所以望於　殿下者何如　殿下必不從唐將之謬筭也而况倭賊挾詐反覆甚於遼金非可結以恩信事以仁義就使一朝受成而退既退之後或指瑕造釁肆

無厭之欲發難從之請雖欲噬臍何可及也高宗以還父母返梓宮爲心猶不免爲中興之罪人　殿下而爲之則又將爲高宗之罪人矣嗚呼春露旣濡怵惕益苦原陵草樹何以修理舊都未復殺氣横天鋒刃赤子何以救活孑遺老穉相携顚仆溝壑餓莩何以賑恤　殿下朝夕之間宜引儒臣討論得失商確便宜且講宋朝之事以究其未能恢復者何由且於名臣李綱劉珙朱熹等奏疏尤留心焉或別錄一帙夙夜寓目虛心服膺則必大有所益也更勑　東宮益勤問學無安小成遠大自期日近正士輔導是資以

寄宗社之重以副臣民之望千萬幸甚臣無任激切屛營之至謹昧死以聞

請恢復救難疏

伏以人之情大槩有二經亂之後能澡雪其精神奮發其志氣革舊愆而新是圖如此者在恒人爲改過之君子在帝王爲中興之令主其盛德宏業豈與初未嘗有過者差殊哉至於亂至而過於怵怯亂退而深於悔懼臨事茫然喪其所守轉成委靡無可爲者時事之日非世亂之日急聊且任之而不知恤則此誠庸下人也斯二者之賢愚相懸而治亂立別焉當

斯亂而圖是理者宜何所取舍也臣伏見　殿下遭萬姓不天之厄値外寇猾夏之變七廟邱墟一國糜爛二子被虜三陵遇禍　殿下之經亂亦可謂酷矣賊去京城已逾年矣凶勢稍退我氣當振而人心之渙散猶昔也紀綱之頹廢猶昔也軍政之解弛猶昔也嗚呼以　殿下聰明剛毅之資丁國家危急存亡之秋宜大有爲而政令施爲循前日苟且之習無傾否回泰之力誠可痛也臣一委人也其於經濟何足以知其方窮惆生理日耗人類將盡二百年赫葉勢如綴旒臣亦方在嗷嗷之中奮張良世臣之義懷曾

連蹈海之志自激螻蟻之誠可無轍鮒之呼乎誠以人心不可不收合也紀綱不可不整頓也軍政不可不修明也玆敢罄竭愚衷冒進狂策雖不敢自謂有補於濟亂亦不可以無補於執藝之諫也伏願　殿下勿以人廢言而小垂察焉所謂人心不可不收合者何也臣聞國家興亡決於人心之向背億萬人億萬心商紂以亡三千臣惟一心周武以興此實前轍之明鑑也夫人心至愚而神至柔而強不可以威驅不可以利誘豈非大可畏哉　殿下臨政施教二十餘載亦足以得民心矣一遇禍敗百方潰裂親上死

二一

長之蓋寡偷生苟活之皆是至或有占國勢之彊弱
以左右其足者誠可寒心也其所以致此者恐 殿
下身先之化有所未至而然歟 殿下平日失人心
之由臣以草野微踪實不敢知亦不暇言請以亂後
之事言之狂賊入都之初 乘輿去邠之後人民之
免於鋒刃者竄在巖谷日望 王入願聞德音以爲
糾合安集之所而過夏涉秋而竟不至及聞 儲邸
往在伊川撫監之任實所自專或可南下據嶺以爲
恢復之基而又不果此人心之缺然一也至於天兵
西至兗徒東遁 殿下當獎率三軍協力南下以慰

悠然堂先生文集卷之二　五

園陵拾瓊之慟以謝父老望旗之情而 乘輿窮蹙
於一隅霜露又凋於松梓此人心之缺然二也凡今
之民如遭霜之草木不可以風過慰拊勞來若保嬰
兒猶不能必其存活况以煩令苛政從事乎近日宣
教一則曰兩年收稅也二則曰貢物作米也嗚呼二
載干戈田卒汙萊而逐畝責稅已爲難堪况隨土之
貢已命蠲免而繼以督徵王者之政果若是乎自此
惻怛之旨屢下而信有所不孚侵刻之毒日急而民
無所措手此人心之缺然三也漢臣晁錯嘗曰三王
計安天下莫不本於人情其爲法令也合於人情而

後行之在平日尚然况此何等時而可以失人心而
爲國乎今日之事當如創業之始務悅民心爲第一
件事討賊爲第二事而今之議皆急於外禦而忽於
保民噫亦嘗有斲喪元氣而能醫病者乎臣愚以爲
政令之凡可以厲民者一切停罷然後足以恢復也
臣非不知天兵臨敵軍國多需不可以民惡而不
爲措置也然民膏已竭浚不能出名目雖設應供無
人與其布令而徒聚怨曷若除令而民悅乎昔徐樂
有言曰天下之患在於土崩不在於瓦解年前遇賊
而潰者瓦解之形也今者避逆而逃者土崩之勢也

悠然堂先生文集卷之二　六

壯者起而爲盜賊弱者相率而塡壑父子相食在在
皆是此臣之所以急急於收合人心而足以收合者
又有三策焉曰存忠信也曰尙淸儉也曰變士習也
何謂存忠信也夫爲國之道莫大於仁恕而聖人論
去食去兵信不可去則人君之務豈有大於忠信者
哉古之聖王使庶官同寅協恭者其忠信之實素孚
於人心也其任賢能不貳去邪能不疑者亦此道之
用也國家號令失信於人者固已多也 殿下爲政
多失於綜察故人有前以爲忠而後以爲姦者事有
昔以爲是而今以爲非者執德不固猜疑乃作已丑

二三

之變刑戮頻濫而左右之臣未嘗一言救解一人被
誣則曰 上旨也一人枉死則曰 上旨也入而告
君之謀猷之嘉出而語人聚怨讟於上 殿下亦
嘗悔之矣今日治賊若不爲推恕而復如前日之枉
則人心之疑惑將何如也發從因治者亂俟之能征
不道令反側者自安昔光武之能務悅民心也以辭
及而並疑無辜人則賢者不安於位矣賢人去而邦
國空虛則國勢又何如也伏願 殿下存忠信之道
而務平反焉何謂尙淸儉也臣聞古之聖王必以儉
約爲務以奢侈爲戒是以一儉一奢治亂立異奢侈

之君其心以爲予一人後何能敗天下事殊不知人
主所尙觀化嚮應奢侈之極其禍有不可勝言者古
人曰奢侈之害甚於天災豈不信哉創業之君無不
尙儉中衰之主必多務奢欲爲中興者可與中衰同
其事乎可與創業同其道乎創業之主躬經險阻備
嘗艱苦深知實德之可尙外務之無益故能尙儉也
中興之君艱苦則亦嘗有之而其在平日多享富足
之樂故事爲之際此心未已嘗自歎曰居處之所向
也如彼而今若此乎正供之物向也如彼而今若此
乎必欲彌辨而務充以自足其欲如是則終於滅亡

而已何能爲中興哉今者在朝之臣少淸勵之節而
惟賄賂是章使外之人無敵愾之實而惟厨傳是務
取之者盡錙銖用之者如泥沙胥輩因緣肆暴恣行
攘奪至使唐人唾罵殊可怪也主事之人不能撿其
下何異於 殿下不能淸朝廷乎昔新羅以一隅之
國猶能餉唐兵制強敵今若省費節用而專用力於
餉師則雖不務益聚斂豈不能濟事乎何謂變士習
也臣聞國家治亂存亡占諸風俗而可想士習誠善
民風誠厚則雖有外侮之侵豈能一朝亡人之國哉
朝廷自分東西一世之士各自直我而曲彼正已而

邪人 殿下不能的見其賢否鎭壓其騷擾以之朝
著多是非草野無公論遂令人才破壞風俗渝薄噫
東西二字使稍有知識者聞之可付一笑了而流禍
不止者何也二字尙存則雖汎掃風塵遂復故界能
恢故業與善治不可期也嗚呼浸漸之弊極矣俗尙
之汚久矣不去其根安知不復有滋蔓之時乎自今
必須尊用忠信之士務爲鎭靜之道賤浮華而貴質
實先公務而後私事使民俗歸厚以收合人心焉所
謂紀綱不可不正者何也臣聞國家之有紀綱猶人
之有血氣也血氣壯則病雖痼而不死紀綱存則亂

雖瘼而不亡此必然之理也雖然公道行然後紀綱
張末世天理滅人欲勝盡姑息爲心苟且爲政則
紀綱之毁無足怪也紀綱一毁百體渙散六官悠悠
莫敢當事小官碌碌惟務肥己誤國僨事職此由也
平秀吉倔強一島之中悉發諸屯之兵通木道越滄
海客居我國皆懷死心兵力莫強焉我國能之乎
天子遣諸將率數萬衆器械在前糧餉在後入異地
度寒暑將帥無怨苦之色士卒無離叛之志律令莫
嚴焉我國能之乎我之紀綱最出諸國之下今者如
人病蘇血脉僅通神觀未復榮衛皆虛苟無以收斂

精神何以運動而行步詘賊入門庭猶未敢出氣相
抗脫若中國有事天子徵兵則其能調發遠赴無負
其期歟李如松之爲將其兄弟從軍者五人而我國
調軍必曰某人某相之族屬也某卒某將之切親也
飛以札翰乞以晨夜撘攀詭逸必遂其計上自不正
何以撿下我先爲私何以責彼內以朝廷外以鄕遂
刑政不徹率至負國者只是一介私字耳伏願　殿
下先自省己務張公道以整頓紀綱焉足以整紀綱
者臣又得三策焉曰公明賞罰也尊重宰相也久任
臺諫也何謂公明賞罰也臣聞懲人勸人惟在賞罰

賞罰者人君之大用也或輕或重施之當理然後足
以獎善而禁奸也舜之舉元凱也德在元凱其誅四
凶也罪在四凶舜何與焉後世人主以私意撓其法
執法之官又以私意夷其權犯科者不畏常刑惟務
因緣而獲免要功者不恤物議或以僥倖而霑恩嗚
呼使人心忠信不待賞罰而自能勉於國事則可也
如其不然必須盡吾籠絡駕馭之術而賞罰無章適
以勸奸而怠忠則亦末如之何也何以言之李浚慶
盧守愼皆一時賢相也雖有過失其功業之章章可
紀者不可盖也而浚慶之死久不賜諡守愼之終奠

以庶人何以勸後四字故久陷賊中不俯臣於舊
君加尊號於關伯是反國之賊而日本之臣也　殿
下赦而不誅小人者疑　殿下以爲婚姻之故也豈
謂　殿下輕宗社而重姻婭哉邦昌之建僞號王倫
之致虜使皆非其本心而李綱胡銓必請誅之者處
難之極不如是不足以振紀律也況罪有甚焉者乎
伏願　殿下擧墜典於旣骨施王法於未死則賞罰
得其正而亦整紀綱之一策也何謂尊重宰相臣聞
人君端拱九重宰相總理庶官故虞舜比於股肱李
克比於良妻其爲任不亦重乎盖妻齊於君子者也

若不素重其權使豪奴悍婢皆得以淩侮之則安能
成內助而立家道哉昔李沆不可於內降韓琦攬治
其權寵當時不以爲專擅後人指以爲得體其權不
重則何能有此舉措哉人君之置相但須得其人耳
委任之後固不可輕侮也國初黃喜之作相也其功
業最爲可觀雖尊貴之人有罪得以召致而杖罰之
亦韓琦之遺法也至今談者稱道之以爲後世無及
今之居是位者李沆乎韓琦乎黃喜乎是則未可知
也然以國家之所以待之者觀之雖使李沆韓琦黃
喜復起不得爲李沆韓琦黃喜之事也嗚呼得失俱

患首尾兩畏葸一言猶恐得罪於時議斷一事猶恐
有忤於　上旨如是而尚可以相業責之乎是固待
之不重者有以養成其弊而朝綱邦紀實自此而頹
矣伏願　殿下思廉遠堂高之義盡體貌厲節之道
則亦整紀綱之一策也何謂久任臺諫臣聞古者諫
無官而忠直之士代不乏人諫爭之道在人而不在
官後世設官分職則諫爭之責不在人而在官世益
下矣在人之道旣不可復見則在官之責寧不可勉
歟國家設憲府以撿察非法立諫院以繩糾愆謬其
任莫重焉近者風裁掃地而浮薄之俗適以成弊習

曰避嫌也曰退待也不曰臣不能引君當道臣罪當
免而曰向有某事宜嫌不合冒授也不曰彼從君之
惡彼過宜黜而曰向任某職有故不可仍叨也不能
三年總功是察除　命朝下辭章夕入席不暇暖無
異傳舍雖有欲行其道者何可得乎昔陽城之爲諫
議也韓愈論之盡矣愈非凡夫而所論合理城固不
當冒居而未聞有引避之事古人之不以他事輕改
重官從可知也七年之後方以諫顯孰謂能建大節
者乃前日重授譏刺之人歟今之爲是任者皆有五
日京兆之意而加以自上一未優容受之量每示訑訑

之色少進逆耳之說輒加雷霆之威欲言者必下氣
怡聲如孝子之奉慈顔擇便好於　上耳者一二言
以塞其責而已牽裾折檻之風可復見耶噫臺諫紀
綱之所在而先自輕其職則大小群體無以維持者
有由然也伏願　殿下擇授其人而久任其職俾令
存大體而盡其責則亦振紀綱之一策也所謂軍政
不可不修明者何也伏見國家制兵使代更往來赴
陣則荷戈受歸家則執耒耜亦古之遺法也今則蕩
敗之餘名編卒伍者散亡殆盡見存不死只良民士
族耳不得已舉塡其闕不任其苦則又不免逃去下

吏因緣作奸得賂則漏勢弱則侵一兵之點出閭境擧被其毒干戈二載閭里皆空陣戍無軍卒畎畝無田夫何以禦敵何以裕用乎臣意此賊不可指期殲滅但當兵務其精足以與唐兵屯戍然後盡歸老弱於田畝又多給步卒使不知爲兵之苦不亦可乎且工欲善其事必先利其器今日之敗器械之不備也律令之不嚴也器械比則爪牙也律令比則精神也有爪牙可以出勇力有精神可以運爪牙也士卒之恃以用力者在此倘無所足恃而驅入於必死之地億萬之外又添億萬只益其蹂躪踐蹈之資耳或者

以爲散官儒士當補軍保臣愚以爲旣稱軍保則在國家待士之道有所未安而彼爲軍卒者亦安能責慵於素所貴顯之家素執鄉綱之人乎莫如官自照籍徵價計置官家惟主將之爲聽或直輸陣所或貿穀以給糧則軍政庶可修矣而其所以修軍政者臣又得三策焉曰選擇將帥也訓習火炮也廣置屯田也何謂選擇將帥也臣伏聞古人之說曰器械不利以其卒與敵也卒不可用以其將與敵也今者以不利之器械不可用之卒授不擇之將以臨莫大之強寇而責以成功不亦難乎古者人材輩出之際猶有

二六

拊髀獨不得之歎況季世乎以才智蔑劣之人或因善事而得譽或因權幸而薦進爲將之後上以償其債下以肥其家惟以綿布多少爲點閱軍卒耳其於坐作擊刺之狀尙此朦然不知矧敢解奇正並用之術乎一朝有緩急循次以遣將不知兵兵不知將終至潰敗然後雖百斬其身亦何補於事哉且徒以爵秩相高無以材智勤駕衆人者故臨敵各自爲心不相統率萬夫之屯未聞一將之令此實敗事之機也臣意以爲選一時翹楚爲三軍之司命者隆設壇之禮加推轂之恩俾令畜養其智磨礱軍政又自部勒

其褊裨訓習其士卒將得卒心卒服將令然後以從戎事則無顚敗之虞而有勝捷之功矣何謂訓習火炮伏以我國長技莫善於弓弩前世之戰多以此取勝蓋仰高臨下或水或陸欲左欲右惟意所注非短兵長戟所可當也然則今日之敗咎在於將帥之無人軍政之潰散而不在於弓弩之不善也至於掀天震地而前攻堅碎銳使敵目不能視手不能發千屯萬部一擧捲盡者又莫如火炮之爲良也且弓爲已試火是新習人情皆喜而願學焉雖然不爲倡率奬勸之擧誰復樂趍而爭效也國家旣以武藝取人名

爲及募者甚衆抄其中年少捷敏而拙於射藝者彌以炮手教以時習月朝都試取其右能者而賞之以勸其不能者又令州郡無拘貴賤多抄而勒勸兵使時巡考其勤慢不獨賞罰其身而又賞罰其守令又別設科擧以炮取人則不過一年國中之炮手盛矣何謂廣置屯田伏以自古兵革之間必講屯田之策諸葛亮之伐魏耕者雜於渭濱趙充國之出征陳策至於十二豈非無食則無兵而足食之策實在於屯田也今者禍敗之餘守臣失積倉之粟田夫釋南畝之耟而唐兵之八界供億又不貲轉以湖南之穀而

湖南又困矣曠日持久罷征無期臣實不知何以能支伏見本國之民幾盡喪亡經賊一路至有跨數州無一入全活者沃饒之土擧爲蓬蒿之場使道主巡審錄無主及有主而不能自治者隨其多寡作結田器田牛官自爲備耕播耘鉏則分付軍卒之無技藝者飢民之願傭者隨便以給糧差官以監董計秋獲而廢陟其能否豈可無成效哉或以爲公占私田義有所傷或以滋弊民抱其寃此不然限年以作許民告耕錄主之名待集還給則何弊之有或者又謂耕田成熟而賊至不惟棄去適以資盜臣以爲此說又

非也賊不以無粮而不來來而取食害右及民且不置屯田則是束手待死也置田而無賊則自爲儲糧不幸賊至豈其盡取之乎往年賊勢充斥之時小民或偸間而耘田或捨苗而奔走秋冬之後耘者取食賊餘而活捨者不免飢餓而死此一驗也向之所陳者皆至淺極陋之說非有驚世動人之談且於　經席之上想必講之熟矣微臣贅說儘堪休矣雖然殿下賜閱之餘倘以爲草野愚夫亦有是言必非誇誕之浪說更加審察而措之事則豈無涓埃之報哉抑臣別有所懷必須煩瀆於　冕旒之下者夫湖嶺

二南國家之府庫也二南爲蕩則必無許以至今日而狂賊之不入全羅者是天以遺　殿下以爲中興之地也本道州縣六十有六而不被屠割纔十分之一人民之免於鋒刃者無幾二年失業扶携道路相望而顚壑者又過半焉春夏遘癘十無一瘳以有限之民刃而死饑而死病而死能保全性命者有幾人哉取草爲食實葉俱盡壯者起而爲盜殺越爲事弱者流離轉輾顚仆相望嗚呼易子而食晋人所歎而今則烹母炙子千家有百詩人所詠而今則千里蓬蒿方秋已然及春如何觀以今日之勢雖勞來撫字

若保嬰兒猶恐不能救況轅門之應赴也天將之供億也若稅若貢邑目如蝟乎居者重足計絶投堵散者彷徨莫肯還集官無捧糴民乏握粟無以爲計則守令何以爲計守令不支而不免於逃去則監司能獨存乎此一道皆空天兵捲還則賊或再入能復誰何耶臣聞忠淸全羅官有積倉塗無餓莩凡百之需取辦於彼而惠此一道曰徭曰役一切停減使幾絶之喘得以複延則豈特一道人民之幸哉抑亦國[illegible]賴此而復蘇矣臣不勝兢惶屛營之至謹昧死以聞

請救弊疏乙未在省郵時

伏以驛路之久陷賊藪者自如以上次黃山次省峴自如則朝廷已爲革罷其察訪黃山雖仍有之無所主張無可往者徒冒虛名棲遑異境省峴視二道稍優而其焚蕩敗滅之狀從可知也所掌之驛在淸道者並本驛爲五在密陽者一在慶山昌寧玄風星州者各一在大邱靈山者各二其官覆沒其驛安得獨完率皆鐵爐舊衙滿目蓬蒿而已臣赴任伊始見其干戈飢疫之餘或有還集故基者而草食不繼鬼貌可駭見在之馬只有大小五匹而已惟 幸巡察使給以各穀之種使之斗分而植及麥食新之後稍有

生全之望矣然去賊壘不能一日程居常驚惶未嘗一夕安枕今者正如遭霜之草木不可以風而將士之傷倭過客之旁午嗷嗷然不堪其苦戎命雖嚴奬習尚滋誠可痛哉今者朝廷又有馬位收稅之令州郡從以籍其地驛卒相與歎曰吾輩萬死之餘艱占並作之種人治數畝其出幾何以何糊口而卒歲以何供官家之賦以何應奔走之役哉逝將去此適彼開曠無稅之土以偷一日之生不亦可乎臣竊念無馬而食田果非設立本意而收稅於馬位亦非制法初心也今將責之曰爾旣食田當隨以立馬云則

吾固有辭彼亦無說而庶有復古之路矣若以斗米之得爲幸而不復責以古制臣恐與其立法之本意而並失之也且爲國之道寧有遺利不可失匹夫之心而其在敗亂之餘尤所當念也設令軍國之需必須如此然後可繼猶當有所不爲況所得者斗斛之米所失者億兆之心而可忍爲而莫之恤乎今年將帥守令各設屯田禾穀頗稔不須爲此橫斂也嗚呼置郵傳命自古所重此路一廢害及平民蘇復驛路乃所以保完民生伏願 殿下下議廷臣革其官復其役者十年然後庶乎其蘇復矣如收稅之令宜亟

命除去以慰孑遺殘卒之望幸甚幸甚雖然此爲一驛而言臣雖愚劣生値此代豈無欲爲一國一道言者哉嗚呼中興之道其規模體段必與創業同符然後足以延已絶之緒而復已頽之業也麗氏之季紅巾西躪涅齒南跳三韓民物蹴踏盡矣然 太祖大王猶能化家爲國垂統至今今雖敗毁舊物尙存猶可易以重光而如人病間神觀未復元氣日就萎苶而莫能振起者何也抑 殿下以成敗付之自然而莫爲奮發振作之擧歟煩條苛令只益擾民之資因循姑息徒滋苟且之習惟以驚憂自沮不以强大爲心如是而可以中興者臣未之見也而猶足爲恃者只在於屢世之澤在人者未泯而人心不叛也齊禮之化及民者猶存而善俗未除也變故以來怨結於民而國本斲喪俗後爭頽而横暴間作安在其爲可恃者歟去年冬臣取試京國閭之道路差官採進之銀 殿下不付之有司以補國用而納置于內人頗疑訝嗚呼以 殿下英明臣固知於此時不當私其財以爲宮妾之翫也抑將不信有司藏之於內以待不時之需歟 殿下自愛其身自惜其財則卿大夫亦自愛其身自惜其財矣卿大夫如是則何以責民

之自愛其身自惜其財歟今者以私滅公以利掩義者何可勝數臣恐 殿下身先之化未至也今茲凶賊將捲屯而歸人皆以爲自此太平可期也臣以爲不有振作之擧有以新一代之耳目徒以牢補罅漏爲保持之計則恐後事之可憂者有甚於今日也微臣一得之愚實有五策敢效獻芹仰希採菲伏惟
殿下留神焉其一曰今茲却賊之擧秋毫皆 皇上之力也山河之恥宗社之羞賴以一洗其無前之寵不世之恩宜如何報也一二陪臣循例呈表豈足以謝其萬一哉臣愚以爲古有 世子入侍之時此禮猶不可復行於今日歟其二曰我國徒事虚文而素乏實效前日之敗是其驗也今者雖勤訓兵之方而兵無組練之實雖下恤民之教而民無樂生之心誠可歎也臣愚以爲兵欲鍊則不徒立科條而 殿下益勵嘗膽之志有以感動人心而起其怠民欲恤則不徒形諸言語當行實政命於蕩敗之地限三年除租以期蘇復餘氓幸甚幸甚其三曰人材乃國家之所恃而爲治者也須使培養得其道而不可有所破壞也 殿下命於監試試射是閔國人不尙武欲令人入而學射也然操弓挾矢各有其任輕學重射亦

非王政且射士不患不多患無不惜死者耳豈必令
士子而舍所學而執弓然後却此賊哉伏願 殿下
停罷已成之命使士子專心於學而正其趍向也其四
曰慶尙一道半為賊窟民風政化汚毁已極監司以按
察爲職則必須久於其任然後可以有爲而每患及
瓜期促治化不究臣願依兩界之例緩其期而重其
權責有成效可也其五曰選擇守令乃今急務不可
人人而得之則雄州巨府宜授以侍從之臣以爲列
邑之望也安東府使臣禹伏龍盡心供職兵興四載
民不知苦使守令每人而如此則何難於蘇復斯民

哉此等人亦宜久授其任使得以終其惠也臣職名
雖微亦王官也上無供職之實下乏蘇殘之策揆以
所學可默默而去也見今民生之困悴也如是國勢
之削弱也如是紀綱之頹廢也如是賊至而如是賊
退又如是嗚呼驕虜安保其不復來犯 皇威安保
其每爲可恃哉不自強而欲依人亦難矣而况元氣
未復百疾交攻則何獨海外之寇爲吾患哉此數
臣之所以長籲而未已者也臣又於敎祚之際欲有
申告而不覺煩焉故相臣李浚慶以顧命元老當
殿下即祚之初其擁衛鎮保之功亦國人之所共知

也其死已久尙稽賜諡之恩臣願特舉墜典可也嶺
南人材之府庫也其扶持公義於中外搶攘之際培
植綱常於國事傾危之後者皆白士子倡之也士子
之中年高而行修者無如前正臣趙穆若舉而尊用
之則必有所裨補矣嗚呼奬一人舉一人似非急務
而其所以聳動一世勸示後人者夫豈少哉今者貴
虛僞而賤質實務姑息而忽遠慮敗軍之馬謖不斬
於街亭而軍律解媚賊之王倫不竿於藁街而干綱
頹國步寧有回泰之期歟臣以腐儒充末官俯仰阿世
之習不熟慷慨傷時之志未已魯連義欲蹈東海胡

銓疏小朝廷歟臣無任兢惶慄仄之至謹昧死以聞

論

刺殺宮鬟論

論曰世之傳帝王之事者於其所賢者則必創爲浮
浪之說以增益其至高至奇之名聽者若不察其眞
僞而好爲傳疑則未必不以矯激殘忍之行加於忠
厚仁賢之主豈不重可惜哉雖然即其人跡其事而
揆之以理則雖有說千萬吾豈惑哉役嘗說宋祖之
刺殺宮鬟者不亦妄乎夫帝何如主耶以爲帝殘忍
而爲此乎不可以爲帝能斷而爲此乎不可帝仁厚

三〇

有餘而剛果不足者嘗歎近代法綱之密而遠慕寬刑憫生靈横罹之厄而爲之灑泣曾謂帝能仁於犯科之人而不能仁於宮中之一嬖乎不能忍於江南之戰士而能忍於榻側之一姫乎據傳者之說初帝惑於宮嬖因晏朝有言而遂殺之嗚呼有其色者罪乎惑於色者罪乎色在彼而惑在我則罪固有在罰宜誰任一朝蟲飛夢甘會嬬子憎而帝心有悟則反躬懲艾可也改過不吝可也以爲尤物不可不除則遠而退之可也放而黜之亦可也而必至揮暗中之刃賊抱裯之命者果近於人情乎帝嘗語功臣曰多

畜歌兒美女噫爲功臣妾則畜之爲己妾則殺之帝之待己之身與待功臣之身異矣李漢超取民女民用爲謗帝之諭之也不曰亟殺其女而曰亟還爲漢超謀則還之爲己謀則殺之必非帝之甘心亦明矣而况制欲在於治心不在於絶物帝雖能斬宮中之嬖而尚未絶心中之嬖則異日入宮中而爲吾患者何可盡殺乎人有過於飲食而病者不改吾之所以過而欲倂去其飲食且帝之英武孰與漢高賢漢高之惑於戚姫也至以其子欲易儲嗣而不疑謂帝能決於漢高之所不決者尤非也是知帝非惟不欲殺亦不能殺也贊唐太宗之德者以放宮女爲美談而宋人以不近之語歸於藝祖則非帝惑於宮嬖宋人惑於浪傳也宋人之惑不足說而知道識理如石守道者亦惑焉誠可慟也倘非韓穉圭明辨而痛絶之則爲宋祖累爲如何也不獨爲宋祖累此說若行則世爭爲矯激之行衆妾之不保其命者多矣豈惟宋宮一嬖死於非命哉謹論

奏事故乆論

論曰事君之道無他誠而已矣誠之未至欲格其君者愚未之信也夫所謂誠者以正不以譎以直不以

術是以君之待我也以誠我之事之以誠君之待我也以術我亦事之以誠待我之誠不誠在君而吾之誠固如一也苟或不然欲以詭術爲格非之策則非未必能格而徒爲取忌之道其事雖善君子不謂之貴也魏徵之奏事故乆是也愚嘗讀史至此未嘗不掩卷而歎也夫太宗願治之主也魏徵社稷之臣也言聽計從共理天下使其道相濟則至治可復而顧乃區區於詭譎之中卒使其治爲唐而止是獨何也是雖太宗雜覇之過而亦坐徵之事君無其誠也何以言之君臣之間不可有一毫忌心而當隨事納忠

也方徵之未進也帝臂有鷂及徵之進見也帝乃納懷是忌徵也徵奏事故久欲其帝之知我志也欲其帝之知我志而不以言折何也徵曰數奏於帝而心則在鷂帝曰可否於徵而心亦在鷂上下之心俱在於鷂而上下之言未嘗及鷂穆穆之儀懇悃之忱所對者面而已矣果可謂情義之交乎子情義未孚者果可謂事君以誠乎且徵非惡懷中之鷂惡帝心中之鷂自公遲退欲鷂之斃也愚未知帝懷中之鷂雖死帝心中之鷂果可去乎不正其心而欲去其鷂吁亦惑矣況人誰無過過而能改是謂寡過過而欲掩

不亦難乎當其直臣之佩聲及耳玉臂之翠尾納懷吾意徵當脫冠稽顙泣血而奏曰蠛虱賤臣上不能取信於君父在外而鷂在臂在前而鷂入抱是忌臣也是掩過也臣而見忌旨辭詎貢於冕旒過而欲掩勇改無諐於不吝是臣䧟君於有過之地臣當伏不忠之罪尙何顔奏事乎云爾則徵之誠亦著矣帝初非拒諫之主也蓄惡之端豈不因此而擴充之乎訏不出此而欲以不諫之諫格其非心不亦左乎是以帝之非則未格而帝之忌及亟徵之及門帝之忌萌矣徵之奏事帝之忌滋矣徵之故久帝之忌固蔽而不可解矣當此之時愚恐帝之忌徵甚於徵之忌鷂也彼臼踣碑停婚之禍又安知不基於斃鷂之時也愚故曰非未必能格而徒爲取忌之道也難者曰諫諍非一道或以譎或以諷何徵之罪為曰不然古人所謂以譎以諷者誠意未嘗不在乎其間豈若徵之爲哉況徵嘗失節於建成者也矧敢望盡誠於太宗乎雖然徵亦唐之直臣也其視後世細物翫娛逢君之惡者亦遠矣謹論

採藥衡山論

論曰君父二乎無父則無君忠孝二乎不孝則不忠

後其君而全其孝者未也遺其親而爲其忠者亦未也臣子於君父也孰不欲兩全其忠孝哉不幸難處之變出於君父之間而我之忠孝將不得兩全則亦當酌事勢之宜量去就之分有以順親志而不得罪於孝有以遂吾心而扶綱常於後者苟非審機處變之君子孰能與於此哉愚於泰伯採藥之事有取焉有商之季太王之子三人泰伯居其長盛德有孫乃季之出也父母俱存兄弟無故無非和樂之歲月一朝太王有疾藥餌之需方切于懷而薄採衡山托焉而逃世之論者孰不泥其跡而疑其心然泰伯知有

君者也寧忽於父知爲忠者也肯輕於孝哉事親之道無他養其志而已能養口體者可爲孝矣而志之不養孟子譏之則況乎攖拂親之心而能養云乎哉當其子運告替蒼籙漸盛太王有何心耶天眷西顧民功後后太王有何志耶天心可得民心可得而不可得者獨吾家伯仲二子之心也蓋太王欲救生民之急而泰伯則扶君臣之義太王欲濟一世之亂而泰伯則重萬世之經父不以子而背其志子不以父而易其介則泰伯之在側不過一不順子耳太王既以不順視泰伯則泰伯豈不以避去爲順親之志哉

當時泰伯之心衡山之外豈不欲又得一衡山藏其遠避之踪哉既而太王膝下之昌已壯周家四海之譽久播太王剪商之志傳位之計蓋已熟矣而徒以泰伯在焉耳使泰伯遲一日而不去則天下遲一日而不爲周也遲一日而不爲周則朝涉無完脛賢人無完心矣太王之心未嘗一日不在天下而以泰伯之在側爲不足以遂其計則太王之病又安知不以憂惱而致也太王不以其病爲病而以生民塗炭爲病不以生民塗炭爲病而以泰伯之在側爲病泰伯當作何如懷耶問寢龍樓嚴顏日瘁我在而親疾病

我去而親疾愈天門地骨不足以為療疾之資而此身一去乃可以已親之疾獨何淹留左右作一疢疾乎不然泰伯之於太王志雖不同亦各言其子也當其疾也其行不翔奚暇於遠避其藥先嘗奚必於自採哉卒以衡山爲不足避而至於之荊蠻將父母遺體斷之文之有所不惜吁泰伯豈薄於親者哉此乃以順親爲悅者也而況顏色之感哭泣之哀可想於歸葬之日則泰伯之心至此而白矣孔子嚴於誅心之法許世子不嘗藥春秋書以弑父藥不嘗而蒙大惡之名與托藥而逃者豈殊科哉然而貶不至而稱

反亟其志蓋可見矣嗚呼泰伯賢矣哉為忠而泯其迹為孝而絕其踪迹泯而忠益著踪絕而孝益彰不然孔子何以曰民無得而稱焉又何以曰泰伯其可謂至德也哉謹論

悠然堂先生文集卷之二

悠然堂先生文集卷之三

序

送金栢巖詩序

甲午夏六月栢巖金先生以天省亞卿赴洛鄉之父老暨士友之常所來往者咸聚別于時日在三庚之間烈炎可畏余憂其道途行李或有不攝之虞執爵而祝曰願先生早晚自愛以保護元氣也大凡人之疾其類不一而恒由於元氣之不足元氣足則一時之病不足爲患不藥亦可也世之醫者徒以疾之所在爲急在頭目則攻頭目在胷腹則攻腦臆至於在

手在足亦然其夙夜講究方术善藥者惟是之務攻而不復以元氣爲念也一朝元氣萎苶而不振則巨患必至於意慮之所不及俾微恙轉成劇疾壽骨反爲夭殤者醫之罪也盖醫之術在售其技速取其效以高其直而已是以必下快利之劑而他患之復作元氣之壞敗不足恤也然人之死也不知追罪其用藥之誤故爲醫者不自懲也則亦不獨醫者之罪也嗚呼猶一身也爲國之道亦何異於治病哉當今國家之病亦革矣然所患不在彼不知有能以元氣爲念哉見今父子相食人理滅矣殺越爲事風俗殆矣

禮義寖削廉耻日耗累　聖德化初若不施於邦域之中者幾何其不爲夷狄禽獸也紀綱頹則元氣無所恃而立刑賞紊則元氣無所賴而存吾恐當今之病將次第爲患而人皆謂賊一退太平可期豈不愚哉彼小人一不足責而君子者亦曰待疾病之已元氣可徐以理也不知先後緩急大小之所在天未欲平治天下也歟孟子當七國搶攘之日以薄稅斂爲行王政之本漢儒以正心和氣爲治天下之道可謂眞知救時之藥矣　聖君賢相將待先生而爲政則愈斯疾而歸於快樂之域者庶可冀矣吾於先生之行

不可徒以頌爲事故始以醫身爲規終以醫國爲勉而又推餘意於短律云耳

送安典籍詩序

彥優少長於辭賦遊京城有名余以未嘗識面爲恨癸巳因亂流離訪余龜城之舍泣而言曰亂之始作雄城巨鎭守將不在余以慷慨不量力募義士千人據海城捍禦今則凶勢益熾力竭莫敢支噫欲爲國則乘輿草莽社稷邱墟二載馳騁一功未就欲爲家則嚴顏下世荊布辭室兄亦死於戰三子方八晉陽之圍其存歿不可知了余孤蹤一死之外更無望言

說嗚咀余憫焉欲以莊周一死生齊彭殤之說廣其意而不可得則以忠孝之道告之曰爲忠爲孝莫貫於有終公出萬死當賊路之衝士卒樂爲之用飢困寒暑屢危而不反去非精忠所激乎賊鋒所及民物殲盡或跨數州無一人全活者公特立狂瀾之中獨全劇孟之身襲斂襄葬具禮無闕非誠孝所感乎筋力方壯前塗甚遠但當力於所事收績桑榆無負吾忠孝之心不亦可乎若以悲哀自傷溘先朝露則抱恨溝瀆誰則知之况以馬草裹尸之秋戚戚以妻子爲念悲夫也彥優不答相與共宿悠然之堂未幾彥

優向白雲之紹修院盖彥優文成之冑也徘徊瞻眺想先祖之遺風憤惋悲吟感山河之異昔裁叙情懷自成詩文其憂國之憂慕親之慕一寓焉眞所謂一字一淚者也旣袖以示余因以告別曰征鞍暫卸月蓂屢零秋風衣冷夜鷄挑舞將以一劒還向海山子盍以一言爲別乎余知其必將有成也雖拙於文荒於詩而重其請不可辭則略叙相遇相别之首末而終以忠孝之說勉焉

記

悠然堂記

主人旣以悠然名堂居數載客有難者曰古歟今歟同襟者非一人花乎草乎寓目者非一物先生獨奈何靖節之取而南山之爲賞耶主人曰和者柳下清者孤竹皆余所崇仰而惟我靖節能兼之其人往矣其迹遠矣惟有歸去一篇閒居數詩使人愛玩而不忍捨余自少竊有擧藍輿之願而所遇者此時所見者此山感發興起千載一日則可不以之名吾堂乎至於息交遊歡穉子朝夕之間採菊其事也春秋之節引壺其興也倚牕寄傲矯首遐觀而高而峙者適與之會始不爲期終無相負寒暑代謝而不改蒼然

之色風雲變態而獨保巍然之質悠然入望物我兩忘之人也之趣也乃是堂中所自得者何可容易談也遂援琴而爲之操曰山有雲出無心堂有琴拊無音客起而謝曰旣聞命矣然則古之人亦有與靖節同其氣味者歟昔虞舜居家則象憂亦憂象喜亦喜爲治則南薰殿上一張琴而已曾點以千仞氣像春服冠童風詠而歸靖節之親戚情話琴書消憂似虞舜東皐舒嘯清流賦詩似曾點彼南薰也沂上也南山也特足以寓吾懷而已即其寓懷之地想其自得之實則可見其氣像之無不同也後靖節而興起者

亦有邵子其詩曰花似錦時高閣望草如茵處小車
行此亦適其適而世無能知其樂者樂天子瞻亦嘗
慕先生也然流而爲詭誕則又烏可與語其眞哉若
夫其眞者客願聞之歟余亦欲辨而忘言也客退而
主人叙其問答爲堂上之記

跋

書七松亭同道會題名錄後

余與金志和 金慶遠鄭亘甫從事軍門之館服勞餘
暇相與說亂離之苦且曰從嶺南仕洛中者有幾人
哉盍以文約會寫瑣尾之懷叙綢繆之情乎於是刻

悠然堂先生文集卷之三　五

日通諭則携壺樂赴罔有後者乃七松舊基也把盃
對月悲感係之否淚無語悄然而罷戊戌十月十九
日也

書司馬契座目後

郡有黌儒所司馬所其來尚矣初以北亭爲聚會之
地亭之北又築臺設會有實穀有使喚無非地主所
裁定而官給其具也佳辰令節以文相聚一觴一詠
宛然有會稽蘭亭之風焉至於主張公論糾正鄉風
尊高年扶士氣抑呂氏條約之遺意也亭榭初無名
稱南溪琴上舍請題扁於退溪先生先生復書曰昔

三六

東漢李固遇相者謂之曰明年於芙蓉榜下及第今
人謂司馬爲蓮榜以芙蓉名臺不亦可乎因手書大
字以送厥後先生往來洛下及臨莅豊基時累系是
會盖斯文之盛設會之正莫吾郡若也以朝命革罷
後生感慨之懷久而彌切近有鄕先生相與謀曰自
古勝事莫不流而爲弊朝廷之命革救其弊也吾輩
盍戒其流而復修故事乎座目多是南溪筆而藏在
豐堂與川至公伯取而觀之則古人姓名可敬可仰
右不堪揜迹而興懷也顧吽子經亂破壞相與手自
補綴而粗記其顚末焉時 萬曆丁丑孟春下澣豐

悠然堂先生文集卷之三　六

山金大賢謹識

雜著

記軍門雜事 時先生爲邢軍門接伴郎廳

戊戌八月日軍門到關王廟八少次與南按察三提
督相議會盟節目仍書一帖大槩同心戮力南北相
和期於勦滅倭奴否者同死於此不得歸家云云紙
尾軍門以下各自書名後軍門率按察諸將入於關
王廟卓前先行四拜軍門詣香案前焚香連進三獻
使葉靖國讀祝文仍行四拜後軍門以下東向立贊
者執白鷄羝香案前宰殺取血和於溫酒軍門以下

還就位於中廳北向立贊者持誓帖進於軍門之右軍門親執讀訖還授贊者贊者以血盡進軍門飲訖作揖而退位按察以下次次讀誓飲血一如軍門行禮訖軍門以下一拜三叩頭而出祝文誓帖卽燒之

祝文曰倭奴之蹂躪朝鮮七年于玆矣我 皇上軫念屬國憂切藩籬徵兵四万饋餉萬里賦車籍馬行齎居送艱庶勞止不獨屬國被其塗炭我中國亦且騷然矣夫以倭奴久行暴虐殺戮無辜明神有靈何忍坐視至於除殘去暴全在東征文武將士同心戮力若有懷奸蓄毒傾人禍國者實賴神明監察玆調

集大小文武將吏共圖大舉而傳檄水陸大將歃血同盟玠等齋戒虔肅誓師郊壇惟天雖高其聽則卑惟神雖幽其應若響凡督撫三院四大將軍二道次及副參遊守府衛等官一名之士並膺邦寄共靖海氛此時所拯者藩籬之難所紓者君父之憂國家事重一人事輕凡妬心嫉心貪心忿心詐心讒心機心巧心有一于此則彼此相角不勝不止則禍心不遂而國事已壞矣此固朝廷之罪人而名教之首惡穢聲醜聞死亦流臭空知人生功名禍福皆由前定機巧變詐徒速天災各宜開誠布公同心共力敉兵不待約赴援不待命四路視同一路衆人合爲一人毋嫉功而起鬧見難而不救毋貪功而生忿含沙而射人毋蓄厥詐或外合而中離或口是而心非毋生讒譖或流言而造謗或樂禍而幸災毋用機巧或借托軍情挾私而便已或假手惡黨嫁禍而中人凡食此言神其共監不造天殃卽致人禍或身家敗亡或子孫絶滅若督撫監軍司道視南北軍兵無分彼此大小軍務一秉公平如有好惡偏執功罪任情黨私庇交掩善濟惡有一邪心誓亦如前而今而後念玆在玆共輸謇謇之忠大正堂堂之陣取鯨鯢而封京觀

血梟獍而釁鼓鼙若呂嘉之擅五嶺必摧於馬援之師如百濟之據三韓終就於定方之戮乃蕞爾之島夷安敢望以抗王師惟是仰望明神大著靈應務使抱忠者蒙福懷奸者遭殃庶天道速於報應人心知其勸懲倘幽明相隔善惡不分則玠等固已負罪於朝廷而神明亦爲失職於上帝何以起萬代之瞻仰而享天下之禋祀乎神其鑒之尚饗

東路麻貴中路董一元西路劉綎水路陳璘八月二十七日軍門分送旗牌官于四路邵應忠則東路范文石則中路河爲貴則西路朱忠則水路各持令旗

令釗監督諸將
右議政李德馨書跟隨西路以軍機事稟帖兼以倭橋
圖形同封以呈
九月二十五日慶尚中路邊報來到董提督本月二
十日進攻晉州城倭賊盡棄其器械及牛馬我國男
女四百五十四名遁走於昆陽等地付之鄭起龍八
據其城仍爲追賊而去問其粮餉則尚有餘蓄斬級
則皆遁走故不得多獲只五六級云
二十七日東路報島山方圍抱如經理進兵之時而
但作壕引海入不得渡進拔似難長川越邊三十里

許賊糧多積盡爲焚燒我國人前後刷來一千一百
餘石〇丁應泰參本國通倭　上待勘久軍門曰國
王尚不視事此何等時耶丁也雖誣陷如此而　皇
上已洞照其情狀俺與徐爺亦當極力昭雪中朝之
人雖被人言各自辨誣期於昭釋而已國王當此危
急之時猥守嫌疑久不視事三處擧事事機汲汲器
械兵糧奔走措置猶恐不及而抛棄國事至此累日
是甚道理事勢輕重願速審省以濟大事且火藥鉛
子戰用方急別定差官作速發送
三十日軍門夜不收來自陳都督陣云前月二十二

日陸兵自西南至北隅盡爲圍抱水兵亦自東邊至
南港亦皆環匝水兵先攻鸎島得糧三百餘石賊雖
放火炮不及我國船上陸兵方造攻城器械以待賊
中粮盡力竭不數日當拔云云亦有自東路來者曰
蔚山漸次進圍人皆曰清正在城中但形勢非便時
未得下手
十月初二日董提督差官來言前月二十四日驅逐
昆陽之賊二十八日進兵泗川城外則倭賊設伏于
外天兵先攻伏兵得八十級城中之賊死傷不能的
知其數海邊有賊屯二天兵方往攻之必無不利之

理麻提督差人又到云形勢非便至今相持但挑兵
出來恐未易攻拔
軍門差官來自西路云飛樓車子已爲造作當於初
二日攻城爲計軍門曰劉提督作何貌樣有喜色乎
有憂色乎差官曰提督喜不自勝軍情皆願進戰
董提督差官來言泗川已攻拔斬首百二級餘皆奔
潰仍進圍新寨賊只數萬餘勢可易拔云
初六日陳提督差官來言約二日水兵進攻城柵完
固不能拔還退遂放火燒盡賊船七八十隻
初七日陳劉兩提督差官來言水陸並進皆不得攻

三八

拔劉兵進薄城下多放大炮火箭燒城中房屋五六十坐而城柵完固多放鳥銃不能抵當不得已還退倭子多數出來欲爲逆戰知我軍之盛還爲走八追斬三級

十一日接伴使盧稷以備邊司意議於中軍曰當初三路並擧兵分力弱勢似難矣不如一枝兵牽制於三處若將相戰或設疑或示威使不得相援他窟而天兵大軍合勢前進擇其賊勢稍弱處先攻我以七八萬兵拔一二萬賊屯鮮無不勝先拔一寨餘賊雖不戰而不無自屈之理此所謂攻瑕之法於老爺意

如何中軍禀告老爺老爺曰此果有理然俺難遥制即差人説與監軍道○百官欲呈文列立於衙門之内中軍招盧接伴曰邊事終至於此不知所言然老爺爲何事來必完了然後已萬無中撤之理千萬勿疑對曰老爺勝筭已定固知如此但三處之兵敗衂雖有輕重之異而其挫意則一也不知以何計而更圖乎欲加調兵糧乎欲因此見在之兵合勢專力先攻一面乎中軍曰老爺已送令旗拿致中路將官究問處置後暫休兵力欲先試一面但不知劉總兵則何以致敗云乎接伴答曰我們之報亦未詳的大槩水兵先登而陸兵不爲齊進其薄於城下之卒見倭賊縋城而下者棄其器械而來使賊專力拒戰於水面故致敗云中軍曰劉報稱中路之賊來援故不能支當云是乎接伴曰此則不然中西路同日擧事自救不暇何敢來援他窟乎中軍曰老爺甚怒劉公之不直耳你國勿以一敗爲疑也但丁主事言於徐科道曰三路之事大敗無餘而我們將官等不以實報須取見朝鮮邊報云故徐爺但欲見你邊報邊上之事辭說不同不可不從的書呈丁也欲執釁壞事不可不愼重

二十九日接伴議於中軍曰彼賊欲爲衝突雖是恐喝之言在我不可不爲防備況此賊窮肆無忌在前先言發動之日中路兵勢孤弱猝遇衝鋒勢難抵當豫爲講究東西兩路之兵量爲除出以爲意外之備且忠淸道管兵官李時言姑爲調來使之居中待變如何中軍以禀老爺則曰梁布政二十六日欲爲一再擧俺即差人分付以疲弱之兵不可輕動姑爲休養賊若衝突則三路兵使之相救陳蚕兵亦送八良峙使中路之賊不得往救於順天但今日麻提督禀帖云朝鮮走回人皆言洸安道既攻泗川晉州等地將

欲移營於釜山云中路之賊必無衝突之患

十一月初七日接伴使將備邊司公事合諸路兵勢專攻西路事與中軍相議則中軍曰老爺已爲分付使王梁兩爺議處必將合力爲之中路則業已不得用兵只留遮截之兵其餘合於劉總兵使之添力攻拔今則别樣設法佯與賊相通預爲多送我兵使之內應麻總兵則以爲其處兵勢孤弱不肯分送三兵合力勢難施行朝廷之意必欲於今冬完了萬都爺若來不容但已

十三日劉提督接伴使金睟狀啓蓋欲陽與之和伺

其發船水陸夾攻云云

二十日東路差來言十七日島山賊船三十隻遁去十八日淸正焚燒營柵盡爲撤去提督領兵入據其城一面遣兵派送西生釜山等處追勦

二十一日中路差來言新柵賊酋盡燒營柵渡海而去提督追及之得三十二級馬一百有竒糧則大小米並六千餘石

二十二日西路塘報以紅旗馳到衙門曰本月十九日巳時大兵攻倭橋賊衆上船遁去之際水兵截殺燒破賊船五十餘隻沈安道亦來救而爲我兵所殺本國將官一人亦死未知何人

二十四日陳提督差來曰賊船一百隻捕獲二百隻燒破斬首五百級生擒一百八十餘李總兵舜臣定死云

二十六日 上來謝軍門軍門懇懇言李舜臣力戰之功請賞 贈高爵

二十九日東路差來言釜山之賊盡爲渡海在京諸將官及本國人皆到衙門賀

十二月二十二日舟師薄至南海倭賊已爲遁去餘倭亦皆登山而走欲下陸跟捕未知虛實遂圍抱以

待自盡

己亥正月初五日中軍招語李海龍曰老爺以爲倭賊已遁近無可憂之事乏糧如此不可多留兵馬賊雖渡海其意難測你國兵士决難練習於倉卒之際留兵若過小則殊非遠慮欲見國王相議定奪

初九日中軍招盧接伴曰南海留倭亦盡獲平調信及其子平管在首級亦在其中矣仍示陳都督塘報且曰你國謝 恩奏稿亦已完了否俺窃欲見之當初報捷你國亦當與老爺一時發送而老爺去月二十九日已送想今日到京接伴對曰小邦雖有奏報

之事不敢續續爲之欲於謝 恩奏稿並陳勝捷曲
折中軍曰謝 恩不可不速爲答曰莫大之事不可
以小官差遣大臣三人中二人已赴 天朝只有李
德馨欲招此人而送且拜表必擇吉日故二十八日
已爲推擇矣中軍曰須速送而其草稿完即來示此
事當初石尚書知其不可勦滅故不得已爲權宜之
事顧侍郎亦不敢爲他議推之於孫軍門其時許多
議論橫生而邢老爺力排羣議獨爲主戰今日如丁
主事以下諸人以和議動撓而老爺非但不爲熒惑
至於蔟牌嚴責劉總兵亦屢揭帖於老爺或毁陳遴

及李閣老誤惑老爺老爺初亦以陳遴爲未便俺歷
陳劉總兵之情狀則老爺始覺其非屢爲譴責至欲
題本請罪劉恐懼乞哀於王按察按察伸救於老爺
而得免其罪今日得捷水戰者專是老爺盡心經營
之致分送令旗令釼嚴辭督戰戒陳遴不許放出賊
船責劉綎期於攻拔城柵且遣使聲言曰萬都爺領
二十萬精兵目下來到必滅此賊而後已彼賊亦不
無畏懼之理老爺主張決策致此賊退你國奏文具
此事情急急馳奏則 皇上聞之豈不喜懽乎叙功
則陳爲首而其次麻又其次董而劉之事雖如是在

你國體面則不可全棄之矣接伴問留兵多小何將
可留中軍曰老爺以爲留陳好矣且吳惟忠時無官
爵不可做大將雖留當受節制於陳也經理欲留觧
生於你意如何答曰觧將清謹善戰留之無妨且此
賊雖退不斬一酋之首小邦遺恨不敢盡說而無端
撤退其詐叵測安知姑匿島嶼之間以待天兵之撤
還乎對馬島與釜山相距不遠且其形勢甚易又有
後到水兵出其不意而襲擊則收功不難矣此島倭
賊出來咽喉若無遺勦滅焚燒房屋則彼賊雖欲出
來而無止頓軍兵之處乘此幾會又攻此島則老爺

恩德萬世永頼此所謂事半古人功必倍之中軍曰
陪臣之言亦有理當告於老爺又禀經理相議善處
而經理若以此事專爲已功則尤好矣
初十日中軍禀軍門軍門曰叙功不可如是你誤言
之矣陳當首功而劉不可置之於末當論以第二以
董居末爲可蓋劉與陳監軍王按察最親中軍語接
伴曰劉若不錄其功則必有不好事且老爺終始力
排衆議雖不能無遺勦滅而不惑於史世用 吳宗道
等游說之言盡心督戰終有水兵大捷之效老爺處
心行事此其大節也彼賊雖曰自退而亦不可謂以

和而去於伱國亦必無後患也
十一日中軍招李海龍曰前日宋應昌出來時伱國
歌謠頌德或爲李提督設生祠堂應昌如松只一捷
平壤事未完了而至於如此今日之事大異於前日
倭賊盡去疆域乾淨頌德等事似當舉行而生祠堂
亦趁老爺未還前營立則其於待老爺之道不亦有
光乎
十二日軍門牌文倭已蕩平而釜山島山固城金海
西生機張泗川曳橋順天等城柵及水中南海閑山
等島悉爲我有所據各該兵馬集駐一處誠恐糧餉

不繼若遽行撤回倘倭去不遠如前卽欲復讐此又
不得不防
二月初二日接伴啓張九經爲人雖無知識性頗伶
俐衙門周旋之事非九經則不能臣等欲厚待以得
其歡心而近日西路各官物力已竭無一物儲備今
則似當有禮物而尚不得爲之極爲未安如人蔘花
席弓箭等物令該司量數上下以慰其心似當大槩
九經前宋侍郎出來時亦爲旗鼓其時馮凌作弊無
有紀極一行譯官及各官等不能支當而今則應受
飯饌亦不食凡所作為比前太簡常自以謂爲伱國

極力周旋云云此雖出於前後軍門法度之有異而
渠之致勤如此關西一路曾所經驗守令等皆曰張
九經前後二人云不可不厚待故敢啓
初三日接伴使啓曰軍門生祠堂建置事前已 啓下
而備邊司以隨後建置之意回啓矣中軍頻問何處
建置頗有遲滯未便之意令建於太平館後地云郎
令該司商量速爲舉行何如
十二日宴次 軍門未時末到訓鍊院設關牌夕行五叩頭禮訖設宴賜陪臣紅段紅木金花
是會也韓同知初命實句管預以綵帛粧訓鍊院布
席設椅子初欲以太平名宴徐觀瀾丁應泰以爲倭

子自退後謀難保何以宴爲又何名太平不答而去
董一元亦曰吾輩不能力討任其揚帆而歸罪固不
辭宴亦何顏諸將遂不敢張皇鋪設二月十二日作
高會大門書平倭盛宴廳串書策勳飲至東曰扶桑
掛弓西曰滄溟息波經理以下早日齊集日晡時軍
門至鼓手優人作樂呈戲迎于街路既到宴次設關
牌行五叩頭禮拊院督府下至游擊都司分位東西
各作二行向軍門禮畢提督以上坐堂上戴中軍以
下坐堂下令武士騁才優兒較藝劉綎兵馬最精銳
或並驅兩馬而迭騎或軃身鞍上而踊躍馬足愈疾

幻技愈妙猿跳兎擲鳥駭獸迷恍惚不可正視旣罷
作樂設宴其間高談雄辯往復雜沓而禁人屬耳不
知其為何語也大槩莫非爭雄誇功之說○張旗鼓
謂譯官曰郎見京報則 皇上覽貴國辨本極爲喜
悅令九經科道會議來說不勝恭喜須以此意啓知
十三日畫像事接伴使稟於中軍令金守雲與唐畫
員使之同入衙門內乘便傳影而近日衙門多事不
得入去裏頭不及爲之○生祠堂建設事問于中軍
則曰關王廟地形不好萬經理方欲移建于他處且
生祠堂當於城內開設太平館地形狹窄則其越邊

空處似好此乃軍資分監舊基也乃於館後鑿虍開
基建立
十八日接伴使 啓曰天將滿城接待比前尤難該
官之緩慢者固當治罪而其盡心供職者亦當褒奬
賞罰並行諸都監郎廳及各該官中盡心供職不怠
者斯速書 啓事傳 教矣都監郎廳酒色漢城叅
軍金滋伺候內膳奉事金錫光盤膳反支應色尚衣
院直長金大賢俱於上年七月差下盡心服役至今
不怠司果李垓亦於上年十月差下而以前銜之員
兼管工房求請之任竭力供職繕工奉事魚夢賫以

該司之員自初專任工作非但衙門營膳及器具至
於標下諸將官所用什物極力供辦少無虧缺功勞
甚多敢啓 傳曰金滋金錫光金大賢宋垓並出六
品○接伴使見中軍曰天朝將士暴露風雪勞苦萬
端寡君慰軍只以銀子三千兩奉送六老爺前使之
分給將士諒此寡君微誠周旋轉達於大老爺何如
中軍曰俺將入稟更稟○中軍招李海龍曰銅柱何
以爲之海龍曰銅柱自古邊上立之今亦當竪於南
徼而功役甚重不可率爾爲之中軍曰何必於邊上
立之城中生祠堂近處建置無妨其功役不至重大

長丈二三尺或圓或方或如塔形或如碑形任意而
鑄但八道之人不可不並頌老爺之德不必作軸或
詩或頌任意書呈亦好以此言於左議政 啓知
十九日中軍招李譯曰別軸已言於李閣老乎又造
一箇簇子以你國鏡面紙爲質令你匠人爲繪粧以
國王與老爺餞別樣爲圖題詩其下爲當且老爺分
付郎見沈閣老書丁應泰之言爲虛妄而 皇上以
朝鮮謝恩文書不來為疑須速 啓知促發
二十三日中軍招李譯曰銅柱當立於邊上而其文
則略叙老爺某年某月欽奉 帝命統領幾萬兵某

年某月某日蕩平倭賊等語先刻之於木板老爺未
行前印出而送之
二十四日備邊司　啓曰銅柱所刻之文前者中軍
以爲當於一二日後自裏頭完出云矣今則以畧叙
蕩平倭賊等語先刻之木板先後所言有異故問其
曲折於接伴使則銅柱之文自中製之以近於誇張
爲嫌一依楊經理碑文所刻之意略叙老爺出征成
功終始云勢不得不從軍門末蔑前懸速舉行何如
依啓

銅柱文　禮曹判書沈喜壽撰

悠然堂先生文集卷之三　二十一

欽差總督經略兵部尙書兼都察院右都御使邢
公受命東征統領文武將吏水陸官兵十餘萬衆四
路分進蕩平倭寇再造朝鮮乃　萬曆二十六年冬十
一月也國人感戴無已建生祠於王京又立銅柱於
海上以勒成績公名玠號昆田辛未進士山東益都
人形貌魁梧器宇宏深望之嶷然可知其爲大人君
子云中軍見之曰措語甚當生祠記事亦依此爲之
三月初一日中軍令河旗牌爲貴示一畫軸於接伴
曰此乃老爺與你國　王相別圖雖非著實之事欲
以此傳寶於子孫你須　啓知上一面書四字爲標
題接伴答曰未知以何意題之河爲貴書攀轅泣別
四字曰以此意思別做以書且於下面切要　國王
所題或文或詩其末亦當安寶接伴答曰寡君果
有志於學問而至於詩文則素不閒習恐不得依命
旗牌曰曾見　國王文章極高爲老爺贐一語何妨
若曰不可爲則雖令詞臣代述不可廢也其下安寶
亦不可已也其後以諸大夫能文者繼之右好
初五日畫軸所鋪謬誤處接伴使指示中軍遂令洗
濯改畫且曰上面所題或以武揚四海或以再造藩
邦擇可書之黃籤上書朝鮮　國王繪領凱旋圖上圭王

悠然堂先生文集卷之三　二十二

客太白龍幕太多軍門顏色過黑諸陪臣多畫蓮子纓此謬誤處也
初六日接伴使　啓曰今日臣等見戴中軍以婉辭
講其畫軸所鋪未安之意則中軍曰陪臣之言是也
但老爺來此異國與　國王相接行禮此曠世所未
有之事以此欲誇美於子孫其有未安於　國王者
俺未之思也若曰所畫不精則改之無妨且陪臣等
不欲與　國王同題一紙云此則亦或有理任你爲
之云云且問老爺行期則答曰老爺欲於初十日發
行而萬都爺未言日吉後事及叙功賞軍等事尙未
完了而何以經爲發行乎云云故老爺不得不退行

初八日中軍招盧接伴曰老爺見京報曰陜西慶王
爲乾清坤寧營造助工揚應龍安康臣乃其土臣也
亦獻象獻金銀朝鮮亦不可以外國自處似當有助
工之事接伴答曰　國王欲爲助工而小邦不産金
銀不可以紬席綿黑等物進獻百爾思量不得爲之
國王常懷未安之心矣
初十日接伴使　啓曰中軍前言兩宮助役事臣等
多般防塞今日又言曰助工事何以處置外國西番
等地皆已進獻而朝鮮蒙　天子無前之恩與獨不
助工其於情禮如何答曰物力竭盡雖欲爲之萬無

措備之路不勝悶迫（六月送銀紬等物助宮役從龍中軍之言也）
十三日中軍曰老爺所望者　國王所製諸臣雖題
別軸無妨近觀陪臣意思則以畫　國王儀形及所
製爲重非好爲褻慢之擧也欲以此誇美於子孫實
榮之也古之帝王或畫像或製詩或賜臣僚或送隣
國未知有未安之意也
十五日中軍曰許多文書豈　國王自製自書然後
爲之詞臣代之無妨只要於末端安寶以爲傳示之
榮接伴八　啓　傳曰自外量爲之令六臣製之書作
者書者之名

三十日中軍曰畫軸詩文題贈何以爲之答曰　國
王非不欲爲老爺題贈而素不閒習不敢強作且代
述亦未安故尚未完了陪臣等亦悶慮中軍曰帝王
詞令豈盡出自其手　天朝聖旨皆詞臣製之老爺
必欲得之其意非偶然穪頃不爲是何事體接伴以
啓　傳曰知道
四月十三日餞別圖首端李山海書丹造藩邦四字
末端略叙老爺到此凱旋國人追慕顚末識曰臣李
山海書中軍大怒曰老爺要得　國王所製所書者
非爲辱　國王也以此欲傳寶於子孫　國王事體

尊重不肯書與老爺雖不敢　國王相等豈與陪臣
李山海爲對乎　國王旣以爲重難不須爲之接伴
以　啓　傳曰措辭爲答曰杓則惶恐不敢爲今頓朏
遠當製書追送○軍門憲牌畧曰欽奉　上命提兵
東征駐節外藩將及二載所賴朝鮮議政陪臣等官
或獻納謀猷允裨安攘之計或經營兵食深肋戰守
之資今已事竣班師西旋各該陪臣均應旌獎李元
翼李德馨才優承弼葉纘經綸禮樂爲邦不異漢唐
之文物忠勤謀國可追種蠡之芳猷望重三韓名高
百代金命元盧稷棟樑巨構社稷良臣両載籌兵跋

涉不辭於夙夜一心急難拮据卒底於昇平通官李
海龍朴義儉接伴從事宋圻奔走使車最稱勞苦拮
据王事頗有建白郎中尹暉尹晫宋垓金錫光南復
始魚夢寅金滋金大賢柳成民等服事兩年勞苦可
悶及通官鄭仁男等六員外郎全有馨等二十名各
賞紅布銀花有差
十五日軍門起身西還　上餞慰於洪濟院以駿馬
学布紬紙筆墨爲贐只受白苧二端油芚一張而去
〇軍門戊戌八月初三日到京城至是九朔還

總叙

悠然堂先生文集卷之三　二十五

衙門之事中軍專爲句管旗鼓出納命令朝日放炮
三鼓吹三謂之三通而開門是謂早門軍門正服坐
堂門入掛二旗長杠上一書制闔六鎭一書總鎭十
省諸將官鬪炮聲而會以次入庭行禮位高者拜中
階上軍門正立堂前有所告語或請聞則跪答惟恭
項禮而出惟經理御使科道至軍門迎揖於中門之
外本朝　主上至則迎於中門之內接待訖凡稟報
文書題批而下日晏而開曰晩門夕而閉曰關門不
通外報曰少關門關門之後則內外迥阻雖中軍旗
鼓邊報外不得以語相通我國陪臣譯官等只朔望

節日瞻拜而已非有事招問則絶無相接之時有欲
通情則進告中軍使之轉達〇陳御使效都城卒逝
東關爲身加以朝冠朝服面紗以爲靈座從者白衣
白巾布帶而徵索酒肉苛於平日或依柩而飮和醉
而歌其發還也作芻人假面長三丈者一小似人形
者四以爲前導有鼓吹而無哭聲〇中原喪制不明
楊經理是起復人戊戌夏麻貴之南征也經理送至
漢江登舟酌酒而別因溯流而上醉後扣舷長唱徐
中素在我國聞其父喪四日後徵入酒肉然二人之
歸也　上欲設餞慰宴皆不受楊有功於本國爲諸

悠然堂先生文集卷之三　二十六

將最　上送於慕華垂淚而別立碑以爲無窮之思
云〇提督以上　上迎送於郊外總兵以下令宰臣
接待至游擊都司　上皆就設下馬宴其歸也設上
馬宴又各有面謝禮唐將絡繹　行幸無虛日陳御
使曰俺一日三遇　國王之行於路上千乘之君自
苦如此吾輩何可安心久留　上威儀端肅禮貌閑
習唐將無不敬憚與之交禮瞻望回顧惟恐失儀對
饌執箸不敢恣意飮啖
陳遴少時爲山賊及長折節以就功名到我國時年
可七十其倔強猶昔人有忤意或自起撞之然待我

四六

國人有恩取薪水來者見之煦煦然厚遺之其在陪
臣郎廳月致一斛米曰憐爾背仕而不受祿也
董漢儒端雅自持淸約爲務東來文武當爲第一人
云楊鎬勤於爲政善禁戢軍士不爲撓害由是諸陣
軍皆思之曰高麗宰相東民德之去後益思
彭游擊信古率佛郎國人四名肉色如漆髮種短黃
赤號曰海寇　上臨見游擊游擊令海寇出拜曰佛
郎渡三海方抵湖廣距此十五萬里其人能沉水鑿
賊船又善炮技故率來　上賜綿布銀兩
東征將士律已撿下以具惟忠茅國器爲首國器有

儒雅風致其行師雖冱寒必於野次過夜宿榮川南
郊士人多往見之求草書則揮灑不辭筆法豪健見
年少儒生則尤愛之相對談話淡如也榮倅請見辭
曰方與儒生等討話太守不宜干人惟忠國器經過
之地皆竪碑頌德
關王廟在崇禮門外終南西麓楊經理令游擊陳遴
主管創建也諺傳　太祖高皇帝得關羽神兵之助
累勝攻戰由是中原人俎豆之家家設像飮食必祭
如緇流崇佛然東征將士等在遼東三人同夢關王
領數萬兵渡鴨綠曰吾將掃平朝鮮之亂而返遂設

廟宇於東方軍門朔望詣廟焚香行師旋師必告萬
世德又創於東大門外
諺傳皇帝夢東征之士討賊凱還見其大將眇一目
者也遂物色求之乃萬世德然初不授以東事楊鎬
之遞經理也代以他人方在遠急於出征以世德換
任獨眼東臨涅齒南遁雖不煩指揮之力而能坐收
恢復之功亦異哉
東征將士與我國人相接未嘗一言爲侮國遠至若
勞苦致慰則必曰奉　天子命爲來徂征何苦之有
此大國之體也

許國威能文章　上嘗至國威之舍置酒從容問道
體可得聞乎曰天外無道知天則君臣父子之理亦
可知也且知死生之理然後方可與言道問心曰人
謂之在腔子裡吾謂之在面目其學祖象山而彌近
於佛其辭歸也　上題扇面曰四月淸和雨乍晴南
山當戶轉分明更無柳絮因風起惟有葵花向日傾
一絶識其末曰朝鮮國王書與之國威謝曰當歸與
天朝閣老等看
萬曆皇帝政務多廢而討倭一事眷眷不忘我國請
兵請糧畧不違拒添調添發少無遲難廷議雖紛獨

斷猶堅遣報至則雖夜分必裁決而下以必去此賊
為心中原人稱之曰高麗天子詔敕之下 殿下必
歎曰天恩罔極韓應寅洪進等以平倭謝 恩使至
天子出御正殿受萬國之賀是時不御過二十餘年
戊戌秋西厓以事見罷坐客咸惜其無罪有一老譯
官曰厓公豈無罪人利我義人私我公入忘治亂各
報其怨我念安危自盡其心好惡異衆是其罪也
亂初斬一級者給及第帖己亥三月京師以爲 殿
試略取文科爲對李再榮爲壯元臺諫論以賤孽
啓削時一榜無壯元矣好事者曰眞所謂斬頭榜

聞見雜錄

壬辰經亂之後士夫急於謀生多不撿身貪婪之誚
沉濫之謗日起月滋士風民俗大異前日有一嘲世
者曰倭賊之禍一至此極乎焚蕩室廬不足惜擄取
子女不足歎掠我廉耻而去爲大可恨

癸甲年間夫妻父子不相保有負兒墜水而去者有
強取弱肉而食者豐榮等四五邑不把賦錄丐食者
多歸之有一老人扶杖而至不索飲不求食正坐空
舍不起隣人惡其將死欲敺之則曰俟命盡當避去
無以相溷過數日不死人異之爭持粥相勸謝曰吾
分已死死於數日前奚足恨死於數日後奚足喜吾
固懸夫苟且求活者將死之夕自起去就潔淨之地
布席安臥而絕里人知其有道人相聚掩藏之惜乎
當日識者不過沒了賢人鄉里姓名也

上平日有詩曰拊釼中宵氣吐虹壯心曾許奠吾東
邇來事業邯鄲步回首西風恨不窮時國家治安內
外無警焉有不平之事而當夜拊釼又焉有失所者
而心欲奠之也豈 聖明預知有喪亂之禍而抑鬱
見於詩章耶

四八

癸未尼陽介冠慶源時以黨禍竄謫者數人金道盛

送許葑江界詩曰狂虜長驅十萬兵沙場枯骨久崢
嶸一年經幄無奇策盡出書生守塞城慶源之變不
至大段詩意過當壬辰亂後吾戲道盛曰此詩似是
近日作豈非先見之識耶道盛亦笑

西厓丁酉春過婆娑城詩曰婆娑城下路駐馬意如
何春草爲誰綠江流空自波宇宙余孑少山河遺恨
多平生忠孝志末路共蹉跎戊戌公以事罷

李基卨家世以孝稱因薦舉除清風倅政尚仁簡吏
民畏服亂離以催科之故被棍於奉使者歎曰不可
以不肖之罪傷父母遺體遂棄官歸凡在官用物雖

絲毫皆還付官家有相識者指其孩曰此亦在郡所得何不留置基禹笑曰此則雖被贓罪不可不携去

鄭奇龍奇麟湖南人也因亂奉其親避地密陽豐角縣丁酉秋淸野之議急監司鎭公山驅隣近人民入城無敢後者以奇龍壯健籍牙兵其妻兄金禄瑞亦與焉其家累之在豐角者尙多令嚴不敢告間行要與俱來監司以奇龍禄瑞逃去拿致將斬之以警其餘奇麟潛謂奇龍曰兄有妻子而我無室兄弟在世必不如兄之奉親也且禄瑞死其家屬誰將顧恤請以身代兄之死奇龍曰罪在我而致爾於刑是可忍

乎奇麟詣監刑者曰我眞奇龍而彼乃吾弟奇麟也當初錯認拿致願毋失刑監刑者無識武夫也不為告辨而遂斬之奇龍呼痛大叫曰以兄之故而殺弟可乎監司聞之曰罪人尙免刑可謂軍律之行乎監刑者又斬之一家三人同時就屠人無不墮淚者

記日本事

豊後州隷日本西海道宜山城五領郡縣六平秀吉之所自主者州之東數十里有大村店居民頗盛丙申秋地震之變舉村陷沒朝而禾田夕而東海崖側又有一巨窟深不可窺秀吉親按怪之謂一死囚曰今汝當誅若能往探彼中所有而來吾將釋汝罪不誅且賞之囚因披壁而入進進不已忽闇盡明生洞朗開豁見舊閭巷籬落宛然而家室火殘人物又盡荒原積尸滿目慘然因徘徊惝怳之間覩一女子披莎而出遽前問緣由終始女泣數行下曰今初秋月之半夜之央大兵至擊鼓動地而来知何從三匝此里而莫測其數風火雖比其烈雷震不及其疾汎滅一村向北驅去女獨全於玉石俱焚之際亦幸也而耳邊攻伐之聲尙今不息寧以獨活自幸耶囚曰其旅安在亦可以覘示耶曰陟彼北山則可見矣因如

其言見勇兵整陣其會如林執鎗者荷劍者炮者稍者奇形詭狀摠非人間人囚目未及寓魄已先逼怵然而返更尋女人則亦不見矣囚心忙足輕緣向来窟穴而出一一爲關白陳之秀吉聞而爲喜曰神兵咸聚助勢是我獲勝之兆也識者笑之曰秀吉亦愚之至惑之甚者也初秀吉營建九層金閣要以誇耀詔使地震壞之秀吉怒曰無以為觀瞻是朝鮮緩緩來到之故繼以天雨毛是天地警教之至德示反於凶畜而不知戎至於陰兵已動誅殛將至而反為喜彼織物何足責猶不知上天何心容此貫盈徒以警

帝王者警之而不卽加戮忍令困我生靈父子爲也

揚名後世辨後說

倭將入吾地三載淹留不肯歸聲言并驅直擣中原曰必欲揚名後世以顯男兒之志嗚呼辨之以爲流芳者聖賢豪傑遺臭者姦宄寇賊而又詳言格致誠正之學之所以能治平術數智力之所以招殃禍分其賢愚宗以得失欲以魯連之辭坐解聊城之圍其志可謂盛矣然以愚妄見窮有所惑焉夫虎吾知其爲暴蛇吾知其爲毒而彼虎與蛇又自以暴毒爲已任曷嘗知有麟之仁厚龍之神德哉不惟不知必

且笑其不能之無能潛蟄之無才也彼倭性以善戰爲能害殺爲才不知中國仁義禮樂之道吾儒君子小人之辨則欲驟語而解其惑不亦難乎夫其所謂志者志其所志異乎吾之志其所謂名者名其所名異乎吾之名則今欲揚之後世者吾不知欲自各其名而闡大名於其國乎抑捨其名而就善號於中原乎欲得美號於中原不過爲本國之怯夫欲揚大名於本國不過爲中原之狂賊怯夫難容狂賊必敗吾見其進退維谷而敢以揚名爲說可謂狂而益狂死而不悔者也且暴其君而奪之國驅諸島之兵越大海入人之國捲盡子女玉帛而歸在其國之名則赫赫乎蔑以加矣倭將之所不足者在不得乎天不能保其身也名非不足也名與身孰重虎蛇之暴毒而猶且愛其身閒居而簡出懼物之爲已害可以人而曾虎蛇之不若乎阿只拔都日本之英俊也少年最得善戰之名豈今之倭將所能及其萬一哉然而一蹶荒山首碎飛鏑况今天心厭亂人情思奮皇靈遠暢雷厲而風飛將令嚴明雲合而響應有以相待必不若往時之潰散倭將如欲進一日之步是促一日之命也吾聞倭將乃舊關白之臣若能由好名之心

爲保身之計挽射天之戈爲復讐之舉身不膏於人斧名益重於本國不取笑於一時未流譽於千年矣第未知倭將能有取於此否耳余愛羣辟之文辭而懼無以回其惑故乃敢闡其微焉

記仙遊留衣二庵事 庚子

先塋之山名曰廣石昔元曉義相分占其最高峰南北巖底而居移錫之日掛袈裟松樹而去其徒卽其地刱二蘭若以寓遐慕之思北卽廣石南曰袈裟旦里蓋因其實而號以諺說也廣石俯臨醴泉之境而清曠可尚袈裟平挹花山之勝而幽靜可愛不肯省

墓之餘未嘗不逍遙於此慨爾風樹之感超然物外
之志雖累日淹留尙有不足之恨而直欲因此遺世
獨立也第嫌寺名之尙帶塵俗改廣石曰仙遊庵架
溪曰里曰留衣庵云

祭文

山陰鄕校開基祭文

一亂十載毒遍率普思樂泮水鞠爲茂草薦豆無所
多士懷悼惟新是圖吉日良土神錫之福萬世永保
淸酌時羞用伸虔告

先聖加土告辭

積以年紀仍以亂瘼形壞若堂履露愈怵消吉加補
告以淸酌

祭琴南溪 軸 文 代司馬契儒生作

爽朗其性愷悌之姿月照氷壺風和玉芝稟才何高
賦命何奇名巍蓮榜迹阻桂枝北闕書休南山豆萁
富貴非願帝鄕無期江湖自適詩酒娛嬉俗塵不汚
世累何知松巖高枕歲推月移東軒嘯傲雲出鳥歸
速我後生曰聽余辭志業既同托契何遲芙蓉雅致
我則繼之有寓我懷無關世喧飲是字辭會以文爲
少長集蘭冠童浴沂忘齒去交太平開時樂不蕩淫

警敎亦弛頓我羣蒙今失蓍龜久逢百罹晩奠一巵

祭高扶安 翰雲 文

子有忠厚之器英邁之才而四十遽夭天乎命乎哀
哉吾有愛慕之切情分之重而再朞而弔時歟勢歟
痛哉此時造物者每倒行而錯施之紛紛擾擾而無
定時假令有時而定已無奈於伯道之無兒而吾與
子不復握手歡笑於論文勸酒之場則此究此痛亦
何日而忘也向拜子之嚴顔於花府惟幸氣體之康
寧此則吾爲子慰而子之冤亦足以少紓於冥冥醇
醪一盃長痛數聲物薄而情深歸來兮英靈

祭金勿巖隆文

惟靈耿介之資淸曜之相烈烈其志嘐嘐其尙幼少
出就嚬皐之門性理之書述家之文達支溯泒涉委
探源年纔弱冠人目宿儒卓彼陶山贅盡其徒盡往
從遊吾道在是授我以方益勵其志精義所在辭語
所蔽吾鬪到底不析不止理期其辨見何必同疑欲
其祛說不苟從自信之固師心之悅親提既至札喩
亦切乃戒其執乃嘉其篤矯偏祛病合授心法鑽仰
方勤樑木遽摧不卒其業用茹其哀三載申喪易盡
余心築室杜曲擬續遺音罷勉就舉爲親之屈屢歎

點額賦命之薄齋郎末班豈云稱器推奉以養亦足
為賴夫何一病卒纏二豎願孝之心愛學之誠一朝
墜虛天亦冥冥賢愚共悼親踈咸傷矧余遇知最出
尋常同遊共業一十星霜謦咳欲明瀲懶欲立勉僞
以直糅曲以直分友而師義伴而兄既失所依將誤
此生一掩儀刑永隔幽明腸與聲摧淚與杯傾

祭張錫友程文

維靈以通家子為東床郎既篤於學性醇而良世分
之厚視余猶父情義之敦友之云乎惟侍子擬托後
事諸子膝下徒紛紛一朝而遽奪其命奈何乎天奈

何乎神嗚呼哀哉好生惡殺天地之心而造物者居
中秉柄貽毒於人吾亦藉造物者之罪訴之于帝九
萬茫茫奈無因玄宰既啓老腸欲裂一酌之酒萬世
之別

先府君大祥祭文 癸巳

嗚呼哀哉易簀京第子滯鄉曲復龍須入含斂仗族
茹哀奔進遲十日服奉輀歸來冒萬山雪私痛既深
世亂何極馬鬣纔封賊騎橫突輟莚負主奔竄山谷
不恒其處香火屢闕過朞於榮腸摧欲裂亂離乾坤
涕淚日月出服戎索久釋麻經邊烽不息時序數易

乘間言還草沒無室僑寓間關二朞已及祥末為祥
哭何止哭先世主蔵粉面完潔穪帛皆保微命不絕
陰佑冥冥於顯不忒書籍灰燼手澤亦失三姑存亡
未得其實罪關不肖一憂尚切凋零門户荒凉舊業
一息尚存幾時可葺願孝微誠終始俱鈹衰制可除
此痛不滅天地有終此痛不滅嗚呼哀哉尚饗

禫祭時告由文

世亂不辭時事數易人切哀慕朞反中月禮雖循常
痛實倍昔夢亦遑遑懷寧澹澹薄醪踈盞祗薦悲感

攷題時告由文

積因亂失喪以月除禮循適遷哀可暫袪攷櫝攷題
是憑是居

上樑文

權繼儉家廟上樑文

四字缺 抱大舜終身之慕魂返於室遵紫陽立廟之
文霜露之感幾時羹墻之見有所恭惟權氏籍系安
東襲冠冕於上世實乃東方大家蔵苗裔於中年以
作南州茂族上舍公游心經籍餘事文章詠紅杏於
日邊縱未運屠龍之手採青蓮於早歲亦少酬剌股
之功人不間父母昆季之言善父騰鄉黨隣里之口 五二

參奉府君忠孝爲性慈詳本心願眷好田園消長夏於基局優遊閒歲月速嘉賓於盃樽人咸仰長者之風世未斬君子之澤有子有孫而承奉不絕香火於春秋無聲無形於視聽奈爾參拜之祠宇舊第之北新基之東地勢面陽卜筮云吉如飛如草倏成六架三楹是妥是依庶保千秋萬世爰騰善頌助擧脩樑

抛樑東一髮丹雲望眼中魂魄有時知往返正如流水地中通抛樑南端氣朝朝鶴駕參身後秖今非寂奠薦誠方見有雙男抛樑西節彼龜巖勢與齊自是幽明元不隔九原追逐有南溪抛樑北幾歲遑遑求

不得如今有室可藏衣曖曖餘情終不極抛樑上降福穰穰知腏饗此不用誠惡用誠黍稷馨香薦鬱鬯抛樑下陟降焄蒿無所六字缺降祥自是由衷非外假伏願上樑之後時和歲豐家安國泰男而婚女而嫁子子孫孫衍字而充堂科則捷位則高歲歲年年奠爵而榮廟

悠然堂先生文集卷之三

悠然堂先生文集卷之四

附錄

遺事

公天姿愷悌德量寬裕榮辱不關於念喜怒不形於色方其待人接物之際和氣藹然及其論事理決是非公私義理之辨昭然若日星性又好士聞人之善心誠好之必托以道義之交見人之惡必先責喻若能自新則不念其舊而與之賓客每至輒開青眼苟可與言雖年輩不倫便忘形款唔是以鄉人之善者心悅而誠服不肖者亦知敬慕而

不敢恣士無賢愚少長擧皆心醉而願遊其門尚憲少學于公服公至行者多嘗見公與儕輩會話座中有一人任氣指狂語侵賢相頗肆慢侮公正色責之其人素桀驁不屈於人是日聞公警責之辭卽負荊伏地慙謝有友人素相切者中年不幸病癩親戚故舊莫不厭避不見公往來顧問如舊至於相對飲食無異平日或疑而問之公曰斯人之有斯疾非其罪也吾何忍負平素相許之誼而絶之於疾病死生之際乎其人感泣語其家人曰汝輩宜以事我者事金公其感服於人類此壬癸

之間干戈滿地餓殍相望時公在榮川第宗於道內爲稍完之地四方流丐之入輻輳於此公每見乞人到門輒惻然矜憫家雖朝不謀夕而苟有升斗之穀必分而與之時列邑設賑濟幕例委於監官下吏之手只有空名而流民未蒙實惠公請於郡宰自幹其事遂設幕於門前數十步許晨夕躬造其所饘粥之具必皆親撿是歲癘疫大熾飢民染多經病呻吟之聲四面而起人皆畏避公則不以爲慮惟恐其不及賑救不啻若慈母之保赤子賴以全活者頗衆其愛物之仁出於天性如此乙

未除省峴道察訪時當搶攘驛路凋弊公盡心撫摩吏卒畏而愛之自奉甚約不以一毫遺本家爲濟飢之地及瓜遞立碑鐫其傍曰清兮清兮白玉無瑕其清白有得於家庭也丁酉觀察使李用淳築公山山城自以爲得形便之地以聞公對以屈濶大非孤軍可守忤其意戊戌以尚衣院直長兼那軍門接待郎廳盖玠性輕躁多暴怒每有稟處事同僚皆莫敢發言輒推公奏事其正直亦有受於家學也辛丑春除山陰縣監旣下車首以興學校爲先務撫恤瘡殘視之如傷凡可以除民弊

紓民力者無所不用其極性素樂山水公餘拄笏賞玩遺懷時招邑中佳士作習池之遊逍遙觴詠超然若遺世也壬寅三月十一日卒于官春秋五十 崇禎巳巳以五子登科朝廷推 恩 贈嘉善大夫吏曹參判兼同知義禁府事 崇禎乙亥

安東金尚憲撰

墓碣銘 並序

公諱大賚字希之姓金氏豐山人麗朝奉翊大夫三司左尹諱安鼎七世孫也曾祖諱楊震工曹參判以才德服一世長諫院劾駙馬金禧第宅踰制

禧安老子也用是爲安老所擠但諱義貞早以文行名登第未久拜弘文正字安老巳嫉之反爲正言好黨忌其剛直相與搆揑之遂不振考諱農中訓大夫掌隷院司議妣淑人權氏安東大姓高麗太師幸之後軍資監僉正鑑之女公以嘉靖癸丑二月七日生幼而茂秀長而渾厚且有才爲儕輩所推許壬午中司馬其後屢薦名有司人皆謂朝夕且升辛卯司議公棄世則淑人巳先十九歲歿矣自此無意進取泊然也李相國德馨金參判玏在銓曹交薦之乙未除省峴道察訪俄遷尚衣院直長禮賓寺主簿辛丑授山陰縣監明年三月十一日疾終于官春秋五十用其年八月葬于醴泉治東廣石山子坐午向之原參判公兆次也以公稟賦之美宜顯宜壽而天之所以福之者止於此豈非所謂不定者耶公寬裕有局量不色於喜怒與人言和氣盎然未嘗以皺眉厲聲相接然到截然處則一刀兩段嘗於廣坐中有語侵賢相者頗肆慢侮公正色責之其人素狂不以下人自許而言下即服俯伏慚謝幼時嘗受學於成牛溪既長歸南中庚寅間至京師不往謁或問之則答曰牛

老負一世重名位至宰列布衣寒士何敢遽至其門其嘗與友人詩有曰受氣從來病太柔每於剛上著工夫蓋其平生和而有制者由有點檢矯揉之功也歷職雖少未嘗以小官而不盡心在省峴招來散亡拊摩凋瘵使燹餘蕩殘之地得以稍完及歸吏卒立碑而追思之在山陰列邑文廟率皆丘墟雖大邑物力亦多未及重建下車初即招諭邑之父老士子悉意重修除出官屬若干以爲營士之具所至皆以能舉職稱公有舅氏失性多暴怒少拂其意則雖尊行輒慢罵公比屋居三十年

待之盡其道男亦未嘗一以悖語加之財產益多
有難事公能多方措畫終不失其歡有執友病癩
親舊皆避不見公獨往來過從如舊至於相對飲
食人或疑而問之公曰斯人之有斯疾非其罪也
何忍負平素相許之義而絕之於疾病死生之際
乎其人嘗感泣其子弟父視公公愛人利物出於
天性壬癸兵荒餓莩滿國中癘疫又大行朝廷令
列邑開場賑濟而事委吏胥民不蒙實惠相枕藉
死且盡公惻然言於邑宰請自幹其事布置有條
理晨夕躬造其所撿視饘粥時其緩急而先後之

蓬頭鬼面呻吟之聲四起畧無厭惡色惟恐賑救
之不及平生慕陶靖節之爲人作堂以居扁以悠
然自述其與以記之有曰山有雲出無心堂有琴
捐無音其高懷雅想翛然有出塵之趣素好山水
在山陰愛鏡湖換鵝之勝公餘往往吟賞時招邑
中佳士作習池之遊超然若與世相忘者也居家
鄭目疎濶不以產業爲念而居官則綜理微密隨
事盡力李公時發按節嶺南以政績聞 命陞敍
未行而公已病矣病力自知不起作書與親舊訣
而神色陽陽如平日一日絕而復甦子弟呼而問

之徐曰吾方做大夢矣及卒篋無餘衣縣之士人
吳長權準朴文楧等解衣而斂之公於書無不涉
獵而酷好班史手未嘗釋爲詩文不爲險怪妖艷
之語自然有得於性情之正喜飲酒又能剛制嘗
書春帖曰靜時多動時少醒日多醉日少亦可
以寡過矣噫居鄉三十年鄉黨翕然尊慕之稱謂
大人君子者有以也夫公之妣曰令人李氏修義
副尉纘金之女全州府尹楫之孫 太宗恭定大
王八世孫公年十七執禽于其門府尹公時年七
十餘每見公必禮貌之曰老夫平生閱人多矣未

有如金郎者異日必爲大人矣令人仁慈明淑後
公二十五年而歿享年七十一葬于司議公墓後
去公塋二百餘步男九人長奉祖司憲府持平次
榮祖吉州牧使昌祖義禁府都事慶祖內侍府教
官延祖承文院副正字應祖興德縣監念祖從仕
郎述祖旣冠而夭崇祖權知承文院副正字女三
人參奉李義遵士人張友禔金起秋其壻也側室
女一適鄭大鵬奉祖生一男三女男時宗女適金
是榲金煕一未笄榮祖生四男三女男時翼時敏
時悏時愉女適徐準履盧世讓一未笄昌祖生六

男四女男時準時獻時衡時聖二幼女適柳元慶
崔爾厚二幼慶祖生三男一女男時禹時尹時重
女適孫會宗延祖男女各一男時任女適權碩忠
應祖生二男四女男時行一幼女適金鑽權軾二
幼念祖男女各二皆幼義遵一男二女男爾松女
適金是榘金贍友程一女適李爾樟起秋二男一
女男堯弼堯翊女適柳宗之曾孫男女若干人已
巳朝廷　贈公嘉善大夫吏曹參判兼同知義禁
府事　贈令人貞夫人遣禮官賜祭以公之子五
人登大科故也嘗聞種德而不食其報者其後必

昌豈不信哉天於是定矣余與公爲壬午同年而
素相敬公歿持平君袖家狀來請銘諾而宿之使
公墓道闕顯刻且十年此不敏之罪而持平君今
不在悲矣銘曰
仁足以澤物而局於十室德足以避壽而限於蒼
髮理不當然天果難必韡芬滿床恩及窀穸善人
之慶豈必在卽廣石之山其氣欝葱盍識而昌子
孫千億
崇禎三年八月日正憲大夫吏曹判書兼　經筵
春秋館成均館弘文館大提學藝文館大提學

世子右賓客鄭經世撰
家狀
先考諱大賢字希之姓金氏豐山人七世祖諱安
鼎仕麗季官至奉翊大夫三司左尹子諱子純啓
功郞軍器寺直長　贈通訓大夫通禮院左通禮
子諱從石早世　贈通政大夫吏曹參議子諱徽
孫通訓大夫珍山郡守　贈嘉善大夫吏曹參判
是爲先考高祖曾大父諱楊震嘉善大夫工曹參
判宏材碩德爲一世所宗人皆擬以公輔嘗忤權
奸金安老及長諫院極論駙馬金禧第宅踰制禧

安老子也安老用是益憾極力擠擯遂不售於時
王父諱義貞以文章節行名於世登第未月選補
弘文館正字又未幾陞修撰兼司書　經筵官之兼
帶　書筵極選也　仁廟在　春邸以沃贊　睿
猷爲　筵中第一常以國士待之乙巳賓天之日
慟哭還鄕却藥以自終考諱農官雄才偉器而不
售於時家貧祿仕官至中訓大夫掌隸院司議妣
淑人安東權氏奉列大夫軍資監僉正諱鎰之女
以　嘉靖癸丑二月初七日生先考生而岐嶷氣
度渾厚方在齠齔人皆以大人君子期之旣成童遊

于學宮堂長有欲試諸少年器量者方食約曰今日盡食者當有罰諸少年皆不敢盡先考在席末獨盡之若不聞也食已即通於家令辦酒食來諸少年歎服識者已知爲非常矣癸酉丁內艱年甫弱冠終鮮兄弟襄葬獨自營辦誠禮備至罔或欠缺乙亥服闋家貧親老黽勉舉業壬午中生員試三等第二名自是之後屢捷鄉解漢城試輒不利花覆試士林惜其屈而先考不以介懷辛卯冬司議公終於京第先考奉柩還豊山舊葬壬辰春反哭於堂作廬於墓下朝夕哭省風雨不廢其年夏

倭寇猝發兵鋒所及舉國糜爛先考奉几筵奔竄太白山下朔望奠具竭誠以辦雖倉卒顚沛之際未嘗廢甲午服闋自是無意於世事居閒養眞若將終身李漢陰德馨金栢巖玏在銓曹交薦乙未除省峴道察訪省峴在賊路初頭時賊尚屯海上先考始至任所滿目蓬蒿入民子遺而廚傳驅策一路蕩然先考招集散亡撫摩以仁一毫之利於已者必去之一事之不便於吏卒者必革之蘇殘之策靡極不用瀝血封疏歷陳弊瘼　朝廷頓採施吏卒益蒙其賜遂使凋弊之驛得爲稍完之地

瓜滿遆歸吏卒如失父母相與謀竪碑路左頌清德銘遺愛愈久而愈不忘至今故老過碑下或有瞻拜而流涕者云戊戌授司導寺直長不赴其夏除尙衣院直長親舊咸勸之往遂赴京師謝恩時邢軍門玠方駐節城中　朝廷設接待所先考兼察郎廳事盡心奉職晨夜供劇己亥軍門班師先考以勤勞陞叙除禮賓寺主簿秋南歸榮川爲伊山山長以爲儒者之業不宜專用力於詞章記誦之末遂大會儒生講小學書諸生或因事出入不能卒業先考終始惓惓畢講不怠辛丑除山陰縣

監縣經兵火文廟邱墟未克重建先考下車初慨學校頹廢首招諭境內士子父老刱立聖殿及明倫堂齋房廚庖靡不備具以守護無人除出官屬若干以爲養士之具因勸勵諸生振起文風居官廉謹爲政平恕奉公以誠自奉以簡衙屬至不見寒餓或以難堪爲言輒曰汝輩在家能如今日乎一日從兄挺賢適過縣入衙內見四壁蕭然諸兒啼飢歎曰何乃自苦如此先考但一笑而已聽訟悉以情法斷以公明抱屈者亦服莅任未朞治效大著觀察使李時發褒其政績　啓聞于　朝自

上特下陞叙之命事未及施行在治所遘疾一向
沉綿自知不起遂出誌外館裁書親舊輒作訣語
而神色陽陽如平日及卒箧無餘衣斂殯之具縣
之士人吳長權㑺朴文模等鮮衣而襚成禮以斂
嗚呼痛哉是壬寅三月十一日也春秋五十以其
年八月十六日祔葬于參判公墓左子坐午向之
原嗚呼德宜有位而棲棲於一縣仁宜有壽而竟
嗇其遐算天道難諶果若是乎先考天姿愷悌德
量寬裕榮辱不關於念喜怒不形於色方其待人接
物之際和氣藹然及其論事理決是非公私義理

之辨昭然若日星性又好士聞人之善心誠好之
必托以道義之交見人之惡必先責喩若能自新
則不念其舊而與之賓客每至輒開青眼苟可與
言雖年輩不倫便忘形欵晤是以鄕人之善者心
悅而誠服不肖者亦知敬慕而不敢忌士無賢愚
少長舉皆心醉而願遊其門辛參判慶晋相知最
深晩年歎曰吾嘗怪金某有厚德而不享其福聞
其子孫衆多云天之報施或在於此乎嘗與儕輩
會話座中有一人任氣猖狂語侵賢相頗肆慢侮
先考正色責之其人素桀驁不屈於人是日聞先

考警責之辭即負荊伏地懇謝其見敬服於朋儕
類此友人有素相切者中年不幸病癩親戚故舊
莫不厭避不見先考往來顧問如舊至於相對飲
食無異平日或疑而問之先考曰斯人之有斯疾
非其罪也吾何忍負平素相許之義而絕之於疾
病死生之際乎其人常感泣語其家人曰汝輩宜
以事我者事金公至今其家子弟父視之嘗曰人
之窮達禍福莫非命也凡事聽天不容營爲方寸
之間无毫髮計較之念諸兒學業亦不程督任其
勤慢曰只在渠輩才不才如何耳先妣嘗戒諸兒

曰念汝先君忠孝謹愼朝廷得失耳若不聞人之
長短絕口不談人或訐人之陰私便蹙額不悅不
願聞子孫好議論妄是非以取謗召鬧汝輩其有
能體念者乎先考有舅氏嘗因病失性喜怒不中
少拂於心輒肆慢罵雖尊於己者不饒先考待之
盡其道舅亦未嘗以暴怒悖語加之至於財利之
間益多難處之事先考怡然處之終不失其懽心比
屋而居三十餘年人無間言先考有庶弟數人失
其家業依於先考當亂離饑饉之際父子不相保
先考拊養諸弟終皆成長庶弟有婢數口亦不能

自存將塡溝壑先考除家中食而並畜之待庶弟
有室而後授之厥弟賴此得成家業壬癸之間干
戈滿地餓莩相望時先考在榮川第榮於道內爲
稍完之地四方流丐之人輻輳於此先考每見乞
人到門輒惻然給歐家雖朝不謀夕而苟有升斗
之穀必分而與之時列邑設賑濟幕例委於監官
下吏之手只有空名而流民未蒙實惠先考請於
郡宰自斡其事遂設幕於門前數十步許晨夕躬
造其所饘粥之具必皆親檢是歲癘疫大熾飢民
率多經病呻吟之聲四面而起人皆畏避先考亦

悠然堂先生文集卷之四　十三

不以爲慮惟恐其不及賑救不啻若慈母之保赤
子賴以全活者頗衆其愛物之仁出於天性如此
幼時在壯義洞第受學於牛溪文簡公既長歸南
中庚寅因鄉貢至京時牛溪方秉銓衡一時士類
爭趨進焉或謂先考曰公於牛溪世分最深況曾
有一字之恩何不往見先考曰牛老負一世重名
位至宰列布衣寒士何敢遽至其門其避名而自
重如此嘗搆堂于龜城之第命名曰悠然蓋取陶
靖節見南山之義可想其雅賞之所在也自述己
志以爲堂記其詞畧曰云云又以短律咏懷名公

詞客並有酬唱晩歲嘗居此堂優遊嘯咏樂而忘
憂鄉人往往載酒而來便欣然相對暢叙幽情盡
懽而罷素樂山水其在山陰愛鏡湖換鵝之勝公
餘拄笏賞翫遺懷時招邑中佳士作習池之遊逍
遥觴詠超然若遺世也先考於書無不涉獵而酷
好班史手未嘗釋也爲文力去險怪妖艷之態辭
簡而健理勝而達其體制往往凌駕古人尤長於
書疏論記等雜著爲詩雖不用意於聲律對偶之
工而吟咏之間自得於性情之正慨然有感古之
意淵然有閒居之趣非區區雕篆者之所能窺其

悠然堂先生文集卷之四　十四

涯涘也至如科場之文非意所存而高捷文圍者
亦多矣一時戰藝之士咸推以爲首其終見屈於
有司者天也居家節目踈濶不以生產爲念薪水
屢絶而晏如也居官綜理微密不以小官爲卑隨
其所在而盡職焉居鄉三十餘年鄉黨翕然尊慕
之及其捐世相與歎惜曰善人亡矣善者將何所
勸惡者將何所懲云妣令人李氏系出全州孝寧
大君七世孫也曾祖諱藹通訓大夫龍岡縣令祖
諱楫嘉善大夫全州府尹考諱纘金忠義尉修義
副尉先考年十七聘李門時府尹公年七十餘每

見先考必冠帶而禮貌之曰吾平生閱人多矣未
有如金郎者異日必爲大人君子云先妣稟性仁
慈氣質明淑事先考三十四年在家在官並多內
助後先考二十五年而卒于男奉祖治所益山郡
享年七十二以其年四月二十四日歸葬于司議
公墓後酉坐卯向之原去考塋域二百餘步盖先
考之墓地勢偏窄不得爲同塋之制也嗚呼痛哉
生男九人女四人男長奉祖文科益山郡守次榮
祖文科司憲府掌令次昌祖進士蔭補　昌陵參
奉次慶祖生員次延祖文科承文院正字次應祖

文科兵曹佐郎次念祖次述祖旣冠而夭次崇祖
進士女長夭次適生員李義遵次適忠義張友程
次適士人金起秋奉祖生一男三女男時宗女長
適金是榲次適金灦一幼榮祖生四男四女男時
巽時敏時恍一幼女長適徐準履餘幼昌祖生六
男四女男時準時獻時衡時聖二幼女長適柳元
慶次適崔爾厚餘幼慶祖生三男一女男時禹時
尹時說女適孫會宗延祖生一男一女男時任女
適權碩忠應祖生二男四女男時行一幼女長適
金鑽餘幼念祖生一男二女皆幼李義遵生一男

三女男爾松女長適金是榘次適金顯張友程生
一女適進士李爾樟金起秋生二男一女男堯弼
堯翊女適柳元蕤時宗生一男一女金是榲生四
男三女金灦生一男時敏生一男二女時恍生三
女徐準履生二男一女時準生四女柳元慶生二
男二女崔爾厚生一男時禹生一男三女時尹生
一男孫會宗生一男一女權碩忠生二女金鑽生
二女李爾松生一男二女金顯生二男李爾樟生
二男三女金堯弼生一女柳元蕤生二男二女先
考側室有一女適鄭大鵬慶祖有妾男一妾女二

皆幼先考男女孫曾並一百一十三人嗚呼先考
下世二十七年于茲而墓隧尚闕顯刻此實不肖
之罪也況旣受諾於先生而猶未克畢蒙至惠以
賁泉壤此尤不肖之罪也今則先妣又下世子孫
比前稍多前狀所錄亦太踈漏故謹更記言行履
歷世系子孫恭申虔請冀賜覽察
天啓八年戊辰正月十七日孤哀子奉祖泣血謹
狀

行年記

嘉靖三十二年 明宗八年 癸丑二月七日先君生

己未先君年七歲始受學

己巳先君年十七聘先妣李夫人于京城南水門洞貴外祖妣鄭氏歿已久外外曾祖妣中夫人取先妣鞠養之外祖考就此行醮禮外曾祖考金州府尹公見先君必禮貌之曰吾閱人多矣未有如金郎者異日必爲大人君子

庚午先君年十八始中別試初試

癸酉十月四日祖妣權夫人卒于榮川奉香里第先君奉柩葬于醴泉廣石山東向之原

萬曆九年辛巳秋俱中生員進士試初試

壬午春中生員

己丑構悠然堂于榮川奉香里第之西第郎琴南溪輒故宅也堂與鶴駕相對故名取悠然見南山之意也自著詩記漢陰李相國德馨詩題騎穿松荅柴門傍雪濟開逆春滿壓出戶月含山別後頻相問書來羡獨開東風蠻瘴裏一望鬢成斑○故例伊山院長必以老成宿德爲之先君年纔三十七推以爲院長其為士林所重類如此愛士勸學出於至誠多士悅服

辛卯冬先祖考從宦在京師遘疾初非大段十一月十五日遽至不淑先君時在榮川地聞訃而行高扶安翰雲追至不及撫諸兒泣曰汝父氣虛冒寒奔喪豈望生還先君至京師奉柩而還殯于廣石山先祖妣墓南

壬辰二月十一日葬先祖考于先祖妣墓後岡時衛士華或言祖妣葬地不善先君欲奉遷而合定安虛槨于祖考墓壙左其年四月南賊猝蔟國內大亂迨八年未定故未克遂其初計平生以爲恨到今皆言祖妣墓爲山内第一吉地

癸巳時兵革未息旱蝗相仍擧國之人流徙而死

者相望於道以榮川兵火不入故流亡者以爲歸操瓢到門乞食者日以十數先君心痛之不計有無輒呼家人賑給之饑民輩相與語曰某里某宅能濟飢汝可就而丐也先世臧獲稍多而不能接濟在家内餓而死及流徙而死者無數而獨奮厥身未室者之婢子母子數人始終全活焉○金生員鳴國遘癘而臥先君親入病側問之勸以野乾水金公以爲污穢不肯飲先君自飲以示之金公仰視流涕而飮

乙未李漢陰德馨金栢巖玏在銓曹薦先君爲省

六二

峴道察訪時當創擄驛路凋弊先君盡心撫摩吏
卒畏而愛之自奉甚約不以一毫遺本家爲濟饑
地及瓜遞立碑鐫其傍曰淸兮淸兮白玉無瑕先
君聞而笑曰我家苦貧欲倣邑以自給而驛卒頌
德如彼我不可先貞而後黷是驛卒勸令我淸貪
也諸長老相與戱曰君可令諸千潛往毁之曰濁
兮濁兮白玉有瑕
丁酉觀察使李用淳築公山山城自以爲得形便
之勢以問先君對曰城雖險周回濶大非孤軍可
守占地太高軍士常被霧露毒雖於久守且以爲

保障則非要衝以爲避亂則以何軍分守許多城
堞李有不豫色以先君爲差使員督運糧餉器械
未幾賊至恐其資盜而火之李始慙服是年西厓
柳先生從楊經理南征經理令西厓留住安東調
糧餉先君曰經理言情僞未可知本府是大監家
鄕不可占便西厓悟而行無何經理果聞柳閣老
安在人以閣老跟到對經理召與計事而喜蓋時
有譏說不果行先君遠識類此
戊戌例遷尙衣院直長時邢軍門玠留住京師先
君爲接待郞廳事有難處者同僚輒推先君當之

提調姜繙輕燥多暴怒時有禀處事同僚皆不敢
發言又以推先君姜言色果不善及炯知爲先君
而後悔謝而從其請蓋先君雖居下僚而爲朝紳
所敬重故也
己亥以軍門接待之勞陞禮賓寺主簿是年赴別
試初試以刺殺宮鬟論居魁黃大憲暹老於文詞
見而歎曰一字不可加一字不可減○秋犀小攻
柳西厓先君不勝憤慨草疏而不果上西厓待命
於東郊寄詩有西風落木東郊外一度思君一愴
顔之句秋南歸

庚子退間于榮川鄕人復推以爲伊山院長時兵
燹之餘士不知學先君邀諸斯文長老于院六會
諸生講家禮小學等書亂後所未有
辛丑春除拜山陰縣監將赴任黃大憲暹詩曰揖
送山陰宰歧頭柳邑育君歸逢道士爲請換鵝經
李蒼石埈詩有神仙人中僉察訪匹馬遠作山陰
縣之句金淸陰尙憲詩右膾炙人口旣下車首以
興學校爲先務官舍衙舍皆蓋以苫草而未遑及
撫摩瘡殘視之如子凡可以除民弊紓民力者無
所不用其極闔境旣皆悅服有一民因事到官歸

語其家人曰吾聞太守愛民想見我而垂憐否大
會邑中上下年滿七十以上者設養老宴于換鵝
亭親與爲客主之禮陳聲樂以娛之且以鳩杖等
物遍遺之諸老人醉飽欣欣以次起舞無不感悅
至有垂泣者右甚老羸不能赴宴者以鳩杖米肉
遺之德溪吳先生內夫人尙在世亦以鳩杖等物
送賚之其胤吳正言長以詩謝之曰鳩杖扶身勝
弱孫聽訟之際一任公恕雖於理曲者亦據法開
曉之或陳說義理以感動之無不感悅而退遠近
之人爭來取決焉自奉簡約令下吏曰雖蔬菜之

悠然堂先生文集卷之四　二十一

微若不待分付而入納衙內者罪之衙門之內淡
然如水再從兄挺賢因事到縣見衙內四壁蕭然
謂先君曰何自苦如此先君笑而不答愛鏡湖之
勝時與邑中韻士共賞之一日月色如晝江水皎
然先君步出江上有一醉人大呌曰太守來乎時
伯仲持平參判二公在側令下吏推治之先君笑
曰此太平氣像勿問可也監司李公時發以政績
聞　上特下陞敍之命
壬寅春乞暇歸省松楸加土于諸墓而還途中已
覺氣不平及還官猶不安與親舊書輒作訣語旣

而症勢彌重出就道士觀調疾疾革絶而復甦子
弟呼而問之徐曰吾方做大夢矣神色不亂翛然
而逝三月十一日也先時衙舍鎭山大石墮于江
咸以爲不吉之兆終至於此亦異矣咸陽郡守高
尙顔通文于列邑致賻吳正言長權弼吾濂朴生
員文楧辭衣以斂盡誠治喪金碧梧兌千里赴弔
護喪而歸葬輀日邑中大小會奠于境上莫不號
痛失聲歸殯于廣石山高祖考墓東麓之下八月
十五日安葬于麓上星州牧使辛公慶晉以詩哭
之詩見下

悠然堂先生文集卷之四　二十二

天啓丙寅二月三日先妣歿于伯氏益山任所享年
七十二四月葬于祖考墓後先妣德行俱載金淸
陰尙憲所撰誌文後六十一年丙寅二月遷厝合
窆于府君墓壙右
崇禎己巳以五子登科　贈嘉善大夫吏曹參判兼
同知義禁府事先妣　贈貞夫人庚午遣禮曹佐
郞李惕然祭之文見下
丙戌立碣石于墓東堦右碣陰有刻文六男應祖
泣血謹錄
賜祭文

維　崇禎三年歲次庚午月日
國王遣臣禮曹佐郎李暢然諭祭于卒山陰縣監
贈吏曹參判金大賢之靈曰澡身從政牧民稱
良歛以裕後俱服義方若竇五龍丹桂聯芳非直
令子爲國之光推　恩所生式遵典章秩貤天官
饗出太常命官致儀寵綏耆祥

輓詞　　參判辛慶晋

齠齔聯肩若弟兄君生於丑我寅生逐蜻玄武門
前過騎竹華陽洞裏行久別猶存舊日面相逢錯
喚少時名白頭今夕承君訃知向何人說此情

才大初非百里棲似君宜著廟廊中可憐抛却經
綸手餘事治名徹　聖聰

逢君每痛止而亡不道今還哭爾喪童穉情親誰
復在白頭吾獨淚成浪

未到星州一笑先同君擬訪舊鄉仙從今不理尋
山屐花落紅流只愴然

鷗湖書院奉安文　　參判金埅

恭惟先生碩德重望風猷弘遠器量恢曠接人飲
醇處事截釘狂夫服義病交泣誠晚占國子累登
薦剡黽勉一出棲遲棘林不以官小惟盡吾心鄉
卒其蘇邑學重新有堂悠然寤寐樂園山雲無心
床琴啞音高世之標出塵之襟歸視其庭八蘭芬
芳　王曰父賢　恩誥煌煌遺芬未沫士慕彌崇
載謀尸祝鷗湖之宫爰暨三賢同堂並嚴其始自
今報祀無斁

常享祝文

德濟柔剛謨裕燕翼源遠流長報祀無斁

雙巖祠上樑文　　五代孫翰林叙九

名山産棟樑之具邦國之楨故里建香火之祠子
孫攸慶玆揭世德之號庸表積善之家恭惟　贈

參判悠然堂府君成德大人有道君子學問純實
沉潛性理之源文章典深包括經綸之業惟其未
施於當世所以垂裕於後昆持平鶴湖府君私淑
厓門秪服庭訓斥邪五疏凜乎鐵石之膓樊學一
心蔚然山斗之望參判忘窩府君純正之學英睿
之姿尺柱撑流任弘功於配禹孤宿拱極抗大義
於尊周都事藏庵府君博約文辭義烈心膽名懸
南斗製作逼盛唐大家志蹈東溟風節邁斥秦高
士縣監深谷府君沉重嚴毅正大公平弱歲居廬
鄉人服泣血之行危時赴難方伯揖按劍之威正

字廣麓府君氣粹而清才穎而敏天姿近道承䜣
訣於操存地步中規荷深奬於繩墨右尹鶴沙府
君清修苦節瑟僴眞工丈席摳衣蚤聞傳授之法
昏衢秉燭浚透誠明之閾　贈左承旨鶴陰府君
行質神明業纘詩禮孤城倡義慕巡遠殉國之忠
而庭承懽有曾閔事親之孝注書雪松府君玉樹
高標秋水精神碧海珠生將綏華國之佩丹霄鳳
隱空留瑞世之文于時于公之門五馬晉鴐荀氏
之宅八龍爭驅丹桂聯芳孰非登瀛之雋紅蓮並
帶俱是通籍之英立朝則忠直廉貞庶幾十亂臣

悠然堂先生文集卷之四　一十五

功業居鄉則孝悌淳謹不翅萬石君家風猗歟九
父子名賢實關五百年休運嘉言至行之不墜奚
但正家範而垂雲仍善俗遺風之尙存可以明人
倫而植世教嗟呼年代寢遠廟宇將遷管散仲勲
勞縱異永世之祀朱文公典禮亦有別廟之儀爰
於松楸之傍載營苾芬之所峰名竹子像想琅玕
之始生洞號大枝彷彿棣蕚之交映宗人併力𦔳
築阪於暈飛門老殫誠契始兆於龜食義經取象
則上棟下宇之文周禮考儀定左昭右穆之制籩
豆有踐似咏鳧原之章薈蔚成行若奉鯉庭之對

將使子姓知所傳守鄕閭以之矜瞻詵禮敦詩無
替故家之學課忠勸孝克追前賢之風助擧修梁
恭跪短引兒郞偉抛梁東芝峀朝陽照檻紅山下
碧梧棲已老九雛靈鳳舞春風兒郞偉抛梁西一
帶浯川接建溪蔡氏皆傳元定學九賢遺廟問高
低兒郞偉抛梁南青峯點點白雲涵峩嵋處士眞
堪笑木假山前幾箇男兒郞偉抛梁北鶴峰縹緲
連空碧春蘭秋菊自年年長對南山蒼翠色兒郞
偉抛梁上璧宿奎躔光萬丈太史雲臺夜占天德
星應奏文明象兒郞偉抛梁下春雨濛濛桑滿野

悠然堂先生文集卷之四　二十六

七子鳲鳩一用心淑人之德思風雅伏願上梁之
後山川不老棟宇長寧繼家聲於箕裘所以勸者
薦祀事於蘋藻勿替引之

雙巖祠奉安文　　　　六代孫注書必源

喬嶽峻天德星照野毓精降神有顯厥世恭惟先
祖載闡中業克紹前徽丕揚世德器量渾厚經學
淵深悠然揭號尙友陶潛斂而不施歸成受祉啓
我後人式穀是似鸕湖趾美學貫父師功存衛道
辭嚴斥邪忘窩峻整砥柱洄瀾獨奸先見尊周大
節藏庵正直忠憤激烈時危抆淚註辱嘔血深谷

六六

嚴毅風節凜凜居廬泣栢行營按劒廣麓粹美天
姿敏穎存養承訓繩墨有奬鶴沙精深抽關啓鑰
葉繼前脩道傳後學龍陰餙行移孝爲忠孤城倡
義兩庭殫誠雪松耿介玉樹蘭芽由進未已賈才
堪嗟名世有作萃于一家八蓮聯芳五桂交蕚清
白家傳文章世業賁宰人世有光 王國世代寖
遠香火將徹春雨秋霜愴感彌切大枝之祠松梓
之傍爰始叶議別廟合享西山有祠古事則經同
堂異置父子弟兄依然列侍宛覩和湛薦以蘩蘋
酌以醴甘吉日維丁敢告肇祀子子孫孫永世勿
替

常享祝文

積德裕後輔世長民九位同堂感慕彌新

道林追遠祠移建記 八代孫宗鐸

亶永嘉府西四十里府境將窮與酒泉相交之際
有五美洞自村西而約一面換至南林山前北顧
而册育屋角微露於洞府邃深林木掩翳之間者
卽追遠祠也祠本在酒泉廣石山雙巖下盖於
英廟辛巳年間一門老少咸以爲先祖悠然堂府
君及鶴湖八兄弟府君之德業文章輝映百世裕
及後昆實爲中世名祖遂營立廟宇以備俎豆之
所得寓羹墻之慕而但占地近巖巖下泉湧基址
湫濕墻壁易圯且虛白堂府君別廟在祠後數武
地實有兩廟並立之嫌將改卜移建於是乎割蘋
藻嬴餘凡幾年粗有頭緒遂卜基於南林山東畔
距雙巖舊基不過越一小峴雖無奇偉絶特之可
取而峰巒圍抱阜巒窈窕北接松楸舊壠東近桑
梓故里允合先靈陟降之所乃於 聖上四年甲
子先建廚屋十數間以備牲庖庫藏之處越明年
乙丑因建講堂十間兩旁爲室虗中爲堂齋宿序

毛之位具焉又明年丙寅乃建廟宇九間壹與巖
肅簷廡整齊盖堂設新制也廟仍舊貫也堂之左
曰著存右曰進修廟曰追遠總以稱之曰道林以
其在南林山道峰之下故取以爲號也首尾凡三
載功告訖遂擇吉移奉會員及子孫五白餘人會
罷宗鐸酌而賀僉執事曰以吾族親之零星物力
之凋殘不出五六年旣完剏州先亭又此移建先
廟而今日移安節次粗免欠闕吾門大事圓矣凡
爲吾祖子孫者其爲喜幸果何如因念爲祖先以
誠孝爲本處族親以敦睦爲主以祖先視之則所

吾族親皆宗孫也子孫之來會此所者必以祖先
之心爲心勿以世遠而忽其誠孝之道勿以族疎
而慢其敦睦之誼則此爲無忝底道理矣夫禮不
忘所自生樂樂其所自出凡我一門入其皆有禮
樂之心乎追遠則德必厚敦睦則仁必與又安知
吾門從此而復有興也詩曰永言孝思孝思維則
又曰子子孫孫勿替引之此之謂也盍各勉諸僉
曰諾遂爲記

道林扁額時告由文　八代孫宗李

廟宇移建已多年紀門故久掣扁額未揭非闕損

益實係瞻視雲仍協規今始鏤板堂曰道林祠曰
追遠異翼両齋取義孔顯右揭著存左揭進修門
扁鳳凰其號尤嘉昔從門閭今標遺祠山川改觀
堂宇增光威儀秩秩陟降洋洋涓吉虔告惠我先
明

附諸賢贈遺

送金希之之官　蒼石李埈

神仙中人金察訪佩符去作山陰長山陰山水海
東奇今古英雄幾來往
我昔秋風泛綵船佳人鮮唱臨江仙中流轟飲夜
欲央銀燈照澈蛟龍淵
舊事如今一夢耳陳迹悠悠漾沙水樓題曾出曺
太虛彷彿希文岳陽記
瓊瑤忽罹兵火厄鏡水稽山共悽惻君歸倘復揭
楣間岳面波心浮喜色
吾家鄉得少年游一官迢遞淹冉邱吳洲不隔一
片月千里相望空白頭

病中奉別山陰兄主之任　清陰金尙憲

山陰物色擅南堧從古激頭屬地仙兵火十年燒
不盡只應風景故依然

朱幡皂蓋遍東區腰下紛紛佩左符咫尺西江不
能決枯魚應待老兄蘇
登盤縣竹勝吳筍入饌江魚色奪銀自笑書生空
説食誰令美味入吾脣　曾聞竹筍銀魚本縣風味故末篇戲及之

別山陰太守之任　息庵黃暹

揖送山陰宰岐頭柳色青君歸逢道士爲請換鵝
經

次悠然堂韻　漢陰李德馨

駟騎穿松巷柴門傍雪灣閑逆春滿座出戶月銜
山別後頻相問書來獨羨閒東風蠻瘴裡一半鬢

成班

又　栢巖金玏

巷接城南路溪通郭外濟幽夐非遁世佳興在晉
山月邑天晴好雲情日暮歸從今詩眼大醉墨不

孅班

又　安村裵應褧

一帶龜川畔高堂枕小灣青衫辭北闕白首對南
山事業三冬足生涯十畝閒門前稀俗迹石髮自

虎班

又　竹牖吳澐

秋雨前宵急新流漲遠灣清尊開落日翠黛忽遙
山政值干戈滿空嗟書劍閑休辭亂離醉醒後鬢

催班

又　體素李春英

小築隣青嶂層臺俯碧灣烟塵昏海曲風月自溪
山旅館三更酌浮生一日閒徒懷憂世志蕭颯鬢

毛班

閒居無事晝扃扉三逕寥寥客到稀鸛由瑞雲朝
冉冉龜臺靈雨晚霏霏陰晴變態供詩料憂樂忘
情坐釣磯全勝世間名利子素衣緇盡不知歸

悠然堂題詠並小序　唐將黃敬欽

不佞以司馬役東征島夷卹朝鮮之難久
客王京朝鮮郞金君大賢以其居之堂及
軒並里中林泉巖石之美者請詠于不佞
時方克清大憝戎隟少暇聊援筆應之漫
興之作五首近體二首七言絶句十首

獨抱悠然趣南山日在門會心成玩世得意已忘
言幽逕松關靜寒花菊圃蕃塵襟能拂拭栗里倘
斯存

嘯傲軒

舒嘯東軒下殊爲傲世情浮雲看變態獨狗本無
生種秫供村釀裁詩匪宿營蘇門千載後海國尚
尋盟

悠然堂十景

霈然靈雨足菑畬綠遍郊原物色舒自是化工端
化育時論惠澤更隨車　南郊時雨

城西灌木鬱蒼蒼倦翼歸飛晚更忙應有鵷雛中
托蹟萬年枝上自相將　城西歸鳥

翩翩仙馭欲凌霄盡日嵐光積翠遙佳氣渾侖紛
秀色晴聞子晉夜吹簫　鸖駕晴嵐

鵠立奇峰聳翠微通明侍直亦依俙火雲觸天看
膚合曾似排空一振衣　鵠峯夏雲
漁磯中砥介清流誰把絲綸向此投閒道客星占
太史清風千古在羊裘　溪心垂釣
諸天花雨散空臺不爲春風故次開玄圃芳菲看
纈錦靈葩異卉總瓊瑰　至天看花
海天飛雪晩脩脩竹嶺葱籠積素遥爲問灞橋驢
背穩敲詩歸去踏瓊瑤　竹嶺暮雪
峴山相望倚孱藩夜色涵虛帶月魂可是影流看
倒景一池清浸澈天根　藩峴見月

霜林葉葉見秋容錯綜丹黃曉更濃應是德山施
步障何論金谷錦重重　德山秋色
長松交道立虬龍霜骨風髯老更雄獨守歲寒堅
晩操不隨桃花競春容　松程晩翠
不佞將班師凱旋金君復請易牋書以爲
傳偶于笈中得呉楮數幅書以遺之時
萬曆己亥中春上巳之日東征上騎督尉西
呉宜養虛道人黃敬欽拜稿

丹谷郭嶒師友錄

榮川金山陰諱大賢字希之先世以博學宏儒出
入清班相傳七八代至于公寳樹盈庭文星燿彩
居家必以孝友爲事持身必以廉義爲本非尋常
求富貴立門戶者之比也余於右文親分最厚伯
仲兩胤與吾同年司馬其餘諸胤皆與我情好亦
深高門赫奕史筆流芳吾不復贅說

炊沙孚汝韻師友錄

金山陰大賢字希之氣宇軒豁才調不凡能文辭
中壬午司馬其後屢參別舉再爲壯元而不利於
殿試命也乙未蔭仕爲省峴道察訪以清白爲驛
卒所慕立碑頌德辛丑授山陰縣監政有聲白

上賜表裏以奬之壬寅春在官病卒年僅五十有
子九人能文顯悟人謂金氏九龍一早夭惜哉

悠然堂先生文集卷之四

悠然堂集